ENSEÑANDO a las NUEVAS GENERACIONES

UNA GUÍA COMPLETA PARA ENSEÑAR LA FORMACIÓN CRISTIANA

EDITADO POR TERRY LINHART

PATMOS

Enseñando a las nuevas generaciones

Publicado por Editorial Patmos,
Miami, FL. 33169

Publicado originalmente en inglés por Baker Academic a division of Baker Publishing Group P.O. Box 6287, Grand Rapids, MI 49516-6287 www.bakeracademic.comcon el título *Teaching the Next Generations*?

Traducido por Heidi van Zandweghe

Diseño por Adrián Romano

ISBN: 978-1-58802-994-2

Categoría: Vida Cristiana

Impreso en Brasil | *Printed in Brazil*

En memoria del doctor Eugene Carpenter (1943-2012)
erudito del Antiguo Testamento, mentor, colega
y muy querido amigo. Terry Linhart

Contenido

Agradecimientos

Este libro se pudo completar gracias a mis amados colegas que han dedicado su tiempo y experiencia para escribir cada uno de los capítulos que les fueron encomendados. Estos académicos y líderes son maestros ejemplares, y su amistad y generosidad fueron esenciales para que este fuera un proceso mravilloso.

Un agradecimiento muy especial a Bob Hosack y al equipo de Baker Academic, que han ofrecido sus mejores consejos y aportes, con gran paciencia y amabilidad, a cada paso del recorrido. Eric Salo proporcionó una supervisión editorial impecable y su sabio consejo, mientras que Rachel Klompmaker manejó el proyecto con gracia. El equipo de Baker ha sido encantador, y aquellos de nosotros que lideramos y enseñamos en este campo estamos agradecidos a Baker Publishing por su constante liderazgo y apoyo en el ministerio cristiano y la educación superior. Estoy en deuda con Melisa Blok por su asistencia editorial y asesoramiento durante todo el proyecto. Mahala Rethlake mostró su gran profesionalismo en su tarea de darle el formato y la edición. Estas dos mujeres tienen un futuro brillante por delante para realizar trabajos editoriales y de escritura.

Les doy las gracias a Ginny Olson, Jon Swanson, Mark Cannister, Jim Hampton, David McCabe, Sharon Ketcham y Cristian Mihut por su orientación e inmenso aporte. Cada vez que termino un proyecto de escritura como este, estoy más sorprendido y agradecido por Mark Root de la Biblioteca Bowen de Bethel College, por su experiencia sobre las referencias y su capacidad de conseguir cualquier libro, disertación o artículo de revista en tiempo récord. Este proyecto no hubiera sido posible sin el apoyo de mis colegas miembros de la facultad y la administración de Bethel College (Indiana), una comunidad cristiana vibrante de aprendizaje.

Por último, les doy las gracias a Jessica Baylis, Alissa Bremer, Crystal Cruz, Cole Farlow, Aaron Grosse, Tim Horton, Devin Hubbard, Ethan Klein, Calli McGrath, Phillip Parry y Lindsay Ziegler por haber sido la "clase piloto" de este libro.

Este proyecto no sería posible sin las comunidades de apoyo de la Society of Professors in Christian Education [Sociedad de profesores en educación cristiana] (www.spceonline.org) y la Association of Youth Ministry Educators [Asociación de educadores de ministerios juveniles] (www.aymeducators.org). Cada una de estas organizaciones sostiene, apoya y defiende la educación cristiana, incluyendo los ministerios de jóvenes y de niños, como enfoque de estudio en instituciones y seminarios cristianos de América del Norte.

Introducción

Cualquier observación informal de los niños pequeños demuestra que las personas fueron naturalmente creadas por Dios para crecer y aprender. El mundo del niño es un lugar natural de inquietud, descubrimiento y maravilla, marcado por preguntas como "¿por qué?", "¿cómo?", y otra vez "¿por qué?"… y otra vez más. El aprendizaje está al frente de las actividades de cada día.

En algún lugar en el camino hacia la edad adulta, pareciera que la curiosidad y el deseo de aprender pasan a segundo plano para darle lugar a otras ocupaciones. Los adolescentes describen la escuela como "aburrida" o irrelevante, y los titulares de los periódicos cuestionan el valor de la educación universitaria basados en el aumento de los costos y las ganancias potenciales. Otros críticos sugieren que el consumismo, un mundo saturado de medios llenos de información del tamaño de un bocado y la conveniencia de los motores de búsqueda en línea producen generaciones menos inteligentes.[1] La pregunta más común, "¿Tienes Wi-Fi?" muestra el papel que tiene la tecnología en la manera en que todos aprendemos e interactuamos con nuestro mundo en la actualidad. Tal vez todavía tenemos curiosidad y realmente queremos aprender.

En el contexto dinámico y fluido de los jóvenes es donde los maestros cristianos dan un paso fundamental, y se encargan de

---

[1] Por ejemplo, Mark Bauerlein, *The Dumbest Generation: How the Digital Age Stupefies Young Americans and Jeopardizes Our Future (Or, Don't Trust Anyone Under 30* [La generación más tonta: De qué forma la era digital aturde a los jóvenes estadounidenses y pone en peligro nuestro futuro (o, no confíe en ninguna persona menor de 30 años] (Nueva York: Tarcher, 2009).

ministrar a las siguientes generaciones y de ayudarlas a crecer en madurez espiritual, en sabiduría y en comprensión de la fe cristiana (Ro 12:2; 2 P 3:18). En lugar de rendirse en desesperación frente a los cambios y desafíos, los obreros cristianos comprometidos se esfuerzan por lograr una mayor comprensión de la dinámica de la enseñanza y su rol en la formación espiritual cristiana. En lugar de conformarse con lo mínimo o estándar, los maestros calificados se esfuerzan por descubrir mayores niveles de efectividad involucrando a las siguientes generaciones de alumnos.

La iglesia necesita más que nunca buenos maestros, maestros que:

- Entiendan la formación espiritual;
- Sepan cómo se lleva a cabo el aprendizaje en cada una de las edades;
- Puedan transmitir ideas acerca de teologías y teorías importantes;
- Cuenten con un repertorio preparado de métodos creativos;
- Estén comprometidos con la oración;
- Tengan un testimonio de que el Espíritu Santo haya usado sus enseñanzas para una transformación espiritual.

La verdad es que los jóvenes todavía están dispuestos a aprender. Se preguntan sobre cuestiones importantes e incluso se involucran en lo que es significativo y relevante. Tal vez parte del problema que vemos hoy no tenga que ver con los estudiantes, sino con los maestros. Ciertamente pareciera que ningún otro momento en la historia reciente haya sido tan importante como el hecho de que la enseñanza cristiana sea efectiva, atractiva y de excelente calidad.

Enseñar para adquirir un crecimiento espiritual

El maestro cristiano trabaja para ver el crecimiento espiritual en las vidas de aquellos a quienes enseña. Quiere que otros conozcan a Jesús (Fil 3:10) a través de la salvación (Ro 10:9-10) y desarrollen un amor por Dios (Lc 10:27, Jn 14:15-23) y una comprensión de su Palabra (Sal. 1:1-3, 1 Juan 2:5). Quiere que los estudiantes transformen la fe y la convicción en una acción de amor hacia los demás (Mt. 5:43-48; Jn 3:34) con misericordia y gracia que trasciende y supera las divisiones sociales. La enseñanza cristiana participa en la obra de Dios al ayudar a los estudiantes a crecer en sabiduría, estatura y favor con Dios y con los demás.[2]

Perry Downs define el objetivo de la enseñanza cristiana como "el ministerio de llevar al creyente a la madurez de Jesucristo."[3] Esta definición provechosa merece una mirada más cercana.

Madurez. Los paralelismos entre el desarrollo y el crecimiento espiritual eran algo obvio para quienes escribieron el Nuevo Testamento (1 Co 14:20; Ef 4:11-14; Heb 5:12-14). De la misma forma que una persona crece físicamente, la fe crece a partir de una mayor experiencia, desafío, convicción y conocimiento. En el marco del ministerio, el conocimiento es menos importante que las otras tres características como objetivo principal. Sin embargo, Pablo sabía cuál era el papel que desempeñaba: "Por lo cual también nosotros, desde el día que lo oímos, no cesamos de orar por vosotros, y de pedir que seáis llenos del conocimiento de su voluntad en toda sabiduría e inteligencia espiritual, para que andéis como es digno del Señor, agradándole en todo, llevando fruto en toda buena obra, y creciendo en el conocimiento de Dios" (Col. 1:9-10). Si el conocimiento es importante para la madurez, entonces la enseñanza también debe tener gran énfasis dentro del ministerio cristiano.

En Cristo. A través de la presencia de Cristo tenemos el poder de participar en un ministerio de enseñanza para que otros puedan ser transformados por su poder. Los creyentes participan de una nueva realidad en Cristo (2 Co 5:17) a través de la formación (preparación) de la fe basada en la verdad (conocimiento) (Ro 12:1-2), una verdad centrada en Jesús y en su vida, muerte y resurrección (1 Co 15:14). La transformación a través del Espíritu Santo produce las virtudes y el fruto (Gá 5:22-25) que reflejan la presencia de Cristo en nuestras vidas.[4]

El ministerio de traer. La enseñanza cristiana no se reduce a la mera transferencia de información; juega un papel vital en llevar a

[2] Esto fue tomado de Lucas 2:52, una descripción del crecimiento de Jesús desde sus doce años hasta los treinta. Ha sido utilizado por Youth for Christ USA para formar el "concepto de vida equilibrada" para el currículo de enseñanza del Campus Life.

[3] Perry G. Downs, *Teaching for Spiritual Growth: An Introduction to Christian Education* [La enseñanza para el crecimiento espiritual: una introducción a la educación cristiana] (Grand Rapids: Zondervan, 1994), 16.

[4] Hay bastantes listas de virtudes en el Nuevo Testamento: Ro 12:9-21; 13:8-14; Ef 4:25-5:10; Col 3:1-17; 1 Ts 5:12-22; 1 Tim 3:13-4:4; y 2 P 1:5-7.

la madurez espiritual. La enseñanza cristiana es parte del proceso de discipulado, una respuesta esencial a la comisión de Cristo (Mt 28:18-20). Enseñar, entonces, es parte de nuestro propósito final: hacer discípulos.

Sin embargo, el hecho de que la enseñanza se esté llevando a cabo no significa que el aprendizaje, en particular el hecho de "llevar a la madurez", venga después. El escritor del libro de Hebreos lo reconoció, desafiando a los lectores a "(dejar) ya los rudimentos de la doctrina de Cristo, vamos adelante a la perfección" (Heb 6:1). Es bastante sorprendente pensar que podemos enseñar, incluso sobre temas cristianos, y que no sirva en lo más mínimo para el crecimiento de nuestros alumnos. Enseñar de una manera que "llevemos" a las personas a la madurez espiritual en Cristo demanda algo a las personas que enseñan. Este libro intenta ayudar a los lectores a cumplir fielmente esos requisitos y enseñar de maneras en que regularmente puedan llevar a los creyentes a la madurez en Jesucristo.

Nuestro desafío

Nos encontramos en un nuevo siglo con un desafío significativo por delante. Investigaciones recientes sugieren que la iglesia está perdiendo a los jóvenes adultos, incluso a aquellos que "crecieron" en la iglesia. David Kinnaman afirma que los jóvenes adultos se apartan en parte porque la iglesia no les ha ayudado a pensar ni respondido preguntas difíciles.[5] De manera similar, el estudio más extenso sobre la religiosidad de los jóvenes en los Estados Unidos demostró que los adolescentes de la iglesia mostraron una sorprendente dificultad para expresarse con respecto a su fe. Cuando los investigadores les hicieron preguntas sobre lo que creían, los jóvenes manifestaron que era la primera vez que un adulto les preguntaba sobre sus creencias y parecían incapaces de responder preguntas básicas sobre las doctrinas esenciales de la fe cristiana.[6] Aunque contamos con mucha enseñanza en la iglesia, ¿puede ser que no haya tanto aprendizaje?

---

[5] David Kinnaman. *You Lost Me: Why Young Christians Are Leaving the Church... and Rethinking Faith* [Me perdiste: por qué los jóvenes cristianos abandonan la Iglesia... y cuestionan la fe] (Grand Rapids: Baker Books, 2011).

[6] Christian Smith y Melina Lundquist Denton, *Soul Searching: The Religious and Spiritual Lives of Teenagers* [La búsqueda del alma: la vida religiosa y espiritual de los adolescentes] (Oxford: Oxford University Press, 2005).

Necesitamos revitalizar la tarea de enseñarles a las próximas generaciones, pero no con el enfoque estándar de "la forma en que lo hemos hecho siempre" o con la imprudencia pragmática de "cualquier forma es suficiente" que no alcanza la meta de ayudar a los estudiantes a crecer hacia la madurez. La próxima generación necesita maestros *comprometidos*, maestros *sabios*, maestros *alegres* y maestros *bien estudiados*. Los jóvenes deben involucrarse profundamente de manera relevante más allá de las enseñanzas elementales. Necesitan una fe "repleta de pensamiento" basada en la Escritura, fortalecida por el Espíritu, y conectada con las realidades cotidianas para enfrentar los desafíos contemporáneos, las tensiones históricas y las preguntas difíciles.

Este libro

Este texto defiende la causa y los objetivos de la enseñanza cristiana en el ministerio para los jóvenes y ofrece una introducción a la enseñanza en todo tipo de contextos ministeriales. La primera sección del libro explora los conceptos básicos que explican el enfoque y el propósito de la enseñanza cristiana. La segunda sección presenta herramientas que le dan forma a los contextos de enseñanza y aprendizaje. Es fundamental para maestros cristianos que tienen una comprensión clara de cómo afectan las dinámicas de desarrollo, sociales, mentales y culturales al crecimiento espiritual. La tercera sección se basa en los capítulos anteriores y aplica la teoría curricular que respecta al ministerio en los primeros años de la vida. Dadas las discusiones y preocupaciones actuales, se ha prestado especial atención al ministerio familiar e intergeneracional.

La cuarta sección ayuda a los lectores a crecer en su experiencia y habilidades metodológicas. Enseñar la Biblia, debatir en grupo y hablar delante de un grupo grande de personas son características esenciales para la mayoría de los ministerios. Sin embargo, la enseñanza y el aprendizaje efectivos no están limitados únicamente dentro de momentos de enseñanza formal teniendo en cuanta las vidas activas e hiperconectadas de los jóvenes de hoy. Se ha demostrado que los viajes, los grupos pequeños, los campamentos y retiros, y las conversaciones de uno a uno se encuentran entre las formas más efectivas del ministerio cristiano. Este libro utiliza actividades de simulación y aprendizaje al aire libre como solo dos ejemplos de métodos de enseñanza creativos.

El libro concluye con tres capítulos sobre temas muchas veces ignorados que son esenciales para lograr la efectividad. El primer capítulo de esta sección debate la evaluación de nuestra propia enseñanza y del aprendizaje de los estudiantes como algo fundamental para obtener una enseñanza exitosa. El segundo capítulo se centra en desarrollar profesores voluntarios, una tarea común que a menudo resulta difícil de llevar a cabo. El capítulo final proporciona a los maestros numerosas herramientas tecnológicas que ofrecen enormes oportunidades creativas y dinámicas para los maestros cristianos.[7]

Estoy agradecido de que se una a nosotros en este camino de tratar de ser el mejor maestro que pueda ser, uno a quien Dios use para guiar a otros a la fe en Cristo, para verlos crecer en madurez espiritual, y luego poder ver cómo salen y hacen lo mismo porque están bien preparados en su mente, corazón y práctica. Que Dios lo bendiga mientras lee, estudia, aprende y crece. ¡Comencemos!

Terry Linhart

[7] En los próximos años, tal vez haya alguien que sea pionero para lograr un entorno de aprendizaje efectivo y atractivo, asistido tecnológicamente.

SECCIÓN UNO

CONCEPTOS PRINCIPALES

Cada vez que enseñamos, existe una comprensión implícita en movimiento sobre las funciones y el propósito de la enseñanza. La primera sección destaca los propósitos teológicos, bíblicos y filosóficos que sustentan la enseñanza cristiana. El maestro cristiano efectivo es consciente de los objetivos y estrategias de la enseñanza, y la razón por la cual los implementa. En una era liderada por la información, muchas veces descripta como postmoderna o pluralista, la importancia de la claridad sobre estos temas es más crucial que nunca. De otra forma, la enseñanza cristiana puede perder su enfoque, malinterpretar su propósito y fracasar al momento de equipar a las próximas generaciones para su crecimiento espiritual.

Los siguientes seis capítulos componen el punto de partida para lograr una filosofía clara acerca de la educación cristiana, una base bíblica para nuestra labor como maestros cristianos y una participación leal en la misión que Cristo le ha otorgado a la iglesia. Cada capítulo actúa como una introducción al tema correspondiente, con recursos adicionales al final de cada uno para aquellos que quisieran profundizar en el tema.

La sección concluye con un único capítulo que explica cómo encontrar un término medio entre las tensiones culturales y filosóficas existentes que moldean nuestra enseñanza. La historia presentada en este capítulo, destinada a ser leída en su totalidad, utiliza dos ejemplos extremos para estimular nuestro pensamiento crítico y para generar mayor claridad acerca del rol y el objetivo de los maestros cristianos.

1

La contribución de la enseñanza al discipulado

ALLEN JACKSON

Las personas comienzan su camino de fe en Cristo a través de distintas maneras. Una persona puede convertirse a Cristo simplemente porque el autobús de la iglesia lo recogía cada domingo de su vivienda cuando era un niño y otra porque una persona le habló en la calle. Muchos se acercan a Dios debido a la conversación intencional de un amigo o de un miembro de la familia, mientras que otros lo hacen mediante un programa grupal en la iglesia, en un campamento o en una conferencia. El momento de la salvación da comienzo a un nuevo proceso de crecimiento espiritual, un camino hacia la madurez espiritual a través del cual se necesitan maestros que ayuden, enseñen y guíen.

Este camino (o proceso) se conoce como discipulado, un "recorrido de obediencia a Cristo que dura toda la vida, que transforma los valores y el comportamiento de una persona, y que da como resultado el ministerio en el hogar, la iglesia y en el mundo."[8] Dallas Willard afirma que el discipulado es una manera de formación espiritual; "es

[8] Barry Sneed y Roy Edgemon, *Transformational Discipleship* [Discipulado que transforma] (Nashville: LifeWay, 1999), 3.

> Quizás nuestras mejores lecciones de discipulado ocurren con mayor frecuencia a través de interacciones informales que a lo largo de un programa formal. Recuerdo que aprendí a colocar paneles de yeso en un viaje misionero con el grupo de jóvenes. El hombre que supervisaba mi equipo era el dueño de una compañía de mampostería, y había aceptado el desafío de enseñarle al grupo de adolescentes para que nos convirtiéramos en albañiles e instaladores expertos. Todavía sigo teniendo la habilidad de construir con yeso, pero recuerdo con claridad que formé mi teología de adoración en ese viaje. Recuerdo que este hombre explicaba por qué se vestía bien para asistir a la iglesia y que antes de ingresar al lugar de adoración en el templo se detenía un momento, despejaba su mente y confesaba sus pecados para prepararse para adorar a Dios. Recuerdo que me enseñaba que meditara detenidamente en las letras de cada canción que fuera a cantar para que mis palabras de adoración no estuvieran vacías.

el proceso de conformar nuestro espíritu y darle un carácter definido. Significa formar nuestro espíritu en conformidad con el Espíritu de Cristo."[9] La enseñanza cristiana cumple su rol a través de este camino y proceso; un proceso de formación y cambio que está enfocado en la naturaleza y dirección del recorrido transformador de una persona con el Dios trino.

La enseñanza forma parte de un proceso de discipulado colectivo, una combinación de relaciones, eventos formales, conversaciones intencionales y disciplinas personales (es decir la oración, el estudio bíblico y la meditación). Perry Downs explica que la educación cristiana "comienza donde termina el evangelismo, ya que ayuda a los creyentes a crecer en su fe."[10] Sin embargo, el crecimiento espiritual requiere más que una transmisión de información; se mide a partir del proceso de desarrollo hacia la semejanza de Cristo, un proceso donde las lecciones formales e informales se cruzan e impulsan a los creyentes a avanzar hacia la madurez.[11]

La buena enseñanza rara vez puede separarse de una relación sólida entre el maestro y el oyente. Este apoyo del crecimiento es un enfoque educativo diferente a aquel que simplemente en-

[9] Dallas Willard, *La gran omisión: recuperando las enseñanzas esenciales de Jesús en el discipulado* (Nueva York: HarperCollins, 2006), 75.

[10] Perry G. Downs, *Teaching for Spiritual Growth: An Introduction to Christian Education* [Enseñar para el crecimiento espiritual: introducción a la educación cristiana] (Grand Rapids: Zondervan, 1994), 16.

[11] Nick Taylor, "Formación espiritual: cómo fomentar la vitalidad espiritual" en *Christian Education: Foundations for the Twenty-First Century* [Educación cristiana: bases para el siglo veintiuno], ed. Michael J. Anthony (Grand Rapids: Baker Academic, 2001), 91

seña "cosas." El objetivo es la madurez de los estudiantes, lo que requiere diferentes enfoques de los métodos y objetivos de enseñanza. La mayoría puede recordar muy poco de las enseñanzas específicas que escucharon en el grupo de jóvenes, en la iglesia o en programas similares. Fueron lecciones importantes en aquel momento. De vez en cuando podemos recordar una historia clave o un punto específico, pero la mayoría de las enseñanzas que contribuyen a la madurez dependen de las relaciones que giran alrededor de ella.

Antes de discutir la enseñanza, las teorías de aprendizaje y las técnicas, debemos establecer las bases del discipulado para el método y la práctica de la enseñanza cristiana. No podemos subestimar el rol de la enseñanza en el discipulado, como si el crecimiento espiritual no requiriera ningún aporte o guía externa. Tampoco podemos sobrevalorar la enseñanza, e igualar la madurez espiritual con el conocimiento, o algo que hacemos nosotros mismos con el obrar de Dios en el interior de la persona. Cuando establecemos un enfoque equilibrado entre el rol de la enseñanza y el obrar del Espíritu Santo, somos capaces de observar mejor cuál es el lugar que ocupa la enseñanza en ese proceso de maduración.

A medida que lea este capítulo, reflexione acerca de las siguientes preguntas:

1. ¿Qué importancia ha tenido la enseñanza en su crecimiento espiritual en los últimos diez años?
2. Si alguien le preguntara de qué manera han operado la enseñanza y el discipulado en conjunto, ¿cuál sería su respuesta?
3. ¿Cuál fue el rol de la enseñanza en el ministerio de discipulado de Jesús?
4. En el contexto de la enseñanza y el discipulado, ¿qué considera que es más importante: un buen contenido o un buen proceso? ¿Cuáles son las ventajas y las desventajas de su posición?

Si bien es una distinción equivocada tratar de identificar cuáles son las actividades relacionales que corresponden a la enseñanza y cuáles al discipulado, *un discipulador es un maestro, y un maestro cristiano es un discipulador*. El ministerio de Jesús demostró que la enseñanza y el discipulado van de la mano. En general a Jesús lo llamaban maestro (Jn 13:13) o algo similar.[12] Incluso las autoridades judías consideraban su ministerio como el de un maestro (Mt 8:19). Aunque la enseñanza fue una parte importante de su ministerio, las relaciones que mantenía con sus seguidores proporcionaban el "ejemplo vivo" de su mensaje. Los momentos formales de enseñanza, junto con la vida cotidiana que compartían juntos, conformaron un grupo de discípulos que fueron "completamente capacitados" (Lc 6:40-41) para llevar adelante la comisión de Jesús.

> **"La tarea de equipar no implica solamente enseñar habilidades, sino ofrecerles a las personas un crecimiento integral en su forma de vivir y amar a Cristo, para que todo el cuerpo crezca en la madurez en El."**
>
> —Julie A. Gorman, *Community that is Christian,* [Una comunidad que es cristiana] 2da. Ed. (Grand Rapids: Baker Books, 2002), 17.

Muchas veces pensamos que la enseñanza se debe desarrollar en un lugar que se parezca a un salón de clases, lo que nos hace pensar en la escuela. Imagínese cómo habría sido una escena de la Biblia si esta creencia hubiera sido llevado al extremo:

> Viendo la multitud, subió al monte; y sentándose, vinieron a él sus discípulos. Y abriendo su boca les enseñaba, diciendo:
> "Bienaventurados los pobres en espíritu
> Bienaventurados los que lloran
> Bienaventurados los misericordiosos
> Bienaventurados los que tienen hambre y sed de justicia
> Bienaventurados los que padecen persecución
> Bienaventurados sois cuando por mi causa os vituperen y os persigan
> ¡Gozaos y alegraos, porque vuestro galardón es grande en los cielos!"
> Entonces, Simón Pedro preguntó: "¿Tenemos que anotarlo?"
> Andrés consultó: "¿Se supone que deberíamos saber esto?"
> Santiago preguntó: "¿Tendremos un examen acerca de esto?"
> Y Felipe aclaró: "No tengo una hoja para anotar."
> Bartolomé preguntó: "¿Tenemos que entregarlo?"
> Juan reclamó: "¡Los otros discípulos no tuvieron que aprenderlo!"
> Mateo preguntó: "¿Cuándo nos iremos de este lugar?"
> Judas preguntó: "¿Qué tiene que ver esto con la vida real?"

[12] Véanse los ejemplos de Juan el Bautista en Marcos 9:38-39, Simón Pedro en Lucas 7:40-41 y Nicodemo en Juan 3:2.

Entonces, unos de los fariseos que estaba presente le pidió a Jesús ver el currículo y le preguntó: "¿Dónde están los objetivos finales en cuanto al dominio del conocimiento?"
Y Jesús lloró.[13]

Ahora podemos entender el humor de la historia; Jesús intentaba hacer discípulos enseñándoles verdades que modificaban la eternidad. Los discípulos de esta historia no se dieron cuenta porque habían establecidos patrones de simplemente dar respuestas correctas o sentir temor de ser evaluados, mientras que Jesús estaba enseñándoles a transformar sus vidas y a equiparlos para una misión.

Un discipulado integral

El autor James Stewart identifica cinco principios en el ministerio de Jesús que pueden guiar nuestra propia enseñanza.

1. La enseñanza de Jesús tenía autoridad (Marcos 1:27). Su enseñanza estaba acreditada por su vida y sus palabras. Su ejemplo y su contenido no eran dudosos o superficiales, sino que le otorgaban credibilidad a su mensaje.
2. La enseñanza de Jesús no era autoritaria (Jn 6:60-69). Él no imponía ni forzaba a sus seguidores a que hicieran caso a su mensaje, simplemente presentaba el costo del discipulado, animaba a los que lo escuchaban a que respondieran y luego permitía que las personas confrontaran la verdad.

> Es fácil leer rápidamente los cinco principios de Stewart y asumir que los entendemos. Si los lee nuevamente y piensa en los maestros que han tenido dificultades con los mismos, se hace evidente que no se logran automáticamente. De hecho, si somos honestos, probablemente tengamos que trabajar en uno o dos de estos principios.

3. La enseñanza de Jesús incentivaba a las personas a pensar (Mt 16:13-15). El uso de parábolas y preguntas no proporcionaban respuestas fáciles

[13] *"The Other Sermon on the Mount,"* [El otro Sermón del Monte] http://webserv.jcu.edu/bible/Humor/MountSermon.htm. La primera vez lo vi en el libro de Peter L. Stenke, *How Your Church Family Works: Understanding Congregations as Emotional Systems* [Cómo funciona su familia eclesiástica: entendamos a las congregaciones como sistemas emocionales] (Guilford, CT: Rowman & Littlefield, 2006). ¡La mayoría de los maestros de jóvenes reconocerían a algunos de sus estudiantes en alguna parte de la parábola!

ni requerían respuestas por repetición. Jesús animaba a sus seguidores a pensar por sí mismos y a responder luego de haber considerado cuidadosamente la verdad.

4. Jesús vivía lo que enseñaba (Jn 8:46). Jesús les demostró a sus discípulos la manera en que quería que ellos vivieran, sirvieran (Jn 13) y amaran a otros (Juan 17). El enfoque "ejemplificador" de la enseñanza de Jesús apoyó su contenido de tal manera que sus discípulos entendieron lo que él quería decirles y pudieron seguir fácilmente ese ejemplo en su ministerio.
5. Jesús amaba a aquellos a quienes enseñaba (Jn 15:12). Esto era evidente cuando estaba con sus discípulos y cómo se relacionaba con ellos. [14]

Cuando un joven instruido (un abogado o maestro de la ley) se acercó a Jesús y le preguntó acerca de la vida eterna, Jesús hizo referencia a la ley.

> Y he aquí un intérprete de la ley se levantó y dijo, para probarle: "Maestro, ¿haciendo qué cosa heredaré la vida eterna?" Él le dijo: "¿Qué está escrito en la ley? ¿Cómo lees?" Aquél, respondiendo, dijo: "Amarás al Señor tu Dios con todo tu corazón, y con toda tu alma, y con todas tus fuerzas, y con toda tu mente; y a tu prójimo como a ti mismo." Y le dijo: "Bien has respondido; haz esto, y vivirás." (Lc 10:25-28).

La respuesta de Jesús refleja un entendimiento del aprendizaje integral. Debe amar a Dios en el dominio cognitivo (su mente), el dominio afectivo (su corazón y su alma) y en el dominio psicomotor (su fuerza). Un discipulador está interesado en aprender acerca de la mente, el corazón y las manos, que ilustran los tres diferentes dominios de aprendizaje. Entonces, por ejemplo, cuando memoriza las Escrituras (cognitiva) puede conducirnos a una apreciación más profunda de la riqueza del texto (afectiva), lo que a su vez producirá una mayor seguridad en nuestra voluntad para obedecer (psicomotora) lo que las Escrituras enseñan. Ya sea que estos objetivos de aprendizaje hayan sido intencionales o casuales, de igual manera conducen a una fe madura.[15]

---

[14] James Stewart, *The Life and Teaching of Jesus Christ* [La vida y enseñanza de Jesucristo] (Nashville: Abingdon, 2000), 64–71.

[15] Existen otros ejemplos del discipulado y la enseñanza cristianos; éste es solo

Si el objetivo de enseñar para el discipulado es presentar "madurez en Cristo" (Col 1:28-29), entonces nuestra enseñanza debería darle forma a una madurez que se refleje en lo que los estudiantes piensan, sienten y hacen. Queremos que nuestros estudiantes piensen no solo que sepan. A medida que enseñamos, deseamos que vayan más allá de las palabras para que descubran el significado detrás de ellas. Deseamos que tengan algo más que una teología de "calcomanías" en la que pueden decir frases cortas atrayentes, pero no pueden relacionar su significado con ninguna estructura o conexión con la fe cristiana.

Con ese fin, el doctor Rick Yount describió que los maestros necesitan hacer lo siguiente:

- *Enfatizar los conceptos más que las palabras.* Muchas veces utilizamos palabras o frases y asumimos que nuestros estudiantes saben lo que significan, y muchas palabras en las Escrituras pueden tener múltiples significados. Enseñar los distintos significados ayuda a los estudiantes a pensar y a estudiar por su cuenta, una habilidad importante en el discipulado.
- *Realizar más preguntas y proporcionar menos respuestas.* Los estudiantes se sienten comprometidos cuando tienen que contestar una pregunta, y generalmente desarrollan preguntas adicionales por sí mismos.
- *Plantear problemas en la enseñanza en vez de otorgar razones.* Plantear problemas genera una tensión que produce un fortalecimiento del pensamiento y la convicción. También previene la dependencia.
- *Proporcionar ejemplos en vez de hechos.* No existe mejor manera para conectar una verdad profunda con las realidades contemporáneas que utilizar ejemplos, historias e ilustraciones.[16]

Quizás una palabra útil en lugar de *enseñar* sea *preparar*. En general escuchamos la palabra *equipar*, pero enseñar a equipar a otros a veces no es muy diferente de la enseñanza con enfoques que solo ofrecen contenido. Y al finalizar el proceso, los estudiantes no

---

uno de ellos. Algunos creyentes presentan alguna discapacidad que hace que les resulte difícil memorizar las Escrituras.

[16] Adaptado de William R. Yount, *The Teaching Ministry of the Church* [El ministerio de enseñanza de la iglesia] (Nashville: B&H, 2008), 197–99.

están listos para realizar prácticamente nada. Estar preparados significa estar en posición, listos, entrenados y capacitados. Entonces, ¿qué se necesita para que nuestros estudiantes estén preparados como discípulos? ¿Qué es lo que eso requiere de la manera en que enseñamos?

¿Por qué enseñamos?

¿Por qué les enseñamos a las próximas generaciones? En situaciones ideales, un padre o una madre responderían de varias maneras.[17] Los padres les enseñan a sus hijos para prepararlos para cuando llegue el momento en que tengan que tomar decisiones por sí mismos. Los padres enseñan porque se sienten obligados por el amor que les tienen a sus hijos e hijas, y tienen un sentido de urgencia por compartirles lo que saben acerca de alguna tarea o desafío que sus hijos enfrenten. La mayoría de los padres desean que sus hijos pasen de ser niños a ser adultos maduros, una maduración que lleva tiempo, resistencia e intencionalidad.

Con valores similares, nosotros le enseñamos a la próxima generación. Si vivimos vidas auténticas como discípulos de Jesús, entonces tenemos algo que *debemos* compartir; y lo hacemos porque amamos a los demás. Compartimos contenido (es decir, los principios del reino) a través de un proceso (relaciones combinadas con conversaciones con intencionalidad) de una forma (esperemos) natural. Enseñar es tan natural en el proceso de formar discípulos que la intencionalidad de las interacciones de Jesús con los discípulos (los doce y otros) es abrumadora. En base a su historial podemos ver que utilizaba escenarios (¿han pescado algo?), elementos (como una higuera), conocimiento local (¿me darías agua para beber?) y tradiciones (escucharon que se ha dicho). Para el Jesús maestro, el *discipulado*; vivir en relación con los doce y con otros, formó parte del historial del reino.

El apóstol Pablo fue un maestro que entendía la importancia de la presencia, la relación y el ejemplo. Muchas veces, Pablo invitaba a los creyentes a seguir su ejemplo, así como él seguía el de Cristo (1 Co 4:16; Fil 3:17; 4:9; 2 Ts 3:7-9; Tit 2:7). Les recordó a los tesalonicenses su comportamiento y ejemplo, sin ser vanidoso ni engañoso, sino más bien con una postura amable y paciente (1 Ts 2).

---

[17] No todos tienen padres amorosos que están presentes, y no todos los padres tienen hijos que acatan sus instrucciones o siguen su ejemplo.

Quizás el apoyo que le brindó Pablo a Timoteo sirva como un ejemplo sólido de cómo están conectados el discipulado y las relaciones interpersonales: "Lo que me has oído decir en presencia de muchos testigos, encomiéndalo a creyentes dignos de confianza, que a su vez estén capacitados para enseñar a otros." (2 Ti 2:2). Existen cuatro grupos de discípulos en este versículo: Pablo, Timoteo, personas de confianza[18] y otros. Pablo le enseñó a Timoteo, a quien le pidió que repitiera y enseñara a personas de confianza, quienes a su vez harían lo mismo con otras personas. Los discípulos se multiplican mediante la enseñanza y la influencia.

Debemos tener en cuenta ciertas precauciones cuando consideramos la relación entre el discipulado y la enseñanza intencional. De acuerdo con el teólogo Andrew Root, si mantenemos una relación con los estudiantes para poder enseñarles o influenciarlos, existe el riesgo de que seamos deshonestos. Refiriéndose al ministerio que realizaba con adolescentes en los barrios de Los Ángeles, detalló lo siguiente:

> Tuve que ser sincero conmigo mismo: estaba intentando influenciarlos. Estaba tratando de que aceptaran, conocieran, confiaran, creyeran o participaran de algo que yo creía que era lo mejor para ellos, con la idea de que eso los corregiría. Sin embargo, mi deseo de influenciarlos realmente me impedía *estar con ellos*, de un modo verdaderamente profundo. Tal como me lo recordó mi esposa, las verdaderas relaciones establecen sus propios términos de interacción (en lugar de definirse por las motivaciones de una persona).[19]

Como discipulador, Jesús se relacionaba principalmente con los doce. Les entregó su vida, caminó con ellos y, sin lugar a dudas, los influenció. Sin embargo, uno de los doce no compartía para nada la visión de Jesús acerca del reino. A pesar de eso, durante la última cena que los discípulos compartieron antes de la crucifixión, Jesús lavó los pies de Judas. La relación y el ministerio no dependían de que comprendieran el objetivo de la enseñanza de Jesús o siquiera que la obedecieran, aunque al final lo hicieron prácticamente todos.

---

[18] Las traducciones en inglés varían, pero la palabra griega para *anthrōpoi* se refiere tanto a hombres como a mujeres.

[19] Andrew Root, *Relationships Unfiltered* [Relaciones sin reservas] (Grand Rapids: Zondervan/Youth Specialties, 2009), 17.

La relación era integral a la enseñanza y al discipulado, y a menudo lo que sucedía en la relación era importante para la enseñanza.

Modelos de discipulado

No faltan materiales ni recursos que hablen sobre el tema del discipulado y, sin embargo, no hay claridad o consenso sobre el significado del mismo. Cada iglesia o ministerio opera conforme a su propio entendimiento del texto bíblico. El autor Michael Wilkins ha identificado cinco modelos importantes que le dan forma a la manera en que se entiende el discipulado en la actualidad.[20]

Los discípulos son aprendices. La palabra griega para discípulo, *maghthv (matee-te-s)*, proviene del verbo aprender y era utilizada para describir a "una persona que se somete a la autoridad de un gran maestro para ser enseñado, aunque no existe referencia si la persona es cristiana o no."[21] Sin embargo, el uso del término en las Escrituras parece significar mucho más que un estudiante e incluye una postura de seguimiento y devoción personal (ej., Hch 11:26).

Los discípulos son cristianos comprometidos. Esta visión considera al discipulado como un paso posterior a la salvación. Este modelo contempla el desafío de Jesús de "calcular el costo" y se enfoca en aquellos que dejaron todo para seguir a Jesús, comparado con las multitudes y los creyentes "ordinarios."[22] Comúnmente este modelo se usa en la actualidad, pero también presenta algunos problemas. Primero, cuando Jesús invitó a otras personas a calcular el costo, ¿fue un llamado a la salvación o a un compromiso más profundo (Véase Mt 19:16-22 y Lc 14:25-33)? Segundo, si asumimos que este modelo implica que existen cristianos menos maduros y otros más comprometidos, es difícil otorgarle fundamento bíblico a este "sistema de dos clases" de cristianos.[23]

Los discípulos son ministros. Este modelo considera a los discípulos como personas a quienes Jesús llamó al ministerio y, por lo tanto, son llamados a servir a otros en el ministerio y en las misiones. Este modelo es predominante en las tradiciones de las iglesias

[20] Michael Wilkins, *Following the Master: A Biblical Theology of Discipleship* [Sigamos al Maestro: teología bíblica del discipulado] (Grand Rapids: Zondervan, 1992), 26–33.

[21] Ídem, 26.

[22] Ídem, 28.

[23] Ídem, 29.

que distinguen entre el clero (los pastores) y los laicos, y que a su vez tienen una estructura jerárquica fuerte. Wilkins describe que este modelo tiene problemas ya que, también, crea una estructura de dos niveles y es difícil respaldar el uso de "discípulos" y otras palabras utilizadas en el Nuevo Testamento.

Los discípulos son los convertidos; el discipulado viene después. Este modelo separa la salvación del discipulado. "Hacer discípulos" es cuando las personas se convierten y, el discipulado es algo que comienza después. El problema es que la comisión de hacer discípulos también incluye "bautizar" y "enseñar" en su mandato. Wilkins pregunta si es siquiera posible ser un discípulo sin involucrarse en el discipulado.

Los discípulos son los convertidos que se encuentran en el proceso del discipulado. Este modelo considera al discipulado no como un segundo paso opcional, sino como el significado de ser cristiano. A medida que Jesús llamaba a las personas para que se acercaran a él, también enviaba a otras personas para que hicieran discípulos, lo que daba a entender que "el crecimiento en el discipulado era el resultado natural de la vida nueva del discípulo."[24] Esta es una visión ampliamente adoptada del discipulado, aunque el énfasis puede variar en distintos aspectos como el compromiso personal, el impacto del discípulo en la sociedad, el crecimiento dentro de la comunidad de creyentes o el foco en un ministerio misionero.

¿Qué modelo es el que mejor caracteriza al que usted ha escuchado en su iglesia? ¿Cuál es el que le resuena a medida que comienza a comprender de qué se trata el discipulado? ¿Por qué sostiene esa posición?

Quizás la mejor forma para comenzar a descifrar la manera en que pensamos acerca del discipulado es terminar la siguiente frase: *Si alguien es un verdadero discípulo de Jesús, entonces* él *o ella…* La manera en que concluyamos esta frase establecerá cómo pensamos acerca del discipulado y cómo presentamos su esencia a los demás. Esto se da particularmente cuando les enseñamos a los jóvenes. Somos rápidos para reducir las complejidades a frases cortas para que puedan entenderlas fácilmente. Cuando lo hacemos, podemos presentar involuntariamente una forma del discipulado que podría no ser fiel a las Escrituras o que ofrezca solamente una visión parcial.

---

[24] Ídem, 32.

Wilkins define a un discípulo como "una persona que ha venido a Jesús para alcanzar la vida eterna, que ha declarado a Jesús como salvador y como Dios y que ha iniciado el camino para seguir a Jesús."[25] En el libro de Hechos, la palabra discípulo es sinónimo de aquellos que son creyentes (Hch 4:32; 6:7; 9:26; 11:26). Wilkins agrega que normalmente la forma de la palabra aparece en plural, lo que muestra que los creyentes son considerados como parte de una comunidad de discípulos. Por lo tanto, cuando hablamos acerca del discipulado cristiano, hablamos sobre lo que significa crecer como cristiano en todas las áreas de la vida: "Discipulado y discipular significan vivir una vida completamente humana en este mundo en comunión con Jesucristo y crecer conforme a su imagen."[26]

Existen al menos dos formas en las que la enseñanza interactúa con el discipulado. En primer lugar, enseñar informa al discipulado. Durante un período de tiempo de enseñanza inusualmente intensivo, pareciera que Jesús sintió la urgencia de enseñar acerca del discipulado mientras que contemplaba el camino difícil que aún le quedaba por recorrer. Lucas 9:51 establece que Jesús se enfocó en Jerusalén, donde tendrían lugar la crucifixión, el entierro y la ascensión. En Lucas se encuentran tres historias consecutivas en las cuales Jesús enseñó acerca de los requisitos del discipulado. Todas las veces la palabra *seguir* se utiliza para invitar a las personas a convertirse en discípulos de Jesús. En la primera historia, un hombre prometió seguir a Jesús a donde sea que fuere (Lc 9:57). En la segunda historia, un hombre prometió convertirse en su discípulo apenas se hubiese despedido de su familia (Lucas 9:59). En la tercera historia, un hombre le dijo a Jesús: "Señor, déjame que primero vaya y entierre a mi padre." Jesús realizó una introducción a esta sección con una lección acerca del discipulado y del compromiso: "Y decía a todos: 'Si alguno quiere venir en pos de mí, tome su cruz cada día, y sígame. Porque todo el que quiera salvar su vida, la perderá; y todo el que pierda su vida por causa de mí, éste la salvará.'" (Lc 9:23-24).

Estas tres historias muestran algunas de las típicas respuestas a la enseñanza *sobre* el discipulado. Jesús instruyó acerca del compromiso necesario para ser un discípulo. Enseñar informa al discipulado.

---

[25] Ídem, 40.

[26] Ídem, 42.

Enseñar también organiza el discipulado. El apóstol Pablo esperaba que el discipulado se duplicara de generación en generación. El proceso se describe en 2 Timoteo 3:14-17:

> Pero persiste tú en lo que has aprendido y te persuadiste, sabiendo de quién has aprendido; y que desde la niñez has sabido las Sagradas Escrituras, las cuales te pueden hacer sabio para la salvación por la fe que es en Cristo Jesús. Toda la Escritura es inspirada por Dios, y útil para enseñar, para redargüir, para corregir, para instruir en justicia, a fin de que el hombre de Dios sea perfecto, enteramente preparado para toda buena obra.

Cuando le enseñamos a un discípulo en el contexto de una relación que no está basada en un plan específico, sino que su motivación principal es el amor, como un padre hacia un hijo o una hija, las lecciones se trasladan de la cabeza hacia el corazón, pasan de ser "aprendidas" a volverse una "convicción." El discípulo es consciente de quiénes son sus maestros, en el caso de Timoteo, Pablo se refirió a su madre, a su abuela y a él mismo. Enseñar las verdades de las Escrituras le brinda al discípulo sabiduría que apunta a la fe, y el texto es confiable para el desarrollo del discípulo.

Preguntas y actividades

1. ¿Cuál es el error común sobre la enseñanza y la educación cristiana que el autor intenta abordar?
2. Investigue cómo define o describe el discipulado un grupo o denominación con el que usted esté familiarizado. ¿De qué manera parece afectar su definición el enfoque que le da a la enseñanza?
3. Cuando enseña, ¿hace énfasis en la importancia de pensar, sentir o hacer? ¿De qué manera podría ofrecer una enseñanza más integral y apoyar las otras áreas?
4. ¿Cuál era el contenido de la enseñanza de Jesús? ¿Qué rol cumplió el contenido teológico en su discipulado y enseñanza?
5. Escriba tres ejemplos (de su vida o de otras personas que conozca) que muestren porqué los maestros necesitan equilibrar el contenido y la relación con respecto al discipulado.

Lectura adicional

Mulholland, Robert M. *Invitation to a journey: a roadmap for spiritual formation.* [Invitación a realizar un recorrido: una hoja de ruta para la formación espiritual], Downers Grove, IL: InterVarsity, 1993.

Packer, J. I. Knowing God. Downers Grove, IL: InterVarsity, 1993.

Wilkins, Michael. *Following the Master: a biblical theology of discipleship* [Sigamos al Maestro: teología bíblica del discipulado]. Grand Rapids: Zondervan, 1992.

Willard, Dallas. *The great omission: reclaiming Jesus's essential teachings on discipleship* [La gran omisión: reclamar las enseñanzas esenciales de Jesús sobre el discipulado]. New York: HarperCollins, 2006.

2

Desarrollar una teología de la educación

JEFF KEUSS

Una de las declaraciones más antiguas que habla sobre el significado de educar para la fe se encuentra en el Antiguo Testamento, después de que Moisés recibiera los mandamientos de Dios que les brindarían dirección y protección a los israelitas mientras viajaban hacia la tierra y hacia la promesa que el Señor tenía preparadas para ellos. Deuteronomio 6:4–7 establece los elementos esenciales por los cuales los israelitas debían vivir bajo el cuidado y la provisión sustentadora de Dios; fueron llamados a "escuchar" atentamente, enfocarse intencionalmente en quién es el Señor y luego enseñarle eso mismo a la siguiente generación. En estos versículos observamos el gran llamado a educar por el bien de la fe, al pedirnos que desarrollemos una teología de la educación en caso de que queramos responder a ese llamado:

> Oye, Israel: Jehová nuestro Dios, Jehová uno es. Y amarás a Jehová tu Dios de todo tu corazón, y de toda tu alma, y con todas tus fuerzas. Y estas palabras que yo te mando hoy, estarán sobre tu corazón; y las repetirás a tus hijos, y hablarás de ellas estando en tu casa, y andando por el camino, y al acostarte, y cuando te levantes.

Hace mucho tiempo atrás, en el siglo catorce, William Langland reflexionó: "La teología siempre me ha causado muchos problemas. Cuanto más medito e indago en ella, más oscura y confusa me parece. Ciertamente no es ninguna ciencia de una sutil invención, y sin amor, no sería para nada buena. Pero la amo porque valora el amor por sobre todas las cosas; y nunca falta la gracia donde lo primero es el amor."[27]

Es cierto que la teología causa problemas a muchas personas ya que, de hecho, parece algo "oscura y confusa" cuanto más indagamos en las clásicas preguntas acerca de la soberanía de Dios, el problema del mal, la naturaleza de la salvación y la naturaleza del reino de Dios. Sin embargo, como educadores de jóvenes, no deberíamos temer o evitar las preguntas o temas teológicos complejos. Con sensibilidad hacia las tradiciones de nuestra denominación y con enfoques apropiados para la edad, podemos ayudar de manera efectiva a desarrollar el pensamiento teológico de los jóvenes de la actualidad.

Como destacó el erudito del Antiguo Testamento Walter Brueggemann,[28] la formación de fieles seguidores de Dios se encuentra enmarcada por el canon sagrado de las Escrituras mediante personas que comparten y se comprometen con un Dios santo que es sumamente misterioso y, sin embargo, se encuentra disponible para nosotros. La recopilación del Antiguo Testamento en la Torá, los Profetas y Escritos fue un marco alrededor del cual los creyentes debían centrar su entendimiento colectivo de lo que implica profundizar en el recorrido de su vida con Dios (Jer 18: 18a).

Una teología de la educación en parte comienza cuando reconocemos que atravesamos ciclos en nuestro camino en la fe. Tenemos momentos de total claridad en los cuales sabemos quiénes somos ante Dios y lo que Él desea de nosotros. Asimismo, atravesamos periodos de luchas con puntos en conflicto acerca de nuevas perspectivas y diferentes puntos de vista que necesitan conciliarse con nuestro entendimiento de la fe. En otras ocasiones, descansamos en el misterio de Dios, que está siempre presente, siempre con sanidad, siempre acercándonos con sus abrazos de amor. Y en otros

[27] William Langland, *Vision of Piers Plowman* [Pedro el labrador] (Nueva York: Everyman, 1995).

[28] Walter Brueggemann, *The creative word: canon as a model for biblical education* [La palabra creativa: el canon como modelo para la educación bíblica] (Filadelfia: Fortress, 1982).

momentos, ese abrazo pareciera que nos evade. Brueggemann resume que nuestro llamado a educar por el bien de la fe que surge de las Escrituras es un llamado a enseñarle a la próxima generación certeza, quebranto y misterio. Otra manera de pensar acerca de esto se encuentra en los títulos de tres himnos tradicionales: "Qué firmes cimientos" (certeza), "Estoy bien con mi Dios" (quebranto) y "El profundo amor de Cristo" (misterio). Estos tres componen en partes iguales la vida cristiana.

Crear un espacio donde la teología se materialice en la comunidad

Existen muchas maneras de definir el significado de teología. Etimológicamente, "teología" significa "el hablar de Dios" (teo [griego] = "Dios"; logos [griego] = "palabra, discurso, razonamiento") y resalta la importancia del diálogo entre las personas. Participar del "hablar de Dios" es permitir un espacio en el cual buscar a Dios puede resultar en plenitud de sabiduría y verdad. Stephen Pattison y James Woodward presentaron una definición de teología cuyo significado es "un lugar donde la fe, la tradición y la práctica religiosa se reúnen con las experiencias, interrogantes y acciones contemporáneas y conducen hacia un diálogo que es enriquecedor, intelectualmente crítico y muy probablemente transformador para ambas partes."[29] De esta forma, la disciplina académica de la teología ha ampliado su alcance más allá de lo que Edward Farley una vez denominó "el paradigma clerical", que consideraba a la teología de la educación simplemente como una capacitación profesional del clero. Desde que la iglesia se ha adentrado en el siglo veintiuno, considera a la teología de la educación como un paradigma más abarcativo que, si bien mantiene como su tarea principal capacitar y equipar a las personas para el bien del ministerio, ahora también llama a los creyentes a que tengan una manera clara de ver e involucrar a Dios en todos los aspectos de la vida.

En *To know as we are known* [Conocer de la forma en que somos conocidos], Parker Palmer considera a la educación como un recorrido espiritual en el sentido más verdadero de una profunda fe cristiana.

---

[29] Stephen Pattison y James Woodward, "Una introducción a la teología pastoral y práctica", en *The Blackwell Reader in Pastoral and Practical Theology* [El lector de Blackwell en: Teología pastoral y práctica], ed. Stephen Pattison y James Woodward (Hoboken, NJ: Wiley-Blackwell, 2000), 9.

Basado en su propia tradición de fe como cuáquero, Palmer cree que la educación que es verdaderamente significativa será moldeada por la fe *al crear un espacio en el cual el entendimiento encarnado se practique a través de la comunidad.*[30] Examinemos cada aspecto de esta frase.

Crear un espacio

Considerar que la primera tarea de la teología de la educación sea "crear un espacio" es permitir que surjan nuevas ideas y que se les otorgue una nueva voz a las ideas antiguas. Los estudiantes vendrán al espacio educativo con el desorden de las experiencias pasadas y las voces que pueden distraerlos de, o incluso silenciar, la habilidad de escuchar algo nuevo o revolucionario. Por lo tanto, volver al llamado de Deuteronomio 6 de amar a Dios con todo nuestro corazón, con toda nuestra alma y con toda nuestra fuerza requerirá que el educador ayude al estudiante a que pueda abrir un espacio en su corazón, en su alma y en sus fuerzas para que reciba lo que Dios quiera decirle, cuestionarle, redimirle y llevar a la acción.

Si nosotros como líderes cristianos no permitimos que se genere el espacio para que surjan nuevas voces y nuevas maneras de pensar y creer, entonces la educación podría convertirse simplemente en la trasferencia de información sin procesar o, lo que es peor, en el silenciamiento de nuevas perspectivas sobre las cuales el profesor y otros estudiantes pudieran crecer. En este sentido, la teología puede limitar el espacio para que surjan nuevas perspectivas. Como lo declaró Henri Nouwen, enseñar se puede degenerar fácilmente en un consumismo rabioso para "obtener solo los hechos" (memorizar el dogma sin pensar, delimitar sermones en tres secciones, entre otros), con los maestros como los vendedores y los estudiantes como los consumidores. Nouwen afirma lo siguiente: "Mientras que la enseñanza se lleve a cabo en un contexto [cerrado] está sentenciada a volverse un proceso violento y a provocar un círculo vicioso de acción y reacción... El maestro que elige transitar este camino se verá forzado a participar de un proceso que por naturaleza es competitivo, unilateral y alienante. En resumen: violento."[31]

---

[30] Véase Parker Palmer, *To Know as We are Known: Education as Spiritual Journey* [Conocer de la manera en que somos conocidos: la educación como un viaje espiritual] (Nueva York: HarperSanFrancisco, 1993).

[31] Henri J.M. Nouwen, *Creative Ministry* [Un ministerio creativo] (Nueva York: Doubleday, 1991), 6.

En contraste con esta noción, crear un espacio como el primer paso hacia una teología de la educación es dejar de lado la necesidad de forzar el proceso de educación con el fin de llegar a una conclusión. Crear un espacio es exponer nuestra necesidad de completar un tema, apurarse a terminar una lección, darles a los estudiantes solamente la respuesta sin que puedan tomarse el tiempo para aprender en profundidad, como una necesidad potencial de controlar y dominar, y nuestra falta de disposición para ser transformados por nuevas maneras de pensar y de actuar en el mundo.

Crear un espacio en el ministerio involucra un proceso *redentor* inherente, que sugiere que muchas voces encuentren nuevas conexiones, en vez de ser una competencia en la cual una sola persona debe tener la razón por sobre, y contra, todas las demás. Al crear un espacio, debemos reflexionar acerca de los problemas de la vida real para poder unir el llamado de Dios con el individuo y con la iglesia con las profundas necesidades del mundo por el cual Jesús vivió y murió. Por lo tanto, el objetivo de un maestro cristiano teológicamente astuto es fomentar un "espacio" atractivo que sea acogedor y transformador tanto para el maestro como para el alumno.

Entendimiento encarnado

A medida que nos adentramos en un espacio que es acogedor y agradable, la teología de la educación debe reflejar el llamado de Cristo, un evento de encarnación que no solo se encuentra en nuestra mente sino también en nuestro cuerpo, en nuestra manera de vivir activamente y en movimiento en el mundo. Cuando revisamos los fundamentos de la teoría educativa encontrados en los escritos de Aristóteles, observamos que el hecho de ser personas completamente revestidas de propósito implica vivir éticamente en el mundo como personas de carácter. Aristóteles hizo esta aclaración y distingue entre *theoria* (pensamiento contemplativo) y *phronesis* (razonamiento puesto en práctica). Con respecto a la *phronesis*, Aristóteles sostenía que la manera en que una persona discierne el bien del mal en las experiencias de la vida siempre depende de la identidad, los roles sociales, las creencias y las tradiciones de esa persona dentro de una sociedad que la desafía a vivir como agente moral, antes que cualquier principio moral teórico y objetivo del accionar humano. Por lo tanto, las decisiones éticas deben basarse en y a través de una manera de vida que esté *encarnada*, en vez de basarse solamente en "una idea en mi cabeza." Por este motivo, la teología cristiana necesita hacer que las comunidades avancen más y más hacia "modelos transformadores para la verdad"[32] donde la acción como personas éticas de carácter es el objetivo, en vez de aceptar y memorizar buenas ideas que no impliquen ningún requisito para hacer realidad el llamado del evangelio de Cristo en el mundo. Cierto teólogo lo expresó de la siguiente manera: "Un sistema teológico, en principio, debería satisfacer dos necesidades fundamentales: la declaración de la verdad del mensaje cristiano y la interpretación de esta verdad para cada nueva generación. La teología oscila entre dos polos: la verdad eterna de su fundamento y la situación temporal en la que esa verdad eterna debe ser recibida."[33]

El desafío que tenemos aquí es bastante significativo: la verdad del evangelio siempre debe ser interpretada como acción vivida en y con nuestro mundo. No es suficiente creer en el evangelio de Jesús; debemos convertirnos en las manos y pies de Cristo si nuestra creencia ha de ser verdadera. De esta forma, la teología de la educación debe desafiar a nuestros estudiantes a vivir, a participar activamente en su mundo.

Que se practique

Esto nos lleva a una tercera forma en la que la teología de la educación debe llevarse a cabo; no solo debe encarnarse, sino que también debe practicarse. La declaración muchas veces citada por el teólogo Emil Brunner acerca de la iglesia puede leerse a la luz de la educación por el bien de la iglesia: "La iglesia existe debido a la misión, así como el fuego existe por la combustión. Donde no hay misión, no hay iglesia; y donde no hay iglesia ni misión, no hay fe."[34] Así como Brunner declaró que la misión es una evidencia de la fe, Dietrich Bonhoeffer afirmó que la evidencia de la reflexión teológica era vivir en el mundo y "vivir la vida un paso a la vez,

---

[32] David Tracy, *The Analogical Imagination* [La imaginación analógica] (Nueva York: SCM, 1981), 71.

[33] Paul Tillich, *Teología sistemática vol. I, La razón y la revelación, el ser y Dios.* (Libros del Nopal, Ediciones Ariel S.A.), trad. Damián Sánchez – Bustamante Páez, A:1, 13.

[34] Emil Brunner, *The Word and the World* [La palabra y el mundo] (Londres: SCM, 1931), 108.

con sus obligaciones y sus problemas, con sus éxitos y sus fracasos, con sus experiencias y sus frustraciones. En dicha vida es que nos arrojamos completamente a los brazos de Dios y *participamos* de sus sufrimientos en el mundo y observamos junto con Cristo en Getsemaní."[35]

Esta participación activa del "sufrimiento en el mundo" es semejante a la declaración de Frederick Buechner de que nuestro llamado a la misión se encuentra en "el lugar donde se cruza nuestra mayor alegría y la profunda necesidad del mundo."[36] Un aspecto central de la teología de la educación es el estímulo de este llamado a participar en el mundo a través de identificar las áreas con mayor necesidad y relacionarlas con los dones y talentos de los respectivos estudiantes. Al aprender acerca del servicio, los viajes misioneros, las prácticas de formación, el liderazgo entre pares y otras formas de vivir nuestra fe para los demás, los estudiantes comienzan a participar de distintos "experimentos en la verdad"[37] que demostrarán que cualquier teología de la educación debe tomar en serio el desafío y la oportunidad que surgen en el llamado a la reconciliación en medio del quebrantamiento del mundo.

El desafío para los estudiantes y maestros de participar en una teología de la educación refleja la comisión de Nouwen de:

> Ayudar a las personas en situaciones muy concretas (personas con enfermedades o con aflicciones, personas con discapacidades físicas o mentales, personas que se encuentran atrapadas en las complejas redes de instituciones seculares o religiosas) para conocer y experimentar su historia como parte de la constante obra redentora de Dios en el mundo. Estas perspectivas y experiencias producen sanidad precisamente porque restauran la conexión quebrada entre el mundo y Dios y crean una nueva unidad en la cual los recuerdos que antes parecían solamente destructivos, ahora son reclamados como parte de un evento redentor.[38]

[35] Dietrich Bonhoeffer, *Prisioner for God* [Prisionero por causa de Dios] (Nueva York. Macmillan, 1954), 169 (énfasis añadido).

[36] Frederick Buechner, *Wishful Thinking* [Ilusión] (Nueva York: Harper & Row, 1973), 95.

[37] Frase obtenida de los subtítulos de la autobiografía de Gandhi

[38] Henri J. M. Nouwen, *The Living Reminder* [La memoria viva] (San Francisco: HarperSanFrancisco, 1988), 26-27.

Al final, estos problemas se solucionan en el espacio formado por la comunidad y a través de ella, que es el cuarto pilar sobre el cual debe desarrollarse una teología de la educación.

A través de la comunidad

La esencia de la teología habla en términos de comunidad como el lugar donde se ubican el significado y la integridad. Martín Lutero declaró que "un cristiano no vive en sí mismo, sino en Cristo y en su prójimo,"[39] y Bonhoeffer afirmó que, a fin de cuentas, el verdadero sentido del significado es una vida vivida para los demás, que es una "transformación de toda la existencia humana en torno a la comprensión de que Jesús 'no existe sino para los demás'... Cristo existe como comunidad."[40] La comunidad más que un lugar territorial necesita reformularse como un espacio en el centro de la vida que permita trascender las diferencias, los cambios de perspectiva, la conciencia de diferentes realidades, el valor para elegir y cambiar, la manifestación del espíritu y la apertura a nuevas posibilidades.

Es lamentable que para algunas personas la noción de comunidad sea considerada solamente una cantidad desmesurada de programas que solo producen cansancio en vez de redimirnos y restaurarnos. Una teología de la educación nos conduce a la gran importancia que tiene una comunidad de responder al clamor del pueblo de Dios que anhela recibir cuidado, intimidad y restauración. En una de sus reflexiones pastorales, Eugene Peterson destaca el siguiente punto:

> Nos hemos vuelto ávidos por la espiritualidad: deseamos vivir en comunidad, y de esa manera experimentar el amor, la confianza y la alegría con los demás. Estamos cansados de ser evaluados en base a cuánto dinero podemos contribuir, y a cuántas cosas podemos hacer. Estamos hambrientos de estar en comunión con Dios, algo que vaya más allá de la satisfacción de nuestro propio ser, de nuestro propio desarrollo. Estamos cansados de que nos hablen *acerca* de

[39] Martín Lutero, "La libertad del cristiano" en *Martin Luther: Selections from His Writings* [Martín Lutero: selecciones de sus escritos], ed. John Dillenberger (Garden City, NY: Anchor, 1961), 80.

[40] Dietrich Bonhoeffer, *Resistencia y sumisión: cartas y apuntes desde el cautiverio*, ed. Eberhard Bethge, trad. José J. Alemany (Salamanca: Ediciones Sígueme, 2001), 266.

> Dios. Recurrimos a nuestros líderes en busca de ayuda, y pareciera que no comprenden de qué estamos hablando. Nos inscriben en un programa para el manejo del estrés. Nos reclutan para realizar un viaje a Tierra Santa...Cuando pareciéramos desinteresados, hablan más rápido y más fuerte. Cuando comenzamos a ir en otra dirección, contratan un consultor en relaciones públicas para que realice una campaña diseñada para atraernos a nosotros y a nuestros amigos... Pero no *nos* atraen. Estamos tras lo que vinimos a buscar en primer lugar: intimidad y trascendencia, amigos personales y un Dios personal, amor y adoración.[41]

Peterson nos recuerda que una teología de la educación es un movimiento en la comunidad, pero no una comunidad que abandona "lo que vinimos a buscar en primer lugar." Si volvemos al llamado del pueblo de Dios que encontramos en Deuteronomio 6, observamos que el pueblo debe transitar el camino en conjunto, hablar unos con otros, escribir recordatorios acerca de la bondad de Dios en las paredes y en los marcos de las puertas de sus casas, capacitar a la próxima generación para que hagan preguntas y dialogar en unidad e intimidad. Estos movimientos y conversaciones suceden en el contexto de relaciones profundas.

Sin embargo, la comunidad en el contexto de una teología de la educación no es simplemente una suma de individuos que permanecen sin ningún tipo de cambio y sin ser desafiados en sus relaciones. Estar en comunidad implica ser transformado cada vez más a la imagen de Dios, junto a otros hermanos en profunda unidad. Uno de los padres del desierto cristiano del siglo cuarto, Abba Poemen, utilizó la analogía del agua que gotea lentamente sobre una piedra dura para describir el proceso por el cual un discípulo es transformado por la Palabra de Dios: "La naturaleza del agua es suave, mas la de la piedra es dura. Pero si se coloca una botella sobre la piedra, que permita que el agua caiga gota a gota, poco a poco la perfora. Del mismo modo, la palabra de Dios es suave y nuestro corazón es duro; sin embargo, cuando el hombre oye con frecuencia la palabra de Dios, se abre su corazón al temor de Dios."[42]

---

[41] Eugene Peterson, *Subversive Spirituality* [La espiritualidad subversiva] (Grand Rapids: Eerdmans, 1997), 36-37.

[42] Abba Poemen, *Los apotegmas de los padres del desierto: la colección alfabética*, trad. P. Martín Elizalde,183.

Uno de los aspectos esenciales de la teología de la educación es reconocer que la transformación lleva tiempo y que requiere un desgaste de aquello que previene que experimentemos la intimidad y el llamado de Dios en su totalidad. Se ha dicho varias veces que una de las cualidades que unifica a todos aquellos que son llamados por Jesús para "ir y seguirlo" es que todos dejan algo detrás para poder viajar con él.

Contexto: Una teología de la educación se encuentra firmemente plantada en el aquí y ahora

Con el objetivo de enseñar efectiva y proféticamente a la luz del ministerio de Jesús, debemos considerar el lugar y las personas a las cuales les enseñamos, y a dónde las estamos llamando a ir. De la misma manera en que Israel fue llamado desde su cautividad hacia una nueva tierra, y así como el apóstol Pablo modificaba su mensaje misionero del evangelio dependiendo si predicaba en Atenas o le escribía a Corinto desde lejos, así debe prestar atención nuestra teología de la educación al contexto en el cual nuestra enseñanza se lleva a cabo.

Con demasiada frecuencia la educación comienza objetivamente, sumergiéndose en las doctrinas y en la historia de la iglesia a la distancia, como si nuestra situación actual no importara. Al haber dejado atrás el siglo veinte y habernos adentrado en el siglo veintiuno, nos encontramos con diferentes interrogantes contextuales acerca de la raza, el género, la sexualidad, la pobreza, la globalización cultural, las grietas denominacionales y el incremento de nuevos modelos de iglesia y comunidades de fe, entre otros. Si observamos las primeras iglesias del Nuevo Testamento, podemos ver que cada comunidad fue llamada para responder a las distintas necesidades de su lugar y de su pueblo. Cada una de las iglesias citadas en las epístolas del Nuevo Testamento (Corinto, Filipo, Éfeso, Roma) tenía un llamado espiritual distinto, como lo demuestra el hecho de que están incluidas en nuestro canon de las Escrituras y se considera que no van a repetirse. Ninguna comunidad es igual a otra. Esto debería hacer que nos detengamos un momento antes de intentar reclamar una noción homogénea de la "iglesia del primer siglo."

Las iglesias primitivas que surgieron a partir del derramamiento del Espíritu Santo en Pentecostés tenían desafíos únicos, historias y personas que hablaban con una sabiduría particular y profetizaban en un contexto específico a través de un evangelio de importancia universal. Esto nos desafía a recordar que nuestra teología de la educación necesita ser moldeada por los interrogantes y las problemáticas de nuestra comunidad local y de las personas que Dios traiga a ese lugar y en ese tiempo.

El canon y la comunidad

Una teología de la educación considera las Escrituras, dialoga con las Escrituras y escucha a los intérpretes de las Escrituras a través de los tiempos. Leer Hebreos 11 es similar a ojear un álbum de fotos familiar organizado como un libro de texto para enseñar acerca de la fe. Nombre tras nombre está subrayado y conectado textualmente a nuestro canon de las Escrituras para enlazar al lector con la forma en que se debe entender y vivir la fe ("Por fe…, por fe…, por fe…). Cuando Dios tiene algo realmente importante para decir, siempre lo hace con un ejemplo vivo; y Hebreos 11 testifica acerca del hecho de que aprendemos la fe a través de las vidas e historias de otras personas, al extendernos hacia el pasado y proseguir hacia el futuro. No importa de qué manera lo miremos, la teología del pueblo de Dios es la historia y la vida del pueblo de Dios completamente encarnada y hecha realidad en fidelidad. Walter Brueggemann resume el llamado del Antiguo Testamento a la educación bíblica: "La forma principal de la educación en la iglesia, derivado de la Torá, es la historia. Existe una coincidencia crucial entre el modo de la historia y la sustancia de lo que se cuenta. El problema surge en la comunidad de la fe cada vez que nos movemos del lenguaje de la historia. Tan pronto como realizamos este movimiento, creamos una incongruencia entre nuestras convicciones y la manera en que hablamos acerca de ellas."[43]

> El erudito del Nuevo Testamento N.T. Wright sostiene que cuando enseñamos, como primera medida debemos situarnos a nosotros mismos en nuestro contexto actual formulándonos cinco preguntas que parecieran básicas, pero no lo son:
> 1. ¿Quiénes somos?
> 2. ¿Dónde estamos?
> 3. ¿Cuál es el problema?
> 4. ¿Cuál es la solución?
> 5. ¿Qué tiempo es? (¿Dónde nos encontramos en el fluir de la obra salvadora de Dios en el mundo?)
>
> —N.T. Wright, *Jesus and the Victory of God* [Jesús y la victoria de Dios] (Minneapolis: Fortress, 1996), 138.

[43] Brueggemann, *Creative Word* [La palabra creativa], 22.

Este es el corazón de lo que significa tener una teología de la educación que sea canónica en el más completo sentido de la palabra: adueñarse de la historia de fe, así como lo hicieron aquellos que nos precedieron. Además de las Escrituras acreditadas que la comunidad de la fe considera como verdaderas y correctas para guiarnos en la manera en que debemos vivir y creer, es de vital importancia que la comunidad de la fe interprete esas Escrituras en comunión con el pueblo de Dios (tanto del pasado como del presente) como el pueblo "del Libro", que están unidos por la vivificadora y transformadora Palabra de Dios. En este sentido, una teología de la educación comienza con el pueblo de Dios y prosigue a reunir al pueblo de Dios como un pueblo formado canónicamente.

¿Le restamos valor de alguna manera al rol central de las Escrituras al elevar al pueblo canónico de Dios? De ninguna manera. Nuestra cultura se ha alejado cada vez más de las personas de Dios reunidas que desempeñan un papel en el discernimiento y en la disciplina, y le ha dado lugar a una fe más privada e individual. Cuando la relación personal con Jesús y la lectura personal de las Escrituras superan la interpretación y el llamado a la acción colectivos, entonces es cuando hemos perdido el espíritu y la verdad canónicos de los mismos textos que se nos presentaron mediante el movimiento del Espíritu Santo. Como lo expresó un teólogo, la educación cristiana involucra aquellas tareas y expresiones del ministerio que permiten que las personas (1) aprendan la historia cristiana, tanto la pasada como la presente; (2) desarrollen las habilidades que necesitan para representar su fe; (3) reflexionen sobre esa historia para vivir con el conocimiento de esa verdad; y (4) cultiven las sensibilidades que necesitan para vivir en conjunto como una comunidad del pacto.[44]

Creación: Una teología de la educación genera nuevas perspectivas a través de una imaginación santificada

El reformador Juan Calvino describió el proceso por el cual Dios cultiva y perfecciona la fe en nosotros, que es al mismo tiempo un correctivo y una cura para nuestro quebrantamiento. Pero siempre es una formación creativa: "Es menester considerar, por el

[44] Daniel Aleshire, "Encontrar águilas en el nido de los pavos: teología pastoral y educación cristiana," *Review and Expositor: an International Baptist Journal 85* [Análisis y expositor: un diario bautista internacional] (diciembre 1988): 695-709.

contrario, cuál es el remedio que nos aporta la gracia de Dios, por la cual nuestra natural perversión queda corregida y subsanada... Así que Dios comienza su obra en nosotros inspirando en nuestro corazón el amor y el deseo de la justicia; o, para hablar con mayor propiedad, inclinando, formando y enderezando nuestro corazón hacia la justicia; pero perfecciona y acaba su obra confirmándonos, para que perseveremos."[45]

El sentido de "inclinar, formar y enderezar" nuestros corazones es un acto creativo de transformación continua que es esencial para una teología de la educación sólida. Quizás este sea el aspecto más desafiante de una teología de la educación profunda: ser creativo e imaginativo, pensar el nuevo pensamiento, ofrecer una nueva perspectiva, desafiar las formas de pensamiento anteriores; esto requiere valor en cada generación. Sin embargo, educar para el beneficio del evangelio es ser imaginativo. Se trata de despertar en los estudiantes la fe, la esperanza y el amor que se encuentran a la vuelta de la esquina, que algunos todavía no pueden ver y al que solo puede accederse mediante la imaginación. Crear un espacio donde la verdad encarnada pueda practicarse a través de la comunidad requerirá algo de imaginación si la próxima generación va a despertarse para recibir la nueva historia que Dios desea para nosotros.

Preguntas y actividades

1. ¿Qué rol cumplen las historias "por fe" de otros en su propia formación espiritual? ¿Qué le han enseñado?
2. ¿De qué manera las Escrituras moldean la forma en que su comunidad habla sobre la fe?
3. ¿Quiénes son los "santos" en su iglesia, su comunidad o su denominación? ¿De qué manera sus legados han moldeado la teología de su comunidad de la fe?
4. Considere cómo Dios ha estado "inclinando, formando y enderezando" su corazón desde que era joven. ¿De qué manera ha moldeado su imaginación y ha producido nuevos pensamientos y perspectivas teológicos?

[45] Juan Calvino, *Institución de la religión cristiana* 2.3.6, trad. Cipriano de Valera, (Fundación Editorial de Literatura Reformada FELiRE, Barcelona, España), 5ta. ed., 1999.

5. Imagine que está siendo entrevistado por el equipo de pastores de la iglesia y le preguntan por qué "enseñar" tiene un lugar dentro de la iglesia. Escriba dos párrafos, con fundamento de las Escrituras y de los teólogos, que serviría como respuesta a su pregunta acerca de su teología de la educación.

Lectura adicional

Estep, James R., Michael Anthony y Greg Allison. *A Theology for Christian Education* [Una teología para la educación cristiana], Nashville: B&H, 2008.

Oden, Thomas C. *Pastoral Theology: Essentials of Ministry* [Teología pastoral: las bases del ministerio], Nueva York: HarperOne, 1983.

Root, Andrew. *Bonhoeffer as Youth Worker: a Theological Vision for Discipleship and Life Together* [Bonhoeffer como líder de jóvenes: una visión teológica para el discipulado y la vida en comunidad], Grand Rapids: Baker Academic, 2014.

3

Bases bíblicas para la enseñanza

RON BELSTERLING

Los cristianos sostienen que la Biblia es una fuente de vida y de transformación. Cumple un rol fundamental para todos aquellos que buscan conocer a Dios más profundamente, sin importar su historial o su estatus social. El rey David, por ejemplo, expresó su gran amor por la Biblia y el papel crucial que desempeñó en su vida. En el Salmo 119 escribió: "En mi corazón he guardado tus dichos… en tus mandamientos meditaré; consideraré tus caminos. Me regocijaré en tus estatutos; no me olvidaré de tus palabras. Lámpara es a mis pies tu palabra, y lumbrera a mi camino" (vv. 11, 15-16, 105). Transmitir la Palabra de Dios es importante para la comunidad de la fe y para aquellos que son llamados a la tarea de enseñar, especialmente aquellos que han sido asignados para enseñar a las próximas generaciones de niños y jóvenes.

En muchos pasajes Biblia habla acerca de aprender y enseñar. Las primeras raíces de la educación cristiana surgen en la familia, el medio principal en el cual se transmite la Palabra de Dios a la próxima generación: "Y estas palabras… estarán sobre tu corazón… Y las repetirás a tus hijos… y las escribirás en los postes de tu casa, y en tus puertas" (Dt 6:6-9; véase también Pr 1:8; 4:1; Ef 6).[46] Moisés instituyó la

[46] Kevin E. Lawson, "Bases históricas de la educación cristiana," en *Introducing Christian Education: Foundations for the Twenty-First Century* [Introducción a la

enseñanza religiosa pública para todos los hebreos: "Harás congregar al pueblo, varones y mujeres y niños, y tus extranjeros que estuvieren en tus ciudades, para que oigan y aprendan, y teman a Jehová vuestro Dios, y cuiden de cumplir todas las palabras de esta ley" (Dt 31:12). La palabra hebrea para aprender, *lamed*, es la palabra más común utilizada para todo lo que tenga que ver con aprendizaje en el Antiguo Testamento. Significa "estimular, ejercitar" y denota que aprender requiere una incorporación "preparada" del conocimiento en la vida, que incluye un cambio en la acción y en el compromiso.[47]

La otra palabra hebrea utilizada para el término aprender en el Antiguo Testamento, *hanok*, significa "educar" o "dedicar." Este término se encuentra en Proverbios 22:6: "Instruye al niño en su camino, y aun cuando fuere viejo no se apartará de él." Esta forma de enseñanza generalmente era comunitaria y se consideraba un valor colectivo importante. La instrucción y la enseñanza religiosa eran valores importantes para todo el pueblo de Dios durante el Antiguo Testamento.

Enseñar en el Antiguo Testamento tenía como objetivo *conocer* a Dios, que resultaba en la obediencia "que, en definitiva, se hallaba en el temor del Señor."[48] Aprender acerca de Dios y conocerlo produce un temor saludable y el conocimiento de su bondad, de que él es confiable, sabio y capaz de proveer (Dt 4:10; Pr 1:7).

- Moisés oró: "Te ruego que me muestres ahora tu camino, para que te conozca, y halle gracia en tus ojos" (Éx 33:13).
- Ezequías oró por toda la humanidad: "Ahora, pues, oh Jehová Dios nuestro, sálvanos, te ruego, de su mano, para que sepan todos los reinos de la tierra que sólo tú, Jehová, eres Dios" (2 R 19:19).
- El rey David declaró: "Estos confían en carros, y aquellos en caballos; mas nosotros del nombre de Jehová nuestro Dios tendremos memoria" (Sal 20:7).

---

educación cristiana: Fundamentos para el siglo veintiuno], ed. Michael J. Anthony (Grand Rapids: Baker Academic, 2001), 18.

[47] El término era utilizado para describir a los soldados entrenados para la batalla (1 Cr 5:18).

[48] Walter C. Kaiser, "1116 דָמַל," en *Wordbook of the Old Testament* [Cuaderno de trabajo del Antiguo Testamento], ed. R. Laird Harris, Gleason L. Archer Jr. y Bruce K. Waltke (Chicago: Moody, 1999), 480.

David comprendió la función que cumplían el aprendizaje y el entendimiento de las Escrituras en su propia vida: "No quites de mi boca en ningún tiempo la palabra de verdad, porque en tus juicios espero. Guardaré tu ley siempre, para siempre y eternamente" (Sal 119:43-44). La enseñanza y el aprendizaje eran importantes para el autor de Proverbios: "Retén el consejo, no lo dejes; guárdalo, porque eso es tu vida" (Pr 4:13). Con el tiempo, la enseñanza se convirtió en algo tan importante para los israelitas que la sinagoga se volvió más un lugar de instrucción religiosa que de adoración pública.[49] En los tiempos de los primeros encuentros de Jesús en la sinagoga, la enseñanza tenía un protagonismo claramente establecido en la comunidad israelita (Lc 2:41-52; 4:16-22).

El Nuevo Testamento destaca la redención de la humanidad por parte de Dios a través de Jesucristo, y demuestra cómo la Palabra previa de Dios (la Ley y los Profetas) dio también testimonio acerca de Cristo (Sal 119:38; Jn 3:16; 1 Jn 1). Kenneth Gangel afirmó: "El hecho de que la educación cristiana debe ser bíblica es precisamente lo que la hace cristiana. Y para ser completamente bíblica, debe centrarse en Cristo."[50]

Al comienzo del ministerio de Jesús, él declaró que había venido a cumplir la ley, y en el proceso elevó el papel de la enseñanza en su nuevo reino: "De manera que cualquiera que quebrante uno de estos mandamientos muy pequeños, y así enseñe a los hombres, muy pequeño será llamado en el reino de los cielos; mas cualquiera que los haga y los enseñe, éste será llamado grande en el reino de los cielos" (Mt 5:19).

La misión de enseñar

La frecuentemente citada "gran comisión" de Mateo 28 es un pasaje conocido, sin embargo, se utiliza principalmente para apoyar los esfuerzos misioneros. Existen dos elementos que le otorgan el impulso para considerar que posee un enfoque sobre la enseñanza igual o mayor. Primero, los discípulos fueron llamados a enseñar, lo que demuestra habría un componente de instrucción para la iglesia.

---

[49] Edward L. Hayes, "Establecer bases bíblicas", en *Christian Education: Foundations for the Future* [Educación cristiana: Fundamentos para el futuro], ed. Robert E. Clark, Lin Johnson y Allyn K. Sloat (Chicago: Moody, 1991), 32.

[50] Kenneth O. Gangel, "Qué es la educación cristiana", en Clark, Johnson y Sloat, *Christian Education*, 19.

Segundo, la frase "hacer discípulos" en verdad significa "hacer o cultivar *aprendices*." La misión de la iglesia no se enfocaba solamente en la calidad de la enseñanza, sino que también se centraba en el aprendizaje (o maduración) de aquellos a quienes se les enseñaba.[51]

El ministerio de enseñanza de la iglesia primitiva fue fortalecido por el Espíritu Santo. Eso no cambió para nada hoy día. Mediante la enseñanza cristiana, el Espíritu Santo convence y guía a los cristianos de diferentes maneras (Sal 119:13, 42-43, 46; Lc 12:11-12; Jn 14:26). En el centro de una comunidad de creyentes se encuentra la necesidad de proveer una enseñanza que ayude a las personas a mantenerse en los caminos de Dios, escritos en la Palabra y en nuestros corazones (Ro 3:23; 1 Jn 1:9). Enseñar le brinda al individuo y a la comunidad la sabiduría que se encuentran en la Palabra de Dios, que refleja el valor que le otorgó Jesús a la enseñanza en el ministerio con sus seguidores.[52]

Posiblemente, nuestros mejores ejemplos bíblicos para la enseñanza cristiana se encuentren en los escritos del apóstol Pablo. Su ministerio, y el de Timoteo, involucraban la enseñanza (Ro 2:21; 12:7; 1 Co 11:14), un ministerio que edificaba a la iglesia (2 Ts 2:15). Edward Hayes destacó cinco temas generales de 1 y 2 Timoteo que hacen énfasis en la importancia de enseñar:

1. Enseñar es esencial para el manejo apropiado de la Palabra de Dios (2 Ti 2:14-15; 3:16-17).
2. Enseñar es necesario para una fe sólida (1 Ti 4:6, 11; 6:3-5; 2 Ti 4:3).
3. Enseñar es útil para establecer hogares armoniosos (1 Ti 6:1-2).
4. La habilidad para enseñar es un requisito para ser líder espiritual (1 Ti 3:2; 2 Ti 2:24).
5. Enseñar es vital para la perpetuación de la fe (2 Ti 2:2).[53]

---

[51] Michael Lawson, "Bases bíblicas para la filosofía de la enseñanza", en *The Christian educator's Handbook on Teaching* [El cuaderno del educador cristiano sobre la enseñanza], ed. Kenneth O. Gangel y Howard G. Hendricks (Grand Rapids: Baker, 1988), 62.

[52] William Yount, *The Teaching Ministry of the Church* [El ministerio de enseñanza de la iglesia], 2da. ed. (Nashville: B&H, 2008). Véase especialmente el capítulo 2.

[53] Edward L. Hayes, "Establecer bases bíblicas" en Clark, Johnson y Sloat *Christian Education*, 37-38.

Enseñar ilumina

Quizás una de las mejores metáforas empleadas para el rol de la enseñanza sea la que compara a la enseñanza con la luz. Existe un aspecto iluminador en la enseñanza y en el aprendizaje. Isaías profetizó que cuando viniera la luz de Cristo, su pueblo iba a "levantarse y resplandecer" junto con él (Is 60:1). Job, Daniel, David, Pablo y Juan expresaron las nociones de ser llenos con la luz de Dios y del conocimiento de Dios indistintamente y debatieron acerca de la responsabilidad de aquellos a quienes Dios les había enseñado a brillar de la misma manera (Dn 12:3; Sal 119:105, 130, 136; 2 Co 4:6; 1 Jn 1-2). Jesús les recordó a sus discípulos: "Vosotros sois la luz del mundo" y les ordenó que "así alumbre vuestra luz delante de los hombres" (Mt 5:14-16).

Todos estos pasajes indican que aquellos que reciban la luz de Dios se convertirán en reflectores de esa misma luz.[54] Todas las luces necesitan poder, y para el maestro cristiano, ese poder es el Espíritu Santo.[55] Jesús afirmó que los cristianos podrían entender los mandamientos de Dios y amar a otros con el amor abnegado de Dios únicamente bajo la guía del Espíritu Santo (Jn 14:26). El Espíritu Santo fomenta la madurez de los discípulos de Jesús, en primera instancia, al iluminar la verdad de la Palabra de Dios mediante el esfuerzo hermenéutico disciplinado[56] y, en segundo lugar, al reproducir el carácter de Cristo en ellos. El Espíritu le otorga poder a los cristianos para enseñar a otros de manera competente a través del amor, el servicio y al desafiar al mundo para que considere las realidades del reino venidero de Jesús.[57]

---

[54] Henry E. Dosker, "Brilla", en *International Standard Bible Encyclopedia* [Enciclopedia bíblica internacional estándar] (Grand Rapids: Eerdmans, 1939). Existen ocho palabras hebreas en el Antiguo Testamento y cuatro palabras griegas en el Nuevo Testamento que fueron traducidas como "brillar." En sentido figurado, la idea de que el pueblo de Dios brille puede entenderse como el pueblo reflejando la luz de Dios.

[55] Roy B. Zuck, *Spirit-Filled Teaching* [La enseñanza llena del Espíritu] (Nashville: Thomas Nelson, 2003), 93-100.

[56] John M. Koessler, *True Discipleship: the Art of Following Jesus* [El verdadero discipulado: el arte de seguir a Jesús] (Chicago: Moody, 2003), 83; Robert L. Thomas, *Evangelical Hermeneutics: The New Versus the Old* [Hermenéutica evangélica: lo nuevo frente a lo antiguo] (Grand Rapids: Kregel Academic & Professional, 2003).

[57] James M. Boice, *Los fundamentos de la fe cristiana* (Editorial Unilit: Miami, Florida; 1996), trad. Marcela Robaina, 367-77 del original en inglés.

Asimismo, la Palabra actúa como un espejo para los cristianos, ya que nos permite vernos a nosotros mismos de manera clara (Stg 1:23-25). Luego de una examinación dirigida por el Espíritu, los cristianos ven las áreas de lucha intrapersonales (celos, amarguras, un espíritu de discusión, entre otras) y se sienten obligados a confesarlas como pecaminosas (Sal 51; 139:23; 1 Co 13:12; 2 Co 3:18). Cuando aquellos que conforman el cuerpo de Cristo admiten en forma personal sus debilidades y fracasos, entonces están mejor capacitados tanto para recibir sabiduría de sus hermanos y hermanas en Cristo para ser corregidos, y a la vez brindarla también (Mt 7:3-5; Gá 6:1; Stg 2:10). Además, están capacitados para percibir los pecados estructurales dentro de sus comunidades y ayudar a los individuos y a las comunidades a madurar en Cristo.[58]

La única manera en que el pueblo de Dios puede madurar de verdad intrapersonalmente (como individuos) e interpersonalmente (como comunidad) es a través del aprendizaje, y asimismo ayudar a otros a aprender la verdad que Dios comunicó intencionalmente en gracia y en misericordia (Sal 25:4; 51:13; Is 28:9; Tit 1:2; Heb 5:12). Dios comunica sus requisitos de manera clara cuando nos exhorta a "hacer justicia, y amar misericordia, y humillarnos ante [nuestro] Dios" (Miq 6:8). Jesús explicó que esto se desarrolla mejor cuando los hijos de Dios están arraigados a su amor: "Yo soy la vid, vosotros los pámpanos; el que permanece en mí, y yo en él, éste lleva mucho fruto; porque separados de mí nada podéis hacer" (Jn 15:5). Los cristianos y los no cristianos por igual verán el verdadero amor de Dios más claramente cuando la comunidad de Cristo ponga por obra el amor de Cristo.

Dios desea ser conocido

Una de las razones principales por la cual debemos enseñar es que Dios claramente desea que la humanidad conozca a Dios "posicionalmente", personalmente y apasionadamente.[59] Dios se ha revelado

[58] Howard Hendricks y William Hendricks, *Living by the Book* [Vivir la Biblia] (Chicago: Moody, 1991), 20.

[59] En el areópago descripto en Hch 17:24-31, Pablo confirmó que el deseo de Dios era que el mundo lo conozca (véase Gordon R. Lewis y Bruce A. Demarest, *Integrative theology* [Teología Integradora] {Grand Rapids: Zondervan, 2014}, 1:69); este concepto se trata más exhaustivamente en W. R. Blackburn, *The God who makes himself known* [El Dios que se da a conocer] (Downers Grove, IL: InterVarsity, 2012).

a través de la creación, la consciencia, los hechos históricos, la encarnación, las palabras de las Escrituras y, finalmente, a través de Jesucristo. Dios quiere que aprendamos quién es él y que seamos equipados para enseñarles a otros lo mismo. A través de las Escrituras, observamos que la prioridad de Dios es que sepamos y entendamos acerca de su amor para con nosotros.[60] Muchas de las historias registradas en las Escrituras están acompañadas por la explicación de Dios de que han ocurrido para que la humanidad pudiera conocer a Dios y saber que él cuida de las personas (Jos 3:10).[61]

La transformación de la mente de un cristiano se manifiesta en la transformación del propio carácter y en el hecho de ser consciente de las oportunidades que existen para amar a otros.

Dios es un Dios que nos da valor relacional como pueblo de Dios y que desea que lo conozcamos, para que podamos darlo a conocer.[62] Moisés comunicó este conocimiento: "Estos, pues, son los mandamientos, estatutos y decretos que Jehová vuestro Dios mandó que os enseñase, para que los pongáis por obra en la tierra a la cual pasáis vosotros para tomarla" (Dt 6:1). Dios ha comunicado especialmente quién es él y qué es lo que desea lograr con su iglesia; por lo tanto, Dios desea que su pueblo perpetúe su voluntad de ser conocido mediante la enseñanza de su persona dentro y fuera del pueblo de Dios.[63]

---

[60] Las siguientes son algunas de las referencias del Antiguo Testamento que dan fe que el deseo de Dios es ser conocido: Gn 22:12; Éx 9:14; Lv 23:43; Nm 16:28; Dt 4:39; 12:11; Jos 4:24; Jue 6:10; 1 S 17:46; 2 S 7:20; 1 R 8:60; 2 R 17:26; 1 Cr 28:9; 2 Cr 13:5; Job 9:5; Sal 46:10; Ec 3:14; Is 43:10; Jer 2:19; Ez 20:20; Os 13:4; Jl 2:27; Am 9:15; Zac 6:15; Miq 6:8; Sof 3:17; Mal 2:16.

[61] Wayne Grudem, C. John Collins y Thomas R. Schreiner, *Understanding Scripture* [Comprender las Escrituras] (Wheaton: Crossway, 2012), 53-54.

[62] Daryl Eldridge, "Dios como maestro" en *The Teaching Ministry of the Church* [El ministerio de enseñanza de la iglesia] (Nashville: Broadman & Holman, 1995), 3-20.

[63] El libro de los Hechos narra la historia de la iglesia primitiva haciendo esto mismo; el libro de Gálatas advierte a las personas que no deben abandonar las exhortaciones con respecto a aprender y enseñar, y a discernir la verdad de la mentira; y Gálatas describe el deseo de Dios de ver que la iglesia crezca más allá del pueblo judío, y que incluya a los gentiles. D.L. Turner "Enseña, maestro" *en Evangelical Dictionary of Biblical Theology* [Diccionario evangélico de teología bíblica] (Grand Rapids: Baker Books, 2001).

Esta relación con Dios es transformadora, algo que puede suceder al escuchar la Palabra de Dios.[64] A través de la enseñanza, Dios transforma de manera radical las mentes y las vidas de las personas. La Palabra de Dios habla verdad, y conocer esta verdad conduce a aquellos que quieren ser discípulos a tener vidas con propósito, pacíficas y alegres, sin importar las circunstancias de la vida (Sal 119:151, 160, 165, 174).[65] Capacitados por el Espíritu Santo, cada miembro de la comunidad de la fe puede aprender a atesorar la Palabra de Dios de una forma que permanezca y que transforme, no solo la mente sino también su vida hacia la madurez en Cristo. La transformación de la mente de un cristiano se revela en la transformación del carácter y al tener consciencia de las oportunidades que existen para amar a otros.

El carácter del maestro cristiano

Saber el motivo por el cual los cristianos deben enseñar proporciona indicios acerca de lo que debería enseñarse. La enseñanza debe centrarse en la verdad reveladora de Dios que se relaciona con la introducción de Jesucristo, su encarnación, su enseñanza, su muerte y resurrección, la iluminación del Espíritu Santo acerca de la historia escrita de Jesucristo y la esperada segunda venida de Jesucristo. La Biblia, a diferencia de cualquier otra fuente o recurso, transmite la verdadera historia de Dios, de Jesucristo y de la obra del Espíritu Santo. Por lo tanto, el texto bíblico y su mensaje de redención deben ser enseñados. Uno no puede entender o enseñar el mensaje válido de las Escrituras sin comprender y conocer el texto fidedigno de las mismas y la consistencia de Dios.

La manera en que uno define el "éxito" en la vida de forma filosófica, los estándares fundamentales de la vida teniendo en cuenta la ética o los componentes principales de un ser humano en la mente hacen una gran diferencia en la forma en que uno vive y comunica la verdad de Dios de manera práctica. La visión metafísica (una realidad agrandada) acerca de la verdad, la belleza, la muerte, la moral y las relaciones apropiadas dependen de, e influencian recíprocamente, los objetivos de la vida y las cualidades del carácter que uno valora.[66]

---

[64] Barry Shafer, *Unleashing God's Word in Youth Ministry* [Cómo desatar la Palabra de Dios en el ministerio juvenil] (Grand Rapids: Zondervan, 2008), 58; Ro 12.

[65] Wayne A. Grudem, *Doctrina Bíblica: enseñanzas esenciales de la fe cristiana* (Miami, FL: Editorial Vida, 2005), trad. Miguel A. Mesías, cap. 2.

[66] William K. Frankena, *Tres filosofías de la educación en la historia: Aristóteles,*

C.S. Lewis es consciente de que la mayoría de las personas reconocen ciertas cualidades del carácter (prudencia, templanza, justicia y fortaleza; las "virtudes cardinales") como virtuosas y que valen la pena.[67] Sin embargo, también sugiere que los cristianos identifican virtudes más allá del alcance común; las virtudes teológicas incluyen la fe, la caridad y la esperanza centrada en Dios (Pr 18:2; 19:3; 23:9). Así como las Escrituras promueven la abnegación, la humildad, la generosidad y la compasión hacia otros, el mundo promueve el egocentrismo, el orgullo, el consumo y el juicio. La madurez en Cristo se evidencia en el fruto del Espíritu, que crece en conocimiento, y se vuelve más fuerte en la perseverancia y la paciencia, y en ser agradecido.[68]

La enseñanza cristiana guía a las personas a elaborar cosmovisiones y disposiciones consistentes con el reino de Dios, a discernir las diferencias entre una virtud verdadera de una falsa y a utilizar métodos que pueden maximizar el éxito a la hora de transmitir la verdad de Dios a otros. La verdadera transformación de la mente de un cristiano se demuestra en la transformación del carácter y del testimonio verbal y no verbal. Esto abarca muchos aspectos de nuestro estilo de vida, que incluyen desarrollar una compasión visible y practicar un diálogo intencional.

Es evidente que la verdad de la Palabra de Dios ha sido verdaderamente "aprendida" cuando se hace realidad en la comunidad de la fe y en el mundo. El aprendizaje verdadero no es solo un proceso cognitivo de incorporar información, sino también un proceso de discernir la verdad de Dios en relación con la información, o a partir de la misma (las tendencias, los prejuicios y la familiaridad cultural confortable). Es el proceso por el cual toda nuestra vida se transforma activamente.[69] La falta de transformación impulsó a Lawrence Richards y a Gary Bredfeldt a preguntar por qué la enseñanza cristiana, aunque

---

Kant, Dewey (México: Unión Tipográfica Editorial Hispano-Americana, 1965), trad. Antonio Garza y Garza.

67 C. S. Lewis, *Mero cristianismo* (San Francisco: HarperCollins, 2015), trad. Verónica Fernández Muro.

68 Eleanor Daniel, *Introduction to Christian education* [Introducción a la educación cristiana] (Cincinnati, OH: Standard, 1980), 93.

69 Richard R. Melick y Shera Melick, *Teaching that transforms: facilitating life change through adult Bible teaching* [Enseñanza que transforma: facilitar el cambio de vida a través de la enseñanza bíblica a adultos] (Nashville: B&H, 2010), 4.

es algo común, con frecuencia parecía que no lograba transformar y "enderezar las vidas desviadas."[70] Concluyeron lo siguiente: "Entonces el problema de la enseñanza no radica en la autoridad de la Biblia, sino en el maestro, en el estudiante, en el método de enseñanza o en alguna combinación de estos tres elementos."[71]

Las consecuencias para el maestro cristiano

A aquellos que aceptan la responsabilidad de enseñar en comunidad o de manera profesional se los hace responsables de enseñar con exactitud (Stg 3:1). Los maestros de Dios deben transitar un camino recto con integridad, tanto para aprender como para comunicar la voluntad de Dios. "Los maestros cristianos deben tener mentes muy desarrolladas y completamente consagradas."[72] Deben estar en suficiente sintonía con Cristo como para escuchar lo que nos dice al oído (Mt 10:27) en medio de un mundo ruidoso. Deben ser lo suficientemente audaces como para compartir sus anhelos en un mundo que comúnmente está desinteresado (2 Ti 4:3).

Los maestros comprometidos no solo deberán comprender el contenido de las Escrituras, sino también los métodos creativos que utilizaron sus maestros.[73] Las Escrituras incluyen enseñanzas de uno a uno, y en grupos pequeños y grandes. Se presentan diversas clases de metodologías de lecciones, debates, y preguntas y respuestas. Generalmente, en las Escrituras se enseñaba durante las comidas, en botes, a orillas de los lagos, en entornos institucionales y en celebraciones. Aquellos que enseñan deben estas dispuestos a compartir la Palabra de Dios en cualquier circunstancia.

La enseñanza efectiva implica que demostremos dominio sobre un tema específico, que tengamos habilidades para presentar los temas, interés por relacionarnos y un ferviente deseo de ver el fruto de la enseñanza más allá del ámbito de la clase. La manera de dominar

---

[70] Lawrence O. Richards y Gary J. Bredfeldt, *Enseñemos la Biblia creativamente* (Miami, FL: Logoi, 2001), 14.

[71] Ídem., 19.

[72] Kenneth O. Gangel y Howard G. Hendricks, eds., *The Christian educator's handbook on teaching* [El cuaderno del educador cristiano sobre la enseñanza] (Gran Rapids: Baker, 1988), 74.

[73] Lawrence O. Richards y Gary J. Bredfeldt, *Enseñemos la Biblia creativamente*; Marlene LeFever, *Métodos creativos de enseñanza: cómo ser un maestro eficiente* (Editorial Patmos, 2004).

las lecciones de Dios es permanecer con gozo en Jesús, así como lo hizo Juan (Jn 15), anhelar y meditar en la Biblia de día y de noche, como lo hizo David (Sal 67:73; 119; 145), recibir humildemente la corrección de Dios, como lo hizo Moisés (Dt 32-33) y seguir lo suficientemente cerca a Jesús como para ser cubiertos por su sangre, como lo hizo Simón de Cirene (Lc 23). El motivo relacional refleja la motivación de Dios que deben tener aquellos que enseñan en nombre de Cristo. Dios desea que su pueblo lo conozca, lo cual sucede a medida que aquellos que son llamados para enseñar y que son capacitados por el Espíritu Santo escuchan la Palabra de Dios, la interpretan sabiamente y viven vidas que son cada vez más fieles a Jesús.

> **"Cuando el objetivo se convierte en cambiar las vidas de los oyentes, el enfoque y las actividades del maestro se verán influenciadas. Jesús no estaba obsesionado con 'abarcar el contenido', porque ese no era su objetivo. Él podía tomarse el tiempo de escuchar a los que lo seguían e interactuar con ellos porque su intención estaba basada en sus vidas, no en su contenido."**
>
> Perry G. Downs, *Teaching for Spiritual Growth: an Introduction to Christian Education* [Enseñar para el crecimiento espiritual: introducción a la educación cristiana] (Grand Rapids: Zondervan, 1994), 33.

Preguntas y actividades

1. Piense en un ministerio con el que esté familiarizado y considere el rol que cumple la enseñanza en el mismo. ¿Diría que dicho rol es importante? ¿Por qué?
2. Reflexione e identifique dos momentos en su vida espiritual en los cuales la enseñanza haya jugado un rol importante al revelar una necesidad, un área que necesitaba crecimiento o una nueva dirección. ¿Qué rol tuvo el maestro en ese momento?
3. Si alguien le pidiera que confeccionara una lista de diez cosas que "deben enseñarse" a la próxima generación en su iglesia, ¿cuáles elegiría? ¿Es su vida un ejemplo en esas áreas?
4. Realice una búsqueda de la palabra *enseñar* en una aplicación bíblica online. Dedique algún tiempo a leer los versículos y a identificar temas en común.
5. Escriba un párrafo acerca de los motivos por los cuales la enseñanza cristiana es importante en el ministerio de la iglesia y en las vidas de los individuos.

Lectura adicional

Parrett, Gary A. y S. Steve Kang. *Teaching the Faith, Forming the Faithful: A Biblical Vision for Education in the Church* [Enseñar la fe, formar a los fieles: una visión bíblica sobre la educación en la iglesia]. Downers Grove, IL: InterVarsity, 2009.

Wilhoit, Jim y Leland Ryken. *Effective Bible Teaching* [Enseñanza bíblica efectiva] 2da. ed. Grand Rapids: Baker Academic, 2012.

4

La esencia de la vida de un maestro

BOB MACRAE

Cuando les enseñamos a los estudiantes acerca de la Biblia y cómo seguir a Jesús estamos haciendo mucho más que brindarles información. Nos estamos involucrando en el proceso de discipular a nuestros estudiantes. Si lo hacemos *correctamente*, nos estamos asociando con el Espíritu Santo como sus siervos en este proceso denominado transformación espiritual; siempre debemos estar conscientes de cuál es el objetivo. Para ser más efectivos a la hora de alcanzar ese objetivo, Dios usa la vida del maestro para ayudar a que los corazones de los estudiantes se vuelvan a Él.

Debemos considerar como un pensamiento aleccionador la manera poderosa en que nuestras vidas pueden mejorar o impedir la obra del Espíritu Santo en las vidas de los estudiantes. Ha quedado atrás, si es que alguna vez existió, la época en que simplemente lo que decíamos o enseñábamos era suficiente; los estudiantes de hoy buscan la autenticidad que afirme el mensaje.

A continuación, se presentan seis características que debemos encarnar para ser maestros cristianos efectivos: primero, debemos ser *discípulos*. También debemos ser *ejemplo*, *amorosos*, *transparentes*, *humildes* y *accesibles*.

Discípulos

La Gran Comisión nos manda a: "id, y haced discípulos a todas las naciones; bautizándolos en el nombre del Padre, y del Hijo, y del Espíritu Santo; enseñándoles que guarden todas las cosas que os he mandado; y he aquí yo estoy con vosotros todos los días, hasta el fin del mundo" (Mt 28:19-20). Acercar el corazón de los estudiantes a Cristo significa que nosotros mismos debemos ser discípulos que formen discípulos. Si vamos a ser efectivos en nuestra manera de responder a la comisión de Cristo, debemos crecer continuamente en nuestro propio recorrido de la fe (Jn 15:1-8) y ser fieles en seguir a Jesús.

> **"El maestro efectivo siempre enseña desde la abundancia de una vida plena... Yo, como maestro, soy primeramente aprendiz, un estudiante entre estudiantes... Los niños no buscan un maestro perfecto, sino uno que sea honesto, y que también esté en constante crecimiento. Sin embargo, para muchos de ellos, los pedestales se encuentran vacíos."**
>
> Howard Hendricks, *Teaching to Change Lives: Seven Proven Ways to Make Your Teaching Come Alive* [Enseñar para cambiar vidas: siete maneras comprobadas para lograr que su enseñanza cobre vida] (Colorado Springs: Multnomah, 1987), 17,35.

Los discípulos son estudiantes de la Palabra, la fuente de la cual debe fluir lo que enseñamos. Para estar comprometidos como estudiantes de la Palabra "debemos acercarnos en oración cada vez más a la Palabra viva encarnada, al Cristo encarnado...debemos estudiar diligentemente la Palabra escrita de Dios y... debemos tener mucho cuidado de no caer en la tentación de redefinir o reimaginar la Palabra a nuestra propia imagen."[74]

Nuestro compromiso de estudiar y usar la Palabra de Dios de manera apropiada no puede ser minimizado o subestimado. Es primordial. La enseñanza que brindamos debe demostrar que hemos profundizado en la Palabra de Dios y que enseñamos lo que está escrito; no que solamente la utilizamos como un texto que apoya nuestras propias ideas. Los estudiantes deben ver que amamos la Palabra de Dios, que la respetamos, la honramos y que la consideramos como la fuente final de autoridad.

Un perfecto ejemplo de consistencia entre el estudio y el comportamiento lo vemos en Esdras, un maestro del Antiguo Testamento.

---

[74] Walt Mueller, *Engaging the Soul of Youth Culture: Bridging Teen Worldviews and Christian Views* [Involucrar el alma de la cultura juvenil: conciliar la cosmovisión adolescente con la visión cristiana] (Downers Grove, IL: InterVarsity, 2006), 176-77.

Esdras estaba comprometido con tres objetivos. Estudiaba la ley. Luego obedecía la ley. Y por último enseñaba la ley. Sometió su propio comportamiento bajo la autoridad de la dirección de Dios antes de enseñarle a otras personas lo que la misma establecía. Y el texto muestra que Dios lo honró (Esdras 7:9-10).[75]

Ejemplo

No podemos minimizar la importancia que tiene que seamos de ejemplo para los estudiantes. Jesús expresó: "El discípulo no es superior a su maestro; mas todo el que fuere perfeccionado, será como su maestro" (Lc 6:40). Si vamos a ser discípulos que forman discípulos debemos estar conscientes de que nuestros estudiantes nos observan para obtener la clave de cómo vivir lo que les enseñamos. Si los estudiantes de alguna manera se volverán como nosotros, entonces, ¿en qué se están convirtiendo?

Esto debería producir que todos los maestros mediten profundamente. Los corazones de nuestros estudiantes, ¿se volverán a Dios si se vuelven como nosotros? James Wilhoit y Leland Ryken afirmaron: "Los estudiantes tienden a no elevarse por encima del nivel espiritual de sus maestros."[76] Aunque es cierto que algunos crecerán o madurarán a pesar de la inmadurez espiritual de sus líderes, nunca deberíamos considerar esa opción.

En su última carta a su aprendiz Timoteo, Pablo le recordó sobre la relación duradera que habían mantenido. Pablo le escribió: "Pero tú has seguido mi doctrina, conducta" (2 Ti 3:10). Y así fue como Timoteo lo hizo. Al principio, se conocieron en Listra, la ciudad de Timoteo. En su primera visita a la ciudad, Pablo había sido apedreado y dado por muerto. En su segunda visita, Pablo reclutó a Timoteo como su acompañante. Y en ese momento, cerca del final de su vida, Pablo pudo recordarle a Timoteo todas las cosas que Timoteo había aprendido acerca de él. Cuando Pablo detalló los lugares donde había sido perseguido y luego afirmó: "Todos lo que quieren vivir piadosamente en Cristo Jesús padecerán persecución"

---

[75] Estoy agradecido con el autor y pastor Jon Swanson de Grabill Missionary Church por su ayuda en este capítulo. Puede leer sus reflexiones en devocionales diarios en su blog, *300 Words a Day: Following Jesus* [300 palabras por día: Seguir a Jesús], en www.300wordsaday.com.

[76] James Wilhoit y Leland Ryken, *Effective Bible Teaching* [Enseñanza bíblica efectiva], 2da. ed. (Grand Rapids: Baker Academic, 2012), 46.

(3:12), Timoteo pudo asentir. Desde el comienzo de su relación, Pablo le mostró evidencias a partir de su propia vida de que seguir a Jesús involucraba pruebas, pero que era posible mantenerse fiel.

Aquellos de nosotros que lideramos a través de la enseñanza debemos darnos cuenta con humildad que la manera en que vivimos nuestra vida delante de nuestros estudiantes tendrá sin lugar a dudas tanta e incluso más influencia que nuestra enseñanza formal. Toda persona que se encuentra en liderazgo debe considerar y preguntarse si su vida respalda con total integridad lo que expresa y enseña verbalmente.

Probablemente haya escuchado el dicho: "Nuestro carácter está revelado por lo que hacemos cuando nadie nos ve." Si los estudiantes nos siguieran por un día, sin que nosotros lo sepamos, ¿qué verían? Si se escondieran en el asiento trasero de nuestro auto mientras conducimos solos, ¿qué nos escucharían decir cuando un conductor descuidado nos bloquea el paso? ¿Qué nos verían mirar en la televisión o en nuestra computadora? ¿Alguna de las cosas que verían nos causarían vergüenza? Es una pregunta importante que deberíamos hacernos, y que tendríamos que tener en cuenta constantemente.

Amorosos

Una de las primeras canciones que aprenden los niños en la iglesia es "Jesús me ama." Decimos tan fácilmente que "Dios es amor", que asumimos que el amor es siempre parte de la ecuación. Sin embargo, con demasiada frecuencia el amor está ausente en los entornos cristianos, y es entonces que la desconfianza toma su lugar. Jesús habló claramente acerca de la importancia del amor: "Un mandamiento nuevo os doy: Que os améis unos a otros; como yo os he amado, que también os améis unos a otros. En esto conocerán todos que sois mis discípulos, si tuviereis amor los unos con los otros" (Jn 13:34-35). La manera en que nos amamos es realmente la "prueba" para el mundo de que somos discípulos o seguidores de Jesús.

Todos tenemos estudiantes que son fáciles de amar, pero también todos tenemos estudiantes que representan un gran desafío para nosotros. Es fácil amar a aquellos que son amables, agradecidos, expresivos y que piensan que somos los mejores. Son los estudiantes descorteces, desinteresados, insensibles y no comunicativos los que pueden representarnos un desafío. Ya sea que se trate de estudiantes fáciles o difíciles de amar, ¿cómo podemos amar a nuestros estudiantes de manera efectiva? Amamos a nuestros estudiantes cuando oramos por ellos, cuando sabemos sus nombres, cuando les sonreímos, cuando les exigimos que se mantengan bajo ciertas normas e incluso cuando les marcamos áreas que necesitan crecimiento.

> *Reflexión:* piense acerca de los maestros que tuvo en la escuela, en la iglesia y en otros ámbitos. Haga una lista de aquellos que describiría como "amorosos." Haga otra lista de aquellos a los que claramente parecía que no les importaban los estudiantes. ¿Cuáles son las características que utilizó para describir a los que eran amorosos? ¿De qué manera determinó acerca de aquellos que no le resultaban amorosos? ¿Considera que son evaluaciones justas acerca de la manera en que se preocupaban y ocupaban de sus alumnos? ¿Qué dirían los estudiantes acerca de usted como maestro? ¿Cómo determinarían los estudiantes si usted los ama o no?

Existen muchas maneras en las cuales podemos amar a los estudiantes. Algunos maestros aman fácilmente. Para otros no es tan sencillo y deben aprender a hacerlo. En cualquiera de los casos, es común que nos llenemos de tantas ocupaciones que no nos tomamos el tiempo para amar a los estudiantes, colegas o pares. Debemos buscar la manera de construir momentos para amar en nuestras vidas. Para aquellos que amar les resulta "menos natural" y automático, las listas y objetivos específicos pueden ayudar a formar hábitos fuertes. Después de todo, no solo estamos *haciendo* el ministerio, sino que también estamos enseñando y demostrando lo que es *ser* un seguidor de Cristo.

Jesús demostró que amaba a las personas difíciles durante su ministerio. De hecho, enfatizó en esa clase de amor como una meta en uno de sus primeros sermones: "Amad a vuestros enemigos, bendecid a los que os maldicen, haced bien a los que os aborrecen, y orad por los que os ultrajan y os persiguen; para que seáis hijos de vuestro Padre que está en los cielos (…)" (Mt 5:44-45).

Y luego salió a demostrar su capacidad de amar. La mejor ilustración es su relación con Judas. Jesús lo escogió como uno de los Doce. Cuando Jesús los envió en su primera misión, Judas participó de ese viaje y se unió a otro discípulo. Cuando Jesús alimentó a las miles de personas, Judas fue uno de los discípulos que repartió la comida y que obtuvo su propia canasta repleta de alimentos. Era quien tenía permiso de llevar el dinero, fue rescatado de la tormenta con todos los demás y fue incluido en cada uno de los viajes, y en cada una de las lecciones. Incluso en la última cena, Jesús lavó sus pies. Jesús sabía que Judas no entendía todas las lecciones y que fracasaría en su examen final. Sin embargo, siguió enseñándole.

Transparentes

Pareciera que, en los últimos años, con el afán de ser auténticos, hemos sido incentivados a ser vulnerables y transparentes en todo. La transparencia puede ser buena, pero generalmente no estamos seguros acerca de lo que significa y cuáles son sus límites. ¿Utilizamos el aula o el salón del grupo de jóvenes como un confesionario y exponemos nuestros asuntos privados como una forma de ser auténticamente transparentes? En nuestro intento de mostrarnos transparentes, ¿nuestros estudiantes deben estar al tanto de cada una de las veces que perdemos el control o que respondemos de manera inapropiada? No, pero eso no significa que deberíamos intentar hacerles creer que nunca luchamos con la impaciencia o con la manera en que decimos las cosas. Y, si nuestras luchas son importantes, quizás no deberíamos estar enseñando, al menos por un tiempo.

A veces podemos caer en la tentación de mostrarnos vulnerables para crear una conexión emocional o una conmoción en los estudiantes. Otras veces, el micrófono representa una atracción terapéutica y rápidamente el aula o el púlpito se transforman en el confesionario. Además, sin siquiera darnos cuenta, compartimos información que es inapropiada o que no tiene filtro, y ya no se pude revertir el daño.

Debemos ser sabios con lo que decimos, y tener en cuenta que nuestras palabras nunca podrán desdecirse y muy probablemente alguien las comparta, las repita o las suba las redes sociales. Un paso útil es examinar nuestros motivos con honestidad. Pregúntese a sí mismo: ¿Le estoy contando esto a los estudiantes porque los ayudará y les enseñará, o porque quiero que sientan pena de mí o que me admiren? Debemos tener cuidado de que la enseñanza no se vuelva algo que hacemos para satisfacer nuestras necesidades, en vez de que sirva para la maduración espiritual de los estudiantes.

Debemos reconocer que la manera en que respondamos con transparencia a nuestro propio pecado y a nuestros defectos será un momento del cual podamos aprovechar para enseñarles a los estudiantes (y la lección puede ser tanto buena, como mala). Aceptar un error o un pecado frente a nuestra clase o grupo, en particular uno que hayan observado, generalmente no disminuirá su respeto. Por otro lado, no es bueno que comparta todas sus emociones o problemas cuando está enseñando o liderando. Por ejemplo, puede haber ocasiones en las que esté atravesando un problema sin resolver, y que no vaya a resolverse hasta después de que termine su tiempo de enseñanza. No sirve de nada pararse en frente de su grupo o clase y expresarles que se encuentra en medio de un conflicto, y entonces les aclara "discúlpenme si parezco distraído." No necesitan saberlo, usted no necesita contárselos y necesita recomponerse por el bien de sus estudiantes. De hecho, se dará cuenta de que mientras se encuentre en liderazgo es probable que se vea involucrado en asuntos personales profundos, e incluso temporadas de conflictos y desánimo, de los cuales sus estudiantes no tienen por qué saber.

Larry Crabb describió el sufrimiento que Ezequiel estaba experimentando por la inminente muerte de su esposa, sin embargo, tuvo que contenerse de expresar en su totalidad su sufrimiento en ese momento para poder ministrar fielmente al pueblo de Dios.[77] A veces necesitamos retomar la compostura por el momento, y más tarde resolver lo que está ocurriendo en nuestra vida, una vez que comprendamos verdaderamente el problema, nuestras respuestas, nuestras heridas y nuestro dolor. Una vez más, debemos preguntarnos: ¿Cuál es el propósito detrás de nuestra transparencia? Si es para generar simpatía, debemos resistirnos. Si es para ministrar con la enseñanza, debemos sentirnos libres de hacerlo. Si es para obtener oración, debemos ser cuidadosos y asegurarnos de analizar minuciosamente nuestros motivos, para asegurarnos de que no estamos manipulando a los demás para obtener simpatía y apoyo.

Pablo le escribió una larga carta a la iglesia de Corinto. Por momentos, pareciera que Pablo estaba despotricando. Tiempo después, escribió otra carta, y en 2 Corintios podemos vislumbrar cómo se sintió después de haber escrito una carta tan directa en 1 Corintios. Segunda Corintios le dio la oportunidad de expresar sus miedos, su frustración y su humanidad. Escribió acerca de que somos vasijas de barro con grietas que permiten que la luz brille a través de ellas. Escribió acerca de las cosas que otros discípulos podían hacer, que él no podía. Escribió acerca de las luchas que atravesaba con la actitud que ellos tenían hacia él y con su propia autoridad.

Aunque no se disculpó por el contenido, reveló el costo del mismo: "Porque de cierto, cuando vinimos a Macedonia, ningún reposo tuvo nuestro cuerpo, sino que en todo fuimos atribulados; de

---

[77] Larry Crabb, *The Marriage Builder* [El edificador matrimonial] (Grand Rapids: Zondervan, 1992), 68.

fuera, conflictos; de dentro, temores. Pero Dios, que consuela a los humildes, nos consoló con la venida de Tito" (2 Co 7:5-6). Leerlo se siente incómodo, que es justamente el sentimiento que produce la transparencia. Si se abre demasiado, se preguntarán porqué lo están siguiendo. Si no se muestra tal cual es, pensarán que oculta algo o que es demasiado bueno para ser verdad.

Humildes

A medida que maduramos en el ministerio (una manera elegante de decir que "envejecemos" en el ministerio) es probable que tengamos cada vez más éxito. Para algunos, estar al frente de un grupo como orador o maestro puede significar un gran aumento del ego. Tenemos una audiencia cautiva (muchos necesitan estar en ese lugar) y algunos de nuestros estudiantes están ahí sentados listos para sumergirse en cada una de nuestras sabias palabras. Si no somos cuidadosos, dicho "poder" e influencia pueden subírsenos a la cabeza. De hecho, existe un axioma que establece que nunca somos tan vulnerables como cuando somos exitosos.

¿Es usted consciente de las trampas que vienen junto con el privilegio de pararse frente a un grupo de estudiantes, que quizás quieran ser como usted algún día, a medida que imparte sus palabras de sabiduría? Debemos hacerles saber a nuestros estudiantes cuando no conocemos la respuesta y, como establecimos anteriormente, necesitamos deshacer cualquier visión errónea que nuestros estudiantes puedan tener acerca de nosotros.

Junto con la humildad viene la habilidad y la voluntad de cambiar de dirección con respecto a lo que pudimos haber planificado y de permitir que la enseñanza gire en una dirección diferente de ser necesario. Muchas veces esto surge a través de una pregunta reflexiva, un evento significativo en ese tiempo o simplemente por el impulso del Espíritu Santo. "La estructura y la flexibilidad son partes complementarias de un todo. Las lecciones bien planificadas son necesarias, pero no son suficientes para una buena enseñanza. Los planes carecen de vida, son estáticos y fríos en sí mismos. Es la dinámica entre el maestro, el plan y los alumnos lo que le dan vida a la enseñanza. Los maestros maduros equilibran la planificación estructurada con la ejecución flexible."[78]

[78] William R. Yount, *Called to Teach: An Introduction to the Ministry of Teaching* [Llamado a enseñar: una introducción al ministerio de enseñanza] (Nashville:

Una pregunta importante que debemos hacernos es: "¿Hacia quién estamos dirigiendo la atención de nuestros estudiantes?" Cuando la alabanza y la admiración surgen como consecuencia de enseñar bien, dichas respuestas nunca pueden convertirse en nuestro objetivo. Nuestro objetivo debe ser siempre ser utilizados por Dios para ayudar a los estudiantes a volver sus corazones hacia Él.

Mientras que Pablo estuvo en prisión, otras personas comenzaron a predicar. Como él mismo lo dijo en Filipenses 1, algunas de estas personas hablaban de Cristo porque Pablo no podía. Querían ser útiles. Sin embargo, otras personas lo hacían por despecho. "Si Pablo está encarcelado", pensaban, "podemos adelantarnos en la competencia de plantar iglesias." La respuesta de Pablo muestra su humildad. Pablo afirmó que era más importante que el evangelio se compartiera que registrar la cantidad de discípulos que uno tiene: "¿Qué, pues? Que, no obstante, de todas maneras, o por pretexto o por verdad, Cristo es anunciado; y en esto me gozo, y me gozaré aún" (Fil 1:18).

Accesibles

Si bien es importante que nuestra enseñanza sea profunda, no puede realizarse sin una conexión personal con los estudiantes si queremos tener una efectividad máxima. Los estudiantes necesitan sentir que somos accesibles y que les damos el espacio para tener las conversaciones que vienen después de una lección formal, donde pueden expresar preguntas, aclaraciones que les gustaría recibir, cuestiones personales y preocupaciones verdaderas. Wilhoit y Ryken comentaron: "Las marcas de una enseñanza efectiva generalmente trascienden los métodos específicos de enseñanza, la personalidad del maestro y las tecnologías empleadas. Giran en torno a dos grandes dimensiones de la educación: la afinidad interpersonal y la sustancia intelectual."[79]

Cuando los maestros son accesibles, conocen y se preocupan por sus estudiantes. Su comportamiento no debería basarse en la arrogancia o que haga sentir al alumno como un tonto porque intenta obtener claridad sobre algún asunto. Deberíamos ser respetuosos cuando debatimos puntos de vista con aquellas personas con las

---

Broadman & Holman, 1999), 31.

[79] Wilhoit y Ryken, *Effective Bible Teaching* [Enseñanza bíblica efectiva], 47.

que disentimos. Ese respeto ayudará a los estudiantes que podrían llegar a sentirse incómodos de sacar un tema sobre el cual crean que disentirán con nosotros. Eliminaremos su temor del ridículo público o privado si hablamos sobre los demás con respeto.

Cuando los maestros son accesibles, utilizan un lenguaje que los estudiantes pueden comprender. Muchos de nosotros nos hemos sentado en clases donde sentimos que el profesor o maestro intenta impresionarnos con su conocimiento más que ayudarnos a comprender el tema. Dicho comportamiento es intimidante más que agradable. Nuestro objetivo nunca debería ser que los estudiantes salgan de nuestra clase o grupo comentando lo inteligentes que somos, sino que nuestro objetivo debería ser escucharlos decir: "Ahora lo entiendo."

Muchas veces ocurre que los maestros toman algo simple y lo hacen parecer como algo muy complejo, pero Jesús era especialista en tomar lo complejo y hacerlo sonar simple. Si nuestra enseñanza se trata de llevar a las personas a Dios, necesitamos recordar que no se trata de nosotros. No se trata de convencer a los estudiantes de que somos brillantes. Una actitud humilde no solo mejorará el ambiente de enseñanza, sino que también traerá como resultado un aire de accesibilidad, y nuestra enseñanza e influencia podrán expandirse a través de una conversación en el almuerzo, un breve intercambio al entrar al aula o a través de una respuesta a una pregunta vía email enviada por un estudiante reflexivo a mitad de la noche.

Enseñar es una inversión en la vida de los estudiantes. Cuando somos accesibles, también nos volvemos disponibles para los estudiantes. Richard Dunn y Jana Sundene, en su libro *Shaping the Journey of Emerging Adults* [Cómo formar el recorrido de los adultos emergentes], describieron nuestra efectividad en el proceso de hacer discípulos de esta manera: "La efectividad de hacer discípulos con adultos emergentes no se basa en factores externos como la edad, el estado civil o los logros laborales. En cambio, la efectividad se encuentra arraigada principalmente en la voluntad de someterse a Cristo y en la disposición de invertir de manera intencional y reflexiva en la vida de un adulto emergente."[80]

---

[80] Richard R. Dunn y Jana Sundene, *Shaping the Journey of Emerging Adults* [Cómo formar el recorrido de los adultos emergentes] (Downers Grove, IL: InterVarsity, 2012), 18.

Nuestra inversión en las vidas de los estudiantes debe ser intencional. No ocurrirá sola. Debemos estar disponibles. Sin embargo, incluso si lo estamos, los estudiantes nunca podrán aprovecharse de una conexión especial con nosotros si no nos mostramos accesibles.

Una forma de detectar si alguien es accesible es observar a las personas que se quedan después de clase o que hablan con los estudiantes en el pasillo. Para Jesús, esas personas eran los recolectores de impuestos y otros pecadores. En Lucas 15, Jesús contó la historia de un pastor que iba en busca de una oveja que se perdió. Se la contó a los líderes religiosos porque se quejaban de que los recolectores de impuestos y los pecadores habían estado recurriendo a Jesús y escuchando sus enseñanzas. Jesús nunca transigió su mensaje del reino de Dios. Pero era tan compasivo que las personas que más esperanza necesitaban eran las que se acercaban a Él y las que Él más buscaba.

Qué gran responsabilidad y privilegio tenemos de discipular a los estudiantes a través de nuestra enseñanza y de jugar un papel en el milagro de su transformación espiritual. Si bien nunca seremos perfectos en la tierra, nuestro carácter es importante. Lo que usted sea como persona puede mejorar o impedir la obra del Espíritu Santo en las vidas de los estudiantes. Ciertamente la vida del maestro no está desconectada del objetivo de ser utilizado por Dios para ayudar a dirigir los corazones de los estudiantes hacia Él.

Preguntas y actividades

1. Piense en el maestro más influyente que haya tenido. ¿De qué manera la vida de esta persona cumplió, o no, un rol en la manera en que impactó en su vida?
2. Revise las seis características de un maestro cristiano efectivo y para cada una piense en un momento en el que observó dicha cualidad en un maestro.
3. ¿Cuál de las seis características es más natural en usted?
4. ¿Cuáles son las dos características en las que sabe que debe trabajar y fomentar para hacerlas más fuertes?
5. Lea los males a los que Jesús les hace referencia a los maestros de la ley en Mateo 23 en varias versiones de la Biblia. Elija

un comentario confiable para aprender más acerca de las costumbres del tiempo en que Jesús hizo las referencias. Imagine que Jesús compartiera siete males para los maestros cristianos de la actualidad, incluso para nosotros: ¿De qué males elegiría advertirnos?

Lectura adicional

Hendricks, Howard. *Enseñando para cambiar vidas: los grandes principios de la buena comunicación aplicados a la enseñanza.* Miami, FL: Editorial Unilit, 2003.

McDonald, Gordon. *Ponga orden en su mundo interior.* Nashville: Editorial Betania, 2006.

Nouwen, Henri. *En el nombre de Jesús: un nuevo modelo de responsable de la comunidad cristiana.* Madrid: Editorial y Distribuidora S.A., 7ma.ed. 2001.

Sanders, J. Oswald. *Liderazgo espiritual: principios de excelencia para todos los creyentes.* Grand Rapids, Michigan: Editorial Portavoz, 2009.

5

Reconocer la importancia de la filosofía educativa

MARK CANNISTER

Todos los ministerios tienen una filosofía de la educación. Con frecuencia, es una filosofía incorporada que no es reconocida, sin embargo, moldea la ética y el enfoque educativo de nuestros ministerios. Esta filosofía puede verse fácilmente si analizamos los carteles, los folletos, los emails colectivos, los anuncios y los letreros que promocionan los programas de los ministerios cristianos.

Cuando caminamos por los pasillos de una iglesia, puede ser que nos encontremos con algún cartel que promociona un estudio bíblico de seis semanas del libro de Romanos con un encabezado audaz que declara: "¡Conozca la Biblia!" Ya sea que los planificadores de este programa se den cuenta o no, claramente este estudio bíblico está basado en la filosofía de la educación que promueve la transferencia de conocimiento de maestros a estudiantes, con el objetivo de asegurarse de que los estudiantes aprendan el contenido de manera correcta.

Por otro lado, quizás los adolescentes reciban un email masivo del pastor de jóvenes que promociona una serie de debates en grupos pequeños acerca de la sexualidad y la iglesia, con un título atrevido que declara: "Debata acerca de las complejidades de la sexualidad en la cultura actual." Este título, con intención o no, sugiere una filosofía de la educación que valora algo más que simplemente la transferencia del conocimiento. Promueve el desarrollo de procesos cognitivos de la mente para ayudar a los estudiantes a desarrollar habilidades del pensamiento crítico a través del debate. Este enfoque filosófico reconoce que vivimos en el misterio de un mundo y una fe en donde las cosas no son tan claras ni tan simples y que los estudiantes deben aprender a manejarse entre múltiples perspectivas para resolver asuntos complejos.

También existe una filosofía de la educación que se enfoca en la acción social y que muchas veces encontramos subyacente en los programas del ministerio que buscan identificar las necesidades sociales y proporcionar soluciones para esas necesidades. Este enfoque suele respaldar a los viajes misioneros y a las actividades de servicio en los ministerios. Otra postura que encontramos en muchos planes y programas ministeriales se basa en una filosofía de la educación que privilegia el desarrollo individual del significado personal y el propósito de la vida. Esto se ve con mayor frecuencia en los programas donde se les pide a los estudiantes que elijan temas o asuntos para investigar que consideren relevantes y significantes para sus propias vidas.

Como iremos descubriendo, cada uno de estos apoyos filosóficos a los planes, programas y actividades del ministerio tienen sus fortalezas y sus debilidades. El objetivo no es adoptar la filosofía perfecta; sino que debemos reflexionar en primer lugar acerca de nuestra propia filosofía. Esta reflexión será útil para poder identificar las limitaciones en nuestras propias experiencias, que a su vez generan la oportunidad para expandir nuestro enfoque y adoptar las fortalezas de otras filosofías a nuestra propia manera de pensar. Es igual de importante recordar que el ministerio cristiano siempre se ocupa de la restauración y la redención. George Knight lo explicó de esta manera:

> Afortunadamente, la humanidad perdida no queda librada a su propia situación desesperada. Dios ha tomado la iniciativa para ayudar a los individuos a salir de su estado de perdición y a renovar y restaurar su imagen completa en ellos (Col 3:10). Esta es la razón por la cual Cristo vino al mundo. La primera promesa de esta

restauración y reconciliación se registra en Génesis 3:15, donde Adán y Eva conocieron la visión inicial del Redentor.[81]

Por lo tanto, el contexto de la enseñanza que brindamos y la condición de los estudiantes siempre deberían ser el punto de partida de nuestra filosofía educativa, al mismo tiempo que luchamos por la reconciliación y la restauración holística de la comunidad de fe.

Cinco filosofías básicas de la educación

Educación transmisiva

La educación transmisiva[82] surgió de la filosofía del nuevo escolasticismo, que es un enfoque no constructivo que se ocupa principalmente de probar el conocimiento existente a través del racionalismo, en lugar de crear nuevos conocimientos o nuevas perspectivas sobre el conocimiento actual. El objetivo de esta filosofía es transmitir el conocimiento "comprobado" del maestro al estudiante. La transferencia de información está diseñada para fomentar el crecimiento intelectual a través de la transmisión de información y habilidades de una generación a la otra. En los ministerios cristianos, este enfoque está profundamente centrado en el contenido, y comúnmente se concentra en los libros de la Biblia y en la doctrina. El objetivo educativo es darles el conocimiento a los estudiantes de tal manera que entiendan el pasaje de la Biblia o la doctrina de forma "correcta", definida por el maestro.

La fortaleza de este enfoque es que transmite hechos objetivos para recordarlos en un futuro, tales como aprender los nombres de los libros de la Biblia, los nombres de los personajes bíblicos o pasajes principales de las Escrituras. Su debilidad es que no promueve el pensamiento crítico debido a la dependencia excesiva en el conocimiento del maestro. Los estudiantes en este contexto generalmente se vuelven pasivos, ya que esperan que el maestro les ofrezca la respuesta "correcta." Debido a que esta filosofía solo requiere una única vía de comunicación, del maestro hacia el estudiante, sin la necesidad de desarrollar una discusión, un debate, una reflexión o un cuestionamiento significativo, ofrece un

[81] George Knight, *Filosofía y educación: una introducción a la perspectiva cristiana*, (Miami, FL: Asociación Publicadora Interamericana, 2002), 204.

[82] También conocido como Perennialismo o Esencialismo. Véase ídem.

alto nivel de eficiencia en la educación, ya que el instructor puede transmitir grandes cantidades de información a muchas personas, en un periodo de tiempo relativamente corto, ya sea personalmente o por correo electrónico.

Por supuesto, el ministerio rara vez es tan objetivo y eficiente como otras disciplinas. La formación de la fe es un proceso desordenado que incluye dudas, cuestionamientos y reflexiones, y se fomenta de mejor manera a través de las discusiones y debates que involucran múltiples perspectivas e interpretaciones del significado bíblico y posiciones teológicas. Si bien existe mucha información histórica, bíblica y teológica para aprender, los ministerios cristianos deben luchar para ser más que una simple transmisión de conocimiento, si el objetivo es fomentar una fe viva dentro de la comunidad que servimos.

Cognitivismo

El cognitivismo es una teoría psicológica que tomó importancia a fines del siglo veinte y se encarga de estudiar la forma en que pensamos, entendemos y conocemos. El objetivo de este enfoque de la educación es madurar los procesos intelectuales del estudiante. Esta filosofía argumentaría que el foco transmisivo puesto en la simple adquisición del conocimiento es demasiado limitado y produce que los estudiantes se queden detenidos en el tiempo, mientras que el conocimiento se encuentra en constante cambio. Sin embargo, además de transmitir conocimiento, es fundamental fortalecer las habilidades de los estudiantes para pensar críticamente y para ver los temas desde múltiples perspectivas. El desarrollo de dichos procesos de pensamiento equipa a las personas para descubrir nuevos conocimientos por sí mismas y para incorporar dichos conocimientos a sus vidas. Paulo Freire sostiene que la educación no es una caja fuerte de conocimiento de donde los estudiantes extraen el conocimiento que necesitan para vivir, ni tampoco es una mercancía que se puede transmitir de maestros a estudiantes.[83] En cambio, los estudiantes deben construir el conocimiento a partir del conocimiento, las experiencias y las habilidades que poseen. En los ministerios cristianos, este enfoque incluiría desarrollar las ha-

[83] Paulo Freire, *Teachers as Cultural Workers: Letters to Those Who Dare Teach* [Los maestros como trabajadores culturales: cartas para todos los que se animan a enseñar], (Boulder, CO: Westview, 1998), 22.

bilidades del estudiante para utilizar las herramientas exegéticas y hermenéuticas para que pueda comenzar a interpretar las Escrituras por sí mismo.

Considerar al conocimiento y a las habilidades como herramientas que ayudan a entender el mundo es muy útil para enfocarse en la integración de temas bíblicos complejos y ambiguos mediante una reflexión profunda en las diferentes perspectivas contextuales del problema o del pasaje bíblico. Este enfoque valora la reflexión en las tradiciones de la fe, la experiencia personal y en comunidad y las propias prácticas de fe, así como también las de los demás. "El aprendizaje es un proceso en el que se nos presenta el conocimiento, y luego se le da forma a través del entendimiento, la discusión y la reflexión."[84] Debido a que este enfoque se centra en gran medida en el proceso del pensamiento, más que en el contenido, existe el riesgo de que los estudiantes se apasionen tanto por la reflexión, los cuestionamientos y los debates que estas actividades nunca lleguen a conclusiones certeras y a la implementación de las mismas.

A medida que nos esforzamos por llevar a las personas al punto en el que verdaderamente sean dueñas de su propia fe, es esencial un enfoque cognitivo en nuestro currículo, en nuestros programas y en nuestras actividades. Sólo después de haber lidiado con las ideas, haber descubierto el conocimiento y haber comprendido por uno mismo el contexto de una comunidad de fe vital es que verdaderamente podemos tener una fe viva. El conocimiento puede transmitirse, pero la fe debe descubrirse, y el cognitivismo es esencial para fomentar el proceso del descubrimiento de la fe.

Humanismo

El humanismo es un enfoque filosófico que hace énfasis en el desarrollo del significado personal del estudiante. Esto requiere que los estudiantes contribuyan con la preparación del currículo y de los programas del ministerio de una manera que sea significativa y relevante para sus vidas. El educador John Holt cuando hizo referencia al humanismo expresó "que los niños son por naturaleza inteligentes, enérgicos, curiosos, están ansiosos por aprender y les resulta fácil aprender; que no necesitan ser sobornados y maltratados para aprender; que aprenden mejor cuando están contentos,

[84] Ídem., 31.

activos, involucrados e interesados en lo que están haciendo; que aprenden menos, o nada, cuando están aburridos, se sienten amenazados, humillados, o asustados."[85] Este enfoque se observa cuando los líderes del ministerio tratan de descubrir aquellos temas, asuntos o actividades que les interesan a los estudiantes. Una vez que se identifican estos temas, se desarrolla el currículo y los programas para involucrar a los estudiantes.

Esta filosofía rememora a Jean-Jacques Rousseau, el filósofo del siglo dieciocho que consideraba al maestro como un jardinero cuya tarea era fomentar lo que naturalmente brotaba de los estudiantes.[86] Los maestros no deberían imponer conocimiento y habilidades de razonamiento desde afuera; en cambio, un estudiante es considerado como una planta en crecimiento a la cual se le otorga la libertad para desarrollarse desde el interior. El maestro guía a los estudiantes de la misma manera que un jardinero cultivaría una planta proporcionándole un ambiente fértil para el crecimiento. En este sentido, se le otorga gran autonomía al estudiante para que se esfuerce por conseguir su propia realización.

Abordar la educación desde esta perspectiva es útil para desarrollar un ambiente cálido y acogedor, donde los estudiantes se sientan afirmados y valorados. Esto construye la autoestima y la confianza, al mismo tiempo que se satisfacen las necesidades identificadas por los estudiantes. Ellos sienten mayor libertad para compartir lo que piensan, lo que sienten, lo que esperan y lo que les genera dudas en este tipo de entorno. En el otro extremo, cuando este es el único enfoque de la educación, el humanismo puede fomentar una perspectiva de vida sin un sentido crítico, ya que ofrece solamente un refuerzo positivo. Cuando el tema a desarrollar es elegido solamente por los estudiantes, existen áreas de aprendizaje importantes que suelen quedar afuera. Cuando se le da lugar al auto descubrimiento de una manera desproporcionada, los estudiantes se quedan sin la oportunidad de comprender múltiples perspectivas y de considerar varias voces sobre los diferentes temas.

El humanismo es un aspecto importante de los ministerios cristianos, ya que involucra que nos esforcemos por crear ambientes

---

[85] John Holt, *Freedom and Beyond* [Libertad y algo más], (Portsmouth, NH: Heinemann, 1995), 10.

[86] Véase más acerca de Jean-Jacques Rousseau, *Emile* (Nueva York: Basic Books, 1979).

que sean interesantes para los estudiantes y que brinden un lugar seguro para cuestionar y explorar temas relacionados con la fe y la vida. Freire sugirió: "No existen temas o valores de los que uno no pueda conversar, ni áreas en las que uno deba permanecer callado. Podemos conversar acerca de cualquier cosa y podemos dar testimonio acerca de todo."[87] ¡Que esto pueda ser una realidad en nuestros ministerios cristianos también! Asimismo, el humanismo ofrece un fundamento para desarrollar el currículo y programas que sean interesantes, relevantes y apropiados para las diferentes edades. Este enfoque, si bien es importante, debe utilizarse en armonía junto con los enfoques transmisivos y con el cognitivismo. Desarrollar este enfoque por sí solo producirá en los estudiantes una fe desordenada que carece de magnitud y de continuidad.

Desarrollismo

El desarrollismo entiende el conocimiento como una herramienta que ayuda a los estudiantes a darle sentido al mundo. Por lo tanto, el desarrollismo adopta la educación transmisiva como un punto de partida, pero rechaza la noción de acumular el conocimiento solo por el mero hecho de adquirir conocimiento solamente. El desarrollismo se esfuerza por aplicar el conocimiento acumulado en los asuntos de la vida real. "Los desarrollistas buscan promover un uso *instrumental* del conocimiento; esto implica que quieren que los estudiantes puedan hacer algo con el conocimiento que han aprendido."[88] En este sentido, no es suficiente con conocer acerca de las Escrituras o de la fe. Los estudiantes deben considerar cómo afecta su vida diaria ese conocimiento. Generalmente esto requiere enfocarse en la integración de la información compleja y ambigua que se encuentra en las Escrituras, al mismo tiempo que se desarrolla un estilo de vida de reflexión y acción. En el mejor de los casos, el desarrollismo intenta ayudar a los estudiantes a desarrollarse a partir de la reflexión de la tradición, de la experiencia, de sus propias prácticas y de las de los demás. "El desarrollista busca ayudar a los cristianos a obtener conocimiento

[87] Freire, *Teachers as Cultural Workers* [Los maestros como trabajadores culturales: cartas para todos los que se animan a enseñar], 58

[88] James Wilhoit, *Christian Education and the Search for Meaning* [La educación cristiana y la búsqueda del significado], (Grand Rapids: Baker, 1991), 90 (énfasis del original).

más útil acerca de la fe y a animarlos a que elaboren una comprensión de sus creencias que sea propicia para la forma en que ven el mundo."[89]

Al llevarlo a un extremo, el grave peligro del desarrollismo, especialmente en los ministerios cristianos, es creer que el conocimiento es estático y que puede aplicarse de forma exitosa en cualquier situación. La revelación de Dios hacia nosotros siempre estará incompleta, y nuestra comprensión de las Escrituras nunca será completamente clara; servimos a un Dios vivo y estudiamos la Palabra viva de Dios. Por lo tanto, siempre existe peligro al preguntar cómo podemos "aplicar" el conocimiento obtenido de un determinado pasaje de las Escrituras, como si hubiésemos determinado el conocimiento total que puede obtenerse de ese pasaje.

Reconstruccionismo

El reconstruccionismo es un enfoque filosófico que surgió de la filosofía de la educación progresista de John Dewey, que desafiaba la idea tradicional que sostenía que el propósito de la educación era transferir, de manera pasiva, las normas culturales de una generación a otra. Los progresistas argumentaban que la educación podía y debía ser un agente principal de la reforma social. El reconstruccionismo asume que el mundo está en crisis y que la civilización llegará a su fin, a menos que los problemas que van desde la contaminación hasta el racismo se solucionen. También asume que la educación es el agente principal de cambio para reformar la sociedad. Por lo tanto, debemos enseñar decididamente para el cambio social.[90]

Este tipo de enfoque, secular como puede ser en la cultura popular, resuena con la pasión de los ministerios cristianos para ser agentes de reconciliación y de restauración. El reconstruccionismo requiere que identifiquemos las necesidades de otros y que nos esforcemos por satisfacerlas. Los defensores de esta filosofía aspiran a tomar un enfoque escatológico del ministerio que sirva para construir un mundo mejor, y que sea más representativo del mundo que vendrá, al centrarse tanto en la reconciliación entre las personas, como en la reconciliación entre ellas y Dios.[91]

---

[89] Ídem., 94.

[90] Knight, *Filosofía y educación: una introducción a la perspectiva cristiana*, 131-34.

[91] Véase más acerca de Miroslav Volf, *Exclusion and Embrace: A Theology of Identity, Otherness, and Reconciliation* [La exclusión y la aceptación: una teología

Si la llevamos a un extremo, la filosofía del reconstruccionismo puede asemejarse al adoctrinamiento, cuando los maestros consideran a los estudiantes como el medio a través del cual pueden conseguir sus propios objetivos. Esto les roba a los estudiantes la oportunidad de desarrollar habilidades para pensar críticamente y para reflexionar. Sin embargo, si trabaja en armonía con otras filosofías, el reconstruccionismo le aporta un componente esencial a la obra del evangelio por la que luchamos en los ministerios cristianos.

Tres tipos de currícula

Lo que enseñamos es lo que denominamos currícula, y nos acercamos a los mismos desde ciertas perspectivas filosóficas, ya sean intencionales o no. El término más amplio, currículo, es mucho más que la libreta de la cual enseñamos el estudio bíblico. El currículo de nuestros ministerios incluye todo lo que enseñamos y lo que no enseñamos, de manera intencional y no intencional. Esto es muy complejo, como nos lo recordó Dewey: "Quizás la mayor falacia pedagógica es la noción de que una persona solo aprende el tema particular que está estudiando en ese momento."[92]

Explícito

El currículo explícito es el contenido de aprendizaje que establecimos intencionalmente para que desarrollen nuestros estudiantes. Éste puede incluir el conocimiento a ser aprendido, el pensamiento crítico y las habilidades de reflexión a desarrollarse, o las experiencias que moldeen el corazón y la mente. Cualquiera sea la actividad o el contenido, se ha planificado intencionalmente y se diseñó para ser educativo.

Implícito

El currículo implícito se refiere a todo aquello que los estudiantes aprenden que no hemos planificado de manera intencional. Generalmente, se lo conoce como "el currículo oculto" y comúnmente se comunica a través del aspecto de sociabilización de nuestros ministerios. Cuando nos reunimos para adorar, solemos establecer expectativas de manera no intencional cuando demostramos cierto

de la identidad, la otredad y la reconciliación], (Nashville: Abingdon, 1996).

[92] John Dewey, *Experience and Education* [Experiencia y educación], (Nueva York: Macmillan, 1938), 87.

nivel de reverencia mediante nuestra participación silenciosa y ordenada. Esto les enseña a los estudiantes a ser sumisos y respetuosos de Dios y de los demás, aunque es probable que esta enseñanza no se haya discutido en la reunión de preparación de la alabanza.

Generalmente les enseñamos lecciones implícitas a los estudiantes cuando tenemos ciertos comportamientos, de los que ni siquiera somos conscientes que otros están observando. La forma en que tratamos a los demás, la compasión que demostramos por los que sufren, la manera en que oramos, la esperanza que proyectamos, el amor que compartimos y la gracia que ofrecemos, todo contribuye al proceso de transformación ya que los estudiantes aprenden de nuestro ejemplo. Este es un aspecto poderoso del currículo de nuestro ministerio que no deberíamos pasar por alto. Generalmente se lo reconoce únicamente en retrospección cuando le preguntamos a los estudiantes lo que han aprendido a través de nuestros ministerios durante el paso de los años. Algunas veces las respuestas son sorprendentes y aleccionadoras.

Nulo

El currículo nulo involucra el contenido y las actividades que nunca se enseñan. La realidad es que disponemos de un tiempo limitado con los estudiantes en el ministerio y debemos priorizar lo que es más importante para comunicarle a los nuestros. Hay ciertos libros de la Biblia que muchas veces forman parte de nuestro currículo nulo, ya que priorizamos ciertas lecciones bíblicas por sobre otras. Existen ciertas perspectivas teológicas que residen en nuestros planes nulos, porque tendemos a favorecer las perspectivas de la tradición de nuestra fe. Hay algunas disciplinas espirituales que enseñamos en vez de otras debido a nuestras propias experiencias en el recorrido de la fe.

En relación a aquello que no enseñamos, Elliot Eisner afirmó: "La ignorancia no es simplemente un vacío neutral; tiene efectos importantes en las distintas opciones que uno debe considerar."[93] Por lo tanto, es importante que consideremos cuidadosamente lo que colocamos en el currículo nulo, en vez de permitir que se desarrolle por casualidad. ¿Cuáles son las consecuencias de enseñar en muy pocas oportunidades acerca del Antiguo Testamento, de ofrecer un

[93] Elliot Eisner, *The Educational Imagination* [La imaginación educativa], (Upper Saddle River, NJ: Pearson Education, 2002), 97.

número limitado de disciplinas espirituales o de nunca participar en experiencias interculturales?

Eisner realizó un resumen contundente acerca de la importancia de reconocer estos tres aspectos de nuestros planes.

> Por lo tanto, cuando nos preguntamos cuál es el medio a través del cual enseñan las escuelas, podemos reconocer que uno de los recursos que más utilizan es el currículo explícito que le ofrecen a los estudiantes. Pero eso no es todo. Las escuelas también enseñan a través del currículo implícito, ese conjunto generalizado y dominante de expectativas y reglas que define la escolaridad como un sistema cultural que enseña por sí mismo importantes lecciones. Y podemos identificar el currículo nulo: que incluye las opciones que no se les brindan a los estudiantes, las perspectivas que puede ser que jamás conozcan, y que incluso quizás jamás puedan utilizar, los conceptos y las habilidades que no son parte de su repertorio. Sin duda, en las deliberaciones que constituyen el curso de la vida, su ausencia tendrá importantes consecuencias en la clase de vida que los estudiantes puedan elegir llevar adelante.[94]

Tres tipos de objetivos educativos

Una vez que entendemos claramente nuestra filosofía educativa como un enfoque global al ministerio, es importante definir objetivos más específicos en cuanto a los resultados que esperamos que los estudiantes alcancen. Eisner estableció tres tipos de objetivos que son extremadamente útiles para alcanzar nuestros objetivos en el ministerio.[95]

Conductual

Los objetivos conductuales son los tipos de objetivos más comunes y también se los conoce como *objetivos de instrucción* y *objetivos por rendimiento*. La clave de los objetivos conductuales es que son específicos, claros, medibles y observables a la hora de describir el rendimiento del estudiante. [96] Es decir, un estudiante debe ser capaz

---

[94] Ídem., 107.

[95] Ídem., capítulo 4.

[96] Véase más acerca de Robert Mager, Preparing Instructional Objectives [La preparación de los objetivos instructivos], (Atlanta: Center of Effective Performance, 1997).

de realizar lo que se describe en el objetivo y hacerlo dentro de un criterio determinado. Por ejemplo, a los estudiantes se les pide que nombren los diez mandamientos. Esta es una conducta observable. Ser capaz de nombrar los diez mandamientos es un buen objetivo; sin embargo, raramente le pedimos a nuestros estudiantes que alcancen la perfección. Por lo tanto, agregar criterio al objetivo al pedirle a los estudiantes que nombren al menos ocho de los diez mandamientos sería más razonable. Esto les brinda a los estudiantes una tarea observable para lograr y el criterio que será considerado aceptable.

Ya que prácticamente nunca les tomamos un examen a los estudiantes en el ministerio de la misma forma en que son examinados en la escuela, quizás con la rara excepción de algún examen de confirmación o de bautismo en algunas tradiciones, denominar el criterio es de menor importancia en el contexto del ministerio que denominar la tarea observable. Al final, es la consciencia del estudiante la que determinará si él o ella se ha desempeñado a un nivel aceptable.

Los objetivos conductuales son muy útiles cuando planificamos el conocimiento y las habilidades que esperamos que los estudiantes adquieran. Sin duda existen contenidos bíblicos, conceptos teológicos y técnicas de estudio que deseamos que nuestros estudiantes aprendan. Memorizar las Escrituras, contar historias bíblicas como el éxodo y la vida de Jesús, describir conceptos teológicos tales como la trinidad y la expiación y demostrar la habilidad para utilizar las herramientas de estudio como los comentarios, las enciclopedias, los diccionarios y las concordancias que brindan una mayor percepción bíblica y teológica pueden considerarse objetivos conductuales.

Sin embargo, no estaríamos satisfechos en nuestros ministerios si nuestros estudiantes memorizaran toda la Biblia, supieran usar los lenguajes bíblicos y pudieran debatir acerca de cualquier posición teológica, pero no tuvieran una fe significativa. Cuando se trata de adquirir conocimientos y habilidades, los objetivos conductuales son bastante útiles, pero cuando se trata de la formación de la fe, necesitamos objetivos adicionales.

Resolución de problemas

Los objetivos para la resolución de problemas les ofrecen a los estudiantes la oportunidad de desarrollar habilidades de pensamiento crítico y enfoques individualizados frente a los problemas. Con un objetivo de resolución de problemas a todos los estudiantes se les proporciona el mismo problema para resolver, sin embargo, las soluciones pueden variar en cada estudiante o grupo a medida que trabajan para obtener una solución. La respuesta no es tan definitiva como con los objetivos conductuales, por lo tanto, esto mejora el aprendizaje cognitivo y la flexibilidad intelectual.

Un clásico ejemplo de este tipo de objetivo es el trabajo que un maestro solicita en la clase de ciencias en el que hay que construir un puente con palillos sobre una extensión de sesenta centímetros, que soporte dos kilogramos de peso durante cinco minutos. Cada grupo de estudiantes construye un puente que es completamente distinto al de los demás, pero todos alcanzan el objetivo. En el entorno del ministerio esos objetivos pueden ser extremadamente útiles para la formación de la fe, para la planificación del momento de adoración y para el mentoreo. Por ejemplo, uno podría desafiar a los estudiantes a que hagan crecer su fe mediante disciplinas espirituales al presentarles una docena o incluso más disciplinas, y luego pedirles que dediquen un mes para descubrir aquellas que los conectan de manera más efectiva con Dios. Al final del mes, a medida que los estudiantes informan las disciplinan que fueron más eficientes para ellos, cada grupo descubrirá que todos encontraron disciplinas diferentes y también descubrirán maneras significativas de conectarse con Dios y de crecer en su fe. Puede que a muchos equipos de adoración se les dé la tarea de organizar un servicio de adoración para Pascuas. Cada equipo completará muy bien la tarea, sin embargo, cada servicio es único. Un ministerio que valora las relaciones entre líderes y estudiantes puede pedirles a los líderes que dediquen tiempo con sus estudiantes fuera de los programas del ministerio ya establecidos. Los líderes pueden proponer ideas y generar una lista de opciones creativas para realizar con sus estudiantes, pero a medida que los líderes comienzan a construir las relaciones con los estudiantes, se hace evidente que cada uno hace cosas diferentes. Cuando los líderes informan cómo se construyen sus relaciones o cómo se desarrollan sus mentoreos, cada historia es diferente, pero cada uno está cumpliendo con el objetivo que fue planteado.

Expresivo

Los objetivos expresivos son útiles cuando el aprendizaje puede observarse una vez que se ha adquirido. A veces, los resultados del aprendizaje no pueden conocerse de antemano, y no podemos escribir objetivos conductuales o de resolución de problemas que definan los resultados deseados. Sin embargo, gracias a nuestra experiencia y a nuestra sabiduría, sabemos que ciertas actividades tienen un valor educativo incluso si no conocemos los resultados precisos para el grupo o las personas. Los resultados expresivos vienen como consecuencia de actividades de aprendizaje donde observamos el aprendizaje que adquirimos, ya sea intencionalmente o no, luego de alguna forma de experiencia educativa. Este tipo de objetivo asume que el propósito no necesita preceder a la actividad. En cambio, el propósito puede crearse en el proceso de las actividades orientadas a la experiencia.

En las escuelas esto suele suceder en los viajes de estudio, quizás a un museo. El maestro sabe que visitar un museo puede ser educativo, pero no sabe con exactitud de qué manera lo será para cada estudiante. Cierta obra de arte puede inspirar a algunos estudiantes, mientras que otra diferente inspirará a otros. Algunos pueden enfocarse en el museo en general, mientras que otros estudian elegirán una sección particular para profundizar. Al finalizar el recorrido, el maestro reúne a los estudiantes y realiza varias preguntas ("¿Qué aprendieron hoy?", "¿Sobre qué les gustaría aprender más?", "¿Qué es lo que todavía desconocen?") y cada uno responde de manera diferente a las mismas preguntas.

Si bien parece similar a la resolución de problemas, la diferencia es que el maestro no sabe cuáles serán los resultados de aprendizaje hasta que los estudiantes informen lo que hayan aprendido luego de la experiencia. Los viajes misioneros son un buen ejemplo de este tipo de objetivo en el ministerio. Sabemos por experiencia que los estudiantes crecen en su fe en los viajes misioneros, pero lo hacen de muchas maneras. Todo lo que podemos decir honestamente de antemano es que este viaje misionero formará su fe. La manera en que ocurrirá o cómo será esta formación no puede planearse por adelantado. Solamente en retrospectiva, a medida que las personas revelan la forma en que han crecido en su fe, es que podemos reconocer la formación de la fe que se ha llevado a cabo.

Una reflexión final

Desarrollar su propia filosofía de la educación para los ministerios cristianos no se logra dejando de lado la gran cantidad de historia de la filosofía educativa, ni tampoco es una simple adopción de una de los tantos enfoques históricos de la educación. En cambio, su filosofía debe ser elaborada de manera cuidadosa y reflexiva en conjunto con su equipo del ministerio, y debe considerar cuidadosamente la variedad de perspectivas en la filosofía educativa, su contexto ministerial y su tradición de fe. "Estamos programados para aprender, vivimos, experimentamos o nos encontramos abiertos a experimentar la relación entre lo que heredamos y lo que adquirimos."[97] Este proceso constructivo dará lugar a una filosofía de la educación que mantendrá su ministerio bien fundamentado, a medida que navegue por los desafíos del ministerio cristiano en el siglo veintiuno.

Preguntas y actividades

1. Lea los anuncios en los boletines, los correos masivos, los folletos, los diarios, los sitios de internet y otro material promocional de su iglesia. ¿Qué filosofías educativas se promueven?
2. Al considerar la educación transmisiva, ¿cuál es el conocimiento objetivo que le parece esencial que sus estudiantes conozcan y comprendan? Si consideramos el cognitivismo, ¿cuáles son las habilidades cognitivas y las herramientas de aprendizaje esenciales para que adquieran sus estudiantes? Al pensar en el humanismo, ¿qué tipo de ambiente producirá el máximo compromiso en sus estudiantes? En el desarrollismo, ¿qué es lo que sus estudiantes necesitan aprender a hacer? En el construccionismo, ¿cómo podría involucrarse su ministerio en la obra reconciliadora del evangelio aquí en la tierra, de la manera en que se realiza en el cielo?
3. Nombre algunas de las cosas implícitas que aprendió en la escuela que probablemente hayan sido parte del currículo implícito u oculto. Nombre algunas acerca de su iglesia o ministerio.
4. Nombre algunas cosas de su educación escolar que probablemente hayan sido parte del currículo nulo. Nombre algunas acerca de su iglesia o ministerio.
5. Escriba tres objetivos conductuales, tres de resolución de problemas y tres expresivos para su ministerio actual.

---

[97] Freire, *Teachers as Cultural Workers* [Los maestros como trabajadores culturales: cartas a aquellos que se animan a enseñar], 95.

Lectura adicional

Eisner, Elliot. *The Educational Imagination* [La imaginación educativa]. Upper Saddle River, NJ: Pearson Education, 2002.

Knight, George. *Philosophy and Education: An Introduction in Christian Perspective* [Filosofía y educación: una introducción a la perspectiva cristiana]. Berrien Springs, MI: Andrews University Press, 2006.

6

La formación del conocimiento humano y el ministerio cristiano

Una caminata equivocada por Londres: una historia filosófica

ANDREW ROOT

Ya había tomado tantas malas decisiones que no debería haberme sorprendido de estar de nuevo en el lugar donde comencé. Pero todo parecía tan diferente que me convencí a mí mismo de que nunca había estado aquí, aunque había arrancado desde este lugar hacía más o menos una hora atrás. Sin embargo, estaba convencido de que estaba en otro lugar. Había seguido las indicaciones de un texto confiable; el mapa decía que me encontraba en frente del parque, pero algo no estaba bien. Entonces, aquí me encontraba.

Sólo una hora atrás había entrado a Hyde Park en Londres. Mientras transitaba por la conocida Lancaster Gate, me detuve un minuto para contemplar sus flores y sus fuentes. Me senté en un escalón y traté de observarlo todo, tenía un sentimiento de gratitud por estar en ese lugar, y disfrutaba la idea de tener una tarde para mí mismo. Era el paraíso para un introvertido: un maravilloso día fresco, un nuevo lugar para explorar, un mapa para guiarme y solo mi mente como compañía.

Supongo que mi objetivo era simplemente sumergirme en el pintoresco parque y adentrarme en mis propios pensamientos. Pero tenía otro objetivo establecido; quería cruzar el parque para llegar al museo de Churchill. El mapa tenía recuadros numerados y remarcados que identificaban las atracciones importantes de la ciudad. Vi que el museo estaba identificado como el número seis, entonces comencé a caminar hacia él. Sin embargo, luego de encontrarme a varias cuadras del parque y que estaba caminando por una calle angosta, me di cuenta de que no estaba en el lugar correcto: este no era un lugar donde estaría un museo. Comencé a sentir que ni siquiera era un lugar para un turista.

Al principio, pensé que mi mapa estaba equivocado. Me pregunté por algunos minutos si podía volver a confiar en él; se suponía que debía conducirme a un lugar y me llevó a otro. Y este otro lugar no era un paraíso. Supongo que podría haber desistido y descartar el mapa, ya que me parecía que no tenía ningún otro elemento autoritativo ni normativo en qué confiar, y hacer el recorrido solo.

Por supuesto, si lo hubiera hecho, me habría quedado atrapado porque no tenía forma de volver al hotel. Tendría que haber decidido transitar y experimentar esta parte sórdida de Londres, ya que, según mi apreciación, era la única realidad en la cual podía confiar y creer, teniendo en cuenta que no podía confiar que siquiera existiera alguno de todos los otros lugares de Londres que describía el mapa. Después de todo, el mapa me había prometido llegar al museo y me falló, entonces, ¿cómo podía confiar nuevamente que tuviera alguna relación con la realidad? ¿Cómo podía siquiera saber que existía una realidad más allá de mi experiencia actual? Supongo que podría haber descartado el mapa y haberme conformado con las realidades locales y culturales del vecindario.

Finalmente localicé el lugar exacto que indicaba el recuadro rojo con el número "6." Y no era un museo, sino un centro comercial en ruinas. Supongo que podría haber confiado en el mapa más que en mi propia experiencia. Quizás afirmar que esta zona comercial no podía tener nada que ver con un museo era otorgarle demasiada autoridad a mi experiencia subjetiva. Tenía un folleto autoritativo que afirmaba que el museo de Churchill estaba justo en ese lugar. Este mapa, luego de mirarlo detalladamente, incluso estaba estampado con el sello de autoridad de turismo de Londres; claramente ellos saben lo que hacen. Ya que el mapa indicaba que ese era *realmente* el lugar del museo, podría haber ignorado mi experiencia subjetiva, haber caminado hacia el restaurante de curry y haber preguntado por el búnker de Churchill. Si se hubiesen visto confundidos y hubiesen afirmado, señalando los alrededores del restaurante: "Esto no es un museo, compañero; esto es un restaurante," les podría haber mostrado mi mapa y decirles: "Sé que esa es su experiencia, pero no puedo confiar en ella porque tengo un mapa que dice que el museo es aquí."

Un enfrentamiento entre dos equipos

Si bien quizás suena absurdo, mi incidente en Londres ilustra un gran debate que se está llevando a cabo y que tiene un impacto directo en nuestro ministerio. Plantea la forma en que entendemos a las personas, la acción de Dios y la forma de la realidad misma. Suscita preguntas acerca de la forma del conocimiento y del aprendizaje humano, la experiencia de Dios y la práctica del ministerio.

Podríamos considerar que este debate está formulado por dos maneras distintas de llevar a cabo el ministerio, e imaginar dos equipos diferentes que afirman que existen dos formas diferentes de ver el mundo, a los jóvenes y al accionar de Dios. Uno de estos equipos podría llamarse "Hombre Moderno" y el otro "Ente de la Sociedad."

El equipo del Hombre Moderno

El equipo del Hombre Moderno cree que existen fundamentos sólidos en el mundo, que existen cosas objetivas en las cuales podemos confiar. Y podemos confiar en ellas porque nuestra racionalidad humana puede subir a lo más alto de la montaña y apreciar toda la realidad, y saber lo que es correcto, lo que es verdadero y lo que es bueno. La habilidad del equipo del Hombre Moderno que le permite pensar que puede ganar el debate es el poder mismo de la racionalidad. Este equipo cree que hay fundamentos y verdades que la mente humana puede descubrir de una manera tan completa que no pueden dar lugar a la duda. El equipo del Hombre Moderno diría que mi mapa es una verdad fundacional. Fuera de la genialidad de la racionalidad, las personas que habían subido hasta la cima del conocimiento habían visto la forma de Londres. Incluso si yo no hubiera podido percibir en mi propia mente que en realidad ese era el museo, mi mapa fundacional afirmaba que así lo era.

En el Iluminismo, con su énfasis establecido en la razón y en el individualismo, los filósofos y los científicos creían que el pensamiento bueno y razonado podía descubrir los fundamentos de todas las cosas, y los llevaba hacia una cima desde la cual podían afirmar que habían trazado un mapa de toda la realidad. Y al tener este mapa, todo lo que debíamos hacer nosotros sería seguirlo, y así encontraríamos todo bueno, lo santo e incluso a Dios mismo... si es que lo necesitábamos para algo.

El equipo del Hombre Moderno juega convencido de que conoce toda la realidad; sabe exactamente lo que significa ser un ser humano, exactamente quién es Dios y la manera exacta en que cada persona debería actuar y vivir. ¡La racionalidad descubre fundamentos y estos fundamentos son verdades universales! Mi mapa de Londres podría considerarse como un fundamento universal descubierto mediante la racionalidad. Mi propia experiencia subjetiva, como no se relaciona con el fundamento, debe someterse al fundamento racional, es decir, que el mapa es más real que mi experiencia. Puedo ver y sentir que no estoy ni cerca del museo, pero el mapa es verdadero; por lo tanto, mis sentimientos y experiencia, ya que están peligrosamente expuestos a la irracionalidad, deben ser ignorados. Hasta que mi experiencia no haya atravesado cada paso fundacional hasta una cima objetiva, simplemente no puedo confiar en ella.

Llevar a cabo un ministerio juvenil para el equipo del Hombre Moderno implica que los jóvenes confirmen en su mente, y se conformen en la acción, a los fundamentos. Las dudas de un joven o sus experiencias de aflicción fastidian o amenazan porque atacan los fundamentos y no pueden considerarse una expresión verdadera de la realidad.

Por supuesto, por favor preste especial atención, es bueno y correcto que Dios sea nuestro fundamento o centro. Sin embargo, en el equipo del Hombre Moderno, "Dios" puede convertirse fácilmente en un fundamento. Pero el problema de jugar para este equipo es que la ofensiva con la que jugamos está completamente sujeta a la racionalidad. La racionalidad como fundamento busca despersonalizar; trata de encontrar los fundamentos inmutables, inamovibles y estáticos. Desde esta perspectiva reduccionista, Dios no es una persona viva que realmente puede encontrarnos en o a través de una experiencia, sino que ha sido congelado en un mapa que podemos utilizar como instrumento.

Por lo tanto, el ministerio juvenil tiene que ver con el conocimiento; es impulsado por lo que los filósofos denominan *epistemología*. Su objetivo es ayudar a los jóvenes a *conocer* los fundamentos, a asimilar el conocimiento de la Biblia. Usted realiza actividades divertidas para crear la suficiente confianza o lealtad para convencer a los jóvenes de su conocimiento, y usted será un buen pastor de jóvenes si cada vez son más los que *conocen* la manera de evitar el pecado y creer en la Biblia. Entonces, necesita dedicar mucho tiempo como pastor de jóvenes en brindarle a su grupo de jóvenes argumentos convincentes y racionales para que se aferren a la fe y a la verdad de la Biblia.

De este modo, el ministerio juvenil no incluye imaginar con los jóvenes de qué manera en su propia experiencia en el mundo, y a través de ella, pueden encontrar la presencia viva del Jesús resucitado, que incluso hoy día está esperándolos con brazos abiertos. En cambio, el ministerio juvenil en el equipo del Hombre Moderno busca utilizar técnicas, programas y eventos para que los jóvenes sean leales a los fundamentos, para que los afirmen como una realidad cognitiva racional. Por lo tanto, este equipo se planta sobre un fundamento y con arrogancia vocifera que conoce toda la realidad y ¡que cuenta con un mapa para demostrarlo!

El equipo del Ente de la Sociedad

El adversario y gran rival del equipo del Hombre Moderno es el equipo del Ente de la Sociedad. Mientras que el equipo del Hombre Moderno cree que puede subir a la cima más alta y apreciar todo lo que es verdadero y real, el equipo del Ente de la Sociedad solamente quiere ver lo particular, lo local y lo cultural. Este equipo cree que no existen fundamentos que se consideren verdaderos o incluso reales. En cambio, todos recibimos un mapa de Londres, pero todos son siempre diferentes; por ejemplo, están escritos a través de nuestra propia y única socialización cultural y familiar. A todas las personas se les ofrece un mapa, pero este mapa solo es verdadero para la persona a la cual le fue entregado; cada persona tiene su propio mapa. Y al final, cuando realmente investigamos, descubrimos que ninguno de los mapas nos lleva a ningún lado de ninguna manera en particular, que, en realidad, no existe el museo; solo estaba en nuestras mentes.

El equipo del Ente de la Sociedad es *post*modernista porque cree que el proyecto racional fundacional del equipo del Hombre Moderno es un sueño, y afirma que todos los mapas universales fundacionales fueron escritos por aquellos que tienen poder. Las personas poderosas reclaman los fundamentos universales que apoyan su propia posición; actúan como si hubiesen ascendido a lo más alto para ver todo lo que es real, pero esta es una maniobra para justificar su propia posición en el poder. Por lo tanto, la realidad no es nada más que un cúmulo de historias y conceptos que nuestra mente ha aceptado; la realidad en sí misma, los saludos postmodernistas, dependen de la mente. Cualquier cosa que sea verdadera, no lo es de forma universal; la verdad son solo historias, pensamientos y perspectivas que adoptamos. No existe tal cosa como una verdad universal; solo existen verdades a las que nos aferramos por un momento porque fuimos convencidos a través de nuestra socialización de creer en ellas. El equipo del Ente de la Sociedad cree que el equipo del Hombre Moderno está compuesto por estúpidos, tontos excesivamente musculosos que no pueden ver que su propia posición les fue otorgada solamente a través de su socialización; han confundido las construcciones sociales con las realidades universales.

Para el equipo del Ente de la Sociedad la prueba de esto reside en la enorme cantidad de pluralidad que encontramos en nuestro mundo. Este equipo apunta a este pluralismo para afirmar que simplemente no puede existir una realidad fundacional. De hecho, este equipo está tan resuelto y es tan valiente que está dispuesto a afirmarlo porque hay tanto pluralismo, que simplemente no puede existir algo real. Toda realidad no es más que una serie de mapas socialmente construidos que nosotros aceptamos creer que son verdad.

El equipo del Hombre Moderno es triunfalista, y se golpea el pecho para afirmar que conoce completamente la verdad. El equipo del Ente de la Sociedad es derrotista, y se encoge de hombros y señala a la pluralidad de nuestros mundos culturales como prueba de que no existe nada real.

Lo gracioso es que, para llevar a cabo el ministerio juvenil en el equipo del Ente de la Sociedad hay que hacerlo radicalmente diferente al del equipo del Hombre Moderno, pero al mismo tiempo con muchas similitudes. La diferencia reside en que el ministerio juvenil trata de ayudar a los jóvenes a quitarse las capas de socialización de lo que la cultura les ha dado. El objetivo es desmontar los mapas. El equipo del Ente de la Sociedad establece que, una vez que nos damos cuenta de que ningún mapa coincide con la realidad, entonces estamos libres para deshacernos de los mapas que son restrictivos y opresivos. Le pedimos a los jóvenes que reflexionen profundamente en el motivo por el cual este o aquel mapa estaban aquí: ese es el objetivo del ministerio juvenil, ver cómo las historias culturales buscan encerrar a la juventud, y los mantienen alejados de actuar para Dios en el mundo. Las historias como el consumismo presentan mapas de la belleza sexual y del dinero como algunos de los objetivos finales que debemos tener, pero éstas son solamente construcciones sociales que pueden descartarse. Entonces el ministerio juvenil intenta desmontar las historias acerca de asuntos como el consumismo y la belleza, para que los jóvenes puedan ser libres de los mapas que atrapan y corrompen su accionar.

El equipo del Hombre Moderno cree que los jóvenes son básicamente placas de Lego en blanco y que nuestro trabajo es tomar los bloques del conocimiento bíblico e incrustarlos en sus mentes. El equipo del Ente de la Sociedad cree que los jóvenes están envueltos en el capullo de muchas historias culturales que deben ser despojadas para que puedan encontrar la libertad para actuar de manera auténtica en el mundo.

Algunos piensan que el equipo del Ente de la Sociedad está en ventaja en este debate ya que el equipo del Hombre Moderno convierte a los jóvenes en receptores pasivos de información para asimilar, mientras que El equipo del Ente de la Sociedad busca liberar a los jóvenes para que sean actores en el mundo. Sin embargo, El equipo del Hombre Moderno refuta el hecho de que El equipo del Ente de la Sociedad haya utilizado un instrumento tan terminante con tan poca precisión, que, al descartar las historias, desechándolas bajo el nombre de "construcciones sociales", también descarta la realidad de Dios. Por miedo a los fundamentos, El equipo del Ente de la Sociedad audazmente, pero, sin embargo, con torpeza, descarta la posibilidad de que Dios puede ser una realidad personal y no simplemente otro mapa construido socialmente. Aquellos que llevan a cabo el ministerio juvenil desde el proyecto sin fundamentos del equipo del Ente de la Sociedad afirmarán que todavía existe un lugar en el que Dios es real. Pero es difícil ver cómo esto es posible debido a que toda la realidad se redujo a un mapa ligado a la cultura.

Pero extrañamente, estas dos perspectivas son iguales en cuanto a su compromiso con el conocimiento. El equipo del Hombre Moderno establece que el objetivo del ministerio juvenil es que los jóvenes *conozcan* los fundamentos como verdades incuestionables. El objetivo del ministerio juvenil desde la perspectiva del equipo del Ente de la Sociedad es que los jóvenes *conozcan* que son libres para actuar, que pueden escapar de las historias del consumismo, del sexismo y de todos los demás mapas culturales de –ismos que existan para actuar libremente. Lo irónico es que ambas perspectivas parecen querer lograr que el *conocimiento* (epistemología) sea la meta del ministerio.

Un camino intermedio

Mientras estaba detenido en medio de la vereda, seguí mirando el mapa y luego la calle, e intentaba descubrir qué fue lo que había salido mal. No estaba dispuesto a descartar el mapa ni tampoco a otorgarle completa autoridad. Estaba dispuesto a creer que representaba algo real. Finalmente, me di cuenta de cuál había sido el problema: había recuadros de dos colores diferentes; los rojos hacían referencia a los restaurantes y los verdes a los museos. Había caminado durante cuarenta y cinco minutos en la dirección equivocada, sin darme cuenta de que estaba siguiendo el listado de los restaurantes. Exhausto, pero no desanimado, nuevamente entré en Hyde Park, ahora siguiendo el mapa con más atención que nunca. Sin embargo, luego de otros cuarenta y cinco minutos, llegué a otra puerta que creí que me llevaría fuera del parque y hacia el museo. Estaba seguro de que era Queen Elizabeth Gate, pero algo no estaba bien. ¡Pero tenía que ser! ¡Había seguido el mapa y claramente estaba en una puerta de verdad! Este era el lugar donde el mapa me había indicado que tenía que ir.

Me tomó otros cinco minutos darme cuenta de que, aunque mi mente estaba segura de que había caminado a través del parque y que ahora me encontraba en Queen Elizabeth Gate, el hecho brutal era que no estaba allí. Luego de varios minutos de observar el portón, de la manera más extraña, de repente caí en la cuenta; estaba de vuelta en Lancaster Gate, en el mismo lugar donde había comenzado. No lo reconocí porque lo estaba mirando desde otra dirección;

al llegar allí, estaba seguro de que estaba en otro lugar. Mi mente me había engañado, me impidió poder aceptar la realidad en verdad, sin embargo, me encontraba en Lancaster Gate; estaba en un lugar real, más allá de lo que mi mente había construido.

Esta experiencia nos permite imaginar un camino intermedio en la batalla entre El equipo del Hombre Moderno y El equipo del Ente de la Sociedad. Nos revela las fortalezas y las debilidades de cada uno y nos brinda un concepto más profundo del ministerio. El equipo del Hombre Moderno tiene razón: existen cosas objetivas, reales en el mundo y más allá de él. El equipo del Ente de la Sociedad está equivocado en asumir que no existe otra realidad más que la que depende de la mente humana y que, por lo tanto, es construida socialmente. No podía negar que me encontraba frente a un portón, y por mucho que intenté imaginar una manera diferente de interpretar las instrucciones del mapa y mi propia experiencia, no pude cambiar el hecho de que no me encontraba frente a Queen Elizabeth Gate. Incluso pude imaginar cómo sería estar frente al otro portón, pero el hecho brutal era que me encontraba en otro lugar.

Sin embargo, lo que también queda claro fue que mi propia experiencia fue fácilmente confundida. Estaba frente al portón donde había estado hacía algún rato, pero no pude darme cuenta. Me tomó cinco minutos reconocer el portón por el cual había cruzado horas antes. El equipo del Ente de la Sociedad tenía razón: no había manera en que pudiera subir a una posición elevada objetiva y pararme en un fundamento. Sólo podía conocer el mundo desde su interior, y porque ese era el caso, siempre era posible que pudiera estar confundido o equivocado. Entonces, no había fundamentos (concuerdo con El equipo del Ente de la Sociedad), pero también había algo real, como lo creía el equipo del Hombre Moderno.

Un camino intermedio en el debate es afirmar que nuestra experiencia es mejor entendida de una tercera forma, la que se denomina *realismo crítico post fundacional*. Esto significa que tenemos mentes para la realidad y experiencias reales de la realidad: incluso formas más avanzadas de la realidad que existen fuera de nuestras mentes humanas. Pero esta teoría también afirma que nuestras propias mentes siempre se encuentran en el medio de los niveles de la realidad; por lo tanto, nuestras percepciones y perspectivas están siempre abiertas a errores o a confusiones.

Esto permite que se produzca un gran cambio en la forma en que consideramos la enseñanza en el ministerio. En el empate entre El equipo del Hombre Moderno y El equipo del Ente de la Sociedad estamos luchando por *conocer*. En ambos equipos, es difícil discutir acerca de las experiencias *reales* con Dios, ya que Dios se encuentra atado y limitado en cualquiera de los dos casos como un fundamento estático o como una historia relativizada. Ambos equipos convirtieron a Dios en un objeto que puede ser controlado por los conocedores humanos.

El realismo crítico post fundacional en realidad hace posible que afirmemos que Dios es una persona que se encuentra con nosotros. Por lo tanto, el ministerio no se trata de ayudar a los jóvenes a conocer distintas cosas, o preguntarnos cómo podemos enseñarles fundamentos que permanezcan o que los lleven a actuar de determinada manera. En cambio, el objetivo del ministerio es invitar a los jóvenes a que participen en las prácticas del ministerio para que puedan experimentar la misma persona de Dios. Entonces, el ministerio para las próximas generaciones está obsesionado, no con el conocimiento (epistemología), sino con la persona (ontología); queremos saber cómo experimentan los jóvenes a la persona de Dios. Deseamos que nuestro ministerio sea formado de tal manera que los jóvenes realmente se encuentren con la persona viviente de Jesucristo que los invita a seguirlo. Y este Jesús viviente no puede ser imaginado como un fundamento estático (como un montón de información), sino como una persona que se encuentra con la nuestra, y que viene a ministrarnos.

El equipo del Ente de la Sociedad tiene razón; no queremos que los jóvenes actúen para ser libres de las construcciones sociales, sino para que puedan ministrar a su prójimo, y encontrar la persona de Jesús presente a medida que lo hacen (Mt 25). Nuestra experiencia del Jesús vivo siempre será vulnerable a las dudas y a la confusión porque no podemos subirnos a una cima objetiva para conocer cada cosa de manera completa. Sin embargo, estas son buenas noticias; porque si pudiéramos conocer cada cosa en su totalidad, pensaríamos que podríamos controlar a Dios. El hecho de que nuestra experiencia siempre se encuentre vulnerable a las dudas y a la confusión sólo nos impulsa para que nuestros ministerios tengan que ver con la fe que busca el entendimiento, y no con el hecho de asimilar el conocimiento. Y el equipo del Hombre Moderno tiene razón en que existe una tradición confiable a la que debemos recurrir, pero esta tradición confiable, desde una perspectiva del realismo crítico post fundacional, tiende a darle forma e interpretación a nuestras propias experiencias.

Al final, podríamos decir que el ministerio desde la perspectiva realista crítica post fundacional no es nada más que *testimonio*. Les pedimos a los jóvenes que se encarguen de la misión, que oren y que lean sus Biblias porque estas prácticas nos permiten abrirnos a Dios. El ministerio juvenil no busca el conocimiento, sino un encuentro de transformación con Dios. No queremos que los jóvenes simplemente conozcan acerca de Dios, sino que se encuentren con la misma presencia de Dios. La única manera en que podemos hacerlo es si nos dirigimos hacia un entendimiento post fundacional del ministerio, donde buscamos las experiencias de Dios que vienen a nosotros en la persona de Jesucristo. El ministerio juvenil es un espacio donde continuamos pidiéndoles a los jóvenes que reciban, revisen y re examinen su verdadero (y algunas veces, confuso) llamado del Jesús viviente que les dice que vayan y lo sigan.

Por lo tanto, quizás, en su manera más práctica, el ministerio para las próximas generaciones sea realmente solo un espacio creado por usted, el obrero cristiano, para que los jóvenes escuchen a los adultos de la iglesia que cuentan los testimonios de sus experiencias reales con la presencia y la ausencia de Dios. Y luego los anima a que hagan lo mismo. Es cuando testificamos que evitamos la arrogancia del equipo del Hombre Moderno y el derrotismo del equipo del Ente de la Sociedad, y afirmamos la posibilidad real de que el Jesús viviente viene a nosotros incluso hoy día.

Preguntas y actividades

1. ¿Cuál es la crítica que se le hace al equipo del Hombre Moderno sobre la forma en que lleva a cabo la enseñanza en el ministerio? ¿Cuál es la crítica al enfoque del equipo del Ente de la Sociedad?
2. ¿Cuál es el camino intermedio? ¿De qué manera proporciona una solución para ambos extremos?
3. ¿Cuál es la diferencia entre percepción y razón?

4. ¿Qué rol cumplieron la prueba y la experiencia en el aprendizaje del ensayo? ¿Qué rol cumplió el mapa?
5. Escriba tres o cuatro consecuencias de este ensayo sobre la enseñanza cristiana que busca llevar a las personas a un encuentro transformacional con Dios.

Lectura adicional

Archer, Margaret S., Andrew Collier y Douglas V. Porpora. *Trascendence: Critical Realism and God* [Trascendencia: el realismo crítico y Dios]. Londres: Routledge, 2004.

Hart, David Bentley. *The Experience of God: Being, Consciousness, Bliss* [La experiencia de Dios: ser, consciencia y bienaventuranza]. New Haven: Yale University Press, 2013.

Root, Andrew. *Christopraxis: A Practical Theology of the Cross* [Cristopráxis: una teología práctica de la cruz]. Minneapolis: Fortress, 2014.

SECCIÓN DOS

LAS INFLUENCIAS QUE MOLDEAN EL APRENDIZAJE

Sin importar la eficiencia del maestro o la profundidad del contenido, siempre existen influencias que escapan del control del maestro. Por ejemplo, el proceso evolutivo afecta la forma en que piensan las personas y a qué edad cambia su pensamiento. El pasado del estudiante, su composición biológica, su personalidad y su familia de origen, en su totalidad moldea la forma en que aprenderá. Sus entornos sociales, su historia personal con respecto a la escuela y al aprendizaje, y a la crianza cultural y las tradiciones influencian su aprendizaje de manera drástica. Los maestros cristianos sabios comprenden estas influencias y determinan su enseñanza, sus planes y programas en base a ellas.

El diálogo entre la teología cristiana y la psicología educativa es importante. Los capítulos de esta sección le brindarán un panorama de los temas y conceptos importantes que es fundamental que los maestros entiendan y con los que deben estar familiarizados. Los lectores estarán bien informados para anotar los términos de esta sección y asegurarse de que comprenden su significado y las consecuencias que traerán como resultado en el ministerio cristiano.

Con demasiada frecuencia la enseñanza toma un enfoque dominante y mecánico, como si la enseñanza pudiera ser diseñada automáticamente para lograr el aprendizaje. Por lo tanto, esta sección incluye capítulos acerca de los factores subyacentes que están en funcionamiento, incluidos los contextos de aprendizaje socioculturales y motivacionales. Un reconocimiento del poder de la comunidad, la conciencia del rol de preservar la motivación en el aprendizaje y la postura de humildad entre nosotros en nuestros contextos multiculturales pueden beneficiar a la enseñanza. Los marcos estructuras subyacentes en estos capítulos nos ayudan a completar la tarea de enseñar, a la cual estamos llamados.

7

De qué manera desarrollan el pensamiento las personas

BARRETT MCRAY

> De ahí, también, todo maestro para edificar todo en la única virtud de la caridad, debe tocar los corazones de sus oyentes usando para toda una sola doctrina, pero no dándoles a todos la misma exhortación.
>
> —San Gregorio Magno, ca. 590 d.C.

La enseñanza efectiva, tal como lo sugirió el Papa Gregorio casi quince mil años atrás, depende de la habilidad del maestro de entender la manera en que los estudiantes aprenden y de ajustar los métodos de enseñanza de acuerdo a la misma. En su libro *Effective Bible Teaching* [Enseñanza bíblica efectiva], James Wilhoit y Leland Ryken sugieren que la enseñanza efectiva debe ser medida por "cuánto… aprenden y aplican la Biblia los estudiantes."[98] Por lo tanto, el objetivo de nuestra enseñanza debe ser comunicar las verdades de la Biblia de tal manera que los estudiantes escuchen, comprendan, reciban y comiencen a encarnarlas. El verdadero aprendizaje debería llevar a que las vidas de los estudiantes sean transformadas; y si la en-

[98] James Wilhoit y Leland Ryken, *Effective Bible Teaching* [Enseñanza bíblica efectiva] 2da. ed. (Grand Rapids: Baker Academic, 2012), 30.

señanza que ofrecemos no lleva a esta clase de aprendizaje, entonces sería muy importante que examinemos cuál es el motivo.

Wilhoit y Ryken definieron el aprendizaje como "experiencias educativas que involucran a los estudiantes y que los motiva a lidiar con la información, a probar su validez, a encontrar formas de poner en práctica lo que aprenden y a relacionarla o adaptarla al material aprendido previamente."[99] Robert Pazmiño lo explica de la siguiente manera: "El aprendizaje en el sentido bíblico requería una respuesta completa de la persona a la enseñanza de Dios."[100] Para que este tipo de aprendizaje ocurra, el maestro debe conocer a los estudiantes, la manera en que aprenden y las barreras que impiden que lo hagan. Suena bastante simple, pero las personas varían de manera significativa en las formas en las que aprenden, muchos factores afectan el aprendizaje y algunas personas enfrentan grandes desafíos en su capacidad de aprender.

Durante el siglo pasado, el campo de la psicología ha emergido como un gran colaborador para comprender preguntas como:

- ¿Cómo cambia el aprendizaje a lo largo de la vida de una persona, a medida que crece y se desarrolla?
- ¿Cómo se produce el aprendizaje en varias dimensiones de la vida de una persona?
- ¿Qué aspectos de bienestar físico, mental o emocional afectan el aprendizaje de una persona?

¡Y tantas otras más!

En este capítulo consideraremos algunas de estas preguntas y algunas de las importantes contribuciones ofrecidas por el campo de la psicología.[101] Cada nueva generación debe comprometerse con

[99] Ídem.

[100] Robert Pazmiño, *Principios y prácticas de la educación cristiana: una perspectiva evangélica* (Oregon: Wipf and Stock Publishers, 2002), 127.

[101] Puede que valga la pena para nosotros decir algunas palabras acerca de la relación entre la psicología y la iglesia. Algunos han argumentado que las teorías evolutivas de la psicología educativa han perjudicado la integridad de las prácticas educativas históricas de la iglesia. En el extremo opuesto, algunos han ido tan lejos que han llegado a afirmar que la educación religiosa debe basarse solamente en la teoría educativa contemporánea, sosteniendo que "ninguna conceptualización teológica" es adecuada como base teórica para la instrucción religiosa. Quizás sea importante saber que estamos convencidos de que los educadores cristianos

el mundo en el que vive, y redescubrir el cristianismo en cada nuevo contexto.[102] Para lograrlo, debemos estar profundamente arraigados en la fe y en la práctica cristiana histórica, y debemos estar completamente involucrados en "la conversación con los recursos culturales de nuestro mundo contemporáneo, a través del diálogo interdisciplinario."[103]

Dialogar con la psicología

Los investigadores y los teóricos de los campos de la psicología se dedican a intentar comprender por qué los seres humanos nos comportamos de las maneras en que lo hacemos. Con tal fin, analizan la experiencia humana e intentan identificar los elementos constitutivos que conforman una experiencia. Como esto se relaciona con la experiencia de aprendizaje humana, los teóricos de la psicología han buscado comprender cómo se desarrolla nuestro pensamiento: mediante qué procesos realmente aprendemos.

Un breve resumen de las teorías del aprendizaje

Durante el siglo pasado emergieron muchas teorías de aprendizaje, que intentaban explicar el aprendizaje de acuerdo con varias formas en las que este mismo era definido. Las primeras teorías definieron el aprendizaje como un cambio en el comportamiento y un estudio enfocado en cómo las personas estaban condicionadas para dicho cambio por factores ambientales. Comúnmente se las denomina *teorías del condicionamiento*. Klaus Issler y Ronald Habermas

---

necesitamos dialogar tanto con los teólogos como con los teóricos educativos, para formar la base teórica para nuestros ministerios de enseñanza. Existe un valor inmenso en este diálogo, tanto para los cristianos como para la eficacia de su aprendizaje; esta conversación tiene mucho más valor para aquellos cuyas inquietudes acerca de lo que facilita y lo que obstaculiza el aprendizaje se reflejan en las nuestras, pero quienes tienen diferentes puntos de vista acerca de Dios y de la fe. Dado que pueden levantarse barreras en el aprendizaje del estudiante a partir de muchos factores en el contexto del entorno de aprendizaje y las relaciones, incluso del interior de los estudiantes, también dialogaremos brevemente con el campo de la psicología clínica para entender mejor algunos de los desafíos que enfrentan algunos de nuestros estudiantes. Trataremos estos temas marcándolos con barras laterales a lo largo de este capítulo.

[102] Vincent Donovan, *Christianity Rediscovered* [El cristianismo redescubierto] (Maryknoll, NY: Orbis, 2004).

[103] Richard Osmer, *The Teaching Ministry of Congregations* [El ministerio de enseñanza de las congregaciones] (Louisville: Westminster John Knox, 2005), xiv.

describieron estas teorías como el "aprendizaje por asociación."[104] Hacemos asociaciones entre lo que encontramos (estímulos) y nuestras reacciones a los mismos (respuestas), y a su vez, estas conexiones le dan forma a nuestros pensamientos y comportamientos. Por lo tanto, estamos condicionados por estas asociaciones a comportarnos de cierta manera. Issler y Habermas sugirieron que, desde la perspectiva de estas teorías, aprendemos primeramente de una de estas dos asociaciones: "consecuencias" o "señales."

Las consecuencias pueden ser intencionales o no, pero componen una poderosa fuerza para cambiar el comportamiento. Las consecuencias incluyen valoraciones o eventos que *siguen* el comportamiento del estudiante, y éstas pueden alentar o desalentar ese comportamiento.

Con las asociaciones por señales, las valoraciones o los eventos *preceden* el comportamiento del estudiante para alentar o desalentar ese comportamiento. Una señal es un estímulo, la mayoría de las veces enfocado en uno o más de los cinco sentidos, que se conecta con una respuesta particular (un pensamiento, un sentimiento o una acción). Esta asociación aumenta la probabilidad de que la respuesta siga constantemente a la señal. Por ejemplo, la luz roja le da la señal al conductor para que se detenga. Por supuesto, las implicaciones de nuestra enseñanza son que debemos estar atentos a las señales y a las consecuencias que utilizamos para estimular el aprendizaje. Estas asociaciones son poderosas fuerzas que moldean la vida de los estudiantes; sin embargo, debemos estar atentos para no considerar del mismo modo al comportamiento condicionado y al aprendizaje profundo y transformador.

Al evolucionar a partir de estas teorías, otros comenzaron a reconocer que no solo aprendemos por asociaciones que nos condicionan, sino también al observar a otros. Estas *teorías del aprendizaje social* se enfocan en la idea de "aprender a partir del ejemplo."[105] Afirman que no solo aprendemos simplemente cuando experimentamos las consecuencias o cuando respondemos a las señales que se dirigen hacia nosotros. También aprendemos cuando observamos las experiencias de otros y cuando evaluamos las consecuencias

---

[104] Klaus Issler y Ronald Habermas, *How We Learn: A Christian Teacher's Guide to Educational Psychology* [Cómo aprendemos: una guía de un maestro cristiano sobre la psicología educativa] (Grand Rapids: Baker, 1994), cap. 4.

[105] Ídem., 81.

que ellos experimentan. Estas teorías reconocen el poder que tienen los modelos en nuestro proceso de aprendizaje.[106] Cuando era un joven pastor del grupo juvenil, recuerdo que me impactaban las palabras de Pablo a la iglesia en Filipo: "Así que, hermanos míos amados y deseados, gozo y corona mía, estad así firmes en el Señor, amados. Lo que aprendisteis y recibisteis y oísteis y visteis en mí, esto haced; y el Dios de paz estará con vosotros." (Fil 4:1, 9). Pablo escribió acerca de su profundo amor por aquellos a quienes ministraba y ofreció su vida como ejemplo para que lo observaran. Los teóricos del aprendizaje social reconocen el poder del mentoreo en nuestro aprendizaje y nos animan a prestar especial atención en la manera en que damos el ejemplo, tanto en las formas estructuradas (ejemplos planificados frente a los estudiantes) como en las formas espontáneas (la manera en que vivimos nuestra vida frente a los estudiantes) como parte de nuestra enseñanza.

Aproximadamente cuarenta años atrás, se produjo un gran cambio en las teorías del aprendizaje, y cambió el enfoque del comportamiento hacia el procesamiento cognitivo. Comúnmente conocidas como *teorías del procesamiento de la información*, este grupo de teorías sugiere que tenemos "un impulso para encontrarle sentido al mundo mediante la adquisición y la organización de información, detectar problemas generándoles soluciones, y desarrollar conceptos y un lenguaje para transmitirlos."[107] Podríamos denominar a estas teorías como "el aprendizaje por procesamiento mental." Estas teorías comenzaron a cambiar el enfoque del aprendizaje desde la manera en que un estudiante es moldeado por las fuerzas externas, a la manera en que aprende a través del compromiso activo de su intelecto.

Enseñar, de acuerdo con estas teorías, incluye principalmente procesos de identificación y de consulta. Los maestros trabajan con los estudiantes para identificar qué es lo que realmente saben y qué es lo que no saben, y construyen puentes que conectan su entendimiento actual con nuevos conceptos. A través del proceso de

---

[106] Albert Bandura, *Social Learning Theory* [Teoría de aprendizaje social] (Englewood Cliffs, NJ: Prentice-Hall, 1977); Albert Bandura, *Social Foundations of Thought and Action: A Social Cognitive Theory* [Fundamentos sociales del pensamiento de la acción: Una teoría social cognitiva] (Englewood Cliffs, NJ: Prentice-Hall, 1986).

[107] Bruce Joyce, Marsha Weil y Beverly Showers, *Models of Teaching* [Modelos de enseñanza], 4ta ed. (Englewood Cliffs, NJ: Prentice-Hall, 1992), 71.

consulta, los maestros plantean preguntas desafiantes y permiten que los estudiantes se esfuercen por descubrir las respuestas, lo que algunos llaman un enfoque de "vivir para aprender", donde buscan soluciones por sí mismos y desarrollan habilidades a partir del pensamiento crítico.[108]

A través de todos estos cambios en la definición del aprendizaje, hubo algo que permaneció constante: la visión de que el aprendizaje tiene que ver con la experiencia del individuo. El aprendizaje en sí mismo fue concebido como un cambio interno dentro de una persona en particular, a medida que adquiría nueva información o una nueva habilidad. Esta visión le abrió el camino en muchos círculos a una visión más colectiva del aprendizaje, conocida como la visión constructivista, que considera el aprendizaje como un fenómeno creado entre varias personas que colaboran entre sí. En la visión individualista del aprendizaje, el conocimiento se transfiere de una persona a otra. Aprender se trata de adquirir y reproducir ya sea información o habilidades. En la visión constructivista, a la inversa, el conocimiento se construye en un proceso creativo. Este proceso recurre al conocimiento colectivo que se encuentra dentro de contextos culturales particulares; sin embargo, cada persona y cada generación debe involucrarse en el proceso creativo de recrear este conocimiento colectivo. Las *teorías constructivistas* se enfocan en "aprender a través de la colaboración" y consideran al aprendizaje como una experiencia creadora de significado, en la cual el aprendizaje no se transmite de una persona a otra, sino que lo crean en conjunto. Los constructivistas tienden a considerar inadecuados los enfoques tradicionales para promover experiencias de aprendizaje auténticas: "La mayoría de los constructivistas concordarían en que el enfoque tradicional de la enseñanza (el modelo de transmisión) no promueve ni la interacción entre el conocimiento previo con el nuevo, ni las conversaciones que son necesarias para la internalización y la comprensión profunda."[109]

Durante la década pasada, la investigación neurofisiológica ha llevado al surgimiento de una explosión de la literatura acerca de la

---

[108] Issler y Habermas, *How We Learn* [Cómo aprendemos: la guía de un maestro cristiano sobre la psicología educativa], cap. 3.

[109] Virginia Richardson, *Constructivist Teacher: Building a World of New Understandings* [El maestro constructivista: construyendo un mundo de nuevos puntos de vista] (Londres: Falmer, 1997), 3

investigación del cerebro y de su contribución a nuestro entendimiento de cómo aprendemos. Algunos están convencidos de que estos nuevos descubrimientos tendrán un impacto drástico en la forma en que consideramos el proceso de enseñanza-aprendizaje. Podemos considerar el enfoque de estas *teorías neurofisiológicas* emergentes como "aprendizaje a través de cambios cerebrales." Sin embargo, no todos concuerdan en que la investigación del cerebro ofrece contribuciones verdaderamente innovadoras acerca de la forma en que aprendemos.[110] Estos escépticos dirían que, hasta el momento, la investigación sobre el cerebro simplemente ha confirmado las verdades ya conocidas acerca del aprendizaje.[111] La *neuroteología*, un interesante subcampo de la neurofisiología, busca achicar la brecha entre el estudio científico del cerebro y el estudio de la teología y la experiencia espiritual.[112] Los estudios de investigación contribuyen con nuevas percepciones útiles para que los teólogos las consideren, a medida que miden los cambios en el cerebro que acompañan la experiencia religiosa y que resultan en cambios en nuestros pensamientos, sentimientos y comportamientos.[113] El impacto de estas nuevas áreas de estudio sobre las teorías del aprendizaje aún no se ha realizado completamente.

Como podemos ver, existen muchas perspectivas diferentes en cuanto a las *formas* en las que aprenden las personas. Esta lista de los cinco grupos de teorías (de condicionamiento, de aprendizaje social, de procesamiento de la información, constructivista y neurofisiología) no intenta ser exhaustiva, sino simplemente representativa de algunas de las contribuciones que ofrecen la investigación

[110] Leonard Abbeduto y Frank Symons, *Taking Sides: Clashing Views in Educational Psychology* [Tomar partido: visiones enfrentadas acerca de la psicología educativa] 7th ed. (Nueva York: McGraw-Hill, 2015).

[111] William Yount, "Mind over Matter: Teaching Brains by Teaching People," [La mente sobre la materia: enseñar al cerebro enseñando a las personas] en *Created to Learn: A Christian Teacher's Introduction to Educational Psychology* [Creado para aprender: la introducción de un maestro cristiano a la psicología educativa] (Nashville: B&H, 2010), 509–64.

[112] Andrew Newberg, *Principles of Neurotheology* [Principios de la neuroteología] (Burlington, VT: Ashgate, 2010).

[113] Por ejemplo, Paul Markham, *Rewired: Exploring Religious Conversion* [Reconectado: explorando la conversión religiosa] (Eugene, OR: Pickwick, 2007); Michael Inzlicht et al., "Neural Markers of Religious Conviction," [Marcador neuronal de la convicción religiosa] *Psychological Science 20* [Ciencia psicológica], no. 3 (2009): 385–92.

y la teoría educativa a nuestro entendimiento de la manera en que las personas desarrollan su pensamiento. No deberíamos considerar estas teorías como mutuamente excluyentes (aunque algunos de los teóricos originales pueden haberlas considerado de esa manera). Más bien, ofrecen diversas perspectivas sobre la complejidad de las experiencias que se encuentran en el desarrollo de nuestro pensamiento, y se complementan entre ellas si consideramos una forma más integral de considerar el aprendizaje.

Al integrar las contribuciones de diversas teorías, Susan Ambrose y sus colegas definieron el aprendizaje como "un proceso que lleva a un cambio, que ocurre como resultado de la experiencia e incrementa el potencial para mejorar el desempeño y el futuro aprendizaje."[114] Reconocen que aprender es un "proceso, no un producto", y también sugieren que aprender incluye cambios: cambios en "el conocimiento, las creencias, los comportamientos o las actitudes." Hacen responsable al estudiante de aprender, y afirman que "el aprendizaje no es algo que se hace para los estudiantes, sino algo que los estudiantes mismos hacen."[115] Estas distinciones son fundamentales, las cuales se harán evidentes a medida que consideremos la forma en que ocurre el aprendizaje en las diversas dimensiones de la experiencia de una persona.

Las dimensiones del aprendizaje

Durante el siglo pasado, los teóricos en el campo de la psicología educativa han identificado típicamente tres dimensiones en las que se produce el aprendizaje (lo que comúnmente se conoce como cognitiva, afectiva y conductual). Los educadores cristianos y los teólogos han aceptado esta misma forma de pensar con respecto al aprendizaje. Por ejemplo, Nicholas Wolterstorff identificó tres tipos de aprendizaje que son particularmente relevantes para la educación cristiana: (1) el aprendizaje cognitivo: obtener una creencia verdadera; (2) el aprendizaje por habilidades: adquirir una capacidad, habilidad o competencia; (3) el aprendizaje por tendencia: desarrollar una disposición para comportarse de formas particulares, dependiendo

---

[114] Susan A. Ambrose, Michael W. Bridges, Michael DiPietro, Marsha C. Lovett y Marie K. Norman, *Cómo funciona el aprendizaje: siete principios basados en la investigación para una enseñanza inteligente*, trad. Olga Gómez Mendoza (Colombia: Universidad del Norte, 2017), 25.

[115] Ídem.

de la situación.[116] Issler y Habermas agregaron una cuarta dimensión y separaron los elementos disposicionales de los afectivos:

- nivel cognitivo: el conocimiento y las habilidades intelectuales;
- nivel conductual: las habilidades físicas y los hábitos;
- nivel afectivo: las emociones y las actitudes;
- nivel disposicional: los valores y las tendencias.[117]

Desarrollaremos brevemente cada una de estas cuatro dimensiones del aprendizaje (con una pequeña modificación) como una forma de dialogar con algunos conceptos útiles que surgen del campo de la psicología.[118]

La dimensión cognitiva del aprendizaje

La dimensión cognitiva del aprendizaje comúnmente hace referencia a la adquisición del conocimiento y a las maneras en que procesamos la información para conformar el entendimiento. Jean Piaget, un biólogo suizo y un filósofo por capacitación, se sentía cautivado por preguntas tales como ¿Cómo llegan las personas a saber lo que saben? Y, ¿cómo cambia esto durante el transcurso de la vida? Su investigación lo llevó a desarrollar una visión de cuatro pasos acerca del desarrollo del pensamiento, desde el nacimiento hasta la adolescencia (el punto donde creía que el desarrollo había alcanzado la madurez).

Algunas de las suposiciones subyacentes de esta teoría son particularmente relevantes para la forma en que pensamos acerca de la enseñanza y del aprendizaje en el ministerio cristiano. Piaget creía que todos los seres humanos contaban con un impulso instintivo para aprender, y que ese impulso incluía la tendencia natural de intentar encontrarle el sentido a nuestras experiencias, al organizarlas en categorías que comprendamos. Por supuesto, estas categorías deben expandirse y cambiar a medida que crecemos y encontramos nueva información que no encuadra en las categorías

---

[116] Nicholas Wolterstorff, *Educating for Responsible Action* [Educar para lograr una acción responsable] (Grand Rapids: Eerdmans, 1980).

[117] Issler y Habermas, *How We Learn* [Cómo aprendemos: la guía de un maestro cristiano sobre la psicología educativa], 1994.

[118] Es importante notar que estas categorías no son completamente distintas. Interfiere una con la otra, por lo que es mejor considerarlas como interrelacionadas, que como mutuamente excluyentes.

actuales. Piaget denominó este proceso *adaptación*. Él sugería que el aprendizaje es un proceso de constante adaptación de nuestro conocimiento actual al mundo al que nos enfrentamos. Cuando nos vemos expuestos a nueva información que no podemos "asimilar" en nuestras categorías presentes, resulta algo inquietante (lo que denominó *desequilibrio*). Nuestro instinto natural hacia el aprendizaje es tratar de reestablecer la calma o el balance en nuestra mente: equilibrar nuestras categorías cognitivas o "esquema."

Para mantener este equilibrio cognitivo debemos adaptar nuestro pensamiento constantemente. Piaget afirmó que lo hacemos de una de dos maneras. O asimilamos la nueva información dentro del esquema que ya tenemos o *acomodamos* nuestro esquema conforme a la nueva información. Para acomodarla, debemos cambiar nuestras categorías y formar nuevas. Este balance entre la asimilación y la acomodación es el diálogo interno en el cual ocurre el aprendizaje, a medida que nos adaptamos continuamente al mundo al que nos enfrentamos. "Necesitamos ambos procesos para crear el equilibrio entre *lo que sabemos* y la *realidad*."[119]

Otra suposición de Piaget era que nuestro pensamiento se desarrolla desde una incapacidad primitiva para percibir otras perspectivas aparte de las nuestras (egocentrismo) hacia una capacidad madura para percibir y valorar las perspectivas y las experiencias de los demás. La habilidad para observar desde la perspectiva de otra persona es esencial para aprender a avanzar hacia niveles superiores de entendimiento, y esta habilidad se desarrolla a través de la interacción social. Piaget creía que este proceso de maduración se encontraba en pleno apogeo durante el periodo de la adolescencia.

Lawrence Kohlberg creía que el proceso de la toma de decisiones morales era un ejemplo claro de cómo maduramos desde el egocentrismo primitivo. De joven durante la Segunda Guerra Mundial, Kohlberg fue testigo de injusticias que lo llevaron a cuestionar el proceso por el cual las personas toman decisiones morales. Desarrolló una teoría arraigada en algunas de las suposiciones básicas que guiaron a Piaget.[120] Al igual que Piaget, Kohlberg creía que alejarse del

---

[119] Yount, *Created to Learn* [Creado para aprender: la introducción de un maestro cristiano a la psicología educativa], 93.

[120] Lawrence Kohlberg, "Moral Stages and Moralization: The Cognitive Developmental Approach," [Estadíos morales y moralización: el enfoque cognitivo evolutivo] en *Moral Development and Behavior: Theory, Research, and*

egocentrismo era esencial para madurar en la toma de decisiones morales y que era una parte significativa del trabajo evolutivo cognitivo de la adolescencia. También al igual que Piaget, creía que madurar el desarrollo cognitivo involucraba trasladarse desde ideas concretas hacia un pensamiento más abstracto. Esta progresión puede observarse a través de las seis etapas de la teoría de las etapas de Kohlberg:

La moralidad preconvencional: decisiones basadas en el costo para uno mismo (egocéntrico)

1. preocupación por las consecuencias personales
2. consideración de las necesidades de los demás si me favorecen

La moralidad convencional: decisiones basadas en la aprobación de otros

1. preocupación por la desaprobación de las figuras en autoridad
2. preocupación por romper las reglas de la sociedad

La moralidad postconvencional: decisiones basadas en principios abstractos

1. preocupación por el bien definido por la sociedad
2. preocupación por el bien que trasciende las reglas y las definiciones societarias.

Las consecuencias de estas suposiciones fundacionales son las siguientes. Aprender se trata de descubrir, de permitir que el hambre innato que tienen las personas de entender su mundo fomente las experiencias de aprendizaje. Además, aprender se trata de manejar el balance entre las experiencias de desequilibrio y equilibrio. Por momentos, un estudiante puede sentirse abrumado por demasiada información nueva, lo que puede agotar su capacidad para adaptarse. En esos momentos, necesita un maestro que pueda ayudarlo a alcanzar el equilibrio. En otras oportunidades, puede volverse complaciente, demasiado cómodo dentro de sus perspectivas del mundo que lo rodea. En esos momentos, necesita un maestro que, con amor, pueda introducir el desequilibrio. Piaget describió los objetivos de esta clase de enseñanza: "El objetivo principal de

---

Social Issues [Desarrollo moral y comportamiento: teoría, investigación y problemas sociales] ed. Thomas Lickona (Nueva York: Holt, Rinehart y Winston, 1976), 31–53.

Algunos estudiantes enfrentan desafíos importantes en cuanto a su habilidad para aprender. Estos desafíos comúnmente se agrupan en cuatro categorías: discapacidades sensoriales (de visión o de audición), discapacidades intelectuales (previamente denominadas como retrasos mentales), trastornos del espectro autista y discapacidades del aprendizaje. Las primeras tres generalmente se diagnostican temprano en la niñez, cuando los padres notan que los niños experimentan dificultades. Sin embargo, las discapacidades del aprendizaje pueden no ser diagnosticadas por un largo tiempo, y sus síntomas generalmente se confunden con la pereza, una escasa inteligencia o trastornos emocionales o de comportamiento.

La señal más característica de una discapacidad del aprendizaje es una marcada diferencia entre los logros que intuitivamente uno espera de determinado estudiante y su desempeño real. Las discapacidades del aprendizaje son realmente trastornos neurológicos (es decir, problemas en la manera en que funciona el cerebro) e impactan en la posibilidad del estudiante de aprender diferentes habilidades académicas y sociales (tales como leer, escribir, razonar, planificar, organizar, crear estrategias, recordar detalles, manejar el tiempo y el espacio, escuchar y hablar).

Recibir un diagnóstico de una discapacidad del aprendizaje puede ser un regalo del cielo para un estudiante que tiene problemas y no entiende porqué. Si está preocupado por un estudiante, hable con él o con ella y también con sus padres. Explíqueles sus observaciones. También podría sugerirles que busquen consejo con la psicóloga escolar.

la educación es crear [personas] que sean capaces de hacer cosas nuevas, no simplemente repetir lo que otras generaciones hicieron (personas que son creativas, inventivas y descubridoras). El segundo objetivo es formar mentes que puedan ser críticas, que puedan comprobar, y que no acepten todo lo que se les ofrece."[121]

No necesitamos enseñarles a los niños a que tengan hambre por aprender; están deseosos por descubrir. Lamentablemente, con demasiada frecuencia les enseñamos con el tiempo que no aprendan, ya que les brindamos entornos educativos en los cuales el objetivo no es aprender, sino entregarles información. Básicamente, tratamos de descargar el contenido del conocimiento del maestro hacia el estudiante, y en el proceso les enseñamos a los estudiantes que dejen de descubrir.

"Nuestro modelo natural de dar clase, antes de haber sido sometido a examen, es narrar", de acuerdo con Donald Finkel en su libro *Teaching with Your Mouth Shut* [Dar clase con la boca cerrada].

[121] La fuente de esta cita ha sido un tema de discusión y ha sido modificada en el tiempo. La más confiable es la utilizada aquí, aunque los paréntesis son míos. Puede encontrarse en Eleanor Duckworth, "Piaget Rediscovered," *The Arithmetic Teacher 11* [El maestro de aritmética], no. 7 (noviembre 1964): 499.

Es como si creyéramos que "el acto principal de dar clase es narrar clara y cuidadosamente a los estudiantes algo que ellos desconocen previamente. El conocimiento se transmite; imaginamos, por medio de este acto narrativo."[122] Aunque las investigaciones en la educación de los últimos veinticinco años hayan establecido claramente que solo dar clases simplemente no lleva a un aprendizaje efectivo que los estudiantes puedan retener, muy a menudo enfocamos nuestro esfuerzo para enseñar acerca de lo que dice el maestro.

John Dewey, un reformador educativo norteamericano, escribió:

> Es la de que ningún pensamiento o idea puedan ser comunicados como idea de una persona a otra. Cuando esto se dice, es (para aquél al que se dice) otro hecho dado, no una idea. La comunicación puede estimular a la otra persona a comprender la cuestión por sí misma y a pensar una cosa semejante, o puede extinguir su interés intelectual y suprimir su esfuerzo incipiente para pensar. Pero lo que obtiene directamente no puede ser una idea. Sólo luchando con las condiciones del problema de primera mano buscando y encontrando su propio camino, logra pensar.[123]

De acuerdo con Dewey, y muchos otros desde ese entonces, aprendemos cuando nos enfrentamos con ideas nuevas y cuando reflexionamos en la experiencia. Narrar, o dar una clase, muy a menudo asume que los estudiantes ya han tenido una experiencia relacionada con el tema que se está tratando. Y con demasiada frecuencia, nosotros los que narramos, hacemos la reflexión que deberían hacer los estudiantes. Enseñar narrando solo puede ser efectivo cuando los estudiantes realmente han tenido experiencias relacionadas con el tema que estamos enseñando y les permitimos que reflexionen sobre esas experiencias por ellos mismos. "Las personas solo aprenden cuando piensan por sí mismas; la tarea del maestro es establecer las condiciones que estimulen el pensamiento."[124]

---

[122] Donald Finkel, *Dar clase con la boca cerrada*, trad. Óscar Barberá (España: Universitat de Valencia, 2000), 16.

[123] John Dewey, *Democracia y educación: una introducción a la filosofía de la educación*, 3era ed. (Madrid: Ediciones Morata S.L., 1998), trad. Lorenzo Luzuriaga, 141.

[124] Finkel, *Dar clase con la boca cerrada* del original en inglés *Teaching with Your Mouth Shut*, 151.

Piaget nos alienta a aquellos que enseñamos a crear ambientes de enseñanza en los cuales los estudiantes aprendan a través del descubrimiento y donde la información, la experiencia y el cuestionamiento se desarrollen en un balance dinámico, y que permitan la motivación intrínseca de los estudiantes para explorar y fomentar el proceso de aprendizaje.

Lev Vygotsky, un psicólogo ruso, también creía que el aprendizaje ocurría en el contexto del descubrimiento; sin embargo, creía que la fuerza impulsora de dicho aprendizaje era la interacción social, y no el impulso biológico en el interior del estudiante. De acuerdo con Vygotsky, dicha interacción social dentro de los distintos contextos culturales es la que forma la base para el aprendizaje. Mientras que Piaget creía que el desarrollo cognitivo era esencialmente el mismo en todos lados, Vygotsky creía que el desarrollo cognitivo estaba inextricablemente conectado con la cultura que proporciona el contexto para las interacciones sociales que preceden al aprendizaje.[125]

Por consiguiente, Vygotsky acentuó la importancia del rol de "la otra persona con más conocimiento" en la relación de aprendizaje (en nuestro caso, el pastor juvenil, el líder de los grupos pequeños, entre otros) que proporciona el contexto de una relación significativa, dentro de la cual se llevan a cabo el aprendizaje y el desarrollo. Al utilizar las herramientas que surgen del contexto cultural (las formas particulares de comunicarse, los símbolos que representan los valores culturales y las perspectivas a través de las cuales se ve el mundo, entre otras) el maestro y el estudiante se involucran en una relación social, a partir de la que se construye conjuntamente el aprendizaje.

Vygotsky creía que las personas difieren en su capacidad para aprender una tarea específica o un concepto, y que la enseñanza efectiva tiene esto en cuenta. Propuso que existe un rango entre la habilidad de una persona para resolver un problema o completar una tarea por sí misma, sin ayuda, y el límite máximo de su habilidad para conseguirlo, incluso con la ayuda de otro. A esto lo denominó la *zona de desarrollo próximo*.[126] Sugirió que la enseñanza efectiva incluye proporcionar experiencias de aprendizaje dentro de esa zona, porque el estudiante perderá interés rápidamente en

---

[125] Lev Vygotsky, *Mind in Society: The Development of the Higher Psychological Processes* [La mente en la sociedad: el desarrollo de los procesos psicológicos mayores] (Cambridge, MA: Harvard University Press, 1978).

[126] Ídem., 84.

aprender tareas que se encuentren por debajo de la zona, y se frustrará con tareas por encima de esa zona. Esta asistencia estructurada en la relación maestro-alumno funciona como un andamio en un edificio en construcción: es un apoyo que se puede remover fácilmente cuando ya no se lo necesite.

Tanto Piaget como Vygotsky nos inspiran con la visión de los entornos de aprendizaje ricos en descubrimiento y diálogo significativo entre el maestro y el estudiante: entornos en los cuales el maestro conoce tan bien a los estudiantes como para saber cuáles son sus zonas y para involucrarlos en tareas de aprendizaje que despierten en ellos el interés de explorar y pensar creativamente.

Si Piaget y Vygotsky pudieran brindarnos algunas sugerencias para guiar a los estudiantes a quienes enseñamos, podrían decirnos lo siguiente:

- Enseñar abarca mucho más que simplemente hablarles a los estudiantes.
- Conozcan a sus estudiantes de tal manera bien conozcan la manera en que aprenden.
- Creen entornos de aprendizaje que incluyan el descubrimiento.
- Involucren a los estudiantes en diálogos significativos a través de preguntas que requieran que piensen de forma creativa y en conjunto con otros.

> Cuando enseñamos, nuestro objetivo es ayudar a los estudiantes, no solo a conocer la información, sino a entenderla y a ser capaces de aplicarla en sus vidas. Issler y Habermas nos mostraron cómo sería para los cristianos:
>
> 1. *Conciencia*: el reconocimiento básico de un concepto.
>
> 2. *Entendimiento*: la percepción en profundidad del significado y de la importancia de un concepto.
>
>   a. Comprensión: el entendimiento demostrado de los conceptos
>
>   b. Aplicación: la habilidad para resolver nuevos problemas utilizando conceptos.
>
>   c. Análisis: la habilidad de separar los conceptos en partes constituitivas.
>
>   d. Síntesis: la habilidad de combinar conceptos para formar nuevos patrones.
>
>   e. Evaluación: la habilidad de realizar valoraciones acerca del trabajo basado en los conceptos.
>
> 3. *Sabiduría*: utilizar el concepto de manera apropiada al tomar decisiones conforme a la cosmovisión cristiana.
>
> —Adaptado del libro de Klaus Issler y Ronald Habermas, *How We Learn: A Christian Teacher's Guide to Educational Psychology* [Cómo aprendemos: la guía de un maestro cristiano sobre la psicología educativa] (Grand Rapids: Baker, 1994), 32.

- Permitan que se enfrenten con preguntas y tareas de aprendizaje complejas, pero no con aquellas que se encuentran completamente fuera de su zona; provéanles el andamio para su aprendizaje.
- Enséñenles a utilizar las herramientas de la comunidad de fe.

La dimensión conductual del aprendizaje

La dimensión conductual hace referencia a la participación del cuerpo en el proceso de aprendizaje. Muy a menudo, nuestros esfuerzos en enseñar se enfocan exclusivamente en la mente de los estudiantes. Involucrar a la persona en su totalidad es vital para el aprendizaje efectivo. Con este fin, los maestros necesitan prestar atención a dos áreas. La primera, queremos que nuestros estudiantes desarrollen hábitos de comportamiento. Ser seguidores de Cristo incluye adquirir habilidades físicas que desarrollamos hasta que se conviertan en hábitos. Los primeros cristianos eran conocidos como los "seguidores del Camino" porque su compromiso era seguir la forma de vida de Jesús. Santiago, el hermano de Jesús, escribió: "yo te mostraré mi fe por mis obras" (Stg 2:18).

En nuestros ministerios, necesitamos enseñarles a los estudiantes que se comporten de la misma forma que Jesús. Parker Palmer indicó que enseñar es "crear un espacio en donde se practica la obediencia a la verdad."[127] En la práctica, esto significa que nuestra enseñanza no debería estar limitada al aula de la escuela dominical o al salón del grupo de jóvenes. Necesitamos vivir la vida juntos, atestiguar lo que enseñamos con la forma en que vivimos y dialogar con nuestros estudiantes acerca de las formas en que se comportan en el mundo con sus familias y con sus amigos.

En segundo lugar, cuando estamos involucrados en los niveles más cognitivos del aprendizaje en el aula, es vital reconocer que los estudiantes aprenden mejor cuando todo su cuerpo está involucrado en el proceso de aprendizaje. En su libro *Learning to Listen, Learning to Teach* [Aprende a escuchar, aprender a enseñar], Jane Vella señala que el aprendizaje efectivo debe ser activo. Es "actuar con una reflexión incorporada... puede utilizarse para enseñar

[127] Parker Palmer, *To Know as We Are Known: A Spirituality of Education* [Conocer como somos conocidos: espiritualidad de la educación] (San Francisco: Harper & Row, 1983), 69.

Para algunos estudiantes es muy difícil controlar su comportamiento y adaptarlo a lo que se espera (por ejemplo, enfocarse y prestar atención). Muchos factores pueden contribuir a estos trastornos legítimos en la habilidad del estudiante para controlar su comportamiento. Uno de esos factores es el trastorno por déficit de atención con hiperactividad (TDAH), una condición cuyo diagnóstico se incrementa cada vez más en niños y adolescentes.

TDAH solía considerarse principalmente un problema del comportamiento causado por factores del entorno; sin embargo, la tecnología de imágenes cerebrales ha indicado que existen diferencias importantes en la estructura y/o el desarrollo del cerebro para aquellos que presentan TDAH. Por ejemplo, algunas personas con TDAH presentan un atraso de un promedio de tres años en el desarrollo de la parte de su cerebro que involucra la habilidad de controlar los impulsos, de postergar la gratificación, de prestar atención, de recordar detalles del momento y planificar con anticipación. Para muchas de estas personas, la parte del cerebro que controla el movimiento pareciera madurar más rápido que en aquellas personas que no padecen TDAH. Esta diferencia en el desarrollo cerebral puede explicar algunos de los síntomas que producen que los entornos tradicionales de aprendizaje sean difíciles para aquellos que padecen TDAH.

De la misma manera que sucede con los problemas de aprendizaje mencionados anteriormente, esta condición a veces puede no ser diagnosticada hasta entrada la adolescencia, tiempo para el cual el estudiante podría haber aprendido mecanismos de ayuda y patrones de comportamiento que son difíciles de modificar. Existen tratamientos disponibles que pueden beneficiar inmensamente a los estudiantes con TDAH (tanto medicamentos como terapia). Nuestra tarea es resistir los estereotipos, las explicaciones y las soluciones simplistas, y acompañar a las familias y a los estudiantes que están luchando por comprender las razones de las dificultades que atraviesan. Nuestros entornos de aprendizaje deben establecer las bases para atender y apoyar a los estudiantes que enfrentan estos desafíos. Recurra a aquellas personas en el campo de la salud y de la salud mental en su comunidad de fe que puedan ayudarlo a comprender y a ser más efectivo en la enseñanza de estudiantes con desafíos únicos, como lo es el TDAH.

conocimiento, habilidades y actitudes, a medida que los alumnos hacen algo con el nuevo conocimiento, practican las nuevas habilidades y actitudes, y luego reflexionan en lo que acaban de hacer."[128] Para resumir, "aprendemos a través de un proceso activo, cuando hacemos algo con lo que estamos aprendiendo."[129]

[128] Jane Vella, *Learning to Listen, Learning to Teach: The Power of Dialogue in Educating Adults* [Aprende a escuchar, aprender a enseñar: el poder del dialogo cuando se trata de educar adultos] (San Francisco: Jossey-Bass, 2002), 14.

[129] Jane Vella, *Taking Learning to Task: Creative Strategies for Teaching Adults* [Realizar la tarea de enseñar: estrategias creativas para enseñar a adultos] (San Francisco: Jossey-Bass, 2001), 51.

La dimensión afectiva del aprendizaje

En su clásico libro acerca del ministerio educativo de la iglesia, *Education That Is Christian* [Educación que es cristiana], Lois LeBar afirma que los estudiantes deberían estar "alertas y activos intelectual, emocional y volitivamente mientras que participan en la interacción grupal."[130] Consideraremos a qué se refiere la autora cuando habla de la forma emocional y volitiva, las dos "dimensiones" finales del aprendizaje. La dimensión emocional o afectiva se relaciona con el estado y bienestar emocional de los estudiantes en el proceso de aprendizaje. La manera en que nos sentimos afecta la forma en que aprendemos. El entorno de aprendizaje debe sentirse seguro, tanto para el estudiante como para el maestro, y tiene que ser un lugar de alegría.

El salmista escribió: "Bienaventurado el varón... que en la ley de Jehová está su delicia" (Sal 1:1-2). Aprender debe surgir del deleite. Solo observe a un niño pequeño cuando comienza a explorar su mundo, cuando descubre cosas nuevas, y entenderá el poderoso impacto que tiene el deleite en el aprendizaje. Es desgarrador cuando los niños experimentan el aula de clases como un lugar de aburrimiento, en vez de un espacio alegre, y es trágico cuando se sienten de la misma forma con respecto a la iglesia o el grupo de jóvenes. Los sentimientos que los estudiantes traen consigo a las experiencias de aprendizaje que les ofrecemos, y los sentimientos que evocamos en esos contextos, tienen un impacto significativo en el aprendizaje que alcanzan.[131]

Investigadores del laboratorio MIT publicaron un ensayo titulado "La enseñanza afectiva: manifiesto", en el cual sostienen:

> En el nivel más fundamental, un flujo acelerado de descubrimientos en neurociencia, psicología y ciencia cognitiva en sí misma, presenta al afecto como algo interrelacionado de manera compleja con el pensamiento, y que desempeña funciones importantes

[130] Lois LeBar, *Education That Is Christian* [Educación que es cristiana] (Westwood, NJ: David C. Cook, 1998), 184.

[131] El aprendizaje afectivo no solamente se relaciona con las experiencias emcionales de los estudiantes en el contexto de aprendizaje, sino también con su aprendizaje acerca de las propias emociones: cómo reconocerlas, cómo expresarlas, cómo manejarlas, y mucho más. Para los propósitos de nuestra discusión, enfocaremos nuestra atención en el impacto que tienen las emociones del estudiante en su experiencia de aprendizaje.

> como guía hacia el comportamiento racional, la recuperación de la memoria, la toma de decisiones y la creatividad, entre otras. Si bien siempre se ha entendido que demasiadas emociones son perjudiciales para el pensamiento racional, hallazgos recientes sugieren que también es perjudicial que haya muy pocas: cuando los mecanismos básicos de las emociones faltan en el cerebro, entonces el funcionamiento inteligente se ve perjudicado. Estos hallazgos señalan que los nuevos avances comprenden al cerebro humano, no como un sistema puramente cognitivo de procesamiento de información, sino como un sistema en el cual las funciones afectivas y cognitivas están inextricablemente integradas entre ellas.[132]

Los sentimientos que experimentamos pueden mejorar nuestro aprendizaje o, muy por el contrario, obstaculizarlo, y prestar atención a la "dimensión afectiva" del aprendizaje de un estudiante (los sentimientos y las actitudes que traen al entorno de aprendizaje y la atmósfera afectiva del contexto de aprendizaje) es una parte importante para ser un maestro efectivo.

La dimensión disposicional del aprendizaje

La mayoría de los modelos teóricos de aprendizaje incluyen solamente las primeras tres dimensiones que hemos discutido (cognitiva, conductual y afectiva) porque incluyen en la dimensión afectiva lo que Issler y Habermas denominaron la *dimensión disposicional*. "De la manera en que se considera actualmente en la literatura educativa, el dominio afectivo es demasiado complejo. Parece ser una colección general de todo lo que no encaja en los dominios más definidos cognitivo y psicomotor. Incluye una gran diversidad de elementos como sentimientos, emociones, estados de ánimo, apreciaciones estéticas, actitudes, valores y motivaciones."[133] Sugieren que los educadores cristianos le otorguen una atención especial al rol de la voluntad en el proceso de aprendizaje, ya que es la voluntad que debe ejercitarse para manejar el afecto, motivar el comportamiento y enfocar el conocimiento.

---

[132] Rosalind Picard et al., "Affective Learning—A Manifesto," [La enseñanza afectiva: manifiesto] *BT Technology Journal 22*, no. 4 (octubre 2004): 253.

[133] Issler y Habermas, *How We Learn* [Cómo aprendemos: la guía de un maestro cristiano de la psicología educativa], 30.

Todos los estudiantes experimentan cambios en sus estados de ánimo. Todos conocemos los sentimientos tales como la felicidad, la tristeza, el temor y el enojo, y lo difícil que puede ser por momentos dejar nuestros sentimientos a un lado para poder enfocarnos en una tarea como el aprendizaje. Algunos estudiantes padecen sentimientos crónicos que provocan que les resulte tremendamente difícil participar y beneficiarse de las experiencias de aprendizaje. Los sentimientos de desesperanza y de impotencia pueden provocar que los estudiantes busquen desesperadamente razones para continuar o llevarlos a lastimarse a ellos mismos, como una forma de lidiar con el dolor que sienten en su interior. Los sentimientos de temor e inseguridad pueden llevar a los estudiantes a renunciar a la vida, en la búsqueda de aliviar su sufrimiento.

Los profesionales de la salud y de la salud mental se refieren a estas condiciones como trastornos de estado de ánimo y de ansiedad, y pueden constituir grandes barreras para el deseo de un estudiante de aprender o de formar parte de una comunidad de alumnos. Como ya hemos mencionado, nuestro trabajo es evitar las respuestas simples y acompañar a los estudiantes y a las familias que sufren. Recurra a las personas de referencia en su comunidad de fe para que lo ayuden, mientras busca comprender las necesidades de esos estudiantes y sus familias.

Dallas Willard, en su libro *Renovation of the Heart* [La renovación del corazón], indica que el "corazón" en la enseñanza bíblica es el administrador de nuestras disposiciones. "Nuestra vida procede de nuestro corazón... dirige y organiza nuestra vida... Quienes guardan su corazón son personas preparadas para responder a las situaciones de la vida de un modo bueno y correcto y capaces de hacerlo. Su voluntad funciona como es debido para elegir lo que es bueno y evitar lo malo, y los demás elementos de su naturaleza colaboran con este propósito."[134] Como lo afirmó el escritor de Proverbios: "Sobre toda cosa guardada, guarda tu corazón; porque de él mana la vida" (Pr 4:23).

De acuerdo con Willard, la formación espiritual es el proceso de transformar y madurar el corazón en su capacidad para organizar efectivamente toda la vida humana (nuestros pensamientos, sentimientos, elecciones, acciones y relaciones) alrededor de Dios, para que podamos amar a Dios con todo nuestro ser, y amar a nuestro prójimo. "Su objetivo es el de poner en armonía cada elemento de nuestro ser con la voluntad de Dios y con su reino."[135] Nuestro rol como maestros es ayudar a los estudiantes a aprender a vivir sus

[134] Dallas Willard, *Renueva tu corazón: sé como Cristo* (España: Editorial Clie, 2002), 23, 55.

[135] Ídem., 170.

vidas (sus vidas completas) de la forma en que lo hizo Jesucristo, que incluye invertir su tiempo y energía, las formas en que se relacionan con los demás, los procesos de pensamiento a través de los cuales toman decisiones, las acciones que eligen y la forma en que llevan adelante esas acciones, las formas en que manejan y expresan sus emociones y los pensamientos que permiten que ocupen sus mentes, entre otros.[136]

La "dimensión disposicional" de aprendizaje involucra a los estudiantes en una búsqueda por ser seguidores voluntarios del "Camino", que es Jesús. David Krathwohl, Benjamin Bloom y Bertram Masia presentaron una clasificación para el aprendizaje afectivo, que, a nuestro entender, parece más apropiada para el aprendizaje disposicional. Revisado para nuestros objetivos, la clasificación de Krathwohl abarca desde la voluntad de prestar atención al nuevo conocimiento, a la voluntad de comprometerse con una manera diferente de comportamiento basada en el nuevo aprendizaje:[137]

Recibir: voluntad para escuchar
Responder: voluntad para involucrarse
Valorar: voluntad para comprometerse
Organización: voluntad para evaluar y acomodar
Caracterización: voluntad para hacerlo realidad

Entonces, ¿qué?

A esta altura, si no se siente un poco abrumado por la perspectiva de enseñar a sus estudiantes, entonces no ha estado prestando atención. Enseñar a los estudiantes para que realmente aprendan y comiencen a ser transformados es una tarea compleja, y como indicó Santiago, el hermano de Jesús, es un llamado de lo alto: "no os hagáis maestros muchos de vosotros, sabiendo que recibiremos mayor condenación" (Stg 3:1).

La iglesia pretende ser una comunidad de personas que viven como testigos del amor entre sí, y por todas las demás personas. Debemos vivir de tal manera que los valores del reino de Dios sean

---

[136] Dallas Willard, *El espíritu de las disciplinas: ¿cómo transforma Dios la vida?* (Grand Rapids: Vida, 2010).

[137] David Krathwohl, Benjamin Bloom y Bertram Masia, *Taxonomy of Educational Objectives, Handbook 2: Affective Domain* [Taxonomía de los objetivos educativos, manual 2: dominio afectivo] (Nueva York: David McKay, 1964).

evidentes en la tierra. Por lo tanto, nuestra enseñanza también debe atestiguar de esto. Vella escribió: "Enseñar incluye escuchar a los alumnos en todos los niveles, respetarlos como sujetos o como los que toman las decisiones de su propia enseñanza y generar su poder innato. Esto lo hacemos para probar que una sociedad como esta es posible y para traerla a la práctica."[138]

La enseñanza que ignora esta verdad, de acuerdo con Henri Nouwen, es violenta.[139] Trata a los estudiantes como archivos en los cuales se descarga información. Paulo Freire sostuvo que la educación funciona para subyugar mediante la conformidad o "se convierte en la práctica de la libertad", el medio por el cual las personas participan en la transformación de su mundo.[140]

A menos que estemos dispuestos a invitar a nuestros estudiantes a que tengan experiencias de aprendizaje dentro de la iglesia que los involucren en todas las dimensiones de su aprendizaje, nos estaremos arriesgando a perder su interés en los asuntos de la fe y de la misión de la iglesia en el mundo. Dialogar con educadores, investigadores y teóricos que estudian la experiencia humana de aprender nos ayuda a ver las maneras en las cuales nuestra enseñanza puede ser más efectiva y en las que puede avivarse la alegría de nuestros estudiantes cuando descubran el aprendizaje.

En 2010, Ambrose y sus colegas escribieron un libro que intentaba depurar de todas las teorías e investigaciones (de las cuales solo hemos arañado la superficie en este capítulo) siete principios de aprendizaje para ayudar a los maestros a enseñar mejor. Estos surgen a partir de la experiencia obtenida luego de décadas de enseñanza y estudian dos supuestos fundacionales que apoyan los siete principios: "(a) el aprendizaje es un proceso de desarrollo que se cruza con otros procesos de desarrollo en la vida de un estudiante, y (b) que los estudiantes entran en sus aulas no solo con habilidades, conocimiento y aptitudes, sino también con experiencias sociales y emocionales que influencian su valor, cómo se perciben a

---

[138] Jane Vella, *On Teaching and Learning: Putting the Principles and Practices of Dialogue Education into Action* [De la enseñanza y el aprendizaje: poner en acción los principios y las prácticas del diálogo de la educación] (San Francisco: Jossey-Bass, 2008), xix.

[139] Henri Nouwen, *Creative Ministry* [Ministerio Creativo] (Nueva York: Image, 1971).

[140] Paulo Freire, *Pedagogía del oprimido* (México: Siglo XXI Editores, 2005), 34.

sí mismos y a los demás, y cómo se involucrarán en el proceso de aprendizaje."[141]

Desde estos supuestos, Ambrose y sus colegas ofrecieron los siguientes siete principios, arraigados a la creencia de que nosotros que enseñamos verdaderamente "deseamos informar [nuestras] decisiones instructivas con evidencia como resultado de investigaciones y teorías basadas en la investigación":[142]

1. El conocimiento previo de los estudiantes puede ayudar o retardar el aprendizaje.
2. La forma en la que los estudiantes organizan el conocimiento influye en cómo aprenden y aplican lo que saben.
3. La motivación de los estudiantes determina, dirige y sostiene lo que hacen para aprender.
4. Para desarrollar dominio, los estudiantes deben adquirir habilidades componentes, practicar su integración y saber cuándo aplicar lo que han aprendido.
5. La práctica dirigida a una meta, junto con la retroalimentación puntual, aumenta la calidad del aprendizaje.
6. El nivel de desarrollo actual de los estudiantes interactúa con el clima social, emocional e intelectual del entorno de aprendizaje para impactar su propio aprendizaje.
7. Para convertirse en alumnos autodirigidos, los estudiantes deben aprender a monitorear y ajustar sus enfoques al aprendizaje.

Si queremos tomar el aprendizaje de nuestros estudiantes en serio, debemos prestar atención a la sabiduría de maestros e investigadores como éstos, que nos llevan a una forma de enseñar que verdaderamente busca saber cómo aprenden nuestros estudiantes. Debemos involucrar a nuestros estudiantes en un aprendizaje completo; prestar atención a su crecimiento cognitivo, conductual y afectivo; e invitarlos al gozo que trae descubrir su fe y hacerla realidad.

---

[141] Ambrose et al., *Cómo funciona el aprendizaje: siete principios basados en la investigación para una enseñanza inteligente, trad.* Olga Gómez Mendoza (Colombia: Universidad del Norte, 2017), 26.

[142] Ídem., 28.

Preguntas y actividades

1. Piense en dos ejemplos de su propia vida para cada una de estas teorías: condicionada, aprendizaje social y procesamiento de la información. ¿Qué aprendió a través de cada una?
2. Para poner en práctica lo que enseña este capítulo, revise los puntos principales y escriba un ejemplo de cada uno.
3. ¿Qué partes del capítulo fueron las más confusas para usted? Realice una búsqueda en línea para aquellos puntos y revíselos.
4. ¿De qué formas puede el maestro cristiano que comprende los principios de este capítulo ser un mejor maestro que aquel que no tiene interés en estas ideas?
5. Tome un plan de estudio común que pueda utilizar, revíselo y busque ejemplos de varios enfoques a la enseñanza como los que se encuentran en este capítulo.

Lectura adicional

Bloom, Benjamin, Max Englehart, Edward Furst, Walker Hill y David Krathwohl. *Taxonomy of Educational Objectives, Handbook 1: Cognitive Domain* [Clasificación de los objetivos educativos, manual 1: Dominio cognitivo]. Nueva York: Longman, 1956.

Burgess, Harold. *Models of Religious Education: Theory and Practice in Historical and Contemporary Practice* [Modelos de la educación religiosa: teoría y práctica en la práctica histórica y contemporánea]. Nappanee, IN: Evangel, 2001.

San Gregorio Magno. *Pastoral Care* [Cuidado pastoral]. Traducido por Henry Davis. Mahwah, NJ: Paulist, 1978.

Hasse, Dan. "Sobre la enseñanza y el aprendizaje" (página web). https://sites.google.com/site/dhaase/.

Niebuhr, Reinhold. *The Purpose of the Church and Its Ministry* [El propósito de la iglesia y su ministerio]. Nueva York: Harper & Row, 1956.

8

Inteligencias múltiples y estilos de aprendizaje

KAREN JONES

> "Si todos experimentaran a Dios de la misma manera y le devolvieran una adoración idéntica, el canto de la Iglesia triunfante no tendría sinfonía, sería como una orquesta en la cual todos los instrumentos tocaran la misma nota."
>
> —C.S. Lewis, *El problema del dolor*

Ser creados a imagen de Dios nos otorga a todas las personas una capacidad única para disfrutar una relación con Él y con todos los que nos encontremos. Llevar la imagen de Dios no significa que todos deberíamos actuar, pensar y responder de la misma manera, como si hubiésemos salido de una misma línea de ensamble. La imagen de Dios nos permite tener singularidad e individualidad en la manera en que nos relacionamos, con diferentes estilos, y con nuestras preferencias, dones y habilidades. Considere la propia naturaleza de Dios; Dios existe como tres personas en una: Padre, Hijo y Espíritu Santo. Sin embargo, incluso en su unidad perfecta, cada persona de la Divinidad refleja individualidad, con tareas y formas únicas de interactuar con la creación. Por lo tanto, es natural que, al haber sido hechos a imagen de Dios, también experimentemos el mundo de maneras únicas. Nuestras personalidades e idiosincrasias son parte de la maravilla de la creación, lo que le otorga emoción y regocijo al desafío de vivir en comunidad. Nuestra reacción a esta realidad debería hacerse eco de las palabras del salmista: "Te alabaré; porque formidables, maravillosas son tus obras; estoy maravillado, y mi alma lo sabe muy bien. No fue encubierto de ti mi cuerpo, bien que en lo oculto fui formado, y entretejido en lo más profundo de la tierra. Mi embrión vieron tus ojos, y en tu libro estaban escritas todas aquellas cosas que fueron luego formadas, sin faltar una de ellas" (Sal 139:14-16).

Cada uno de nuestros estudiantes es un individuo, maravillosamente creado por Dios, an su imagen, con una manera distinta de acercarse al mundo. La forma en que procesan la información, la manera en que son motivados, la conciencia de sí mismos e interpersonal, sus niveles de energía y sus habilidades comunicativas: todo esto modela un enfoque de aprendizaje distintivo. Los maestros efectivos se enfocan en las preferencias de aprendizaje de sus estudiantes, más que en sus "zonas de confort" de enseñanza. Para lograrlo, debemos incorporar métodos y estructuras que tengan más probabilidad de entrelazarse con los estilos de aprendizaje que los estudiantes prefieren. Obviamente, no sería práctico diseñar experiencias de aprendizaje individuales para cada uno de los estudiantes en nuestros ministerios; y tampoco sería beneficioso para ellos. Todas las personas necesitan ser desafiadas para crecer más allá de sus niveles de confort, y la mayoría puede aprender incluso cuando se les enseña de una manera que no se encuentra en su "punto óptimo." Sin embargo, si nuestro objetivo final en el ministerio es ayudar a facilitar el cambio en nuestros estudiantes, ayudarlos a adquirir el conocimiento, las disposiciones, los valores y las habilidades necesarias para una vida cuyo compromiso sea ser semejantes a Jesús, entonces crearemos aquellas clases de experiencias de aprendizaje que faciliten ese cambio con mayores probabilidades.

Por lo tanto, es natural que, al haber sido hechos a imagen de Dios, también experimentemos el mundo de maneras únicas. Nuestras personalidades e idiosincrasias son parte de la maravilla de la creación, lo que le otorga emoción y regocijo al desafío de vivir en comunidad.

Algunos educadores y psicólogos por mucho tiempo han estado interesados en investigar estas preferencias de aprendizaje, y con el tiempo, han surgido varias teorías y modelos. Cada una se enfoca en diferentes aspectos del aprendizaje; las teorías de aprendizaje que consideraremos en este capítulo son las siguientes: investigación del cerebro, aprendizaje global y analítico, aprendizaje sensorial (visual, auditivo y cinestésico), teoría de las inteligencias múltiples, inteligencia emocional, inventario de estilos de aprendizaje y aprendizaje experimental. Estar familiarizado con cada una de estas teorías lo ayudará a comprender mejor a los estudiantes en su ministerio, a medida que observa sus comportamientos y reacciones, y los escucha comunicarse entre ellos.

La investigación de la mente y las preferencias de aprendizaje

Descubrimientos recientes de la neurociencia han aclarado la manera en que funciona el cerebro, y han atraído mucho interés, especialmente en el campo de la educación. Muchos de estos desarrollos abordan ideas acerca del aprendizaje del lado derecho o del lado izquierdo del cerebro. Se considera que las formas de enseñanza tradicionales descuidan el hemisferio derecho del cerebro, que es el más creativo y artístico, y se concentran en el hemisferio izquierdo, que es más analítico y académico. Los editores y expertos de la educación han indicado que esta negligencia deja a los estudiantes sin educación, por lo que se han realizado grandes esfuerzos para enfocarse en métodos que involucren al cerebro en su totalidad.[143]

Los avances en la tecnología nos han permitido vislumbrar el trabajo interno del cerebro y obtener información acerca de qué partes parecen involucrarse más cuando se llevan a cabo ciertas tareas. Lo que se está descubriendo es que las categorías del hemisferio izquierdo analítico y del hemisferio derecho creativo no son tan claras como alguna vez pensamos. Por ejemplo, el lenguaje ha sido asociado comúnmente con el hemisferio izquierdo. Es cierto que el hemisferio izquierdo del cerebro se relaciona en mayor medida con el lenguaje para el 95 por ciento de las personas diestras, y el

[143] Annukka Lindell y Evan Kidd, "Por qué la enseñanza del cerebro derecho es poco inteligente: una crítica al mal uso de la neurociencia en la educación" *Mind, Brain, and Education 5* [Mente, cerebro y educación], no. 3 (septiembre 2011): 121–27.

70 por ciento para las zurdas.[144] Sin embargo, los científicos están descubriendo que la *ejecución* real del lenguaje no es solamente una función del hemisferio izquierdo, sino que también parece que estimula el hemisferio derecho. El humor, las metáforas y las analogías típicamente estimulan tanto el hemisferio derecho como el izquierdo, aunque también son componentes del lenguaje.

¿Qué implica esto para el maestro? En simples palabras, los métodos de enseñanza tradicionales no son predominantemente de la parte derecha o la izquierda del cerebro, y deberíamos ser cuidadosos al momento de seleccionar recursos o materiales que promuevan las "estrategias del cerebro" como un argumento de venta. A pesar de las afirmaciones de algunas editoriales, "no existe evidencia que indique... que las personas favorecen un lado del cerebro, o... que alguna herramienta o estrategia educativa pueda activar selectivamente un hemisferio."[145] Ambos lados del cerebro ejecutan diferentes funciones, pero son interdependientes. El lado derecho se enfoca más en grandes cantidades de información, y el lado derecho analiza y organiza dicha información.[146]

Si bien la reciente investigación de la neurociencia es intrigante, muchos de los hallazgos han sido sobresimplificados y sobre generalizados. El problema es que la educación (la enseñanza y el aprendizaje) y la neurociencia son dos campos diferentes y hablan en distinto idioma. Si bien una mayor comprensión del cerebro y de la forma en que este mismo funciona tiene un gran potencial para el futuro, no existe suficiente evidencia en el presente para establecer una relación específica entre la neurociencia y la enseñanza y el aprendizaje, o para establecer fortalezas y debilidades neuropsicológicas.

---

[144] Tracey Tokuhama-Espinosa, *The New Science of Teaching and Learning: Using the Best of Mind, Brain, and Education Science* [La nueva ciencia de la enseñanza y el aprendizaje: el mejor uso de la mente, el cerebro y la ciencia educativa] (Nueva York: Teachers College Press, 2010).

[145] Lindell y Kidd, "Right-Brain Teaching," [Por qué la enseñanza del cerebro derecho es poco inteligente: una crítica al mal uso de la neurociencia en la educación] *Mind, Brain, and Education* 5 [Mente, cerebro y educación], no. 3 (septiembre 2011), 122.

[146] Gayle H. Gregory y Terence Parry, *Designing Brain Compatible Learning* [Diseñando un aprendizaje compatible con el cerebro], 3ra ed. (Thousand Oaks, CA: Corwin, 2006), 7.

El aprendizaje global y analítico

La investigación del cerebro ha desacreditado en gran medida la teoría del cerebro derecho/cerebro izquierdo acerca de la forma en que los estudiantes perciben el mundo, pero la idea de que las personas le dan sentido a su mundo a partir de uno de los hemisferios todavía es una manera útil de comprender a los estudiantes. Esta idea fue primeramente promovida luego de estudiar los comportamientos de los pilotos de combate naval en la Segunda Guerra Mundial. El psicólogo Herman Witkin llevó a cabo pruebas para comprender por qué algunos pilotos podían salir de un banco de niebla volando al revés y otros podían mantener su posición recta. Descubrió que algunos de los pilotos dependían más de su campo visual para mantener la posición recta. Se desorientaban al no poder ver a su alrededor y fueron catalogados como aprendices dependientes de campo, o globales. Otros eran aprendices analíticos independientes de campo, y podían mantener la orientación correcta incluso cuando no podían ver dónde estaban.[147] Esta comprensión al final fue aplicada a todos los aprendices; todos tendemos a encontrar el mundo que nos rodea desde una de estas dos perspectivas, global o analítica.

Su ministerio tendrá estudiantes que aprendan mejor desde una de estas perspectivas. Por ejemplo, si estuviera realizando un estudio de Juan 6:1-15 acerca de la alimentación de los cinco mil, algunos de los estudiantes más analíticos podrían querer discutir sobre el costo de alimentar a cada persona de la multitud, cómo Andrés fue capaz de encontrar al muchacho con los panes de cebada y los peces, o la estrategia que utilizaron los discípulos para organizarse y alimentar a tanta gente. Sus estudiantes globales probablemente se interesen en porqué la multitud estaba allí y necesitaba ser alimentada. Puede que disfruten realizar una representación visual del monte lleno de pasto o imaginar la reacción de los discípulos cuando fueron testigos del milagro que hizo Jesús y juntaron toda la comida que sobró. Para ayudar a ambos grupos de estudiantes a comprender y a apreciar completamente el significado de este relato bíblico sería importante incorporar métodos de enseñanza que permitan desarrollar ambas preferencias de aprendizaje.

¿Con cuál de los siguientes ejemplos se siente más identificado?

---

[147] Cynthia Ulrich Tobias, *The Way They Learn* [La forma en que aprenden] (Colorado Springs: Focus on the Family, 1994), 104–5.

1. Un amigo le pregunta acerca de una película que usted acaba de ver:
   a. Le cuenta a su amigo quién actuaba en la película, le describe la trama, y quizás hasta cita algunas líneas del diálogo.
   b. Le cuenta a su amigo cómo lo hizo sentir la película y le resume una idea general del tema que trataba, pero no puede recordar quiénes eran los actores, aunque recuerde cómo eran físicamente.

2. Alguien le pregunta cómo llegar al restaurante de comida rápida más cercano:
   a. Le explica qué dirección tomar, dónde doblar, le da los nombres de las calles y la distancia aproximada.
   b. Confiesa que no está muy seguro qué calles debe tomar, pero es capaz de proporcionar una idea general de hacia dónde ir, y puede describir los edificios y el escenario que recorrerá durante el camino.

Si se considera mayormente A, entonces probablemente sea más analítico, o independiente de campo. Si su estilo es más como el B, entonces puede ser más global, o dependiente de campo.

El siguiente cuadro brinda una descripción de algunas características principales de cada una de las polaridades:

Global	**Analítico**
Reconoce y recuerda rostros	Reconoce y recuerda los nombres
Interpreta el lenguaje corporal	Se enfoca en los significados de las palabras
Genera pensamientos humorísticos	Genera pensamientos lógicos
Se enfoca en la idea general	Enfatiza los detalles
Es subjetivo	Es objetivo
Le agrada trabajar en grupo	Le gusta trabajar individualmente
Utiliza recursos emocionales	Utiliza recursos lógicos
Prefiere instrucciones demostradas	Prefiere instrucciones verbales
Procesa la información aleatoriamente y a través de patrones	Procesa la información secuencialmente
Prefiere la fantasía, la poesía o los mitos	Prefiere historias realistas
Prefiere actividades abiertas	Le gustan las actividades bien estructuradas

Recuerda fotos o imágenes	Lee los detalles u hechos
Parafrasea	Resume
Prefiere respuestas cortas o ensayos	Prefiere ejercicios de verdadero o falso o de opción múltiple

Si bien la mayoría de nosotros no encaja perfectamente en una sola polaridad, tendemos a funcionar o bien como alumnos globales o como alumnos analíticos la mayoría del tiempo. A medida que repasa estas características, piense acerca de las formas en que un ministerio puede generar frustración a cada tipo de alumno. ¿Qué métodos o estructuras serían beneficiosos para el alumno global y cuáles para el analítico? Nombre algunos ejemplos bíblicos de experiencias de aprendizaje y/o enseñanza globales y analíticas.

Aprendizaje sensorial

La mayoría de las cosas que aprendemos nos llegan a través de nuestros sentidos de visión, oído, olfato, tacto o gusto. Desafortunadamente, las formas tradicionales de enseñanza tienden a depender principalmente de métodos auditivos, aunque los alumnos auditivos compongan el menor porcentaje de estudiantes en un aula tradicional. Se ha indicado que el 87 por ciento de todos los estudiantes también deben ver o experimentar su aprendizaje de manera cinestésica para poder aprender de manera exitosa.[148]

Las tres modalidades principales mediante las cuales todos percibimos la información son la visual, la auditiva y la cinestésica. La mayoría de nosotros prefiere una manera de aprendizaje, y somos capaces de aprender más rápido y mejor si se nos enseña mediante esa modalidad. Esto es muy importante para aquellos estudiantes que presentan mayor dificultad para aprender en un ambiente educativo tradicional. Aunque intentemos crear más situaciones informales de aprendizaje en nuestros ministerios, mucha de nuestra enseñanza todavía se asemeja a la que se da en las aulas. No por eso tiene que ser algo negativo, siempre y cuando reconozcamos que los estudiantes en nuestras "aulas" son alumnos visuales, auditivos y kinestésicos.

[148] Donna Walker Tileston, *What Every Teacher Should Know about Learning, Memory, and the Brain* [Lo que todo maestro debería saber acerca del aprendizaje, la memoria y el cerebro] (Thousand Oaks, CA: Corwin, 2004).

Los alumnos auditivos se benefician cuando escuchan los sonidos de las palabras, cuando escuchan y también cuando hablan. De hecho, es más importante que se escuchen a ellos mismos repetir algo en voz alta para poder recordarlo. Podrá notar que estos estudiantes hablan consigo mismos, leen en voz alta, repiten instrucciones o incluso crean una canción, rima o rap basados en su aprendizaje.[149] Generalmente, lo que aprenden se almacena en la secuencia en la cual han percibido la información, y pueden experimentar dificultades para recordar cosas si se les pide que recuerden hechos fuera de orden. Incluso pueden olvidar lo que se les enseña, a menos que se les otorgue la oportunidad de discutirlo con otros.

Los alumnos visuales se benefician con imágenes, cuadros o diagramas. Por ejemplo, pueden ser capaces de visualizar dónde encontrar un pasaje bíblico en sus propias Biblias, pero tienen problemas para recordar el capítulo o versículo exacto. Se beneficiarían más si ellos mismos leen una historia que si escuchan a alguien más hacerlo, porque les permitiría ver las palabras a medida que las procesan. Con frecuencia escriben las cosas para recordarlas, y a veces revelan sus sentimientos internos a través de sus expresiones faciales.[150]

> **"Dímelo y lo olvido, enséñame y lo recuerdo, involúcrame y lo aprendo."**
>
> —Benjamin Franklin

Los alumnos kinestésicos tienen la necesidad de involucrarse físicamente en el aprendizaje, incluso si simplemente se trata de caminar de un lado al otro o en círculos mientras leen o estudian. Generalmente no logran concentrarse por largos periodos de tiempo en su aprendizaje, pero los beneficia tomar recreos frecuentes o cambiar su atención o enfoque.[151] Los alumnos kinestésicos recuerdan más lo que han hecho que lo que han leído o escuchado. Sentarse al margen y observar les resulta doloroso; preferirían involucrarse. Observe su lenguaje corporal para obtener indicios de lo que están sintiendo o pensando.

---

[149] Tobias, *Way They Learn*, [La forma en que aprenden] (Colorado Springs: Focus on the Family, 1994), 91.

[150] Tileston, *What Every Teacher Should Know.* [Lo que todo maestro debería saber acerca del aprendizaje, la memoria y del cerebro] (Thousand Oaks, CA: Corwin, 2004).

[151] Tobias, *Way They Learn* [La forma en que aprenden] (Colorado Springs: Focus on the Family, 1994), 93.

Inteligencias múltiples

Tradicionalmente, las pruebas de inteligencia se han enfocado en los exámenes que calculan un puntaje particular para el CI (coeficiente intelectual). Este número ha ubicado a los estudiantes en categorías destinadas a predecir el éxito futuro y la habilidad académica. Algunos investigadores, como el psicólogo del desarrollo Howard Gardner, han cuestionado este sistema de etiquetar a los estudiantes. Gardner desarrolló una forma diferente de comprender la inteligencia y argumentó que existe evidencia acerca de una variedad de inteligencias o "estructuras de la mente."[152]

Cada una de las ocho inteligencias de Gardner incluye un grupo de habilidades específicas para la resolución de problemas, que son útiles para obtener conocimiento. Otros investigadores han intentado describir varios tipos de conocimiento, o maneras de comunicarse, pero Gardner se enfocó en las verdaderas *formas de conocer*. Por ejemplo, alguien que no tiene una gran fortaleza en la inteligencia espacial, podría tomarlo como como una excusa para no desempeñarse correctamente en geometría, un campo de estudio que requiere comprensión espacial. Sin embargo, las áreas de experiencia como la geometría y la música, son dominios de contenido, o disciplinas, y no *formas* de aprender o saber. Las inteligencias describen las fortalezas sobre *cómo* aprenden los estudiantes, no sobre *qué* aprenden. Los dominios se relacionan con ocupaciones específicas, pero una inteligencia puede utilizarse para adquirir conocimiento en una variedad de dominios, y es útil para más de una ocupación.

Considere al estudiante de geometría que no sobresale por su inteligencia espacial. Aun así, puede aprender geometría, pero el maestro necesitará implementar estrategias que le permitan utilizar sus maneras preferidas de aprendizaje.[153] De igual manera, un estudiante cuyo fuerte no está en la inteligencia musical, aun así, puede comprender la teoría musical y aprender a tocar un instrumento.

Según Gardner, la inteligencia no es estática ni está determinada genéticamente al nacer, como muchos han creído antiguamente, sino que realmente puede enseñarse y desarrollarse si se valoran y

[152] Howard Gardner, *Estructuras de la mente: la teoría de las inteligencias múltiples* (Bogotá, Colombia: Fondo de Cultura Económica Ltda., 2001), 8.

[153] Ídem., 31-32

nutren las múltiples formas de inteligencia.[154] La teoría de Gardner incluye habilidades especiales y preferencias para conocer, basadas en las siguientes inteligencias.

- *Verbal o lingüística*: comprender la palabra oral y escrita; utilizar el lenguaje para convencer, explicar y reflexionar en el mismo lenguaje; es la competencia intelectual más ampliamente compartida.
- *Lógica o matemática*: utilizar símbolos numéricos; detallar la información en secuencias que permiten solucionar problemas; comprender las relaciones; una gran habilidad para lidiar con problemas abstractos y convertirlos en ideas racionales y soluciones; ser capaz de evaluar, analizar y computar.
- *Visual o espacial*: una habilidad aumentada para trabajar en tres dimensiones y tener varios puntos de vista; manipular imágenes mentales, como las que se necesitan para jugar bien al ajedrez; una memoria visual e imaginación fuertes.
- *Corporal o Kinestésica*: utilizar el cuerpo para ayudar a aprender y recordar información, como cuando se utilizan objetos para aprender conceptos matemáticos; aprender a través del movimiento, como estirarse, agarrar y tocar.
- *Musical o rítmica*: dominio del tono, ritmo y melodía que inspira y ayuda con la memoria y la motivación; como inteligencia, la composición musical es más hacer que pensar.
- *Intrapersonal*: una fuerte auto conciencia, que incluye sentimientos, un sentido de identidad y reacciones emocionales; utilizar una profunda comprensión de uno mismo y la experiencia para guiar el comportamiento y darle sentido al mundo; la habilidad de aprender en aislamiento.
- *Interpersonal*: una habilidad para comunicarse bien con otros, tanto verbal como no verbalmente; una profunda comprensión de los demás y de sus emociones; una gran habilidad para empatizar; se destaca en el aprendizaje en grupo.
- *Naturalista*: una fortaleza peculiar para leer las señales y los patrones de todo aquello que lo rodea; comprender el entorno para adquirir sabiduría; se maneja fácilmente en la calle.

---

[154] Citado en Gregory y Parry, *Designing Brain Compatible Learning* [Diseñando un aprendizaje compatible con el cerebro], 3ra ed. (Thousand Oaks, CA: Corwin, 2006), 97.

Inteligencia emocional

A partir del trabajo de Gardner, los psicólogos Peter Salovey y John Mayer desarrollaron el concepto de inteligencia emocional. Lo definieron como comprender, identificar y regular las emociones y utilizarlas para ayudar al pensamiento crítico y a la resolución de problemas.[155] Los defensores de la inteligencia emocional creen que los estudiantes que son capaces de controlar hábilmente sus emociones tienen más capacidad para tomar decisiones sabias y para prevenir que las circunstancias externas interfieran con su aprendizaje.[156]

Inventario de Estilos de Aprendizaje

El Inventario de Estilos de Aprendizaje (IEA) fue desarrollado primeramente por Kenneth y Rita Dunn para evaluar las preferencias del entorno de aprendizaje del estudiante. Luego de años de investigaciones de seguimiento, se ha demostrado que quizás es la evaluación más generalizada, válida y confiable de su clase para los niños escolarizados de los Estados Unidos de América.[157] El IEA identifica un estilo de aprendizaje como "un conjunto de características biológica y evolutivamente impuestas que hace que el mismo método sea maravilloso para algunos, y terrible para otros."[158] El instrumento toma en cuenta las preferencias para los siguientes factores de aprendizaje:

- Factores ambientales: sonido, luz, temperatura, disposición de los asientos.
- Factores emocionales: motivación, compromiso/responsabilidad, persistencia en la tarea, estructura de aprendizaje/aula de clases.
- Factores fisiológicos: de percepción (auditivo, visual, táctil/kinestésico), necesidad de ingerir alimentos/bebidas, tiempo del día, movilidad.

---

[155] Ídem., 91.

[156] Ídem., 93.

[157] Rita Dunn, "Rita Dunn Answers Questions on Learning Styles," [Rita Dunn responde acerca de los estilos de aprendizaje] *Educational Leadership 48*, no. 2 (octubre de 1990): 15–19.

[158] Rita Dunn Y Shirley A. Griggs, *Learning Styles: Quiet Revolution in American Secondary Schools* [Estilos de aprendizaje: la revolución silenciosa en las escuelas secundarias de los Estados Unidos] (Reston, VA: National Association of Secondary School Principals, 1988), 3.

- Factores psicológicos: analítico o global, impulsivo o reflexivo.
- Factores sociológicos: trabajar solo, de a pares, con compañeros, en grupo; la relación con la autoridad; necesidad de variedad.

Considere sus propias preferencias de aprendizaje. Se aproxima un examen, ¿cómo se prepararía si quisiera obtener la mejor calificación posible? ¿Cómo aborda una tarea mayor?

¿La habitación debe contar con luces brillantes o por el contrario debería estar oscura con un velador de estudio?

¿La temperatura debe estar fresca o templada?

¿Con música o en silencio absoluto?

¿Una sesión concentrada de estudio de muchas horas o de veinte minutos de concentración intercalados con recreos?

¿Comida y agua/café/gaseosa o en ayunas?

¿Solo, con un compañero de estudio o en grupo?

¿Levantarse temprano para estudiar o quedarse hasta tarde en la noche?

¿Grandes ideas o detalles individuales? (¿Global o analítico?)

¿Ver y leer las notas en voz alta? ¿Escuchar grabaciones de las clases? ¿utilizar tarjetas con anotaciones que pueda manipular mientras que realiza un repaso? (¿Visual, auditivo o táctil/kinestésico?)

Lo que necesita recordar a la hora de enseñar es que sus estudiantes tienen preferencias legítimas que están profundamente ligadas a los resultados de aprendizaje. Es tentador intentar y forzar a todos a adaptarse al mismo entorno de aprendizaje; pero si queremos que nuestros estudiantes experimenten un cambio genuino, entonces debemos tomar en serio la investigación de IEA. La importancia de permitir que los estudiantes accedan a sus preferencias de aprendizaje, relacionadas con un aprendizaje exitoso, ha sido comprobada de manera clara. Cuando enseñamos, debemos darnos el permiso para realizar estas preferencias individuales tanto como podamos de acuerdo con los recursos que tengamos a disposición.

Aprendizaje experimental

David Kolb desarrolló el Modelo de Aprendizaje Experimental, que también utiliza el Inventario de Estilos de Aprendizaje (IEA), para estudiar las fortalezas de los estudiantes. A diferencia del instrumento de Dunn, el IEA de Kolb concentra las diferencias individuales en dos categorías distintas: la forma en que se percibe la información y la forma en que se procesa la información. Su teoría está relacionada con los tipos de personalidad de Carl Jung, y cree que las fortalezas de aprendizaje son bastante consistentes durante la vida del alumno.[159] Las personas *perciben* el mundo en primera instancia a través de una experiencia concreta (sentimiento) o a través de una conceptualización abstracta (pensamiento). *Procesan* la información que han percibido a través de una observación reflexiva (observar) o de una experimentación activa (hacer). El IEA incluye varios componentes designados para evaluar las respuestas de los alumnos, de acuerdo con la forma en que abordan las situaciones de aprendizaje de la vida real, y los resultados se muestran en un gráfico de dos ejes, un mapa de dos dimensiones sobre estilos de aprendizaje.

Se identifican cuatro tipos de aprendizaje, basados en una interpretación del mapa de estilos de aprendizaje. El estilo de aprendizaje *convergente* describe a la persona que depende de la conceptualización abstracta y de la experimentación activa. Se desempeñan mejor en situaciones donde hay una sola respuesta correcta o solución a un problema, como se espera en la mayoría de los exámenes tradicionales. Estos aprendices prefieren actividades técnicas, en vez de lidiar con problemas interpersonales.[160] En el ministerio, probablemente estos son los estudiantes que identifican soluciones definitivas a los problemas, basados en los preceptos bíblicos específicos. Pueden tener complicaciones al interactuar con otros que hablan acerca de las "zonas grises."

El estilo de aprendizaje *divergente* utiliza la experiencia concreta y la reflexión objetiva para abordar nuevas situaciones de aprendizaje. Estos alumnos se desempeñan mejor en situaciones que permiten múltiples soluciones, como proponer ideas, están más enfocados en las personas y en las posibilidades, y están más orientados a los sentimientos que los alumnos convergentes.[161] Utilizar los casos prácticos del ministerio sería muy beneficioso para el alumno divergente, y le permitiría relacionar los conceptos bíblicos con situaciones de la vida real.

---

[159] David A. Kolb, *Experiential Learning: Experience as the Source of Learning and Development* [Aprendizaje experiencial: la experiencia como fuente del aprendizaje y del desarrollo] (Englewood Cliffs, NJ: Prentice-Hall, 1984), 62–64.

[160] Ídem., 77.

[161] Ídem., 77-78.

Identifique tres puntos específicos que incorporaría a un estudio bíblico con adolescentes para cada uno de los siguientes estilos de aprendizaje: convergente, divergente, acomodador y asimilador. Seleccione un pasaje específico para utilizar con los cuatro ejemplos, como Daniel 6.

El tercer estilo de aprendizaje de Kolb es la *asimilación*. El asimilador percibe la información a través de la conceptualización abstracta y la procesa a través de la observación reflexiva. Este estilo de aprendizaje se enfoca en el razonamiento inductivo y en los modelos teóricos, y le interesan menos las personas que las ideas, muy similar al estilo de aprendizaje convergente. Sin embargo, la diferencia clave es que el asimilador se preocupa más por una teoría que tenga sentido, que por una que tenga un valor práctico.[162] No espere que estos aprendices disfruten de una revisión rápida con preguntas y respuestas de un estudio bíblico. Preferirían tener más tiempo para procesar las preguntas teóricas que requiere que piensen acerca de los principios bíblicos subyacentes y acerca de cómo pueden aplicarse en el mundo actual. Puede que sus ideas no sean siempre prácticas, pero es seguro que serán lógicas.

El cuarto y último estilo de aprendizaje es el *acomodador*, que hace énfasis en la experiencia concreta y en la experimentación activa. A estos alumnos les gusta hacer cosas, llevar a cabo tareas e involucrarse en nuevas experiencias. Disfrutan tomar riesgos y aprender a través de la prueba y el error. Si bien los acomodadores pueden parecer prepotentes en sus intentos por lograr que se realicen las cosas, disfrutan trabajar con otras personas a medida que aprenden.[163] Como ministro, es importante brindarles a estos alumnos oportunidades de aprender en entornos no tradicionales o de proyectos de servicio.

Bernice McCarthy desarrolló el modelo de estilos de aprendizaje 4MAT,[164] que es muy similar al de Kolb. Una diferencia clave de las teorías es que McCarthy incluyó las referencias a la teoría del cerebro derecho e izquierdo en su modelo. Un valor fundamental de su trabajo se encuentra en la aplicación práctica que les otorga a las estrategias de enseñanza en un aula de clases real. El siguiente cuadro muestra la relación entre las dos teorías.

---

[162] Ídem., 78.

[163] Ídem.

[164] Bernice McCarthy, *The 4MAT System: Teaching to Learning Styles with Right/Left Mode Techniques* [El sistema 4MAT: enseñar con los estilos de aprendizaje con las técnicas del modo derecho/izquierdo] (Barrington, IL: EXCEL, 1987).

Kolb	McCarthy	Características
Convergente	Sentido común (Tipo tres)	Integran la teoría y la práctica; pragmáticos; se enfocan en la aplicación práctica de las ideas. Pregunta favorita: ¿Cómo funciona?
Divergente	Imaginativo (Tip uno)	Integran la experiencia con uno mismo; valoran la introspección, el pensamiento y el trabajo por la armonía. Pregunta favorita: ¿Por qué?
Por asimilación	Analítico (Tipo dos)	Aprenden cuando meditan sobre las ideas; critican la información y reúnen datos. Pregunta favorita: ¿Qué?
Acomodador	Dinámico (Tipo cuatro)	Integran la experiencia y la aplicación; llegan a conclusiones precisas sin justificación lógica. Pregunta favorita: ¿Qué pasaría si...?

Los modelos resumidos en este capítulo representan las formas predominantes en las cuales los especialistas educativos han intentado comprender las preferencias de aprendizajes individuales. No es una lista exhaustiva, ya que todavía se están desarrollando revisiones y nuevas teorías. A medida que el interés en la investigación de la neurociencia se expande y se convierte cada vez más en un campo de estudio de influencia, continuará informando a nuestra comprensión sobre cómo se lleva a cabo el cambio en la vida del alumno.

Como maestros, una de nuestras consideraciones más importantes es darnos cuenta de que todos son individuos, con formas de aprendizaje únicas. Si tomamos nuestro rol de enseñanza seriamente, si queremos que nuestros estudiantes experimenten una transformación, por lo tanto, una mini lección seguida de una discusión en pequeños grupos no puede ser nuestra práctica regular. Debemos enfocarnos en crear situaciones de aprendizaje con la mayor probabilidad de facilitar el cambio hacia la semejanza de Cristo para todos en nuestros ministerios.

Preguntas y actividades

1. Considere los tipos de aprendices en un típico estudio bíblico. ¿Cómo podría estructurar la situación de aprendizaje para que beneficie a los alumnos visuales, auditivos y kinestésicos?
2. ¿Cuáles son los beneficios de cambiar su enfoque de enseñanza?

3. ¿Cómo describiría un entorno "típico" de enseñanza/aprendizaje en su ministerio?
   a. ¿Suena música de fondo en el momento de debate, o las voces son el único sonido?
   b. ¿Las luces están tenues para crear un ambiente cálido y acogedor, o hay una iluminación elevada brillante?
   c. ¿Mantiene una rutina regular en la que los estudiantes forman grupos pequeños de debate en algún momento de la tarde, o da lugar a oportunidades para que los estudiantes reflexionen o analicen por su cuenta?
   d. ¿Restringe la posibilidad de comer o beber en su "aula de clases", o siempre les ofrece comida y bebida?
   e. ¿Existen oportunidades de que el ministerio se lleve a cabo temprano a la mañana o por la tarde, o todos los estudios bíblicos se llevan a cabo durante la noche?
4. Considere sus propias preferencias de aprendizaje, basado en las breves descripciones de este capítulo. ¿Cómo describiría su estilo de aprendizaje preferido, en términos de cómo percibe y procesa la nueva información? A medida que observe los ministerios de enseñanza, preste atención a qué tipos de alumnos prosperarán en ese entorno, y qué tipos de alumnos se encontrarán con complicaciones.
5. Revise las nueve inteligencias (las ocho inteligencias de Gardner y la inteligencia emocional). ¿Qué estrategias de enseñanza y aprendizaje beneficiarían a los estudiantes con fortalezas para cada una de esas inteligencias?

Lectura adicional

Dunn, Rita. "Rita Dunn Answers Questions on Learning Styles." [Rita Dunn responde acerca de los estilos de aprendizaje] *Educational Leadership 48*, no. 2 (octubre de 1990): 15-19.

Gardner, Howard. *Multiple Intelligences: New Horizons* [Inteligencias múltiples: nuevos horizontes], Nueva York: Perseus, 2006.

Gregory, Gayle H. y Terence Parry. *Designing Brain Compatible Learning* [Diseñando un aprendizaje compatible con el cerebro] 3rd ed. Thousand Oaks, CA: Corwin, 2006.

Kolb, David A. *Experiential Learning: Experience as the Source of Learning and Development.* [Aprendizaje experiencial: la experiencia como fuente del aprendizaje y del desarrollo] Englewood Cliffs, NJ: Prentice-Hall, 1984.

McCarthy, Bernice. *The 4MAT System: Teaching to Learning Styles with Right/Left Mode Techniques* [El sistema 4MAT: enseñar con los estilos de aprendizaje con las técnicas del modo derecho/izquierdo] Barrington, IL: EXCEL, 1987.

Tileston, Donna Walker. *What Every Teacher Should Know about Learning, Memory, and the Brain* [Lo que todo maestro debería saber acerca del aprendizaje, la memoria y el cerebro], Thousand Oaks, CA: Corwin, 2004.

Tobias, Cynthia Ulrich. *The Way They Learn* [La forma en que aprenden]. Colorado Springs: Focus on the Family, 1994.

9

La formación de la fe con los demás

SHARON GALGAY KETCHAM

Hace dos años, *Faith Community Church* contrató a Leah como líder de jóvenes a medio tiempo. Inmediatamente, Leah comenzó un estudio bíblico de verano para adolescentes que continúa hasta el día de hoy. El grupo se reúne todos los miércoles durante una hora. Esta noche, el aula cuenta con quince adolescentes, dos de los cuales comenzaron a asistir recientemente. Los primeros minutos se lamentan de que no hayan podido asistir Jason y Erin, que se graduaron la primavera pasada. José comparte una historia de cuando Eric llevó a su lagartija mascota al estudio bíblico, y todo el grupo se divierte cuando él junta sus manos para imitar a la "lagartija en oración." Al juzgar por las sonrisas cómplices del salón, esta historia es parte del folklore del grupo. El grupo comparte con entusiasmo el trasfondo de la historia con los recién llegados. Leah anuncia que es la hora de comenzar el estudio y hace una oración. Muchos trajeron sus propias Biblias, y otros toman una de la pila de Biblias usadas disponibles de la mesa. Están estudiando el evangelio de Juan.

Luego de que se ayudan entre sí para ubicar el pasaje, se turnan para leer en voz alta la historia donde Jesús convirtió el agua en vino. Leah los ayuda a conducir el debate haciéndoles preguntas y proporcionándoles información general para que puedan comprender el texto. Jennifer, quien creció asistiendo a la escuela dominical, les confirma a todos que ese es el primer milagro que hizo Jesús. A partir de este "hecho" sigue la conversación. Kyle se pregunta si, cuando era niño, Jesús habrá convertido sus verduras en chocolate y, en el caso de que lo haya hecho, si "eso sería un milagro." Todos se ríen, y otros imaginan milagros llevados a cabo por Jesús cuando era niño.

Leah invita al grupo a analizar cada uno de los cuatro evangelios y a determinar cuál milagro se registró primero. Mientras están haciendo esto, Mike saca su celular y realiza una búsqueda en línea del primer milagro de Jesús. Un sitio web afirma que el evento en el que convirtió el agua en vino fue el primer milagro *público* de Jesús. Luego de hojear los otros evangelios y de releer el relato de Juan, el grupo coincide en que probablemente ese haya sido el primer milagro público de Jesús. Jennifer se siente orgullosa, y Mike se burla diciéndole: "¡Todavía esperas obtener el rol de honor en la escuela dominical!"

Jenna tiende a ser la persona callada del aula, se ríe de los chistes y observa todo lo que sucede. Pero cuando Leah pregunta si ellos ven milagros hoy día, Jenna declara que le encantaría ver alguno. "Mi papá hace un tiempo que está enfermo, y los doctores no parecieran estar ayudándolo." Sonia toma la libreta en donde anotan los pedidos de oració del grupo y escribe: "Por favor, ayuda a los doctores a que encuentren la medicina correcta para el papá de Jenna." Todos se ponen de acuerdo para orar por él.

El debate acerca de los milagros, el agua y el vino continua, a medida que los jóvenes meditan acerca del texto y de su significado en sus propias vidas. Cuando se acerca la hora de irse, comparten otros pedidos de oración, los escriben en la libreta y revisan los pedidos anteriores para ver cómo están siendo constestadas sus oraciones. Vuelven a apilar las Biblias en su lugar, algunos abrazan a Jenna y todos se despiden hasta la próxima semana.

Una teoría social del aprendizaje

¿Qué aprendieron los miembros de este estudio bíblico? ¿Sólo aprendieron hechos sobre los milagros o se beneficiaron del estudio comparativo del evangelio? Leah ha llevado a cabo este estudio por dos años. ¿Cómo podría describir la manera en que impactó sobre la formación de la fe de estos adolescentes? ¿La fe se forma cuando el grupo escribe en la libreta de pedidos de oración o cuando deliberan acerca de la intención del escritor del evangelio? ¿La fe se forma cuando bromean acerca de la lagartija que oraba o de que Jesús convertía las verduras en chocolate? Si reducimos el aprendizaje al simple contenido del estudio bíblico, y la formación de la fe al seguimiento de los pedidos de oración, dejamos de lado el poder formador de este escenario. Este grupo de adolescentes no solo participó de un estudio bíblico, sino que también puso en práctica el hecho de ser cristianos en conjunto.[165] Experimentan una transformación cuando aprenden en el ámbito social.

Enfocarse en una teoría social del aprendizaje invita a aquellos que enseñan la fe cristiana a observar la formación a través de una lente social, a considerar que el aprendizaje implica involucrarse con otros y a descubrir distintas formas de respaldar una fe madura en los niños, en los jóvenes y en los adultos en el entorno de la iglesia o del ministerio. Para lograrlo, este capítulo (1) explicará los cuatro componentes de la teoría social del aprendizaje de Etienne Wenger;[166] (2) a la luz de esto, construirá una definición de la formación de la fe, basada en la teoría de la educación religiosa y los compromisos teológicos; y (3) propondrá resultados para una variedad de contextos ministeriales. El escenario de un estudio bíblico abierto servirá como una ilustración a lo largo de todo el capítulo.

Aprender y ponerse en acción

En primer lugar, una teoría social del aprendizaje inspira a aquellos que enseñan a considerar "poner la fe en acción" como algo vital para la formación de la fe misma.[167] Wenger se resiste a las defini-

[165] Adaptado de Thomas Groome, *Christian Religious Education: Sharing Our Story and Vision* [La educación religiosa cristiana: nuestra historia y visión] (San Francisco: Harper & Row, 1980).

[166] Etienne Wenger, "Learning in Doing: Social, Cognitive, and Computational Perspectives," [Aprender poniendo en acción: perspectivas sociales, cognitivas y computacionales] en *Comunidades de práctica: aprendizaje, significado e identidad* (Barcelona: Paidós, 2001), trad. Genís Sánchez Barberán. Jean Lave y Etienne Wenger, *Aprendizaje situado: participación periférica legítima* (México: UNAM, 1991), trad. Miguel Espíndola y Carlos Alfaro.

[167] Aunque sea necesario describir las diferencias entre cada componente del aprendizaje, dicha separación puede resultar en la minimización de la interdependencia de los componentes. Por lo tanto, la explicación de cada componente incluye una demostración de cómo están "interconectados y denifidos mutua-

ciones tradicionales de la educación que se enfocan en el proceso, el conocimiento y la adquisición de la información individual como la forma de medir el conocimiento.[168] El aprendizaje en ese entorno separa lo interno (la experiencia con el contenido) de lo externo (el contenido), al asumir equivocadamente que la persona puede internalizar una réplica de la información externa, mientras que ignora lo que se hace con el conocimiento, en qué se convierte o cómo se utiliza.[169]

Imagine un estudio bíblico enfocado en la oración. A los adultos quizás se les enseñe sobre la estructura del Padre Nuestro y los niños pueden memorizarlo. Si bien esto puede ser valioso, Wenger indica que asegurar la información es solo parte del aprendizaje. Por ejemplo, aquellos que entienden la estructura del Padre Nuestro aprenden algo diferente de lo que se aprende cuando se ora con una comunidad cristiana. De igual manera, memorizar el Padre Nuestro no garantiza que será significativo cuando uno lo recite.

En contraste, en el escenario del estudio bíblico de Leah, los participantes utilizaron una libreta de pedidos de oración cuando Jenna compartió su inquietud acerca de su papá. Aprender es tomar el lugar en el ámbito social a medida que "ponen en acción" la oración juntos, y esto es distinto a una lección sobre el Padre Nuestro. No es que una forma de aprendizaje sea más efectiva; en su lugar, aprender generalmente se mide por el contenido más que por lo que se hace con él. Este es el motivo por el cual Wenger propuso utilizar la lente del ambiente social para ampliar la definición de aprendizaje. Permite que uno considere la interacción entre lo externo (el contenido) y lo interno (la experiencia con el contenido), mantener en conjunto el saber y el hacer, lo objetivo y lo subjetivo.

---

mente." Wenger, "Aprender poniendo en acción: perspectivas sociales, cognitivas y computacionales], 5.

[168] Ídem., 47–48. Algunos de los resultados de este sobre énfasis incluyen que la enseñanza se convierta en el foco del aprendizaje, la separación del mundo exterior, el uso excesivo de los simulacros y pruebas individuales y enseñar el material fuera de contexto. En un ambiente del ministerio, los resultados pueden incluir enfocarse en los hechos de la Biblia o memorizar un catequismo sin comprenderlo. Principalmente, la preocupación tiene que ver con enfocarse en el contenido e ignorar el contexto.

[169] Lave and Wenger, *Aprendizaje situado: participación periférica legítima* (México: UNAM, 1991), trad. Miguel Espíndola y Carlos Alfaro, 47.

Aprender en el ámbito social incluye estar activamente involucrado en las prácticas de una comunidad.[170] Las prácticas son alrededor de lo que las personas se reúnen en el ámbito social y lo que proporciona una fuente de cohesión y significado para una comunidad.[171] El entorno del ministerio está lleno de prácticas tales como seguir una liturgia, servir en un equipo de liderazgo, cantar en un grupo de adoración, ayudar en un comedor comunitario o irse de retiro. Las personas que realizan una práctica juntas crecen tanto en comprensión (lo que uno sabe) como en capacidad (lo que uno es capaz de hacer).[172] Por lo tanto, realizar una práctica con otros es un componente indispensable del aprendizaje.

De igual manera, la formación de la fe debería incluir crecer en conocimiento y en capacidad de "ponerse en acción" con otros. En 1976, el educador cristiano John Westerhoff advirtió acerca de un peligro inherente de la "escolaridad-instrucción" dominante, debido a su énfasis principal en comunicar información.[173] Argumentó que históricamente el enfoque de la iglesia en el conocimiento fundacional siempre había funcionado. Las personas vivían en comunidades homogéneas donde diariamente encontraban expresiones vivas de la fe cristiana, a través de las conexiones naturales que tenían con amigos y miembros de la familia. El ámbito social de una persona incluía poner la fe en acción con otras personas en la comunidad. Dichas comunidades todavía existen en muchas partes del mundo. Y sin embargo, en los contextos cada vez más pluralistas y multiculturales de Estados Unidos, la crítica de Westerhoff es válida. Cuando poner la fe en acción con otros se descarta de la vida diaria, existirá una desconexión entre las ideas del cristianismo y el poder transformador de esta historia en las vidas de las personas.

La enseñanza basada en la información por sí sola es insuficiente para la formación de la fe. Las personas que conocen la fe no

---

[170] Wenger, "Learning in Doing," [Aprender poniendo en práctica: perspectivas sociales, cognitivas y computacionales] en *Comunidades de práctica: aprendizaje, significado e identidad* (Barcelona: Paidós, 2001), trad. Genís Sánchez Barberán, 4. Aquí la práctica debería entenderse en su sentido amplio, como en lo que se involucran las personas juntas por un periodo de tiempo.

[171] Ídem., 72.

[172] Ídem., 214.

[173] John H. Westerhoff, *¿Tendrán fe nuestros hijos?* (Buenos Aires: La Aurora, 1978), 13–23.

necesariamente se convierten en personas que viven la fe. Stanley Hauerwas afirmó lo siguiente: "Al igual que los primeros cristianos, debemos aprender que comprender la vida de Jesús no puede separarse de aprender cómo vivir la nuestra."[174]

Otros también han buscado ampliar las percepciones de la formación de la fe más allá de adquirir la información. Por ejemplo, el educador religioso Thomas Groome hizo énfasis en la formación holística, que incluye tres aspectos de una persona: el cognitivo, el afectivo y el volitivo (relacionado a la voluntad). Estos tres aspectos trabajan juntos y dan como resultado una "fe cristiana vivida."[175] De manera similar, el teólogo y filósofo Dallas Willard definió la formación espiritual como la transformación del "mundo interno" de una persona, el cual incluye los pensamientos, los sentimientos, la voluntad, el cuerpo, el alma y el ámbito social.[176] Craig Dykstra, un teólogo practicante, definió la "vida de la fe" como una nueva libertad, una visión fresca y un servicio consagrado. Enfatizó en una nueva orientación para el mundo que está ligada a una experiencia vivida.[177]

Cada una de estas personas describe la formación de la fe como una transformación de toda la persona. Sin embargo, incluso el cambio provechoso hacia una transformación holística mantiene el enfoque en la persona, en vez de enfocarse en el poder transformador del ámbito social. El enfoque de Wenger en el proceso entre la persona y el grupo mientras se realiza una práctica, es una percepción adicional para la formación de la fe. Por lo tanto, respaldar una fe cristiana madura significa crecer en el conocimiento central, observar la forma en que otras personas viven el cristianismo y tratar de vivir como cristiano con un grupo de personas. *La formación de la fe se produce mientras "ponemos en acción" la fe cristiana con los demás.*

---

[174] Stanley Hauerwas, *A Community of Character: Toward a Constructive Christian Social Ethic* [Una comunidad de carácter: hacia una ética social cristiana constructiva] (Notre Dame, IN: University of Notre Dame Press, 1981), 52.

[175] Thomas H. Groome, *Sharing Faith: A Comprehensive Approach to Religious Education and Pastoral Ministry; The Way of Shared Praxis* [Compartir la fe: un enfoque abarcativo a la educación religiosa y al ministerio pastoral; La forma de la práctica compartida] (San Francisco: HarperSanFrancisco, 1991), 86–90.

[176] Dallas Willard, *Renueva tu corazón: sé como Cristo* (Barcelona: Editorial Clie, 2002), trad. Pedro L. Gómez Flores.

[177] Dykstra, *Growing in the Life of Faith: Education and Christian Practices* [Creciendo en la vida de fe: la educación y las prácticas cristianas] (Louisville: Westminster John Knox, 2005), 26–29.

Aprender a través de la experiencia

Segundo, la formación de la fe incluye aprender a través de experimentar en el lugar donde las personas están contribuyendo de manera significativa. Aquí, la experiencia no debería reducirse a una actividad manual o a un aprendizaje activo, aunque pueda incluir estos métodos. El enfoque se encuentra en el *proceso de aprendizaje*, más que solo en el contenido (los hechos de una historia bíblica) o en el método (representar la historia bíblica). Según la teoría de Wenger, cuando un grupo de personas se reúne alrededor de una práctica, tienen que investigar lo que significa y decidir lo que necesitan hacer para llevarla a cabo. Esto incluye trabajar juntos para que sea *significativo*. Aquí el énfasis se encuentra en lo subjetivo (la experiencia de uno con el contenido) junto con lo objetivo (el contenido o la información en sí mismos), y lo afectivo (la forma en que uno se siente o responde) junto con lo cognitivo (lo que uno piensa).

En el escenario del estudio bíblico, ¿de qué forma el grupo le da sentido a la información que Leah enseña acerca de los milagros? ¿Qué hacen con eso, en qué se convierte y por qué es importante? Leah presentó un poco de información acerca del texto bíblico, pero el aprendizaje en el ámbito social ocurrió a medida que el grupo fue experimentando la información. A medida que investigaron para determinar si la percepción de Jennifer acerca del primer milagro de Jesús era precisa o no, su búsqueda involucró mucho más que sólo buscar la información correcta. La información de Jennifer acerca de los milagros, la búsqueda que realizó Mike en su celular y la reflexión extraña de Kyle acerca de las verduras y el chocolate, todo hizo que los "milagros" fueran significativos para este grupo. Es más, cuando Jenna expresó que su padre necesitaba un milagro, ésto tiene que ver con aprender a medida que experimentamos. Tomaron la libreta de pedidos de oración y de esa manera actuaron como personas que creen en los milagros, que aún tienen incertidumbre cognitiva. Los "milagros" en el estudio bíblico pasaron de ser un concepto comunicado por Leah a una idea repleta de significado del grupo, a una situación real en la que la idea tenía un valor en la vida de Jenna.

Esto es aprender a través de la experiencia en el ámbito social. En este sentido, el significado se produce a través de involucrarse *activamente* con un grupo particular de personas. Los antecedentes, las bases de conocimiento y las experiencias de vida de las personas que conforman el grupo moldean la experiencia del aprendizaje.[178] Por lo tanto, el significado es dinámico y a partir del diálogo. Un grupo diferente en el estudio bíblico o un ambiente cultural diferente resultará en la creación de un resultado diferente. Esto no significa que el contenido sobre los milagros cambia, sino que lo que cambia es cómo las personas encuentran el sentido del contenido. Imagine el mismo estudio en un orfanato en Ghana o en un seminario en Nepal. Estas son distintas personas que tienen una experiencia de aprendizaje en sus diferentes ámbitos sociales. Por lo tanto, aprender a través de las experiencias con otros es inherente a aprender cualquier contenido, a medida que las personas "ponen la fe en acción" en conjunto.

La formación de la fe no solo se encuentra en el ámbito individual, el momento afectivo o existencial de una persona,[179] sino que también ocurre cuando estamos con los demás. Aprender a través de la experiencia amplía la formación de la fe para incluir la apropiación de la fe *con los demás*.[180] Por mucho tiempo, los educadores cristianos han reconocido la importancia de la apropiación, tal como el enfoque de enseñanza de las "Prácticas Compartidas" de Groome.[181] Para Groome, la formación no se trata de reproducir la información, como pedirle al estudiante que le repita el contenido al maestro o hacerle preguntas sólo para hacer una aclaración. Groome sugirió un enfoque de "apropiación crítica" donde las personas "juzgan y ven por sí mismas."[182] En este sentido, la apropiación es una iniciativa personal donde las personas dialogan con la comunidad y luego deciden por sí mismas. La comunidad realiza

[178] Wenger, "Learning in Doing," [Aprender al hacer: perspectivas sociales, cognitivas y computacionales], 52.

[179] Otro enfoque común en la educación cristiana es comenzar con la experiencia de las personas y crear un "camino para el aprendizaje" denominado "identificación." Véase Klaus Issler y Ronald Habermas, *How We Learn: A Christian Teacher's Guide to Educational Psychology* [Cómo aprendemos: la guía de un maestro cristiano de la psicología educativa] (Eugene, OR: Wipf and Stock, 2002).

[180] La apropiación incluye asimilar, formar y construir. Es diferente de la asimilación que incluye adquirir o convertirse.

[181] Thomas H. Groome, *Christian Religious Education: Sharing Our Story and Vision* [La educación religiosa cristiana: nuestra historia y visión] (San Francisco: HarperSanFrancisco, 1980); Groome, *Sharing Faith* [Compartir la fe: un enfoque abarcativo a la educación religiosa y al ministerio pastoral]

[182] Groome, *Sharing Faith* [Compartir la fe: un enfoque abarcativo a la educación religiosa y al ministerio pastoral], 250.

comentarios útiles, pero la apropiación termina siendo decisión de la persona.[183]

A diferencia de Groome, Wenger mueve la ubicación de la apropiación al grupo. Cuando se unen a un estudio bíblico o a un equipo de alabanza, se apropian en conjunto de la forma en que llevarán a cabo la práctica en un sentido significativo. La apropiación personal no desaparece, sino que está más estrechamente conectada a la experiencia de crear significado con un grupo. La experiencia está vinculada con el conocimiento y la competencia en la práctica que va en aumento tanto de la persona como del grupo. En este sentido, *la formación de la fe incluye aprender a través de experimentar cuando las personas están creando el significado de la fe entre ellas.*

Aprender a través de la pertenencia

Ser cristiano significa pertenecer a una historia mayor que uno mismo. Como claramente lo afirmó el teólogo Miroslav Volf: "Uno no puede tener una comunión cerrada con el Dios trino (como si fuese un 'cuarteto'), porque el Dios cristiano no es una deidad privada."[184] En cambio, Dios atrae a las personas a esta historia en común. Por ejemplo, el *corpus paulino* está repleto de metáforas acerca de la adopción (Ef 1:5) y acerca de la familia (Gá 3:29). Las personas de fe se juntan con otras que también pertenecen a esta comunidad.

Aprender en el ámbito social facilita el sentido de pertenencia. Pertenecer es ser esencial para el grupo. Ni la conexión social basada en la proximidad (todos son de la misma área de la ciudad o de la misma iglesia) ni las personas con un interés similar (el deseo de servir a los pobres o el amor por los himnos) definen la pertenencia. Entonces, ¿cuándo es que uno pertenece? La pertenencia se produce cuando una persona contribuye a la práctica del grupo, ya que esto demuestra la comprensión (saber) en crecimiento y la capacidad (hacer) de la práctica del grupo.[185] Simultáneamente, el

---

[183] Ídem. Groome considera esencial la comunidad para realizar aportes en la apropiación de la persona, pero no presta atención al proceso como la ubicación de la apropiación.

[184] Miroslav Volf, *After Our Likeness: The Church as the Image of the Trinity* [A nuestra semejanza: la iglesia como la imagen de la Trinidad] (Grand Rapids: Eerdmans, 1998), 173.

[185] Wenger, "Learning in Doing," [Aprender al hacer], 5.

grupo legitimiza esta contribución al incorporarla a su práctica, que resulta en un sentido de pertenencia compartido entre la persona y el grupo. La idea de pertenecer evoluciona a medida que la persona se involucra activamente en la práctica de la comunidad.

Cuando los adolescentes del estudio bíblico presentado oraron, estaban creandole un sentido a la manera y a las razones por las cuales orar; y cuando lo hicieron, experimentaron la pertenencia. Cuando Sonya tomó la libreta de los pedidos de oración, ella "perteneció" porque sabía cómo utilizarla de la manera en que el grupo la entendía. Asimismo, imagine si ella hubiera interrumpido el estudio bíblico para escribir en la libreta, y alguien la hubiera llevado aparte para decirle que debía esperar hasta el momento de la oración. Probablemente, su experiencia de pertenencia se habría disuelto. Por otro lado, suponga que Mike sugiriera anotar pedidos de oración *online* para facilitar la manera de escribir los pedidos durante la semana. O si quizás Jennifer creara un grupo de Facebook donde los "me gusta" en un pedido de oración significaran una oración activa. Cuando el grupo comenzara a "orar" de estas formas, le estarían haciendo sentir a Mike y a Jennifer que "pertenecen." La persona experimenta la pertenencia y el grupo la valida al incluir su contribución. Pertenecer incluye reciprocidad entre la persona y el grupo.

La definición de la teóloga práctica de Nancy Pineda-Madrid para el término "tradición" captura esta idea de una contribución recíproca y una resultante experiencia de pertenencia.[186] Pineda-Madrid afirmó la manera en que la palabra *tradición* ha incluído históricamente una "relación intrínseca entre el proceso y el contenido."[187] Con esto quiso decir que la tradición se refiere tanto a las enseñanzas de la iglesia, como a la fe vivida de los cristianos. Por lo tanto, "una tradición sólo es tradición en la medida en que ha sido recibida e internalizada a través de alguna práctica."[188]

Ya que la fe cristiana es un evento individual y social a la vez, es el "proceso de interpretación que necesariamente e invariablemente

---

[186] Nancy Pineda-Madrid, "Traditioning: The Formation of Community, the Transmission of Faith," [Tradición: la formación de la comunidad, la transmisión de la fe] en *Futuring Our Past: Explorations in the Theology of Tradition* [Traer el pasado al futuro: investigaciones sobre la teología de la tradición], ed. Orlando O. Espin y Gary Macy (Maryknoll, NY: Orbis, 2006), 204–26.

[187] Ídem., 204.

[188] Ídem., 205.

crea la comunidad."[189] Cuando las personas interpretan la tradición juntas, eso facilita la formación de la comunidad. Esta idea es paralela a la comprensión de Wenger sobre la pertenencia. A medida que las personas interpretan juntas la fe cuando llevan a cabo una práctica, y este grupo adopta las contribuciones de una persona, el resultado es una afirmación de pertenencia recíproca: se forma una comunidad. Llevar a cabo una tradición es exactamente lo que los adolescentes hicieron en el estudio bíblico. A medida que oraron, interpretaron la oración y actuaron como comunidad. La tradición, la contribución recíproca y la pertenencia son esenciales para la formación de la fe. *La formación de la fe ocurre cuando la contribución fomenta la pertenencia.*

Aprender a través de la conversión

Convertirse es el componente final del aprendizaje en el ámbito social y está estrechamente alineado con la idea de la santificación, como la describió John Wesley. Luego de que "nacemos de nuevo, se lleva a cabo la obra gradual de la santificación… habilitada por el Espíritu… a medida que morimos cada vez más al pecado, estamos cada vez más vivos para Dios."[190] Los cristianos son personas que se encuentran en un proceso; se están convirtiendo. Wenger describió esta conversión como la conformación de la identidad, que se produce a través de las experiencias vividas con los demás.[191] Él no supone una socialización en donde la comunidad es el único agente que forma a la persona. En cambio, a través del intercambio y la creación de significados compartidos mientras se lleva a cabo una práctica, la persona y la comunidad se forman mutuamente. El enfoque se encuentra en su "mutua constitución."[192]

En este sentido, la identidad es más que una autoimagen (la manera en que uno se ve a sí mismo) porque convertirse también incluye verse a uno mismo en conexión con los demás. Unirse a la práctica de un grupo significa encontrarse con lo que nos resulta familiar (las áreas de conocimiento y capacidad propias) y lo que

---

[189] Ídem., 215.

[190] John Wesley, "La salvación según la Biblia," en *Obras de Wesley: Tomo II, 34–70*, del original en inglés *The Works of John Wesley: Sermons II* ed. Albert C. Outler (Nashville: United Methodist General Board of Higher Education, 2016), 153–69.

[191] Wenger, "Learning in Doing," [Aprender al hacer], 151.

[192] Ídem., 146.

no (el conocimiento y las capacidades de los demás).[193] Uno mismo es considerado solamente como una parte, no obstante, una parte necesaria de un todo. Estas experiencias moldean la perspectiva de una persona y le proporcionan una lente para interpretar el mundo más allá de la práctica. Pertenecer a un grupo moldea la identidad de la persona en la misma medida en que la persona moldea al grupo. Por esta razón, convertirse es un componente clave del aprendizaje.

Los adolescentes en el estudio bíblico se estaban convirtiendo en personas de fe, que implica un camino hacia la santificación que dura toda la vida. Involucrarse en el estudio bíblico y en la oración les otorgó una oportunidad para poner la fe en acción, para hacerla significativa y para experimentar la pertenencia a medida que aportaban sus contribuciones. Todo esto moldeó la forma en que se veían a sí mismos y al mundo fuera del estudio bíblico. Desarrollar música a partir de una lagartija que ora, preguntarse sobre las verduras y el chocolate y escribir en la libreta los pedidos de oración en respuesta al temor de Jenna por su papá son todas cosas que le dieron forma a estas personas. Se estaban *convirtiendo*, tanto en cristianos de forma individual como en un grupo de creyentes.

Al reconocer el rol que juega el aprendizaje en la conversión de una persona, aquellos que enseñan reconocen que ellos influencian la identidad, la visión y las percepciones de ellos mismos y de los demás. Los maestros ayudan a formar a las personas. La fe moldea a la persona que se está convirtiendo cuando "la fe *funciona* en personas, y traen como consecuencia que busquen y comprendan la voluntad de Dios para el mundo y su responsabilidad para que eso suceda."[194] Pero esto no ocurre, y no puede ocurrir, en aislamiento. Como seres sociales, es el compromiso de unos con otros, y Dios como Otro, que permiten que las personas se conviertan y maduren como seguidores de Cristo. La personas se están convirtiendo y el grupo se está convirtiendo a medida que llevan a cabo una práctica juntos. Este paradigma resiste la idea de aislar a la persona e invita a un encuentro activo con los demás.

---

[193] Ídem., 153.

[194] Carl Ellis Nelson, *How Faith Matures* [Cómo madura la fe] (Louisville: Westminster John Knox, 1989), 145 (énfasis original).

Consecuencias para los contextos del ministerio

Evalúe de qué forma se entienden el aprendizaje y la formación de la fe en el ámbito del ministerio. La mayoría de la educación occidental hace énfasis en el conocimiento como el principal camino para aprender y, posteriormente, la iglesia aplica un énfasis similar en los ministerios de enseñanza. Para determinar si este es el caso de un ámbito de ministerio en particular, observe los programas, los estudios y los eventos en el calendario anual. ¿Qué dicen acerca de la visión del ministerio sobre la formación de la fe? Hable con aquellos que están involucrados en el ministerio. ¿Cuáles son sus deseos y objetivos para aquellos que están involucrados? Tome nota de lo que se enfatiza: conocimiento, compromiso, experiencia, relaciones, grupos, individuos, entre otros. Determine qué aspectos del ministerio son más adecuados para introducir el valor de poner la fe en acción, junto con conocer la fe.

Respalde la práctica en grupos pequeños (de todas las variedades). Los grupos pequeños tienen una larga historia. En la Inglaterra del siglo dieciocho, John Wesley organizó a las personas en grupos para facilitarles su búsqueda de la santidad.[195] Se reunían una vez por semana y se contaban entre ellos sus progresos y sus fracasos. Estas reuniones fueron un catalizador para un tremendo avivamiento en la Iglesia Anglicana y demostraron el gran potencial de los grupos pequeños. Por el contrario, los grupos pequeños pueden disolverse en grupos de autoayuda espiritual. El sociólogo Robert Wuthnow escribió acerca del surgimiento del fenómeno de los grupos pequeños en Estados Unidos.[196] Su investigación incluyó todo; desde Alcohólicos Anónimos, grupos juveniles, estudios bíblicos hasta grupos de apoyo. Wuthnow concluyó que las personas participan en estos grupos principalmente porque reciben apoyo emocional. El apoyo emocional es importante; sin embargo, si el valor del grupo se mide por la realización personal, entonces el grupo se vuelve prescindible cuando no se satisfacen las necesidades individuales.

---

[195] Michael D. Henderson, *A Model for Making Disciples: John Wesley's Class Meeting* [Un modelo para hacer discípulos: la reunión de la clase de John Wesley] (Nappanee, IN: Francis Asbury, 1997).

[196] Robert Wuthnow, "Small Groups Forge New Notions of Community and the Sacred," [Los grupos pequeños forjan nuevas nociones con respect a la comunidad y a lo sagrado] *Christian Century* [El siglo cristiano], Diciembre 8, 1993, 1236–40.

Visualizar el aprendizaje en el ámbito social enfoca a los grupos pequeños a poner la fe en acción la fe con los demás (experimentar). Un grupo pequeño de adultos jóvenes puede hablar acerca de su deseo de lograr una carrera o relación gratificante, pero estas discusiones vienen acompañadas de poner la fe en práctica (ponerla en acción). Por ejemplo, el grupo puede estudiar Eclesiastés, llevar a los adultos mayores a la iglesia u organizar una vigilia de oración. A medida que llevan esto a cabo, el grupo determina el motivo y la forma de la práctica, y de este modo crean un significado y una contribución (pertenencia). El grupo puede verse a sí mismo como valioso (conversión) para la misión de la iglesia.

Revise la descripción de los trabajos. El rol del maestro (líder de grupos pequeños, maestro de la escuela dominical, líder del estudio bíblico) es doble: ayudar a un grupo de personas a crecer en su *conocimiento* de la fe y en su capacidad de poner la fe en *práctica.* Esto es más que una sección de aplicación para la vida al final de una lección. Por ejemplo, ¿cómo ponen en práctica la fe los niños en una clase de escuela dominical? Si se recolecta una ofrenda, ¿cómo se están convirtiendo en personas que ofrendan, junto con su conocimiento en aumento acerca del diezmo? Quizás decoren la caja de las ofrendas, tomen turnos para recolectar, desarrollen un ritual de recolección o recauden dinero para un proyecto misionero especial. Para que se consideren a ellos mismos como oferentes (conversión), deben contribuir a la forma en que el grupo da su ofrenda (pertenencia). La descripción de la tarea de un maestro incluye tanto la instrucción del contenido como el hecho de establecer la forma en que las personas pongan la fe en acción con los demás.

Cree caminos para la contribución. Existe una gran diferencia entre la participación y la contribución. La participación solo requiere unirse a lo que ya se está llevando a cabo, como asistir al servicio de alabanza o a una clase. En contraste, la raiz de la contribución es la causalidad. La contribución valorable requiere que las personas provoquen un cambio al traer, agregar, crear, comprometerse, perfeccionar y mejorar lo que ya se está haciendo. Esta no es una propuesta *ex nihilo*, de la nada. En cambio, los maestros en los entornos del ministerio necesitan crear caminos para que se produzca una contribución adecuada. Imagine un grupo de estudiantes universitarios que expresan su anhelo de que haya agua potable en los dos tercios del mundo mientras leen la analogía que realizó Jesús sobre el agua en Juan 4. Un maestro puede crear el camino para esta contribución apasionada brindándoles una interpretación matizada de Juan 4, o ayudando a los estudiantes a moldear esta pasión hacia una misión mayor en su iglesia o ministerio. En una menor escala, los maestros crean caminos para la contribución cuando valoran las diferentes opiniones durante una discusión, o cuando involucran creativamente a los miembros del grupo más callados. El objetivo es brindar el espacio para que las personas sean parte del ministerio, en vez de que solamente sean recibidores del mismo.

Conclusión

Los componentes de Wenger informan acerca de una definición más sólida de la formación de la fe, ya que el aprendizaje es visto a través del ámbito social. Esto hace énfasis en la importancia de poner la fe en acción con los demás, experimentar la apropiación individual y colectiva, pertenecer mediante una contribución recibida y convertirse en una persona de fe junto con otras personas de fe. Cristo vino a proclamar un mensaje (conocimiento) destinado a transformar a un pueblo llamado a unirse (poner en acción) a los propósitos mayores de Dios en el mundo. Enseñar es facultar a las personas en la iglesia y en los ámbitos del ministerio para que practiquen poniendo en acción esta fe con los demás y para fomentar el crecimiento en el conocimiento y en la capacidad.

Preguntas y actividades

1. Compare y contraste su comprensión del aprendizaje con el aprendizaje en el ámbito social.
2. ¿Cómo se amplía la formación de la fe cuando se la ve a través de la lente de la "fe puesta en acción"?
3. ¿De qué manera los cuatro componentes del aprendizaje se superponen o dependen uno del otro?
4. Defina el rol del maestro cuando se considera seriamente el ámbito social del aprendizaje.
5. Escoja un contexto del ministerio con el que esté familiarizado. Si el ministerio de enseñanza en este contexto busca

incluir los cuatro componentes del aprendizaje (poner en acción, experimentar, pertenecer y convertirse), ¿qué cambiaría? ¿Qué permanecería igual?

Lectura adicional

Gorman, Julie A. *Community That Is Christian* [Una comunidad que es cristiana] Grand Rapids: Baker Books, 2002.

Groome, Thomas. *Sharing Faith: A Comprehensive Approach to Religious Education and Pastoral Ministry* [Compartir la fe: un enfoque abarcativo a la educación religiosa y al ministerio pastoral]; *The Way of Shared Praxis* [La forma de la práctica compartida] San Francisco: HarperSanFrancisco, 1991.

Lave, Jean y Etienne Wenger. *Aprendizaje situado: participación periférica legítima* (México: UNAM, 1991), trad. Miguel Espíndola y Carlos Alfaro.

Myers, Joseph R. *Search to Belong: Rethinking Intimacy, Community, and Small Groups* [Una búsqueda para pertenecer: reconsiderar la intimidad, la comunidad y los grupos pequeños] Grand Rapids: Zondervan, 2011.

10

La motivación y el ministerio

DAVID RAHN

Brad no era un estudiante habilidoso por naturaleza. Tenía que invertir más tiempo que sus amigos en el estudio para obtener una buena calificación. Por el otro lado, las cosas le resultaban fáciles a Kevin. Escribía bien, razonaba bien, hablaba bien y hacía malabares con un montón de actividades competitivas a la vez que lo condujeron a lograr una graduación con honores. El deseo de Brad de aprender parecía más profundo que el de Kevin. Se encontraba aferrado al centro de su carácter, inexorablemente adherido al llamado que Jesús le hacía.

No es que Kevin no estuviese interesado en prepararse para el ministerio. En la mayoría de los días de clase universitaria estaba lo suficientemente comprometido como para generar un poco de entusiasmo para lo que se estaba investigando en clase. Sin embargo, nunca dio la impresión de que estuviera "totalmente involucrado" en el aprendizaje que se encontraba disponible para él, a pesar de su habilidad de obtener constantemente la puntuación más alta por sus trabajos.

Brad y Kevin componen dos ejemplos opuestos de historias de éxito de estudiantes. Cada uno tenía una motivación para aprender. Si el objetivo de nuestra enseñanza fuese exhibir a nuestros estudiantes más brillantes, Kevin sería nuestro alumno de cartelera. Pero ya que nuestros propósitos generalmente están ligados más directamente a los resultados que permiten avanzar en la misión de Dios a través de los graduados, Brad resultó ser el mejor ejemplo del fruto por el que oramos y trabajamos.

Algunos estudiantes se someten a la influencia de nuestra enseñanza con un deseo previo de aprender. Otros simplemente siguen los pasos que se les asignan en el camino de obediencia. Claramente, Brad tenía el deseo de seguir a Jesús adondequiera que fuera. Brad demostró con regularidad que tenía "oídos para escuchar" lo que el Espíritu Santo le decía acerca de lo que debía empezar a hacer y lo que debía dejar. La trayectoria de crecimiento más pronunciada fue la de Brad, quizás porque demostró continuamente la sinceridad de su dedicación a Jesús, al reflexionar con tenacidad cada porción de verdad hasta haber capturado cada nutriente que podía fortalecerlo para el servicio. Resulta que el tipo de motivación de Brad es transferible. Ha sido equipado de tal forma que pudo liderar una misión pionera en Haití en donde resolver problemas difíciles es un estilo de vida. La perseverancia que cultivó cuando fue un estudiante de universidad de veinte años le sirve de provecho veinte años después.

Si bien se han llevado a cabo muchas investigaciones acerca de la *motivación para alcanzar las metas* en el aula, el deseo de aprender, de saber y de crecer, también son factores fundamentales en las situaciones informales del ministerio. Mi nieto de tres años generalmente me acribilla con preguntas que revelan su hambre por descubrir y aprender, a pesar de que ningún expediente escolar registrará su progreso bajo mi tutoría. La importancia de la motivación de un alumno para los esfuerzos estratégicos de un maestro transciende el contexto. Es más, ese solo factor es tan significativo que (desde una perspectiva pura del aprendizaje) probablemente debería dictar las prioridades de cualquier maestro. Los maestros deberían recordar lo siguiente:

1. si los estudiantes no están preparados para aprender, ningún esfuerzo de enseñanza tendrá sentido hasta que despierte su motivación; y
2. si los estudiantes están preparados para aprender, cualquier esfuerzo de enseñanza fomentará o disminuirá la motivación existente.

Hay mucho en juego para aquellos que enseñan a las próximas generaciones. Necesitamos comprender de qué manera afecta la motivación en el aprendizaje. Una premisa para considerar desde el principio es que la experiencia que tenemos acerca de cómo aprenden y crecen las personas brinda información acerca de la efectividad de nuestra enseñanza. Existe un sorprendente callejón sin salida que espera a aquellos que cultivan sus habilidades de enseñanza, pero desatienden sus percepciones de la manera en que se desarrolla el aprendizaje. Los resultados que buscamos nunca tienen que ver con lo que hacemos como maestros. En cambio, se basan en la forma en que una persona es transformada. El autor Scott Larson comprende el rol crucial que desempeña la motivación en el proceso de aprendizaje: "No existe tal cosa como la enseñanza. Sólo el aprendizaje. No se puede incorporar información desde afuera. Tiene que ser captada desde adentro. Por lo tanto, nuestro trabajo es crear un entorno propicio para la enseñanza."[197]

Vale la pena invertir nuestro tiempo en reflexionar profundamente sobre las habilidades y las limitaciones que traemos frente a cualquier situación de enseñanza-aprendizaje. Con tal fin, una guía accesible puede ayudar a los maestros a evaluar sus planes de enseñanza y a determinar de qué forma pueden trabajar al mismo tiempo en una lección determinada los cuatro factores motivadores. La siguiente pregunta sirve como esa guía, y también ofrece un marco para el resto del capítulo: ¿Por qué debería (esta persona, estas personas) sumergirse en (esta experiencia de enseñanza) (conmigo) (en este momento)?

A medida que considera los cuatro factores motivadores importantes integrados en esta pregunta, analice si puede identificar qué valor le puede otorgar a cada uno (es decir, el porcentaje de esfuerzo que destinaría a cada factor) en el camino hacia formar sus propias estrategias de enseñanza motivadoras. Mientras lo hace, reflexione porqué la mayoría de los ministerios de la actualidad todavía adoptan el enfoque de "incorporar información" para enseñar.

Esta persona/estas personas

No está del todo claro en el registro del evangelio cuándo fue la primera vez que Jesús le prestó atención a Pedro. Pero existe un

[197] Scott Larson y Daniel L. Tocchini, *Groundwork: Preparing the Soil for God's Transformation* [Trabajo preliminar: preparar la tierra para la transformación de Dios] (Loveland, CO: Group, 2015), 22.

momento transformacional que ocurre al principio de su relación que revela cuán experto era Jesús a la hora de entender las motivaciones preexistentes de Pedro:

> Aconteció que, estando Jesús junto al lago de Genesaret, el gentío se agolpaba sobre él para oír la palabra de Dios. Y vio dos barcas que estaban cerca de la orilla del lago; y los pescadores, habiendo descendido de ellas, lavaban sus redes. Y entrando en una de aquellas barcas, la cual era de Simón, le rogó que la apartase de tierra un poco; y sentándose, enseñaba desde la barca a la multitud. Cuando terminó de hablar, dijo a Simón: "Boga mar adentro, y echad vuestras redes para pescar." Respondiendo Simón, le dijo: "Maestro, toda la noche hemos estado trabajando, y nada hemos pescado; mas en tu palabra echaré la red." Y habiéndolo hecho, encerraron gran cantidad de peces, y su red se rompía. Entonces hicieron señas a los compañeros que estaban en la otra barca, para que viniesen a ayudarles; y vinieron, y llenaron ambas barcas, de tal manera que se hundían. Viendo esto Simón Pedro, cayó de rodillas ante Jesús, diciendo: "Apártate de mí, Señor, porque soy hombre pecador." Porque por la pesca que habían hecho, el temor se había apoderado de él, y de todos los que estaban con él, y asimismo de Jacobo y Juan, hijos de Zebedeo, que eran compañeros de Simón. Pero Jesús dijo a Simón: "No temas; desde ahora serás pescador de hombres." Y cuando trajeron a tierra las barcas, dejándolo todo, le siguieron (Lc 5:1-11).

No es sorprendente que Jesús haya sido capaz de comprometer a Pedro, motivándolo a que comenzara una aventura de discipulado que lo definiría por el resto de su vida. Él recurrió a los dones naturales de liderazgo de Pedro, su tendencia a actuar audazmente y su deseo de ver resultados impresionantes. ¿Podemos hacer lo mismo con aquellos a quienes les enseñamos?

La mezcla de factores que influencian la preparación de una persona para aprender, conforma una combinación de posibilidades que puede ser intimidante. Algunos estudiantes tienen estilos de aprendizaje preferidos (véase el cap. 8) que se inclinan en la dirección de las experiencias prácticas, de prueba y error, mientras otros se deleitan cuando leen un libro elegido a conciencia y cuando le encuentran su propia claridad conceptual al significado del mismo.

Los extrovertidos y los introvertidos responderán frente a tareas particulares de distintas maneras. A veces, la familia y los contextos socioeconómicos del alumno tienen la clave para resolver nuestros desafíos en la enseñanza.

En 1968, Abraham Maslow afirmó que existe una jerarquía de importancia sobre las necesidades de las personas. Su teoría le dio estructura a la lógica realidad de que si alguien está desesperadamente hambriento puede tener problemas para concentrarse en una clase que trata sobre alcanzar su máximo potencial.[198] Prácticamente al mismo tiempo, Erik Erikson expresó con claridad cómo los adolescentes son comúnmente motivados a resolver sus crisis de identidad durante su adolescencia; es una de las ocho tareas de desarrollo específicas para cada etapa que deben resolver los alumnos durante el transcurso de su vida.[199] Si Erikson, u otro teórico, está en lo cierto, los maestros deberían esperar que los estudiantes, en cierto rango de edad, estén algo preocupados por las imposiciones de desarrollo que están experimentando e investigando simultáneamente. Cuando Jesús invitó a jóvenes como Pedro para que lo siguieran, pudo haber ganado acceso a su significativa búsqueda motivadora para descubrir su identidad.

Peter O'Donell, un prestigioso consultor del ministerio y arquitecto jefe de diseño de *DeVos Urban Leadership Initiative*, otorgó la siguiente pregunta para guiar nuestra preparación y evitar que nos paralicemos por la variedad de factores que los maestros pueden considerar: "¿Qué necesito saber, y que es lo que todavía no sé, acerca de la audiencia a la que me dirijo?"[200] Es seguro decir que cuanto más descubramos acerca de las personas a las que intentamos enseñarles, tendremos más probabilidad de poder adecuar nuestro diseño educativo a lo que ya los motiva.

¿Se dio cuenta de lo que acabo de decir? *Los estudiantes ya están motivados*. Es verdad que puede ser que todavía no estén motivados

---

[198] Abraham Maslow, "Self-Actualization and Beyond," [Más allá de la auto-realización] en *Human Dynamics in Psychology and Education: Selected Readings* [Las dinámicas humanas en la psicología y la educación: lecturas seleccionadas], ed. Don E. Hamacheck (Boston: Allyn and Bacon, 1968).

[199] Erik Erikson, *Identidad: juventud y crisis* (Nueva York: W. W. Norton, 1968).

[200] Peter O'Donnell, "Different Strokes for Different Folks," [Sobre gustos no hay nada escrito] conferencia, Instituto de diseño educativo de *DeVos Urban Leadership Initiative*, Grand Rapids, Septiembre 20, 2012.

para aprender o para hacer lo que los maestros quisieran que hagan. Pero en lugar de pretender que las motivaciones preexistentes de los estudiantes no son factores significativos en el proceso de enseñanza-aprendizaje, los maestros astutos descubrirán qué es lo que incentiva a sus estudiantes para moldear las experiencias transformacionales de aprendizaje.

Esta experiencia de enseñanza

Identificar un tema para enseñar es un comienzo común pero insuficiente en la preparación. Reconocer el alcance del tema al menos nos ayuda a ubicar qué porción de todas las posibilidades puede abordarse durante la próxima oportunidad de enseñanza. Sin embargo, muchos de nosotros nos sentimos impotentes cuando se trata de darle forma a nuestro objetivo de enseñanza particular. *Es lo que es*, pensamos, y nuestra preparación debería llevarnos a estudiar tan bien un tema que nos volvamos expertos en el mismo. Con demasiada frecuencia esto nos lleva a la conclusión de que una presentación bien preparada sobre aquello que hemos descubierto cumplirá con nuestra obligación de enseñar. Por este motivo, trabajamos muy duro para que nuestras lecciones sean interesantes. Al menos intuitivamente, reconocemos que los estudiantes necesitan involucrarse para aprender. ¿Por qué no incluir la pregunta para que el alumno se involucre (¿Qué cosas son las que producen que mi audiencia ya se encuentre motivada?) al principio del proceso del diseño? Utilizar las parábolas de Jesús resultó ser una manera brillante para identificar e involucrar a aquellos que ya estaban motivados para aprender. Considere el clásico intercambio del "buen samaritano" que mantuvo con un erudito en la ley religiosa cuyas motivaciones no eran tan puras: "Pero él [el erudito], queriendo justificarse a sí mismo, dijo a Jesús: '¿Y quién es mi prójimo?' [Después de contar la historia, Jesús preguntó] '¿Quién, pues, de estos tres te parece que fue el prójimo del que cayó en manos de los ladrones?' Él dijo: 'El que usó de misericordia con él.' Entonces Jesús le dijo: 'Ve, y haz tú lo mismo' (Lucas 10:29, 36-37).

Con demasiada frecuencia esto nos lleva a la conclusión de que una presentación bien preparada sobre aquello que hemos descubierto cumplirá con nuestra obligación de enseñar.

Por más profundas que fueran las enseñanzas de Jesús, la evidencia indica que esa no era su estrategia de enseñanza preferida. En los evangelios se registraron aproximadamente trescientas preguntas que hizo Jesús para involucrar a sus seguidores, exponer a sus adversarios y forzar a los curiosos que se mantenían al margen para que tomaran una decisión. Un estudio más profundo de estas tácticas reveló que las preguntas de Jesús pocas veces surgían de la nada. Sus preguntas surgían de las experiencias y luchas de la vida común que Él mismo compartía con las personas. ¡El poder transformador de esa estrategia es brillante!

Una de las mejores contribuciones educativas de John Dewey fue identificar cuán importante es la experiencia de la vida real en el proceso de enseñanza-aprendizaje.[201] Permita que los estudiantes resuelvan los problemas que les interesan con libertad, y observe la manera en que aumenta su motivación por aprender.

Ted Ward es ampliamente conocido por desarrollar el modelo de una típica cerca de madera para la educación teológica por extensión. El respeto que le provoca la observación de Dewey sobre el poder de las situaciones de la vida real para impulsar las fuerzas motivadoras es evidente en esta simple analogía de enseñanza-aprendizaje. El riel superior de la cerca representa la verdad de Dios, y el inferior las experiencias de la vida. Los postes que conectan a ambos rieles son lo que los maestros deben llevar a cabo para ayudar a los estudiantes a integrar y a aplicar la fe en la vida.[202] Estas son las estrategias que construyen los puentes del significado transformador, desde aquello que ya es importante para los estudiantes (sus vidas) hacia aquello que debe convertirse en más importante (la verdad de Dios).

Existen pocos momentos tan desalentadores para un maestro como cuando se encuentra en medio de una experiencia educativa que claramente no está pudiendo conectarse con los estudiantes. Generalmente, la desconexión se puede atribuir a nuestra incapacidad de darle forma a nuestra preparación alrededor de la fuerza de aprendizaje motivadora más significativa que se encuentra en funcionamiento en cualquier situación: las experiencias de la vida real de los estudiantes. Es un enemigo silencioso cuando lo ignoramos

[201] John Dewey, *Experiencia y educación* (Costa Rica: Universidad Nacional de Costa Rica, 2003).

[202] Lois E. LeBar y James E. Plueddemann, *Education That Is Christian* [Educación que es cristiana] (Wheaton: Scripture, 1989), 105–6.

Algunos años atrás, me propuse desarrollar una lista de diez puntos principales que pudiera resumir algunas guías de diseño, basadas en lo que se había descubierto acerca de la intersección entre la motivación y el aprendizaje. La siguiente lista representa algunas de mis mejores prácticas más duraderas:

1. Debido a que la mayor parte del aprendizaje del estudiante ocurre fuera de un aula, donde la motivación ejerce su influencia de manera natural y poderosa, trabaje para crear tareas interesantes y significativas.
2. Debido a que la decisión del estudiante es un elemento fundamental para su motivación, trabaje para crear procesos que le permitan perseguir sus propios objetivos de aprendizaje.
3. Debido a que una gran influencia de lo que los estudiantes aprenden proviene de lo que leen, trabaje para elegir los mejores textos y para crear actividades que requerirán una lectura minuciosa.
4. Debido a que los enfoques de enseñanza centrados en el estudiante son más efectivos para producir resultados de un nivel mayor de aprendizaje y para descubrir lo que no conocemos acerca del estudiante, trabaje para crear debates que tengan un propósito.
5. Debido a que los métodos cooperativos de aprendizaje son más efectivos para generar actitudes positivas en los estudiantes hacia el tema a desarrollar y hacia otros estudiantes, trabaje para crear oportunidades para que los estudiantes se vinculen interdependientemente en grupos pequeños o en equipos.
6. Debido a que la retroalimentación *específica* de una tarea mejora la motivación y el aprendizaje, trabaje para brindar respuestas específicas a los estudiantes luego de realizar las actividades de aprendizaje.
7. Debido a que el conocimiento que tiene el estudiante con respecto al propósito de las tareas mejora su aprendizaje, trabaje para revelar los motivos y los objetivos de su enseñanza.
8. Debido a que el aprendizaje del estudiante comienza con su atención, trabaje para ser impredecible con las metodologías mediante el uso de música, videos, películas, dramatizaciones, casos prácticos, juegos de simulación, documentos de reflexión y debates.
9. Debido a que la pasividad del estudiante es una barrera para el aprendizaje, trabaje para comenzar con activadores para el estudiante (como pueden ser los problemas importantes extraídos del contexto de su vida), especialmente cuando una clase es programada.
10. Debido a que los comentarios precisos hacia el estudiante son necesarios para evaluar los procesos y los resultados del aprendizaje, trabaje para crear un entorno abierto para escuchar y responder las inquietudes y sugerencias de los estudiantes.

y nuestro mejor aliado cuando se puede incluir con integridad en la agenda del momento.

Nadie hizo esto mejor que Jesús. Una y otra vez, aquellos que lo escuchaban enseñar quedaban *asombrados*. La enseñanza que ayuda a las personas a conectar los puntos de lo que aprenden con su vida diaria no tiene porqué ser algo que ocurra raramente.

Conmigo

¿No es fascinante darse cuenta de que los evangelios nunca identificaron a Jesús como una persona experta, aunque su conocimiento claramente sobrepasaba el de todos los demás? Cuando aceptó las limitaciones de convertirse en un ser humano, voluntariamente dejó de lado el reclamo legítimo que tenía sobre la estatura divina (Fil 2:6-8). Tal como se lo aclaró a sus discípulos, esa postura era necesaria para cualquier persona que quisiera ser grande en su reino (Mt 20:25-28).

El amor de Jesús por nosotros lo llevó a realizar el mayor sacrificio de dar su vida por la humanidad. Pero también lo llevó a una posición para estar cerca nuestro, para conocernos, para dejarnos pasar tiempo de valor con Él. Su llamado a los Doce fue principalmente un llamado para estar *con Él* (Mc 3:14). Todo esto refuerza una maravillosa consideración motivadora. Cuando se trata de ser un maestro efectivo, son muy pocos los factores más importantes para considerar que nuestra propia relación con los estudiantes.

A veces, un paradigma relacional completo puede entenderse a través del uso de las metáforas. Jim Plueddemann invitó a los lectores a considerar cuál de las siguientes comparaciones ilustraba mejor lo que creían del rol del maestro en el proceso de aprendizaje:

el maestro como trabajador en la línea de montaje,
el maestro como agricultor,
el maestro como doctor,
los maestros y los estudiantes como peregrinos,
el maestro como vendedor,
el maestro como entrenador de fútbol,
el estudiante como una flor silvestre[203].

Claramente, estas metáforas representan una variedad de posturas relacionales, y exponen de manera significativa las diferentes conexiones motivadoras. Los maestros que se consideran a sí mismos como trabajadores en la línea de montaje o agricultores pueden pensar acerca de lo que realizan *en* sus estudiantes, mientras que

[203] James E. Plueddemann, "Metaphors in Christian Education," [Metáforas en la educación cristiana] *Christian Education Journal* 7 [Diario de la educación cristiana 7], no. 1 (1986): 39–47.

los que se consideran como entrenadores o peregrinos compañeros probablemente piensen más en lo que realizan *con* ellos.

Hubo varios momentos durante el ministerio de Jesús donde el lugar era demasiado pequeño para la multitud que quería escuchar cómo enseñaba este fascinante rabí. En una ocasión, su familia buscó intervenir en su defensa. La madre y los hermanos de Jesús razonaron que, si a Jesús y a sus discípulos los solicitaban tantas personas que ni siquiera podían encontrar un momento para comer, entonces no se encontraban sanos mentalmente. Entonces sus familiares le mandaron a decir desde afuera del lugar donde se encontraban que querían hablar con Jesús. Su respuesta debe haber sorprendido a todos los que se encontraban apretados en la habitación: "Él les respondió diciendo: '¿Quién es mi madre y mis hermanos?' Y mirando a los que estaban sentados alrededor de él, dijo: 'He aquí mi madre y mis hermanos. Porque todo aquel que hace la voluntad de Dios, ése es mi hermano, y mi hermana, y mi madre'" (Mr 3:33-35).

En virtud de su enseñanza profunda y sus milagros, Él ya había sido considerado maravilloso por la multitud de sus seguidores. Ya se había establecido su experiencia. Esto no es para nada insignificante cuando se trata de la motivación del alumno. La credibilidad se ha identificado como un factor vital para aquellos que buscan causar una influencia persuasiva en los demás,[204] y por casi cuarenta años un recurso al que recurren los profesores jóvenes ha identificado que uno de los seis roles fundamentales para el éxito en la educación superior es ser experto en los temas a desarrollar.[205]

Entonces, ¿qué sucede cuando los maestros, como Jesús, pueden ofrecer tanto la experiencia como una relación de amor a sus estudiantes? ¡La motivación para aprender abunda!

Las *estrategias cooperativas de aprendizaje* les brindan a los maestros la oportunidad de cambiar sus posturas y mejorar sus relaciones con los estudiantes.[206] Invitar a los estudiantes a unírsenos en

---

[204] Em Griffin, *The Mindchangers* [Los cambiadores de mente] (Wheaton: Tyndale House, 1976), 115–31.

[205] Wilbert J. McKeachie, *Teaching Tips: A Guidebook for the Beginning College Teacher* [Consejos de enseñanza: una guía para el maestro que comienza en la universidad] (Lexington, MA: Heath, 1978).

[206] David Rahn, "Cooperative Learning and Christian Education," [El aprendizaje cooperativo y la educación cristiana] *Christian Education Journal* 12 [Diario de educación cristiana 12], no. 3 (1992): 9–21.

Dave era uno de mis estudiantes favoritos de todos los tiempos, pero no siempre se entregaba por completo a mis tareas como yo hubiese querido. ¿Por qué no? Casi siempre se debía a que determinaba que existía una mejor manera de usar su tiempo que para realizar la tarea que yo había diseñado. Entonces, se conformaba a aprender lo que podía durante los parámetros de tiempo que estaba dispuesto a destinar.

¿Cómo podía discutir contra eso? Durante un tiempo, esa pregunta se convirtió en una preocupación literal para mí. Quería encontrar una razón convincente para que Dave destinara más de su precioso tiempo en el recorrido de aprendizaje que yo estaba liderando. Pero a medida que empecé a descubrir lo que Dave estaba haciendo, estaba menos seguro de que se volvería más fiel al Señor Jesús si dedicaba más tiempo como yo realmente quería.

La respuesta de Dave provocó que yo examinara mi propia teología de influencia. Mi conclusión fue que Jesús es Señor, que su Espíritu Santo había sido enviado para guiar a las personas a toda verdad y a menos que yo estuviese dispuesto a posponer mi trabajo para que Él obrara en la vida de alguien, podía causar distracción de su particular recorrido hacia la fidelidad.

No soy más que un peón en el panorama general de lo que Dios quiere lograr en la vida de una persona. Y el Señor desarrolla sus propósitos al utilizar algunos de los mismos minutos que mi plan de lección podría reclamar. Quiero cooperar para que su motivación crezca cada vez más para que quieran invertir su tiempo en el Señor, no competir con ella.

una causa que es importante para todos, nos pone en una posición *con* los estudiantes, bajo el señorío en común de Jesús. Nuestra experiencia como guías del recorrido bien capacitados y experimentados pueden otorgarles a los estudiantes la confianza que necesitan para entregarse a nuestra tutoría educativa.

Sin embargo, al final del día, ninguna cantidad de impresionantes credenciales ministeriales puede superar una mala conexión con los estudiantes. Y el umbral de las relaciones para los cristianos es igual de accesible y demandante para todos los que aspiramos a enseñar: el amor es el estándar que Dios espera de nosotros (1 Co 13:1-3).

En este momento

El regalo universal del tiempo proviene del Señor con un límite inherente. Sólo existe una cantidad de minutos por día, y nuestros días están contados. Lo que hacemos con el tiempo que se nos ha asignado es el tipo de desafío de vida que todos enfrentamos. Los seguidores de Jesús aspiramos a escuchar que hemos sido fieles con nuestro tiempo, al hacer lo que el Señor nos ha pedido, de una forma que le demos gloria a Él.

Pablo exhortó al joven pastor Timoteo a ser paciente y amable con aquellos que se resistían y no respondían a su instrucción. Lo hizo con la confianza de que, incluso como maestros, estamos llamados a someternos a los tiempos de Dios. "Que con mansedumbre corrija a los que se oponen, por si quizá Dios les conceda que se arrepientan para conocer la verdad" (2 Ti 2:25).

Dada la realidad de cualquiera puede estar legítimamente preocupado en el momento preciso en que estamos tratando de enseñar, ¿qué deberíamos hacer? Por lo menos deberíamos reconocer cómo pueden robarse la motivación para aprender en ese momento esos factores desconocidos. ¿Es posible que saltemos al río que ya está llevando a los estudiantes en una dirección particular, y realicemos pequeños ajustes en la enseñanza para que podamos utilizar la corriente que está llevando el rumbo de sus vidas a nuestro favor? La inmediatez de lo que está sucediendo en la experiencia de una persona siempre es un desafío que afecta su motivación para aprender.

No es de extrañar que Jesús también era experto en reconocer las fuerzas impulsoras que llevaban las personas a sus encuentros con Él. Considere su interacción con la mujer samaritana que conoció al mediodía en un pozo de agua. Durante su conversación, Jesús pudo conectarse con una sed común, romper con las barreras sociales, exponer un secreto que la avergonzaba en la soledad y ofrecerle la esperanza de una reconciliación espiritual que se había extinguido en su corazón. Estaba tan atento a lo que sucedía en ese intercambio que no se tomó el tiempo para almorzar. Y ella estaba tan sorprendida por lo que significaba Jesús que toda una aldea fue evangelizada (Jn 4:7-30).

¿Entonces qué? ¿A quién le importa?

Hemos escuchado estas dos preguntas muchísimas veces por parte de los jóvenes, ¿no es cierto? Generan que incluso los líderes más veteranos estén atentos a los factores motivadores que operan en la enseñanza. Pero descubrí que si puedo enmarcar mis intenciones de enseñanza para responder las preguntas "¿Entonces qué?" y "¿A quién le importa?" de aquellos estudiantes a los que quiero servir, mi diseño educativo tiene una gran posibilidad de adaptarse a la motivación del alumno. Por ejemplo, observe la siguiente descripción para entender qué se espera aprender en un curso universitario titulado Sociología de las Familias: "Análisis de la familia como una institución social y como un grupo social, con énfasis en el impacto de la industrialización en las funciones tradicionales de la familia, el cortejo, las expectativas de cada rol, la crianza de los hijos y la estabilidad familiar. El curso examinará los cambios en los patrones del trabajo, el matrimonio, el divorcio y la convivencia a través del tiempo. También se tratarán los temas de las diferencias de raza, etnia y género." ¿Puede modificarse esta descripción para mejorar y generar un interés de aprendizaje por parte del estudiante al contestar las preguntas "¿Entonces qué?" y "¿A quién le importa?" Considere agregar esta oración al principio de la descripción: "¿Puede tu futura familia ser mejor que tu familia de origen?"

Si pensamos cuidadosamente acerca de las preguntas "¿Entonces qué?" y "¿A quién le importa?", podemos elaborar distintas formas para recurrir a las motivaciones existentes del estudiante en nuestro diseño educativo. Esto ocurrirá ya sea que desarrollemos un curso semestral, un sermón de domingo o un grupo pequeño con alumnos de la escuela secundaria.

Finalmente, ¿qué importancia deberíamos otorgarle a cada uno de los cuatro factores motivadores del aprendizaje que examinamos en este capítulo? La motivación tiene una dimensión momentánea que hace que sea un desafío dinámico y fluido para los maestros. *Esta persona* puede ofrecernos un perfil estable hasta que agreguemos *ahora mismo* a la combinación. Sin embargo, creo que los maestros pueden colocarse en una posición de ventaja revelando su propio enfoque motivador de la siguiente manera:

10 por ciento: esta persona/estas personas
30 por ciento: esta experiencia de aprendizaje
40 por ciento: conmigo
20 por ciento: en este momento

Tómese unos minutos para reflexionar sobre sus propias experiencias de aprendizaje, buenas y malas. Considere los cuatro factores y distribuya los valores ponderados a cada uno. Compare sus respuestas con las de los demás que intentan entender cómo funciona la motivación en el proceso de enseñanza-aprendizaje. Luego revise las distribuciones porcentuales una vez más para su planificación futura en función de sus conversaciones con aquellos que, como usted, están tratando de enseñar a otros para la gloria de Dios.

Preguntas y actividades

1. ¿Cuál fue su respuesta cuando leyó esta afirmación: "Si los estudiantes no están preparados para aprender, ningún esfuerzo de enseñanza tendrá sentido hasta que su motivación se despierte"?
2. ¿Cuáles son las consecuencias de que cualquier esfuerzo de enseñanza fomentará o disminuirá la motivación existente?
3. Piense detenidamente acerca de los beneficios obtenidos por reflexionar, al principio del proceso de realizar el esquema, y reflexione de qué manera puede involucrar a los estudiantes.
4. Revise la lista de las diez mejores prácticas. ¿Cuál de ellas le ha traído un grato recuerdo de un momento en que haya sido motivado a aprender?
5. Revise la segunda mitad del capítulo y piense en (y confeccione una lista de) las implicaciones que tiene el rol de la motivación en la formación espiritual.

Lectura adicional

Barkley, Elizabeth F., K. Patricia Cross y Claire Howell Major. *Collaborative Learning Techniques*. [Técnicas de aprendizaje colaborativo] 2da ed. San Francisco, CA: Jossey-Bass, 2014.

Cloud, Henry y John Townsend. *How People Grow*. [Cómo crecen las personas] Grand Rapids: Zondervan, 2001.

Deci, E. L. y R. M. Ryan. "El apoyo a la autonomía y el control del comportamiento", *Journal of Personality and Social Psychology* 53 [Diario de la personalidad y de la psicología social] (1987): 1024–37.

Dewey, John. *Experiencia y educación*. (Costa Rica: Universidad Nacional de Costa Rica, 2003).

Dweck, Carol. *Mindset: The Secret of Success* [La forma de pensar: el secreto del éxito] Nueva York: Ballantine, 2007.

Larson, Scott y Daniel L. Tocchini. *Groundwork: Preparing the Soil for God's Transformation*. [Trabajo preliminar: preparar la tierra para la transformación de Dios] Loveland, CO: Group, 2015.

Nicholls, J. G. "Conceptions of Ability and Achievement Motivation." [Conceptos de motivación por las habilidades y los logros] en *Research on Motivation in Education* [Investigación sobre la motivación en la educación], vol. 1, editado por Russell Ames y Carole Ames, 39–73. Nueva York: Academic Press, 1984.

Pink, Daniel. *La sorprendente verdad sobre qué nos motiva*. España: Ediciones Gestión 2000, 2011.

Weiner, B. "Una teoría de la motivación en algunas experiencias en el salón de clases." *Journal of Educational Psychology* 71 [Diario sobre la psicología educativa] (1979): 3–25.

11

Por qué motivo son importantes la diversidad y la cultura

GINNY OLSON

> "Es hora... de que les enseñen a los jóvenes desde temprano que en la diversidad existe belleza y hay fortaleza. Todos deberíamos saber que la diversidad crea un rico tapiz, y debemos comprender que todos los hilos tienen el mismo valor sin importar su color; son igual de importantes, sin importar su textura." —Maya Angelou

> "Después de esto miré, y he aquí una gran multitud, la cual nadie podía contar, de todas naciones y tribus y pueblos y lenguas, que estaban delante del trono y en la presencia del Cordero, vestidos de ropas blancas, y con palmas en las manos." Apocalipsis 7:9

La oradora de la capilla estaba contando una historia de cuando había llevado a su grupo juvenil a un retiro de esquí en Tahoe. Como era una presentadora experimanetada, ya había perfeccionado esta historia en otros entornos. Sin embargo, el punto de enseñanza que quería abordar se perdió en este grupo de estudiantes urbanos, que estaba compuesto por una amplia gama de etnias y clases socioeconómicas. Como resultado, la audiencia se desconectó rápidamente de la oradora. Podía observarse en los sutiles revoleos de ojos y los cabeceos. Algunos se cruzaron de brazos y se reclinaron en sus asientos. Otros se fueron de manera silenciosa, pero intencionalmente. Un estudiante se inclinó y resumió la escena en un susurro: "Ella no investigó previamente a su audiencia, ¿verdad?"

La diversidad que componía la audiencia en esa capilla es la nueva norma entre los jóvenes. Los adolescentes son la generación más diversa en cuanto a su raza y etnia en la historia de los Estados Unidos, y muchos de ellos tienen su propia herencia multicultural.[207] Los patrones de migraciones que van en aumento dan como resultado un cambio dentro de los vecindarios, en las familias,[208] y en las iglesias. Veinticinco por ciento de los menores de dieciocho años que viven en los Estados Unidos viven con, por lo menos, un padre que es inmigrante.[209] De manera global, las Naciones Unidas estiman que más de veinte millones de personas entre diez y diecinueve años han emigrado en 2013.[210] Además de la migración, los estudiantes se conectan con todo el mundo a través de las redes sociales, y también construyen amistades mediante los programas de intercambio[211] que van en aumento. Para esta generación, los términos "diversidad" y "multicultural" se aprenden a una edad temprana.

Como ministros y educadores, no sólo debemos comprender, sino también honrar el mosaico de etnias y de clases socioeconómicas que está presente en nuestras comunidades y en nuestros ministerios. Esta

---

[207] Scott Keeter y Paul Taylor, "The Millennials" [Los mileniales] Pew Research Center, 10 de diciembre de 2009, http://www.pewresearch.org/2009/12/10/the-millennials/.

[208] "Language Spoken at Home: 2013 American Community Survey 1-Year Estimates," [El idioma hablado en casa: encuesta a la comunidad de los Estados Unidos en el año 2013. Estimaciones de un año] United States Census Bureau http://factfinder.census.gov/faces/tableservices/jsf/pages/productview.xhtml?pid=ACS_13_1YR_S1601&prodType=table.

[209] Jie Zong y Jeanne Batalova, "Frequently Requested Statistics on Immigrants and Immigration in the United States," [Estadísticas frecuentemente solicitadas acerca de los inmigrantes y la inmigración en los Estados Unidos] Migration Policy Institute, 26 de febrero de 2015.

[210] Naciones Unidas, Departamento de Asuntos Económicos y Sociales, "Trends in International Migrant Stock: The 2013 Revision—Migrants by Age and Sex," [Tendencias en la población inmigrante internacional: revisión de 2013: inmigrantes por edad y por sexo] diciembre de 2013, http://www.un.org/en/development/desa/population/publications/pdf/migration/migrant-stock-age-2013.pdf.

[211] Allie Bidwell, "U.S. Falls Short in Studying Abroad" [EUA se queda atrás en cantidad de alumnos que van a estudiar al extranjero] *U.S. News & World Report*, 17 de noviembre de 2014, https://www.usnews.com/news/blogs/data-mine/2014/11/17/how-studying-abroad-has-changed-in-the-last-decade

diversidad necesita informarnos acerca de lo que enseñamos y de qué manera lo hacemos. Es demasiado fácil aislar a los adolescentes y a sus familias debido a que no sabemos cómo ministrar en un mundo cada vez más diverso. Cuando operamos desde la ignorancia cultural, nos convertimos, en lo que describe el dr. Duane Elmer cuando se refiere a “dictadores benevolentes”[212], personas compasivas que, en realidad, lastiman a las personas en lugar de ayudarlas. Debemos honrar y comprender a las personas y a las culturas que nos rodean en el ministerio.

Consciencia cultural

El National Center for Cultural Competence definió a la cultura como “un patrón integrado del comportamiento humano, que aunque no está limitado solo a estos, incluye el pensamiento, la comunicación, los idiomas, las creencias, los valores, las prácticas, las costumbres, las cortesías, los rituales, las formas de interactuar, los roles, las relaciones y los comportamientos esperados de un grupo racial, étnico, religioso, social o político; la habilidad de transmitir lo anterior a las generaciones subsiguientes; una dinámica en la naturaleza.”[213] Muy a menudo, el único momento en que nos inclinamos hacia la cultura en el ministerio es cuando nos preparamos para un viaje misionero. Le enseñamos a los participantes lo básico acerca del idioma y etiqueta, y algunas canciones de adoración. Algunos ni siquiera hacen eso. Jim Plueddemann, profesor de misión y de estudios interculturales en Trinity Evangelical Divinity School, escribió: “Escuché a pastores de jóvenes decirle a su equipo de misión: ‘Sólo sean ustedes mismos, y todos los amarán.’ Esta es una fórmula para el desastre multicultural.”[214]

---

[212] Duane Elmer, *Cross-Cultural Servanthood: Serving the World in Christlike Humility* [Servicio intercultural: servir al mundo con humildad como la de Cristo] (Downers Grove, IL: InterVarsity, 2006), 20.

[213] C. Dunne, T. Goode y S. Sockalingam, “Planning for Cultural and Linguistic Competence in State Title V Programs Serving Children and Youth with Special Health Care Needs and Their Families” [Planificación de competencias culturales y lingüísticas en el programa estatal Título V que atienden a niños y jóvenes con necesidades de especiales de atención médica y a sus familias] (Washington, DC: National Center for Cultural Competence, Georgetown University Center for Child and Human Development, 2003), 5, disponible en https://nccc.georgetown.edu/documents/NCCC%20Title%20V%20Checklist%20(CSHCN).pdf

[214] James E. Plueddemann, *Leading across Cultures: Effective Ministry and Mission in the Global Church* [Liderazgo a través de las culturas: el ministerio efectivo y la misión en la iglesia global] (Downers Grove, IL: InterVarsity, 2009), 21.

Como maestros, para llegar a ser culturalmente astutos, debemos crear consciencia acerca de nuestras propias normas culturales. Para comprender mejor a aquellos que se encuentran en nuestro ministerio, podríamos visitar otra iglesia… en otra denominación… en otra ciudad. Como visitantes, podemos observar en profundidad los patrones que se encuentran arraigados a los asistentes regulares de un ministerio particular. El momento de la comunión es un gran ejemplo de esto. Un nuevo asistente realiza toda clase de preguntas acerca de este antiguo ritual que parece ser diferente en cada iglesia. ¿Pasan un plato o pasan al frente? ¿Por qué hay solo una copa? ¿Como el pan inmediatamente o espero para comerlo todos juntos? Agréguele a ese extraño sentimiento de visitante una diferente expectativa étnica o consciencia socioeconómica. Imagine el desafío de ingresar en un servicio donde solamente conoce cincuenta palabras del idioma de las personas que se encuentran en el lugar. O donde todos están vestidos como si fueran a pasar un día de campo y usted se puso su mejor atuendo porque le han enseñado que debía vestirse bien para ir a la iglesia, como una señal de respeto. Si usted es un estudiante que ya se siente cohibido, su radar se pondrá en alerta máxima por cualquier cosa que intensifique ese sentimiento. Y es muy probable que intente escapar de esa situación lo antes posible.

Jesús estaba sumamente consciente de esto, como lo podemos observar en su conversación con la mujer samaritana que se encontraba junto al pozo en Juan 4. Él sabía que, debido a las normas culturales, que hubiera muchos hombres judíos alrededor podía reprimir el diálogo crucial, entonces envió a sus discípulos a almorzar. También era consciente de que esa mujer acarreaba un gran estigma social en esa comunidad en particular. Utilizó este conocimiento de su cultura y se comunicó de una forma que la atravesó con sus palabras. Como consecuencia, su conversación impactó a una comunidad entera. A través de los evangelios, vemos cómo Jesús honraba con respeto las diversas culturas de las personas cuando interactuaba con ellas, y al hacerlo, los estaba honrando a ellos: romanos, mujeres, marginados, pobres, ricos, enfermos y poderosos. Aplicó la sabiduría cultural y el pensamiento estratégico por el bien del evangelio y de su creación. Estaba llevando a la iglesia del futuro hacia Hechos 2, Gálatas 3:28 y Apocalipsis 7:9.

Los líderes astutos del ministerio saben cómo ingresar en otra cultura en un viaje misionero, pero a veces pasan por alto las necesidades interculturales dentro de sus propios ministerios y comunidades. Por ejemplo, un pastor de jóvenes quiere involucrar a chicos de barrio; pero cuando los que son adolescentes intentan llevar a sus hermanos menores con ellos, no se los permite. No comprende que en ese tipo de cultura ellos deben cuidar de sus hermanos menores mientras sus padres trabajan. La familia tiene gran valor, y no contratan a alguien más para que cuide a los hijos. Si no pueden llevar a sus hermanos pequeños con ellos, entonces no pueden asistir al grupo de jóvenes.

En otra instancia, una maestra de niños les pide que la miren a los ojos cuando le hablan. Piensa que su falta de contacto visual es irrespetuosa y que intentan evitar comunicarse cuando miran para abajo o para otro lado. Como resultado, considera que su responsabilidad es ayudar a los niños a construir su propia estima cuando se dirigen a los adultos. Lo que no sabe es que, en esta cultura en particular, mirar a los ojos a una figura en autoridad se considera una señal de irreverencia. Y al mismo tiempo quieren cumplir su pedido porque ella es un adulto a quien deben respetar. Con el tiempo, dejan de asistir porque no saben cómo conciliar su conflicto interno. El ministerio de niños, al haberse convertido en un lugar estresante e incómodo, ya no es un lugar seguro.

"Las buenas intenciones no son suficientes cuando ingresamos en otra cultura. También debemos estar equipados con el conocimiento y las capacidades para funcionar hábilmente." —Duane Elmer

Por supuesto, uno podría argumentar que estos líderes tienen buenas intenciones. Al fin y al cabo, si son complicados u ofensivos, bueno, eso puede perdonarse. Después de todo, tienen buenas intenciones. Sin embargo, en las palabras de Elmer: "Las buenas intenciones no son suficientes cuando ingresamos en otra cultura. También debemos estar equipados con el conocimiento y las capacidades para funcionar hábilmente."[215]

Comprender cómo es el témpano de hielo

Piense acerca de la última vez que un estudiante llegó tarde a un evento, por quinta vez. ¿Qué pasó por su mente? ¿Pensó que el

[215] Elmer, *Cross-Cultural Servanthood* [Servicio intercultural: servir al mundo con humildad como la de Cristo], 19.

estudiante era irresponsable? ¿Que tenía demasiadas ocupaciones? ¿Que se averió su transporte? Cuando ministramos en un grupo diverso, con múltiples etnias y culturas, es mejor retroceder un paso y evaluar en primer lugar aquello que puede observar (cultura objetiva) antes de deliberar sobre los valores (cultura subjetiva). Patty Lane, una especialista intercultural, utilizó la metáfora de un témpano de hielo para describir los dos términos de la cultura objetiva y subjetiva.[216] La cultura objetiva es la parte que se puede ver sobre la línea del agua, como por ejemplo la forma en que los estudiantes se saludan (una inclinación de cabeza, un apretón de manos o un abrazo), la forma en que se visten (con la cabeza cubierta, con los jeans rotos, con la ropa interior visible o con uniforme escolar), su nivel de iniciativa (esperan a que les digan qué hacer o se adelantan y tomar el control) y la consciencia del tiempo (llegar antes de que comience el evento o "en cualquier momento").

> *Reflexión*: revise las facetas de la cultura subjetiva, y luego piense en tres situaciones en donde estas facetas afectarían la enseñanza.
>
> Nombre dos observaciones acerca de las personas en su ministerio actual. Describa la cosmovisión o los valores que se encuentran por debajo de lo que se puede observar. ¿Cómo adaptará su enseñanza para que impacte a las dos partes del témpano?

Por otro lado, la cultura subjetiva es la gran parte del témpano debajo del mar: invisible pero fundamental. Representa la cosmovisión que tiene una comunidad hacia elementos como valores (¿cuál es la prioridad: la familia o la carrera?), roles de autoridad (¿obedece a la autoridad, la cuestiona o siempre sospecha o está a la defensiva frente a la misma?), el concepto de la verdad (¿es absoluta o fluida?), sentimientos (¿deben reprimirse o expresarse?), motivaciones (¿el evento se trata del número de las personas que se presentaron o acerca de las relaciones que se construyeron?) y creencias sobre los roles de género o la sexualidad. Los obreros cristianos generalmente responden solo a lo que pueden ver (la cultura objetiva) sin sumergirse para comprender la cultura subjetiva, que se encuentra en lo profundo y en lo que no se puede ver.

Cuando trabajamos con múltiples culturas debemos ser estudiantes amables. Eso significa que no debemos emitir juicio. ¿Por qué?

---

[216] Patty Lane, *A Beginner's Guide to Crossing Cultures: Making Friends in a Multi-cultural World* [Guía para principiantes sobre el cruce de culturas: hacer amigos en un mundo multicultural] (Downers Grove, IL: InterVarsity, 2002), 18–19.

Porque una vez que nos situamos en la posición de juzgar, el aprendizaje se detiene. Hemos decidido si algo es "bueno" o "malo", entonces no tenemos nada más que aprender sobre la lógica o la historia que se encuentran detrás. En cambio, necesitamos esforzarnos para descubrir por qué ciertas prácticas, patrones y rituales culturales se llevan a cabo. Realice preguntas, si es culturalmente apropiado (en algunas culturas, realizar demasiadas preguntas se considera que uno se está entrometiendo demasiado). Investigue la cultura para que sus preguntas se dirijan como una consulta humilde, no una ignorancia ofensiva (por ejemplo, aprenda lo suficiente como para saber cuáles son los términos que no pueden ser utilizados por personas que no son de esa etnia). Esté dispuesto a que sus preferencias culturales sean desafiadas y modificadas. Al mostrarse abiertos a ser moldeado por los estudiantes y por sus familias, los educadores cristianos ayudan a que los estudiantes se sientan seguros, ya que de ese modo fomentan la confianza. Y construir la confianza es uno de los primeros pasos hacia un ministerio de enseñanza auténtico y efectivo.

El servicio a través de los sistemas

Una vez que un líder se gana la confianza, es importante fortalecer esa confianza intentando servir a las personas de una forma que sea significativa para ellas. Una manera de hacerlo es educar a las personas utilizando los diferentes sistemas que afectan su vida cotidiana.

El sistema económico

Jesús trataba constantemente con la economía a medida que ministraba, ya sea con los impuestos, las deudas, la riqueza o la ofrenda. Si tiene una comunidad diversa, el sistema económico influencia tanto a los estudiantes como a sus familias. Prepare a los estudiantes enseñándoles cómo conseguir y mantener un trabajo después de la escuela o cómo comenzar en un centro de recursos de empleo. Brinde clases de educación comunitarias en el que los participantes aprendan cómo pueden comprar su propia vivienda o comenzar un fondo de ahorros para la universidad. Evalúe los programas y los eventos de la iglesia para asegurarse de que sean accesibles para todos los participantes.

El sistema político

Enseñar sobre asuntos políticos genera desafíos. En algunas iglesias, estará limitado a algunos temas candentes. En otras, el sistema político impacta directamente en la congregación, y los líderes se sienten obligados a involucrarse por el bien de las personas de la iglesia. Jesús no dudó en confrontar a los líderes políticos corruptos. Considere cómo impacta el sistema político a sus estudiantes y a sus familias. ¿Cuál es el tema político principal que está afectando a los menos poderosos? Si sus estudiantes se sienten convencidos acerca de un tema, como los jóvenes sin hogar o la pobreza, ayúdelos a que aprendan a redactar políticas y a buscar el cambio. El programa World Vision USA's Youth Empowerment es un excelente ejemplo de cómo educar a los jóvenes para que hablen con la verdad con el objetivo de impulsar y cambiar el sistema político.

Algo simple que los maestros cristianos pueden hacer es tener cuidado con los juegos que involucran alimentos. Yo solía ser muy bueno para crear juegos utilizando todo tipo de comidas inusuales. Después de un juego, una estudiante de una cultura diferente a la mía se me acercó con lágrimas en los ojos. Le resultaba extremadamente difícil desafiar a una figura de autoridad (no es que tuviera demasiada credibilidad con tinta de calamar desparramada sobre mi cuerpo), pero su profunda preocupación le dio valentía. Su decidido contacto visual me dio a entender que se trataba de algo serio. Me dijo con voz baja, pero con fuerza: "Vivo y trabajo con muchas personas pobres en mi hogar. ¿Cómo podemos jugar con comida cuando tantas personas en el mundo se mueren de hambre?" No era una pregunta y ella tenía razón. Había cometido un gran error cultural (y ético). Más adelante, al comentar esta conversación con otros obreros juveniles, escuché historias similares de iglesias, no solo en comunidades empobrecidas, sino también en comunidades adineradas donde los padres habían sido despedidos, estaban cerca de la quiebra y la comida escaseaba. Fue una lección dura de aprender: cuando el sistema económico se encuentra en peligro, debemos ser cuidadosos con lo que consideramos que puede ser un entretenimiento.

El sistema judicial

Si va a involucrarse en el ministerio juvenil multicultural, necesita conocer cómo opera el sistema judicial juvenil, tanto de forma local, como nacional. Hebreos 13:3 nos desafía: "Acordaos de los presos, como si estuvierais presos juntamente con ellos; y de los maltratados, como que también vosotros mismos estáis en el cuerpo." Existe una tensión histórica entre las comunidades de color y el sistema judicial. ¿Cuál es el legado en su comunidad? Cuando enseña, ¿cómo incorporará historias acerca de jóvenes que se enfrentaron a la justicia? El Antiguo Testamento está repleto de personas que desafiaron al sistema judicial (Daniel y sus compañeros y Ester) y aquellos que lo apoyaron (el rey David y

Débora). Considere ofrecer estos estudios bíblicos en el centro local de detención juvenil.

El sistema educativo

Con demasiada frecuencia los líderes del ministerio solamente se ocupan del sistema educativo porque quieren acceder a sus objetivos de extensión: construir relaciones para que los estudiantes asistan a los eventos del ministerio. Un líder de ministerio en un ámbito multicultural necesita tener una visión más amplia. Necesita pensar acerca del camino educativo de sus estudiantes ("¿Todos mis estudiantes tienen acceso a todos los recursos educativos que necesitan para tener éxito como adultos?") También necesita pensar si el contenido y el estilo de enseñanza reflejan la diversidad del grupo. En otras palabras, ¿los estudiantes escuchan historias protagonizadas por personas de sus culturas, así como de la cultura mayoritaria? ¿Son las ilustraciones aplicables a los diferentes grupos socioeconómicos y culturales? Si los estudiantes provienen de una cultura que valora las pruebas, los logros y la competencia, considere formas en las que pueda utilizar esas tendencias y también equilíbrelas con lecciones acerca de la gracia de Dios y de su amor inmerecido. Si los estudiantes provienen de una cultura que es muy verbal, busque crear escenarios donde puedan discutir y debatir juntos. Si valoran el arte en gran manera, intente dejar a un costado las conversaciones e implemente expresiones visuales del contenido. Encuentre artistas de las diferentes culturas que expresen su fe de maneras significativas.

Un líder de un ministerio multicultural crea experiencias educativas que ayudan a los estudiantes a comprender su propia cultura, así como la de los demás. danah boyd (quien intencionalmente no escribe su nombre con mayúsculas) investigó cómo se comportan los adolescentes cuando están *en línea* y descubrió que: "Dios los cría y ellos se juntan, y las redes sociales tienden a ser homogéneas, ya que todos tienden a hacerse amigos de las personas que son como ellos."[217] Esta tendencia de conectarnos con gente parecida a nosotros es uno de los desafíos más difíciles cuando nos toca liderar a un grupo diverso. Las experiencias educativas como la experiencia

[217] danah boyd, *It's Complicated: The Social Lives of Networked Teens* [No es tan fácil: la vida social de los adolescentes en la red] (New Haven: Yale University Press, 2014), 165–66.

de *Sankofa,* organizada por la universidad de North Park, ayudan a romper las barreras entre los estudiantes.[218] Este viaje en micro que dura cuatro días organiza a los estudiantes de a pares, y los combina con alguien que sea de una raza distinta, y de este modo viven juntos la experiencia. Mientras que viajan a lugares claves de los derechos civiles, los estudiantes analizan documentales y discuten con su compañero, y con el grupo en general, qué se siente ser un miembro de su raza y cuáles son sus luchas. En este contexto salen a la luz los prejuicios. Los facilitadores experimentados ayudan a desarrollar la discusión, a medida que los estudiantes procesan las experiencias y las emociones. El resultado puede afectar a todos aquellos que están involucrados en un nivel tan profundo que transforma sus vidas.

Un líder de un ministerio multicultural también defiende a sus estudiantes cuando el sistema educativo local se derrumba. Por ejemplo, *First Covenant Church* en St. Paul, Minnesota, entró en escena para proveer educación musical luego de enterarse de que habían recortado los presupuestos para las clases de música de la escuela pública local. Creían que las artes eran importantes para la educación de los niños. La iglesia tenía un grupo excelente de músicos y artistas, así como otros líderes adultos firmes. Durante los últimos años, han colaborado con dos escuelas locales en este vecindario multiétnico durante meses, para producir musicales para los estudiantes de todas las edades. Al demostrar, y no solo afirmar, que valoran la educación, están construyendo la confianza, tanto con la facultad como con las familias de los niños que participan.

El sistema eclesiástico

Comprender los sistemas externos, como el económico, el político, el judicial y el educativo, es importante cuando ministramos a estudiantes, pero, ¿qué pasa con el sistema eclesiástico en sí mismo? Claramente, estamos inmersos en él. Pero, ¿está orientado a suplir las necesidades de un ministerio juvenil multicultural? Existe un dicho en el mundo de los negocios: "Con la vara que mides, serás medido." Reflexione qué cosas son las que mide como ministro y como iglesia. Por ejemplo, cuando evalúa un currículo, ¿qué criterio utiliza? ¿Piensa en cuántos niños de color aparecen en las ilustraciones? ¿Considera si el lenguaje se adecúa a los estudiantes que

[218] *Sankofa* es un término de África del oeste que significa algo así como "para avanzar, tenemos que recordar el pasado."

lo utilizan? Piense sobre las series de enseñanza que brinda como iglesia. ¿Reflejan las situaciones que enfrentan las familias diversas o solo reflejan las de la cultura mayoritaria? ¿Cómo puede ayudar a los líderes de grupos pequeños, a los líderes de estudio bíblico y a los maestros de la escuela dominical a comprender las diferentes fuerzas culturales en juego en esta iglesia diversa y cambiante?

La prueba de las cinco partes

Si de verdad quiere desarrollar un ministerio de enseñanza multicultural, considere lo que implementó la iglesia Evangelical Covenant algunos años atrás. Estaban cansados de hablar sobre la diversidad y quisieron desarrollar un plan para ser verdaderamente diversos en todas las áreas de la vida de la iglesia. Crearon una prueba multidimensional de cinco partes para medir su progreso. Aquí la hemos adaptado para utilizarla en un ambiente de educación ministerial.

1. Población: ¿Son nuestras clases o grupos de estudio diversos? ¿El ministerio refleja las diferentes culturas que se presentan en la comunidad? ¿Los estudiantes y los maestros representan las diferentes comunidades? ¿Cuántos estudiantes de cada cultura tiene como objetivo tener en su clase? Quizás necesite realizar algunos cambios para alcanzar su objetivo, como por ejemplo ofrecer que haya alguien al cuidado de los niños durante el momento que se reúne el grupo de jóvenes.
2. Participación: Nuestras clases y grupos de estudio, ¿tienen un grupo diverso de personas que participan activamente? Si no participan en el estudio bíblico o en las clases, pregúnteles por qué. Puede tener que ver con el contenido, la manera en que se enseña o el momento del día. Quizás sus padres tienen que trabajar en el turno de la noche y no los pueden llevar a la iglesia. ¿Tiene líderes voluntarios de diferentes culturas? ¿De qué manera intentará convocar más?
3. Capacidad: ¿Nuestras clases y grupos de estudio tienen un grupo diverso de personas que lideran y toman decisiones activamente? ¿Cuenta con estudiantes y adultos de diferentes poblaciones que sirven en posiciones de enseñanza y liderazgo, en el ministerio y la iglesia? ¿Quién decide sobre el currículo y los temas de enseñanza? ¿Cuál es nuestro objetivo y nuestra estratégica en esta área?

4. Ajuste de ritmo: ¿De qué manera debemos ajustar nuestros programas educativos para asegurarnos de que estamos ocupándonos bien de un grupo diverso? Luego de comprender tanto la cultura objetiva como la subjetiva que obra en nuestro ministerio, ¿qué áreas necesitamos fortalecer? ¿De qué necesitamos deshacernos? ¿Y qué necesitamos crear para suplir mejor las necesidades de las personas y de nuestra comunidad?
5. Narrativa con un propósito: ¿Qué necesitamos hacer para crear un ambiente de aprendizaje más acogedor para aquellos que son diferentes a la población original? ¿De qué forma entrelazamos juntos las historias de los nuevos asistentes con las de aquellos que han estado participando desde hace bastante tiempo? ¿Qué bromas internas necesitamos erradicar de nuestra enseñanza? ¿Cómo creamos una nueva historia que represente quiénes somos y en quiénes queremos convertirnos?

La Gran Comisión

Con la cambiante demografía alrededor del mundo, el ministerio está a punto de tener un gran impacto en esta generación de jóvenes. Pero debemos avanzar en este terreno del ministerio multicultural con sabiduría, con conocimiento y con habilidades bien pulidas. Efrem Smith, antiguo pastor juvenil y actual presidente y director ejecutivo de World Impact, lo describió de la siguiente manera: "A medida que el evangelio de Mateo llegaba a su fin, Jesús resucitado estableció la Gran Comisión: llamó a sus seguidores a ir más allá de solo alcanzar a su propio pueblo judío, sino a hacer discípulos en todas las naciones (Mt 28:19). El modelo homogéneo de la iglesia limita tanto a la Gran Comisión como al evangelio."[219] Ya no podemos limitar a ninguno de los dos. La iglesia debe ser líder en modelar la riqueza que sucede cuando los estudiantes de culturas muy diferentes se unen para adorar y servir a Cristo.

[219] Efrem Smith, *The Post-Black and Post-White Church: Becoming the Beloved Community in a Multi-ethnic World* [La iglesia post-negra y post-blanca: convirtiéndose en una comunidad amada en un mundo multiétnico] (San Francisco, CA: Jossey-Bass, 2012).

Preguntas y actividades

1. Si la diferencia racial es la nueva norma, ¿cuáles son las consecuencias en la enseñanza y en el ministerio?
2. ¿Qué hace falta para que usted se vuelva culturalmente consciente en su enseñanza?
3. Volviendo a la imagen del témpano de hielo, ¿cómo afectan los sistemas subyacentes a la diversidad en su contexto actual?
4. Considere un contexto del ministerio actual que lidere o que conozca y aplique la "Prueba de las cinco partes." ¿Qué observaciones puede realizar?
5. Encuentre a tres cristianos que tengan una herencia étnica diferente de la de usted y pregúnteles acerca de sus experiencias de formación espiritual. ¿Cómo crecieron? ¿Cómo era la iglesia y otros ministerios para ellos? ¿Cuáles fueron sus experiencias significativas en sus recorridos espirituales? ¿Cómo es su fe cristiana en la actualidad?

Lectura adicional

Chuang, DJ, ed. *Asian American Youth Ministry* [El ministerio de jóvenes de estadounidenses de origen asiático] Raleigh, NC: L2 Foundation, 2006.

Deymaz, Mark y Harry Li. *Ethnic Blends: Mixing Diversity into Your Local Church* [Mezclas étnicas: incorporar la diversidad en su iglesia local] Grand Rapids: Zondervan, 2010.

Lane, Patty. *A Beginner's Guide to Crossing Cultures: Making Friends in a Multicultural World* [Guía para principiantes en el cruce de culturas: hacer amigos en un mundo multicultural]. Downers Grove, IL: InterVarsity, 2002.

Livermore, David y Terry Linhart. *What Can We Do? Practical Ways Your Youth Ministry Can Have a Global Conscience* [¿Qué podemos hacer? Formas prácticas en las que su ministerio juvenil puede tener consciencia global] Grand Rapids: Zondervan/Youth Specialties, 2011.

Plueddemann, James. *Leading across Cultures: Effective Ministry and Mission in the Global Church* [Liderazgo a través de las culturas: el ministerio efectivo y la misión en la iglesia global]. Downers Grove, IL: InterVarsity, 2009.

Rah, Soong-Chan. *Many Colors: Cultural Intelligence for a Changing Church*. [Muchos colores: la inteligencia cultural en una iglesia cambiante] Chicago: Moody, 2010.

Smith, Efrem. *The Post-Black and Post-White Church: Becoming the Beloved*

Community in a Multi-ethnic World [La iglesia post-negra y post-blanca: convirtiéndose en una comunidad amada en un mundo multiétnico]. San Francisco: Jossey-Bass, 2012.

SECCIÓN TRES

CONSECUENCIAS CURRICULARES PARA LA ENSEÑANZA

Esta sección conecta los temas de las primeras dos secciones con la tarea de la enseñanza. El rol de la enseñanza en la formación de la fe, entender cómo aprenden los estudiantes y el impacto del desarrollo fisiológico, social y cognitivo; son áreas que afectan profundamente el currículo y la enseñanza. Los maestros efectivos tienen una comprensión clara y cada vez mayor del currículo y de su relación con otros dominios. Conocen cómo se entrecruzan el desarrollo de la fe y el desarrollo cognitivo, y diseñan y llevan adelante eventos de aprendizaje de acuerdo con ese conocimiento.

Cada vez que enseñamos, hay una filosofía operante del currículo en funcionamiento. Nuestro pensamiento sobre el rol del maestro, sobre cómo estructurar nuestros métodos y actividades, sobre cómo determinar si somos efectivos e incluso sobre cómo determinar el contenido de nuestra enseñanza, reflejan nuestra comprensión del currículo. Esta sección une todos los capítulos previos y ayuda al lector a entender cuáles son las consecuencias para el ministerio cristiano. En esta instancia se evidencia nuestra efectividad en la enseñanza cristiana, y en este momento necesitamos asegurarnos de que entendemos correctamente nuestra tarea.

Un punto a tener en cuenta: esta sección finaliza con una discusión sobre la tecnología y el aprendizaje, un área que cambia de una manera tan rápida que supera a la reflexión crítica y teológica. Estos cambios en la tecnología hacen que los trabajos sobre este tema queden obsoletos incluso antes de que sean publicados. Por lo tanto, este capítulo se enfoca solamente en asuntos curriculares esenciales que distintos teóricos han discutido acerca de la tecnología y el aprendizaje. Los lectores pueden explorar independientemente las investigaciones actuales, y luego aplicarlas al contexto del ministerio local.

12

El currículo y la enseñanza

TERRY LINHART

Imagine que ha sido invitado a observar a uno de los mejores maestros en su iglesia. Lynn es conocida por su creatividad, su excelente preparación y por la calidez con la que se presenta delante de sus estudiantes.[220] Usted querrá observar las razones que provocaron los brillantes comentarios que ha escuchado de los estudiantes que la han tenido como maestra. Se sienta en el fondo del aula y observa cómo comienza a enseñar Lynn. Mientras se imagina lo que describí, ¿qué imagina que verá? ¿Cómo espera que sea la enseñanza de una persona que puede lograr que los estudiantes se entusiasmen por aprender? ¿Cómo imagina que será el contenido? ¿Cómo se estructurará la enseñanza? ¿Qué pasará con las ilustraciones? ¿Cómo sería su relación con los estudiantes?

Ahora, imagine que, a medida que va haciendo sus observaciones, comienza a pensar un poco más en profundidad, y asimila toda la escena y reflexiona en lo que está observando. ¿Qué parte de lo que ve sería el *currículo* que los estudiantes están aprendiendo? ¿El currículo es un material obtenido de un libro? ¿O algo que surgió de la mente del maestro? ¿Es lo que los estudiantes se "llevan" de la

[220] Utilicé el nombre de Lynn para honrar a Lynn Ziegenfuss, que fue la primera que encendió en mí el don de enseñanza, que yo no sabía que poseía.

lección? ¿Es el entorno en sí mismo? ¿O es otra cosa? La forma en que conteste estas preguntas revela su pensamiento teórico acerca del currículo.

Cuando las personas escuchan la palabra *currículo*, probablemente tendrán la imagen de una hoja de trabajo de escuela primaria, un programa de universidad, una búsqueda de palabras de escuela dominical o una serie de lecturas, papeles y exámenes (de escuela secundaria). Si bien son comunes, estos elementos de enseñanza son solamente parte de la definición más amplia de currículo. El término *currículo* proviene del latín *currere*, que significa "corrida" o "carrera", y abarca todo lo que se incluye en un ámbito de enseñanza... y mucho más. Para el maestro cristiano, el currículo es la suma total de las partes de una iniciativa de enseñanza que contribuye a la maduración del creyente.[221]

Cada vez que una persona enseña, existe una filosofía curricular implícita en funcionamiento (véase cap. 5). Incluso un enfoque detallado de línea por línea para enseñar la Biblia conlleva una comprensión de lo que es apropiado para enseñar las Escrituras y cómo aprenden las personas. Desde el momento en que uno comienza a enseñar, se refleja la filosofía curricular que está construida sobre los fundamentos y principios que han sido aprendidos a través del tiempo y se notan en la estructura de la lección y en las interacciones con los estudiantes.

Volvamos a la escena imaginaria con el grupo de estudiantes de Lynn para que nos ayude a comprender un poco más lo que significa el currículo. Cada componente de esa escena es parte del currículo, lo que se está enseñando. Es más que una lección; es una comprensión integral de la manera en la que aprendemos. A medida que observa alrededor del aula para comprender el aprendizaje de los estudiantes, verá que hay distintos elementos que son parte del proceso de aprendizaje, tales como la maestra misma, el contenido de los libros, las actividades de inclusión, el ambiente, la iglesia o la escuela, y los estudiantes. Veamos el aprendizaje desde la perspectiva de cada uno de estos elementos. De forma aislada, cada uno de estos elementos representa una perspectiva teórica general sobre qué es el currículo.

---

[221] R. Habermas y K. Issler, *Teaching for Reconciliation: Foundations and Practice of Christian Educational Ministry* [Una enseñanza para la reconciliación: fundamentos y práctica del ministerio cristiano educativo] (Grand Rapids: Baker, 1992), 135.

La maestra. El currículo es la maestra. Su ejemplo y su provisión de conocimiento y sabiduría es lo que importa. Ella transfiere lo que ha estudiado a los estudiantes y ejemplifica la forma en que hay que pensar y vivir. Ella es clave para la lección y la efectividad se mide por cuán bien se presenta el material. Generalmente, este es el método predeterminado para la enseñanza cristiana, tanto para hombres como para mujeres.

Los libros. El contenido de la lección sirve como currículo. El rol y las interpretaciones de la maestra y de los estudiantes son secundarias al contenido del curso. Por lo tanto, la enseñanza y el aprendizaje efectivos tratan de "cubrir" y "saber" el contenido. Esta teoría asume que saber el contenido es suficiente para la práctica efectiva.

Las actividades. Las actividades de la clase definen el currículo. Los estudiantes "aprenden cuando se involucran", por lo tanto, la maestra coordina el proceso de inclusión. Enviar a los estudiantes a un viaje misionero corto generalmente utiliza este enfoque, confiando en la idea de que "si los manda, aprenderán."[222]

El escenario. Este enfoque amplio del currículo incluye el entorno, la comunidad y el ámbito que crea la cultura del aprendizaje. Aunque el contexto generalmente es pasado por alto cuando se discute el currículo, tiene un tremendo rol formador en el aprendizaje y en los resultados deseados. La educadora cristiana Karen Lynn Estep afirmó que la comisión de Cristo y el mensaje de reconciliación proporcionan un contexto para el motivo por el cual enseñamos: "El contexto es esencial para la identidad y la singularidad de la educación cristiana, que busca alcanzar al mundo con su propósito."[223]

La iglesia o la escuela. El contexto es más que cultural o social y, nos guste o no, la enseñanza y el aprendizaje son moldeados por la institución y la tradición en la mayoría, si no en todas, las situaciones. La plataforma representa a aquellas autoridades que nos formaron en nuestra vida. Los maestros y los alumnos rara vez son independientes de las poderosas corrientes que le dan forma a lo

---

[222] Lo detallé en Kara Powell et al., "Si los manda, crecerán… quizás," *Journal of Student Ministries* 1, no. 6 (2007): 24–28.

[223] Karen L. Estep, "Charting the Course: Curriculum Design," [Trazar el curso: el diseño del currículo] en *Mapping Out Curriculum in Your Church: Cartography for Pilgrims* [Confeccionar el currículo en su iglesia: la cartografía de los peregrinos], ed. James R. Estep et al. (Nashville: B&H, 2012), 181–200.

que se enseña, cómo se presenta, lo que no se enseña y, finalmente, lo que constituye la enseñanza efectiva. Incluso a medida que lee este libro, está filtrando el material a través de las teorías arraigadas que ha aprendido en el transcurso del tiempo mediante la tradición y las instituciones (esto es, iglesias y escuelas) a las que ha asistido.

Los estudiantes. Esta perspectiva no se enfoca tanto en lo que se enseña o se estudia, aunque sigue siendo importante, sino que se ocupa de los resultados (lo que los estudiantes piensan, sienten y hacen con la enseñanza) que produce el currículo. Esta visión evalúa la efectividad a través de lo que los estudiantes han aprendido. El currículo que se diseña según esta teoría determina el "producto" para las experiencias de enseñanza y luego realiza un "diseño de atrás hacia adelante" para determinar el método y el contenido necesario para alcanzar el objetivo.

¿Cuál de estos elementos ha sido la forma en que definió el *currículo*? ¿Cuál parece la mejor manera de considerar al currículo? ¿Qué rol desempeña el contenido en cada uno?

El propósito de pensar en términos de currículo es para responder la pregunta fundamental: "¿Cómo sabemos que se ha logrado el aprendizaje?" En el capítulo 5, Mark Cannister cubrió los enfoques filosóficos para contestar esta pregunta. En este capítulo, examinaremos las consecuencias prácticas de esas teorías curriculares, cómo desarrollar un currículo, cómo seleccionarlo y evaluarlo y cómo coordinar el aprendizaje del estudiante durante un periodo extendido.

Las teorías curriculares y la práctica

Existen dos teorías curriculares dominantes que se emplean hoy día. La filosofía actual para las escuelas de los Estados Unidos es una técnica; identifica los resultados deseados, enseña de una forma sistemática para producirlos y luego los evalúa para asegurarse de que los estudiantes puedan recordar esos resultados. La otra teoría parece una reacción a la primera, y enfatiza la experiencia personal: crea un contexto o experiencia para los estudiantes y luego les permite determinar lo que aprenden. La educación Montessori, por ejemplo, permite que los estudiantes construyan su propio aprendizaje.[224] Esta filosofía puede observarse en funcionamiento algunas veces en el ministerio de los jóvenes, donde los líderes crean

[224] Maria Montessori, *El método Montessori* (Nueva York: Dover Publicaciones, 2002).

experiencias y luego les otorgan a los participantes la libertad de descubrir y aprender por su cuenta.

Uno de los problemas con cada uno de los extremos es que ninguno fomenta automáticamente el pensamiento crítico. Los estudiantes pueden obtener conocimiento, o tener experiencias maravillosas, y, sin embargo, entender un poco más y permanecer sin ser capaces de utilizar el aprendizaje en los contextos diarios cuando enfrentan desafíos. A pesar de obtener buenas calificaciones en la escuela, o tener experiencias significativas en la iglesia, los estudiantes pueden ser desatendidos en estos enfoques sin prestarle cuidadosa atención al currículo. Esta realidad ha salido a la luz en estudios recientes realizados a jóvenes.

> La comprensión curricular posee:
>
> - supuestos básicos de la cosmovisión y una visión para la enseñanza/aprendizaje;
> - una visión del conocimiento y de la persona, y cómo estos afectan al currículo y a la forma en que lo planificamos; y
> - los objetivos generales del currículo.
>
> —Modificado de H. Van Brummelen, *Steppingstones to Curriculum: A Biblical Path* [El currículo paso a paso: un camino bíblico] (Colorado Springs: Purposeful Design Publications, 2002), 25.

Investigaciones recientes indicaron que la iglesia está produciendo graduados de escuela secundaria que poseen fundamentos inestables para su fe y que son propensos a dejar de asistir a la iglesia.[225] Parece haber una desconexión entre las experiencias de los estudiantes en la iglesia y su capacidad de mantener una conversación acerca de su fe cristiana. En su investigación, Christian Smith y Melinda Denton descubrieron que los adolescentes tenían dificultad para expresar su fe a otros cuando les preguntaban. Las conclusiones de su estudio llevado a cabo a nivel nacional que les tomó dos años proporcionaron el impulso para desarrollar este capítulo.

> En otras palabras, a nuestro parecer... los líderes que se ocupan de los jóvenes simplemente necesitan involucrar y desafiar de mejor manera a los jóvenes que ya se encuentran a su disposición, para trabajar mejor con el objetivo de hacer que la fe sea una parte más activa e importante en sus vidas...Muchas veces, parece que los adultos quieren hacer un poco más que "exponer" a los adolescentes a la religión. Sin embargo, creemos que *a la mayoría de los adolescentes*

[225] La investigación se llevó a cabo por *Lifeway*, *Pew Research Center* y *Barna Group*.

> *se les puede enseñar*, incluso si ellos mismos no lo saben realmente o no demuestran que están interesados… Algo más importante en la enseñanza religiosa efectiva de adolescentes que las nuevas técnicas pedagógicas es la construcción de relaciones personales, sostenidas y significativas entre el adulto y los adolescentes a quienes enseña. Esto requerirá invertir tiempo, atención y la disposición de mostrarse sincero y vulnerable con los adolescentes.[226]

Pareciera que comprendemos más fácilmente la planificación curricular de las escuelas, pero cuando se trata del crecimiento espiritual y de la obra de Dios, puede parecer menos urgente debido a la obra transformadora de Dios en nuestras vidas. Debemos entender el principio bíblico de que somos colaboradores de Dios (1 Co 3:9) en nuestro ministerio de enseñanza. Quizás la parábola de Jesús sobre los talentos nos ayude un poco más. El señor de los siervos en la historia estaba contento con los dos que fueron "fieles" con lo que se les había encomendado ya que "produjeron" más talentos (Mt 25:14-30). A los que se les había otorgado talentos y oportunidad se les pidió que trabajaran a su máxima capacidad.

Por alguna razón, Dios escogió utilizar a hombres y mujeres que enseñaran y transmitieran la fe a las siguientes generaciones. Es nuestra oportunidad de hacer lo mejor, de "perseverar" por los propósitos de la iglesia (Fil 3:14; Ef 4:11-13). El antiguo proverbio es verdadero: "El caballo se alista para el día de la batalla; mas Jehová es el que da la victoria" (Pr 21:31). El currículo hace que nos preguntemos: "¿Qué clase de enseñanza y experiencias deseamos para nuestros estudiantes? ¿Cuál es la mejor forma de guiar su formación espiritual? ¿Y cómo sabremos cuando sean maduros espiritualmente?" La comprensión curricular nos ayuda a preparar a los caballos.

Cómo "funciona" el currículo

La teoría curricular nos ayuda a conectar los puntos acerca del contenido, el aprendizaje y el crecimiento. No elegimos simplemente

[226] Christian Smith, "Implications of National Study of Youth and Religion Findings for Religious Leaders, Faith Communities, and Youth Workers," [Consecuencias del estudio nacional de la juventud y hallazgos religiosos para los líderes religiosos, las comunidades de fe y los obreros jóvenes] 2005 Princeton Lectures on Youth, Church, and Culture [Lecciones de Princeton sobre la juventud, la iglesia y la cultura], http://www.ptsem.edu/lectures/?action=pdf&id=-youth-2005-06 (énfasis del original).

una lección y comenzamos a enseñarla sin alguna clase de "traducción." Las enseñanzas de Jesús y de Pablo ilustraron cómo se presenta la verdad teológica, al utilizar diferentes métodos y ejemplos de vida, para que los alumnos de una cultura particular pudieran aprender y crecer. La figura 12.1 muestra cómo colabora el currículo hacia el crecimiento espiritual.

Figura 12.1: El apoyo curricular al crecimiento espiritual – Terry Linhart

El fundamento para el educador cristiano es la revelación de Dios. La atención se centra en el Creador que se reveló a sí mismo a través de la creación, que nos ha brindado su Palabra viva, que plantó su tienda entre nosotros, que redimió nuestras vidas y que envió al Espíritu para purificarnos y capacitarnos. Nuestro pensamiento y lo que hablamos acerca de la revelación de Dios es moldeado por la iglesia y por los líderes que nos han ayudado a desarrollar el entendimiento teológico. Nuestra hermenéutica está moldeada por una perspectiva y cultura particulares, con un lenguaje y una herencia teológica que le otorgan un foco y una forma a nuestra obra. En muchas discusiones sobre la revelación de Dios, el foco está hecho sobre la hermenéutica de cómo interpretamos esa revelación. Esta es la razón por la cual un maestro cristiano necesita estar comprometido con el estudio bíblico y teológico, para luchar por obtener la interpretación más fidedigna. Estas influencias teológicas y hermenéuticas moldean nuestras acciones y le dan énfasis y lenguaje a nuestra enseñanza.

Sobre esas realidades subyacentes se erigen cuatro columnas que informan acerca de las prácticas de enseñanza: cómo aprenden las personas, el contexto y la cultura, la naturaleza de las personas y las teorías curriculares de aprendizaje. No existe ningún objetivo de enseñanza, de elección de contenido, de método creativo o de evaluación independientemente de la influencia y apoyo de estas cuatro columnas. Cada vez que escribimos un objetivo o elegimos un plan de estudio, operamos sobre la base de lo que pensamos acerca de las personas, sobre cómo aprenden y de dónde provienen. La cima de nuestros esfuerzos, como se estableció en este libro, es la madurez espiritual, que es la evidencia de que se ha llevado a cabo el aprendizaje correctamente. A través de una obra transformadora del Espíritu Santo, Dios nos ha llamado a enseñar "en toda sabiduría, a fin de presentar perfecto en Cristo Jesús a todo hombre" (Col 1:28).

El desarrollo del currículo

Sin importar su filosofía de enseñanza, existen algunos componentes útiles y necesarios para el currículo. El primero, es tener un objetivo determinado para la enseñanza, lo que generalmente se conoce como *principio organizativo*. Y, a pesar de que esto pareciera obvio, es demasiado común que no haya un objetivo establecido para un evento o una lección de aprendizaje.

Existen muchas maneras de escribir un objetivo, pero la más básica es la siguiente:

> "*Como resultado de* esta ________ (lección, nombre del evento), *los estudiantes van a* ________ (un verbo cognitivo, afectivo o una acción) ________ (frase que defina el tema)."

Los siguientes son ejemplos de objetivos para una lección:

- Como resultado de este estudio, los estudiantes comprenderán lo que Jesús quiso dar a entender cuando dijo que "permaneceremos" en él.
- Como resultado del servicio de la tarde del miércoles, los estudiantes comprenderán el valor del rol de la oración en la vida del creyente.
- Como resultado de la capacitación de este grupo pequeño, los estudiantes implementarán habilidades de respuesta básicas en la medida en que ayuden a otros que se encuentran en necesidad.

Un modelo de alguna forma más técnico para escribir el objetivo utiliza la palabra *AIM* [objetivo en inglés] como una sigla: determine lo que desea que los estudiantes *alcancen* (su nivel de aprendizaje), qué es lo que *indica* que aprendieron o *investigaron* y cuál es el tema principal [*main* en inglés] que se enseña.[227] Una versión de esto sería: "El estudiante demostrará un ________ (nivel alcanzado) del ________ (tema principal) al ________ (indicador)."[228] Lo alcanzado y el tema principal son más fáciles de determinar, pero el indicador lleva más tiempo. En las escuelas, los indicadores de aprendizaje generalmente son determinados por los exámenes, ensayos escritos o presentaciones. En la escuela de manejo, evidenciamos el aprendizaje, precisamente al *manejar*. En el ministerio cristiano, podemos confundir que los estudiantes permanezcan quietos mientras escuchan, o que "sean buenos", como indicadores de que se ha llevado a cabo el aprendizaje. Un objetivo bien desarrollado nos ayuda a pensar de forma más completa acerca de los resultados que deseamos obtener de nuestra enseñanza.

Tome una hoja de papel y escriba dos objetivos *diferentes* en los dos formatos descritos anteriormente. Volverse hábil para escribir un buen objetivo (AIM) de enseñanza es el primer paso hacia una mejor enseñanza, y lo ayudará a tomar decisiones acerca de lo que se incluye en su enseñanza y lo que no. Descubrirá que escribir objetivos (AIM) de enseñanza no siempre resulta sencillo, pero ese es el punto: aunque rara vez detallemos estos objetivos frente a los estudiantes, el trabajo de perfeccionamiento que nos hacen realizar con anticipación nos ayuda a clarificar nuestros objetivos y propósitos.

Anzuelo, Libro, Mirar, Apropiar

Luego de que se aclara el propósito, el próximo paso es estructurar la lección. Uno de los formatos curriculares más prominentes en el ministerio cristiano fue desarrollado por Lawrence Richards y Gary Bredfeldt.[229] Ellos indicaron que el discurso de Pablo en el areópago (Hch 17) es el modelo para estructurar el currículo. Pablo comenzó

---

[227] Habermas e Issler, *Teaching for Reconciliation* [Una enseñanza para la reconciliación: fundamentos y práctica del ministerio cristiano educativo] (Grand Rapids: Baker, 1992), 137.

[228] Ídem., 138.

[229] Lawrence O. Richards y Gary J. Bredfeldt, *Enseñemos la Biblia creativamente* (Miami, FL: Logoi, Inc., 2001).

su "lección" en el mundo de sus oyentes (*anzuelo*) y estimuló su curiosidad antes de desarrollar la verdad (*libro*). Luego guía a sus seguidores a través de las consecuencias (*mirar*) y finaliza con un llamado a responder con arrepentimiento (*apropiar*).[230]

Anzuelo. El aprendizaje ocurre de mejor manera cuando los alumnos están preparados activa y cognitivamente y pueden prestar una total atención a lo que están a punto de aprender. Un buen anzuelo comienza con un proceso de "deshielo" que capta la atención de los estudiantes, mientras se superan las barreras naturales del aprendizaje (esto es, la distracción, la indiferencia). Los maestros principiantes pueden fracasar debido a que no destinan suficiente tiempo y energía en esta sección, y en vez de eso elijen ir directamente al "plato principal" de la lección. Pero cuando vamos a comer a un restaurante, no solo queremos que nos entreguen la comida en una caja de cartón; en cambio, disfrutamos el saludo de la persona que nos recibe, la oportunidad de mirar el menú y quizás incluso pedir un aperitivo para anticiparnos al plato principal, el cual será presentado después de una forma agradable. De igual manera, un maestro debería preparar al estudiante para el plato principal de la lección.

Para lograr un "anzuelo" que impacte, no servirá cualquier elemento gracioso. La forma de medir si un anzuelo sólido es cuando tenemos la atención de las personas y si están enfocadas y deseosas por aprender. Por supuesto, el humor y la risa son un elemento fundamental en este proceso, pero si sólo mostramos un video de trucos graciosos de gatos será insuficiente. El anzuelo involucra a los estudiantes, cuando surge una necesidad del punto donde los estudiantes "son dueños" del tema, y les otorga una razón para dar el siguiente paso con usted en la lección.

Libro. En esta sección, "el maestro busca esclarecer el significado del pasaje que se está estudiando."[231] El objetivo es ayudar al alumno a comprender, no sólo a escuchar, la información, con lo cual los métodos pueden variar. Esta sección de la lección ayuda a aclarar lo que los estudiantes están a punto de estudiar y el motivo por el cual lo estudiarán. La mayoría de los currículos que se compran en las editoriales lo hacen bien.[232]

---

230 Ídem., 103-110.

231 Ídem., 107.

232 E.g., véase Terry Linhart, *Talksheets: Life of Christ (High School)* [Pláticas: la vida de Cristo (escuela secundaria)] (Grand Rapids: Zondervan/Youth Specialties, 2009).

Mirar. Una vez que el material fue presentado y comprendido, esta sección de la lección comienza con la parte de aplicación en la cual los estudiantes deberían descubrir las consecuencias. Comúnmente es la parte más extensa de la lección, ya que a los estudiantes les lleva tiempo realizar conexiones y comprender la relación entre el material y la vida real. No se trata simplemente de una discusión o más información, sino que la idea de mirar debería involucrar a los estudiantes activamente para que lo apliquen a la vida.

Apropiar. Esta sección responde a la pregunta "¿Y ahora qué?" que realizan los estudiantes. Por lo tanto, esta puede ser la parte más importante de la lección, pero en general es a la que menos atención se le presta (¡generalmente porque nos quedamos sin tiempo!). Se requiere una respuesta, una comprensión específica de cómo ocurrirá el cambio. Para los niños más pequeños y los adolescentes, en general es mejor hacerlos realizar algo enseguida, ya que las preocupaciones de los días siguientes opacarán cualquier cosa que les pida que recuerden. No deje a los estudiantes con una idea confusa. Si el objetivo de nuestra enseñanza es la transformación, entonces eso requiere cambios; y los cambios demandan una capacidad de respuesta.

Como se discute en este texto, el método de enseñanza por defecto es la "transmisión de información." Pero si la transformación es el objetivo de la enseñanza de los maestros cristianos, entonces para "apropiar" es necesario que empleemos nuestro mejor esfuerzo. Muy a menudo pensamos que, si hacemos que los estudiantes compartan acerca de las consecuencias, eso significará apropiarse. Pero no lo es. Eso es simplemente mirar. La sección de apropiarse demanda una acción para transferir el aprendizaje a largo plazo, para que les respondamos a los estudiantes la pregunta "¿Y ahora qué?"

Currículo 4MAT[233]

Howard Gardner desarrolló una teoría del aprendizaje que demostraba que las personas eran inteligentes de distintas maneras. Su teoría de las "inteligencias múltiples" proporcionó el fundamento para un enfoque sobre el currículo, desarrollado por Bernice McCarthy. Karen Jones destacó este enfoque en el capítulo 8 sobre

233 Bernie McCarthy, *The 4MAT System: Teaching to Learning Styles with Right/Left Mode Techniques* [El sistema 4MAT: enseñar con estilos de aprendizaje con técnicas del modo cerebro derecho/izquierdo] (Barrington, IL: EXCEL, 1987).

los estilos de aprendizaje. Jones indicó que la teoría hace énfasis en cuatro tipos de aprendizaje sobre cómo percibimos y procesamos la información.

Este modelo curricular para redactar lecciones identifica cuatro estilos de aprendizaje dominantes que se muestran como dos cuadrantes separados por dos ejes. Un eje representa cómo las personas perciben la información (los sentidos y sentimientos contra el pensamiento), mientras que los otros ejes representan cómo la procesan (poner en acción contra observar). Los obreros cristianos deben tener un conocimiento práctico de cómo aprenden las personas de diferentes maneras y de cómo incorporar ese conocimiento en su enseñanza. Realizar una aproximación hacia los métodos que giran en torno a los cuatro cuadrantes principales del aprendizaje ampliará la efectividad, nos mantendrá frescos y creativos y profundizará nuestra comprensión. Lo que es mejor, a los estudiantes les agradará y crecerán. Los ayudaremos a entender el sentido (¿por qué?), a comprender los conceptos claves (¿qué?), a poseer las habilidades (¿cómo?) y a ser capaces de realizar adaptaciones o pensar críticamente acerca del tema en cuestión (¿qué pasaría si...?).[234]

Diseño de atrás hacia adelante

¿Alguna vez ha realizado un curso en la escuela, incluso obtuvo buenas calificaciones en el mismo, y un año después no pudo utilizar o recordar mucho de lo que aprendió en el curso? Existen muchas razones para que esto suceda, pero este asunto animó a Grant Wiggins y a Jay McTighe a desarrollar su popular enfoque de "diseño de atrás hacia adelante" para crear el currículo.[235] En pocas palabras, propusieron comenzar con el objetivo final que se esperaba de los estudiantes, y luego desarrollar el currículo de ahí para atrás.[236] Los enfoques tradicionales de enseñanza han incluido la adquisición del conocimiento, o "saber cosas", sin preocuparse si los estudiantes podían comprender o utilizar el material. Este enfoque

[234] Para más información sobre 4MAT, visite el sitio web *About Learning*, http://www.aboutlearning.com/what-is-4mat.

[235] Grant Wiggins y Jay McTighe, *Understanding by Design* [Comprensión por diseño], 2da. ed. (Alexandria, VA: Association for Supervision and Curriculum Development, 2005).

[236] Grant Wiggins y Jay McTighe, "Put Understanding First," [Pongamos primero la comprensión] *Educational Leadership* 65, no. 8 (2008): 36–41.

es similar a enseñarle a un niño a nadar, contándoles acerca de la natación sin meterlos en la pileta.

El diseño de atrás hacia adelante comienza por determinar los objetivos establecidos para un enfoque particular en las ideas generales del tema o de la disciplina. El siguiente paso trata de identificar de qué manera podrán utilizar el aprendizaje los estudiantes, y luego escribirlo. ¿Qué es lo que los estudiantes deberían comprender, saber y ser capaces de hacer (los objetivos "cabeza, corazón y manos")? Una vez que haya determinado los resultados deseados, ¿qué evidencia quisiera observar que demuestre que los estudiantes han aprendido? ¿De qué forma determinará si han aprendido? Aquí es donde muchos se quedan cortos porque determinan el éxito por cuán bien se presentó el material. El diseño de atrás hacia adelante coloca el enfoque en lo que se aprende y luego crea el plan de aprendizaje a partir de esas evidencias.[237]

Modificar el currículo

La mayoría de los maestros cristianos no comienzan las lecciones desde cero, sino que utilizan elementos o lecciones completas de materiales publicados, y luego los modifican. Esto es favorable, pero también presenta la necesidad de que el educador cristiano evalúe cuidadosamente el currículo. No es suficiente encontrar algún material y tomarlo a la ligera, y luego esperar que funcione. Generalmente, las editoriales cristianas esperan que las lecciones se adapten a los contextos locales y algunos incluso les proporcionan opciones adicionales para que puedan adaptar el material.

Históricamente, los currículos más publicados fueron creados por educadores cristianos bien capacitados que trabajaban en grupos para proporcionarles a las denominaciones y a los ministerios lecciones periódicas y en serie, que eran principalmente diseñadas para ser utilizadas en la escuela dominical. A medida que el mundo editorial cambió, también lo hizo la producción de los currículos disponibles. En la actualidad, existe material curricular de incontables fuentes, aunque los autores no siempre son conocidos. Asimismo, no hay garantía de que los materiales hayan sido editados o examinados más allá de lo que el autor probó una vez y "funcionó." Con la cantidad de recursos disponibles para descargar, es tan

[237] Puede encontrar recursos sobre el modelo del diseño de atrás hacia adelante en *McTighe and Associates*, http://jaymctighe.com/resources/downloads/.

importante como siempre revisar minuciosamente los fundamentos bíblicos, teológicos y educativos.[238]

Existen tres cuestiones principales que necesitará examinar, y juntas forman una manera integradora de evaluar el currículo de la educación cristiana.

Base teológica. La primera área para examinar es la base bíblica y teológica del currículo. Además de corroborar que se utilicen las Escrituras, examine la naturaleza y el rol con el que se usan. ¿Es apropiado? y ¿cómo lo utilizarán los alumnos en su estudio? Adelántese un paso para observar si la teología implícita de la lección es verdaderamente cristiana. Puede parecer extraño, pero algunos currículos pueden ser moralistas (o políticos) en su énfasis y enseñar muy poco acerca de Jesucristo, del Espíritu Santo, de Dios el Padre, de la salvación, de la iglesia u otro tema importante de teología. Finalmente, ¿es la teología adecuada para su tradición denominacional o teológica y se adapta la lección a los propósitos, al marco y a las filosofías de su iglesia, organización o grupo? Si no conoce la respuesta a las dos últimas preguntas, es importante consultar con otros para obtener ayuda. Si hay voluntarios que estén seleccionando el currículo, necesitará supervisar el proceso de forma misericordiosa para asegurar su calidad y su consistencia.

Objetivos y métodos pedagógicos. La segunda área se desarrolla a partir de la base bíblica y teórica y examina los objetivos y su intención de ayudar a los estudiantes a crecer en su madurez (Col 1:28-29). Un enfoque en el proceso de enseñanza incorpora métodos para enseñar la lección. ¿Asiste la lección al proceso de enseñanza/aprendizaje de una manera útil? ¿Qué métodos se incluyen en la lección? ¿Qué respuesta requiere la lección? ¿Es adecuado para los pasajes bíblicos utilizados, para sus estudiantes, para su contexto y para la fe cristiana?

La perspectiva de los alumnos. Es fundamental que hayamos dominado la comprensión del lugar en el que se encuentran nuestros estudiantes y de qué forma interactúan con el mundo. Examine el currículo a través de un enfoque centrado en el estudiante. ¿Es apropiado para los niveles de desarrollo de su audiencia? Concéntrese en el objetivo de enseñanza y luego observe los resultados de

[238] Dan Lambert, *Teaching That Makes a Difference: How to Teach for Holistic Impact* [Enseñanza que hace la diferencia: cómo enseñar para obtener un impacto integral] (Grand Rapids: Zondervan/Youth Specialties Academic, 2004), 107.

la lección. ¿Tienen sentido para su grupo? ¿Son lo suficientemente sustanciales? ¿Se adaptan a lo que desea abarcar en su programa general de enseñanza?

La evaluación es más crucial que nunca para quienes desean ser buenos maestros usados por Dios para facilitar la madurez espiritual en y entre los estudiantes. Hoy día existe un pragmatismo que asume que todo lo que funciona bien en el momento, *funciona*. Sin embargo, eso no garantiza que desarrollará sabiduría, que hará crecer un compromiso más profundo con Cristo en los corazones y que producirá personas que sirvan y que se preocupen por otros. La funcionalidad no cultiva de forma automática los propósitos más profundos del ministerio. Necesitará estar atento a las tentaciones del pragmatismo y mantenerse fiel a enfocarse en el desarrollo del pensamiento de la fe de sus estudiantes. No querrá llegar al final de un ciclo de enseñanza y darse cuenta de que, a pesar de las increíbles lecciones que ha brindado, sus estudiantes no entienden o creen más profundamente de lo que lo hacían cuando comenzaron.[239]

Supervisar el currículo: alcance y secuencia

Cuando pensamos en términos de currículo, el enfoque no se encuentra solamente en cada lección en particular, sino en lo que se enseña durante un periodo de tiempo particular, como un semestre o un año. Este marco, denominado "alcance y secuencia", muestra lo que enseñará usted y en qué orden será enseñado. El alcance determina el abanico de contenido que cubrirán las lecciones en el transcurso del tiempo. Esto permite que el contenido más amplio sea dividido en temas particulares (con objetivos por lección) y que también se determine cuáles serán los temas que no se desarrollarán. Al igual que cuando miramos a través de un telescopio, el alcance ayuda a los maestros a concentrarse y enfocar sus esfuerzos de enseñanza. La secuencia determina el mejor orden para los temas y va construyendo de una lección a la siguiente cuando sea apropiado. ¿Qué pretende enseñar y en qué orden? ¿Cuál será la secuencia de una lección a la otra, y cómo se relacionará esa lección con las anteriores? Los temas pueden adecuarse bien en un momento en particular, o puede que sea necesario que se repitan. Los estudiantes no necesitan involucrarse en todos los temas relevantes, sino en los

---

[239] Hay dos cuadros útiles para evaluar el currículo en Richards y Bredfeldt, *Enseñemos la Biblia creativamente* (Miami, FL: Logoi, Inc., 2001), 205–6." "

más importantes. Por lo tanto, dedicar tiempo a su plan general de enseñanza es un ejercicio necesario y fructífero.

Una vez que son establecidos el alcance y la secuencia, componen una herramienta útil para examinar las cinco cualidades del currículo que no se notan a simple vista. Primero, identifica cuál es el "currículo central", el conjunto de temas que surgen generalmente, ya sea intencionalmente o no, con el paso del tiempo. Segundo, el alcance ilumina el currículo nulo, los temas y los pasajes bíblicos que no se están enseñando.[240] Tercero, la secuencia permite que los líderes consideren el contexto para enseñar, al combinar los temas y los objetivos con los días festivos especiales, las estaciones y otros factores contextuales. Esto también desencadena un cuarto beneficio: los maestros pueden buscar espacios donde la repetición podría ser útil, pensando de forma integral y evolutiva con respecto a los alumnos. Por ejemplo, puede ser útil desarrollar un tema orientado a la salvación en intervalos iguales o hablar acerca de la identidad más de una vez. Finalmente, se puede comparar el alcance y la secuencia a los de otros años para buscar patrones, brechas y repeticiones. Sobre esta base, pueden realizarse los cambios necesarios según se desee para mantener un equilibrio en la enseñanza. Cuando existe un "mapa" curricular general, se proporciona una profundidad en el enfoque y en el propósito que va más allá de una enseñanza a partir de una lista de temas interesantes.

Al final de este capítulo se ofrece una planilla de control para que utilice cuando evalúe una lección publicada. Siéntase en libertad de modificar esta lista para su propio uso.

Preguntas y actividades

1. ¿Cuáles son las preguntas esenciales que quiere que sus estudiantes sean capaces de responder?
2. Muy a menudo el currículo es visto como un pensamiento "tradicional." ¿Cómo se aplican los principios de este capítulo a los ministerios no tradicionales? ¿Cómo pueden estos principios ayudar a los líderes de los centros de acogida? ¿Cómo influye el pensamiento curricular a la hora de plantar iglesias?

[240] Generalmente no es apropiado enseñar todos los temas dentro de un periodo de tiempo. El alcance le permite saber qué es lo que no está enseñando en caso de que esté dejando de lado un tema crucial.

3. Piense acerca de un ministerio que conozca bien y realice una lista de cinco o más eventos o de diferentes momentos de enseñanza que recuerde. Para cada uno, identifique la filosofía operante en funcionamiento sobre la forma en que se llevaron a cabo la enseñanza y el aprendizaje.
4. Practique utilizando la planilla de control que está debajo, seleccione una lección publicada que nunca haya visto, y trabaje con las preguntas. ¿Qué aprendió sobre la lección? ¿Cuán fácil le resultó responder las preguntas?
5. Si modificara la lista para su propio uso, ¿qué pregunta(s) agregaría?

Lista de verificación para evaluar una lección

Nombre del grupo:	
Rango de edad:	
Contenido	
¿Es apropiado para la edad? ¿Se conectará bien con la audiencia? ¿Es apropiado para el contexto cultural de los estudiantes?	
¿Cuál es la naturaleza y el rol del uso de las Escrituras? ¿Qué traducción se utiliza? ¿Qué hermenéutica se utiliza?	
¿Está bien equilibrado el contenido del estudio bíblico y la aplicación a la vida?	
¿Tiene un enfoque cristocéntrico? ¿Es apropiado para la enseñanza cristiana?	
¿El contenido se adecúa a su tradición teológica? ¿Son las actividades y los ejemplos apropiados para su grupo?	
¿Los estudiantes tienen que estudiar las Escrituras como parte de la lección?	
Proceso	
¿Es claro el objetivo de enseñanza? ¿El plan de lecciones y la sección final están alineados con ese objetivo?	
¿De qué forma involucra la lección ("anzuelo") a los estudiantes? ¿Por qué querrán participar en esta lección? ¿Participarán durante toda la lección o habrá pausas?	
¿Es el aprendizaje completo y equilibrado? ¿La lección produce gran profundidad y amplitud de perspectiva sobre el tema?	
¿La lección enseña en las mentes, corazones y manos de los estudiantes?	
¿Los métodos presentan principios educativos sanos para fomentar la madurez espiritual?	
Audiencia	
¿Los ejemplos de enseñanza son actuales?	

¿Hay tiempo suficiente para que los estudiantes reflexionen y apliquen el contenido?	
¿La respuesta a lo que deseo obtener de la lección alcanza los objetivos para su propósito?	
¿Pueden los estudiantes responder para ser "hacedores de la palabra, y no solo oidores"?	
¿Son los materiales y los gráficos adecuados para la edad del grupo?	
En caso de que otros adultos enseñaran, ¿les sería fácil utilizar la lección?	

Lectura adicional

Ferguson, Nancy. *Christian Educators' Guide to Evaluating and Developing Curriculum* [Guía para educadores cristianos para evaluar y desarrollar el currículo] Valley Forge, PA: Judson, 2008.

Lambert, Dan. *Teaching That Makes a Difference: How to Teach for Holistic Impact* [Enseñanza que hace la diferencia: cómo enseñar para obtener un impacto integral] Grand Rapids: Zondervan/Youth Specialties Academic, 2004.

McCarthy, Bernie. *The 4MAT System: Teaching to Learning Styles with Right/Left Mode Techniques* [El sistema 4MAT: enseñar con estilos de aprendizaje con técnicas de modo cerebro derecho/izquierdo] Barrington, IL: EXCEL, 1987.

Wiggins, Grant y Jay McTighe. *Understanding by Design* [Comprensión por diseño] 2da. ed. Alexandria, VA: Association for Supervision and Curriculum Development, 2005.

13

La enseñanza a los niños

SCOTTIE MAY

Existen pocas cosas tan cautivadoras como observar a los niños aprender y descubrir. Podemos aprender mucho de ellos, a medida que nos hacemos el tiempo y el espacio para escucharlos. Es importante que un libro sobre la enseñanza a la próxima generación incluya un capítulo sobre la enseñanza a los niños. Existen seis principios generales, tomados y adaptados de varias fuentes, que sirven como un andamio para el núcleo de este capítulo.[241]

- Priorice el propósito.
- Proporcione un aprendizaje experimental y un compromiso activo.
- Desarrolle tareas de aprendizaje significativas y auténticas.
- Asegúrese de que haya momentos para asombrarse, sorprenderse y reflexionar.

241 Estos principios fueron adaptados de Stella Vosniadou, "How Children Learn," [Cómo aprenden los niños] International Academy of Education [Academia Internacional de Educación], Educational Practical Series 7 [Series de Prácticas Educativas 7], http://unesdoc.unesco.org/images/0012/001254/125456e.pdf; y Scottie May et al., *Children Matter: Celebrating Their Place in the Church, Family, and Community* [Los niños importan: celebramos su lugar en la iglesia, en la familia y en la comunidad] (Grand Rapids: Eerdmans, 2005), 256–57.

- Permita la participación social y el trabajo colaborativo.
- Fomente conexiones a través de la investigación y la transferencia a la vida.

Estos seis conceptos están interrelacionados de tal manera que es difícil discutir e implementar cada uno por separado. Los seis necesitan fluir juntos para obtener una enseñanza efectiva, especialmente en el contexto del ministerio de niños. Cuando los seis principios se encuentran en su lugar y están disponibles para los niños, puede palparse una atmósfera de compromiso. Pensar en implementar estos seis factores a la hora de enseñar puede sentirse como una tarea abrumadora. Ciertamente, es un cambio de paradigma de cómo imaginan las personas la enseñanza para niños en general. En pocas palabras, emplear estos principios hace que enseñarles a los niños sea más parecido a la vida y menos parecido a la enseñanza tradicional. Estos principios también se evidencian en el ministerio de enseñanza del Señor Jesús.

Jesús tenía un propósito para todo lo que hacía: su propósito era glorificar a su Padre (Jn 17:1), y nosotros debemos hacer lo mismo (Mt 5:15; Ro 15:6; 1 P 2:12). Una parte significativa del ministerio de Jesús mientras estuvo aquí en la tierra, además de predicar y de sanar, era enseñar. Cuando observamos a Jesús como maestro, los evangelios revelan que Jesús enseñaba a través de experiencias (Lc 5:1-11), a través de tareas auténticas (Mc 12:13-17) e incluso facilitando momentos de asombro y sorpresa (Mt 6:27-29). Asimismo, Jesús llamó a la "participación social" cuando les ordenó a los once discípulos que llevaran las Buenas Nuevas al mundo (Mt 28:16-20; Mc 16:15-18). Y conectó su enseñanza con la vida, incluso cuando el aprendizaje era difícil, como le ocurrió al joven rico (Mc 10:17-22).

¿Alguna vez se preguntó si Jesús utilizó el pasaje incluido en el medio de Isaías 41 como una guía para su enseñanza? Isaías 41:20 dice: "para que *vean* y *conozcan*, y *adviertan* y *entiendan* todos, que la mano de Jehová hace esto, y que el Santo de Israel lo creó." No sabemos si el profeta Isaías alguna vez les habrá enseñado a los niños, pero la secuencia de los verbos en este pasaje es muy importante para la enseñanza, especialmente para la enseñanza a niños. El verbo "vean" requiere una experiencia sensorial con lo que se debe aprender para que los niños "conozcan": es decir, que tengan algún tipo de relación con el sujeto. Luego, el niño es capaz de "advertirlo":

reflexionar sobre el tema para que puedan lograr el "entendimiento." Este entendimiento debe provenir del interior, en vez de imponérselo al niño desde afuera, aunque el maestro desempeña un rol clave que sirve como una especie de guía en este proceso.

Ahora probablemente se pregunte cómo se ve realmente este proceso. Lo trataremos a la brevedad, pero primero debemos considerar el propósito de la enseñanza.

El propósito del propósito

Con gran frecuencia las iglesias tienen programas en sus ministerios que realmente entran en conflicto con la declaración de la misión de la iglesia. La apropiación de un ministerio determinado dentro de la iglesia puede ser ignorada debido a que la iglesia siempre ha tenido este programa, o porque los líderes solo querían probar algo distinto; o, más preocupante, porque una iglesia del otro lado de la ciudad estaba obteniendo buenos resultados con los niños que utilizaban ese mismo programa. Por lo tanto, existe una desconexión entre el propósito y el programa. El erudito y educador Jim Wilhoit lo explicó de la siguiente manera: "La educación cristiana se encuentra en crisis. No es saludable ni vital; como disciplina, está en bancarrota... La crisis actual se debe, en gran medida, a la falta de un propósito claro desde las bases. Las personas que están involucradas de una forma más directa en la educación cristiana (los maestros de la escuela dominical, los consejeros juveniles y los líderes de los estudios bíblicos) generalmente no tienen idea del propósito principal de sus esfuerzos educativos."[242]

Demasiadas veces, los líderes no se toman el tiempo para considerar si lo que está alcanzando el ministerio es lo que realmente estaba previsto. El resultado previsto y el resultado real pueden no estar de acuerdo. Es demasiado fácil, especialmente en el ministerio con los niños, buscar juegos o ideas para realizar manualidades e introducirlos en un plan de lecciones, solo porque parecen actividades divertidas. Por ejemplo, en una lección en línea que habla de cuán bondadoso fue David con Mefiboset, se les pide a los niños que esparzan queso de una lata sobre una tortilla y que la envuelvan en un palito de pretzel, mientras que hablan sobre la importancia de ser amables. La única respuesta será: "*¿eh?*"

[242] Jim Wilhoit, *Christian Education and the Search for Meaning* [La educación cristiana y la búsqueda del significado] (Grand Rapids: Baker, 1991), 9.

Para muchas personas, la habilidad de pensar cuidadosamente sobre una conclusión lógica para el propósito de un ministerio o de una lección específica es un talento adquirido. Uno de los compañeros de Pablo era Tito, un joven obrero del evangelio. Pablo le escribió acerca de enseñarle a los esclavos, cuyas obligaciones parciales eran ser pedagogos de los hijos de sus amos. Tito 2:10 establece: "para que en todo adornen la doctrina de Dios nuestro Salvador." A Tito se le solicitaba que les enseñara a esos niños de manera atractiva. Para hacerlo, los esclavos debían tener un carácter piadoso, conocer las verdades acerca de Dios y conocer las personalidades de los niños a los cuales les enseñaban. Ciertamente, no estaba refiriéndose a paredes preciosamente adornadas, folletos elegantes o la última tecnología en comunicación, aunque no haya nada intrínsicamente malo con esas cosas en el contexto correcto; simplemente no ayudan a cumplir con el propósito principal de la enseñanza.

Un recurso útil para el proceso del desarrollo de un propósito adecuado que permita una enseñanza atractiva es el trabajo de William K. Frankena, un filósofo cristiano y ético de la Universidad de Michigan. Él desarrolló una serie de cinco preguntas que puede pensar un maestro o líder para crear una lección o un ministerio cohesivo.[243] Sus preguntas han sido adaptadas para la enseñanza dedicada a niños: (1) ¿Cuál es el propósito de esta enseñanza? (2) ¿Cómo son el contexto y los niños? además, ¿cuáles son las realidades teológicas? (3) ¿Qué cualidades, virtudes y habilidades (objetivos) del carácter deben desarrollarse en los niños? (4) ¿Qué se sabe sobre la forma de desarrollar esas cualidades? (5) ¿Qué actividades de aprendizaje ayudarán a lograr el propósito y los objetivos de esta clase o ministerio, dadas las realidades observadas?[244] (Aunque en este caso se aplican al ministerio de niños, estas cinco preguntas son útiles para cualquier entorno de enseñanza o ministerio).

Lo importante de estas cinco preguntas es que todas están interrelacionadas. Cada respuesta debe introducir a las demás; ninguna debería ser un caso aparte. Cada pregunta es importante. Estas preguntas abordan el qué, el porqué y el cómo de los factores de cualquier entorno de enseñanza. Cuando planificamos una nueva

[243] William Frankena, *Philosophy of Education* [La filosofía de la educación] (Nueva York: Macmillan, 1965).

[244] Para una explicación más completa del modelo de Frankena, véase May et al., *Children Matter* [Los niños importan], 285–88.

lección o ministerio, es útil comenzar con la pregunta 1 y trabajar las preguntas hasta llegar a la 5. Si critica un entorno ya existente, comience con la pregunta 5 (lo que ocurre realmente), y luego identifique las teorías o estrategias de aprendizaje que se encuentran en ese momento, y vuelva hacia atrás con las cinco preguntas. Lo que está sucediendo en el ministerio, ¿lo lleva directamente a las respuestas de las preguntas 3 y 1? Si no es así, determine dónde deberían realizarse modificaciones.

La pregunta número 2 es muy importante y necesita considerarse cuidadosamente y en profundidad. Las siguientes preguntas adicionales pueden ser útiles cuando piense acerca de la información empírica y las realidades del contexto: ¿Quiénes son los niños que asisten a esta lección? ¿Cómo son sus familias? ¿Sus situaciones económicas? ¿Cuáles son los factores raciales y étnicos? ¿A qué tipo de escuelas asisten? ¿Los niños asisten a la iglesia o no? ¿Cuál es su visión de Dios?

Todo el proceso para desarrollar el propósito para un ministerio específico necesita estar cubierto de oración: oración para pedir sabiduría para identificar las necesidades de los niños, para obtener los resultados deseados y para los procesos que deberían utilizarse para alcanzarlos.

Una vez que se ha determinado el propósito del ministerio, evento o lección específica y las personas que asistirán, considere qué es lo que se sabe acerca de la mejor forma de aprender (pregunta 4). Aquí es donde entran los otros cinco principios.

Los principios que sirven como guía

Los niños de todas las edades, incluso los adultos, aprenden cuando se ponen en acción. Algunos años atrás, en una clase de universidad sobre la enseñanza en la iglesia, un estudiante realizó esta profunda declaración: “Si las personas recuerdan lo que *hacen*, ¿por qué no los llevamos a que *hagan* lo que queremos que recuerden?” Este pensamiento provocativo debería ser la meditación de todos aquellos que enseñan, especialmente de los maestros de niños. El dicho “los maestros hablan y los alumnos escuchan” es popular, pero resulta útil para muy pocos niños. Incluso menos útil es la antigua consigna: “Siéntese derecho con sus manos en las piernas y con la boca cerrada.” El enfoque debe estar en el *aprendizaje*, más que en enseñar y controlar el comportamiento de los niños.

¿Qué facilita a que se lleve a cabo el aprendizaje?

Distintos estudios demuestran que se aprende mejor cuando los niños están involucrados en tareas significativas y auténticas. El educador y autor John Holt escribió: "Es un grave error decir que, para poder aprender, los niños deben primero ser capaces de 'postergar la gratificación'... para aprender cosas inútiles y sin sentido con la vaga posibilidad de que más adelante puedan hacer uso de las mismas. Su deseo y determinación está relacionado con hacer cosas reales, no en un futuro, sino en este momento, lo que les otorga a los niños la curiosidad, la energía, la determinación y la paciencia para aprender todo lo que aprenden."[245]

Ya que la Biblia trata sobre personas y lugares reales, existen muchos aspectos de la narrativa bíblica que pueden experimentarse de formas que sean significativas y auténticas. Las historias pueden cobrar vida mediante simulaciones y "excursiones", incluso si se llevan a cabo dentro del salón de la iglesia. Imagine recrear una experiencia del exilio para los niños, o simular la cautividad, o salir del salón para dar los pasos necesarios para recrear el tamaño real del arca, o construir un Goliat en su tamaño original con trozos de madera y elementos que recolecten, como una ensaladera para simular el casco y unos guantes de trabajo que se conviertan en sus manos.

A los niños les encanta y necesitan estar activos, pero no siempre de las maneras que creen los adultos. Existe un momento para realizar juegos que requieren mucha energía e interpretar canciones con movimientos exagerados, pero no son útiles en un contexto donde pretendemos involucrar a los niños en la historia bíblica. Sin embargo, es útil brindar múltiples actividades de aprendizaje para que los niños puedan elegir la tarea que más les interese. Si es un grupo grande, una actividad cada ocho a diez niños es una buena regla general; puede contar con varias opciones de algunas actividades. Para una tercera parte de la hora de enseñanza, considere realizar actividades que hagan que cobre vida que el entorno bíblico de la lección.

Es necesario reconocer y acomodar las diferentes formas en que aprenden los niños. Los niños no han tenido la misma experiencia de vida que los adultos como para aprender a adaptarse en el caso de

---

[245] John Holt, *How Children Learn* [Cómo aprenden los niños], ed. rev. (Nueva York: Perseus, 1995).

que el estilo del maestro o el tipo de actividad no sean compatibles con la manera particular en la cual cada niño aprende mejor. Los diferentes estilos de aprendizaje entre los niños son otra razón por la cual es útil proporcionar una variedad de actividades relacionadas con la duración de la lección bíblica que se está enseñando. Puede ofrecerles a los niños proyectos que se encuentren en curso, que sean significativos y auténticos y que también reflejen la vida en ese momento. Con una planificación cuidadosa, los proyectos pueden atraer a todos los tipos de alumnos, de la misma forma en que las actividades lo hacen en la vida hoy día. Por ejemplo, puede haber proyectos contextualizados que requieran que los niños puedan desarrollar habilidades artísticas, habilidades de escritura, aptitudes para edificar o construir, la habilidad para investigar acerca de los detalles sobre esa época o preparar alimentos y recrear la vestimenta que se usaba en ese momento. Los proyectos auténticos sobre los tiempos bíblicos pueden convertirse en el ímpetu para un enfoque completamente distinto para enseñarle a los niños sobre la Biblia.

Pero aún hay más sobre la enseñanza efectiva a los niños. El sentido de asombro y sorpresa desempeñan un rol significativo.

El poder del asombro y la sorpresa

Pocas cosas llenan de cariño el corazón de un maestro más que ver los ojos bien abiertos de un niño y ver que el niño se involucra profundamente. Eso significa que el niño está diciendo silenciosamente: "¡Guau!" No es igual a cuando un niño obtiene una puntuación alta en un videojuego y dice: "¡Impresionante!" El asombro y la sorpresa se presentan cuando un niño reflexiona, contempla y medita en la persona y las acciones de Dios durante una historia bíblica (revelación especial) o cuando el niño se maravilla de lo que Dios ha hecho (revelación general).

La Biblia declara más de sesenta veces que el asombro y la sorpresa eran las respuestas del pueblo de Dios cuando se encontraban con el poder y la majestad de Dios. Las palabras *reflexionar*, *contemplar*, *pensar* o *meditar* son mencionadas alrededor de cien veces en las Escrituras. Claramente, son procesos bíblicos.

Para guiar a un niño a que pueda lograr esto requiere que haya un cambio en la forma usual en que los maestros interactúan con los niños. El maestro debe ser su modelo en esto; debe desacelerar las acciones y los pensamientos, así como la quietud externa e interna.

Sin importar dónde se encuentren el maestro y el niño (en el aula, en la casa o al aire libre) el lugar se convierte en un lugar sagrado si tienen consciencia de que la presencia de Dios está en el mismo.

Aunque algunos niños pueden necesitar más tiempo para adaptarse a experiencias como esta, lo que ellos dicen que *quieren* es muy diferente de lo que *anhelan*. Muchos niños de América del Norte anhelan quietud y lentitud porque hay muchas cosas en la cultura que les impiden la posibilidad de sorprenderse. Incluso los niños que según se informa se encuentran en constante movimiento anhelan eso. Cuando los maestros viven esta clase de experiencias, las percepciones y la transformación que se llevan a cabo aumentan su voluntad para intentar repetidas veces, mediante la prueba y el error, de ayudar a los niños a que reciban los mismos beneficios.

La colaboración y las conexiones

Ayudar a los niños a aprender a trabajar juntos es una importante habilidad de la vida. Se siente muy diferente de la consigna que reciben los niños generalmente: "Dejen sus manos quietas y miren su propio trabajo." Ayudar a los niños a aprender a trabajar juntos es también una forma de ayudarlos a comenzar a comprender todos los mandamientos de "unos a otros" que el apóstol Pablo les indicó a las iglesias en sus epístolas. El aprendizaje colaborativo puede ser especialmente útil cuando se trata de memorizar las Escrituras. Haga que los niños aprendan porciones de texto, tales como el Salmo 1 o el 23, o 1 Corintios 13, además de los versículos individuales. Pueden practicar el pasaje de forma regular como grupo, pero también pueden ayudarse entre ellos a memorizarlo como compañeros. Una vez que todo el grupo pueda recitar el pasaje, celébrelo con pizzas o con un postre de banana split gigante.

Otra forma de colaborar es brindarles oportunidades para que realicen actos de servicio para la comunidad de la fe y para la comunidad en general. Quizás un domingo de cada cuatrimestre pueda dedicarse a servir: sacar los yuyos de los canteros de la iglesia, juntar basura en el barrio, preparar obsequios para un albergue de indigentes o para un hogar de ancianos o cualquier tarea en grupo apropiada para el entorno. Para que el aprendizaje universitario sea efectivo, el entorno debe ser seguro, especialmente en lo emocional. Eso significa que no haya desprecio, que se respeten a todas las personas y que se escuchen atentamente los comentarios de todos.

Dicho todo esto, los niños todavía necesitan oportunidades para reflexionar y realizar comentarios de forma individual para que puedan ser dueños de su propio aprendizaje.

De qué manera podría desarrollarse la enseñanza para niños (No será la escuela dominical de su madre)

Imagine que es la mañana del domingo y que es el momento para que los niños aprendan acerca de la Biblia (puede llamarlo escuela dominical, la hora de la Biblia, o cualquier otro término).[246] Usted, como líder del ministerio de niños, ha diseñado una serie de lecciones para niños de primaria, que duran entre diez y doce semanas, acerca de la cautividad de los israelitas, el éxodo y cuando vagaron por el desierto bajo el liderazgo que Dios le otorgó a Moisés. (Éste es solo un ejemplo de las muchas series de lecciones de la Biblia que pueden experimentarse de la forma que describo). Este lapso de sesenta a noventa minutos está compuesto por tres partes: *Introducción*, *la obra de Dios en los eventos bíblicos* y *la obra de Dios hoy*. Cada sección dura entre veinte y treinta minutos.

Durante la *introducción*, la idea es que los niños experimenten el contexto de ese periodo bíblico: cómo era la vida cuando Moisés era el líder del pueblo hebreo. Entonces, puede proporcionar los materiales para que eso suceda: rollos de papel para que los niños pinten la escena a medida que se desarrolla la historia; cajas de cartón para construir pirámides; cortinas viejas, sábanas y retazos de rollos tela de descarte para diseñar el vestuario como el que se utilizaba en ese tiempo; elementos para cocinar con granos y panes de esa época; materiales para construir instrumentos musicales tales como tambores, tamboriles, címbalos y flautas; y recursos para que los niños más grandes escriban los guiones de la historia. El aprendizaje se desarrolla en la puesta en acción, es por eso que los ayudantes adultos necesitan estar cómodos cuando guían a los niños, sin buscar que el producto final parezca profesional. El rol de los adultos durante este tiempo es ayudar a que los niños comprendan de qué manera los diversos proyectos les ayudan a aprender sobre la vida de ese entonces. Por cierto, permitir que los niños elijan una tarea de aprendizaje que les resulte atractiva ayuda a manejar los

---

[246] Para información adicional sobre los diferentes enfoques del aprendizaje de la Biblia con niños, véase May et al., *Children Matter* [Los niños importan] (Grand Rapids: Eerdmans, 2005), 246–81.

problemas de comportamiento: los niños cooperan cuando hacen algo que les interesa.

A medida que se desarrolla la serie, los niños pueden crear una nueva escena que muestre la desolación del desierto del Sinaí. Al menos una historia puede representar la rutina de los israelitas durante esa época. Al mismo tiempo, algunos grupos de niños pueden comenzar a crear el tabernáculo: los diversos elementos de mueblería, la vestimenta de los sacerdotes y el sumo sacerdote y un guion para la celebración del Día de la Expiación, que puede ser la culminación de esta serie.

A medida que llegan los niños, eligen un proyecto que les interese, algo que disfrutarán hacer.[247] Después de que los niños crean varios aspectos de la vida de ese tiempo, la lección se traslada al momento de *la obra de Dios en los eventos bíblicos*. Es el tiempo de la lección, tiempo de que escuchen acerca de la obra de Dios mientras que Moisés guiaba al pueblo de Dios. Esta enseñanza la pueden realizar personas que no se consideran a sí mismas maestros, pero que disfrutan actuar y que son buenos contando historias. Su responsabilidad es contar una historia de doce a quince minutos de duración, que esté basada en el texto. Esa historia incluirá a los niños si la cuenta un personaje disfrazado que la relate como si estuviese en ese momento. Observemos algunos posibles personajes que pueden contar la historia de esta serie: Moisés, la esposa de Moisés, Aarón, un adolescente hebreo o quizás el faraón o su hija.

El último bloque de la clase, *la obra de Dios hoy*, es el momento más importante en muchas maneras. Aquí es donde los niños realizan conexiones entre el Dios de la historia bíblica y el mismo Dios que obra hoy en sus vidas. Es útil, e incluso esencial, que sea la misma persona la que facilite este proceso cada semana con un grupo pequeño de niños (de ocho a diez). Estos adultos pueden llamarse de otra forma que no sea maestros, ya que en realidad no enseñan. En cambio, guían y facilitan las conexiones que realizan los niños. Estas personas pueden llamarse pastores. Considere mezclar las edades en estos grupos pequeños; quizás dividir los grupos según si están en los primeros o en los últimos grados de la escuela primaria. La dinámica entre los niños más grandes y los más pequeños puede mejorar el aprendizaje y la cooperación entre los grupos. En general, también

[247] Comparta con su equipo ideas acerca de la logística de este modelo de tres partes. No alcanza el espacio destinado para este capítulo para describir los detalles de cómo se organiza y cómo puede fluir.

Normalmente trabajo con niñas de 5to. a 7mo. grado en un entorno casual y relacional en mi casa. No lo llamamos estudio bíblico o discipulado, pero eso es lo que es. Todas las veces comenzamos hablando de manera informal acerca de la vida: nos ponemos al día con lo que ha sido divertido, difícil y especial. Después encendemos la vela de Cristo (una lámpara de aceite que utilizamos para recordar que Jesús es la luz del mundo y que su presencia está con nosotras) y cantamos una plegaria para comenzar nuestro "tiempo con Dios."

Después de dedicarle un tiempo a las Escrituras, hay un momento especial para que las niñas respondan sobre el texto. A veces hacen una parodia para contar la historia, o se les puede pedir que dibujen lo que piensan que pasó al día siguiente, o que cuenten el pasaje en un ambiente contemporáneo o que imaginen qué lugar hubieran ocupado ellas si hubiesen estado en ese momento.

La primavera pasada, después de leer el discurso del aposento alto en el evangelio de Juan, les di a las niñas un papel de dos metros y medio de largo, marcadores y pañuelos de papel de colores. Les pedí que representaran las emociones que pudieron haber sentido las personas de ese lugar (como se describe en los capítulos 13 y 14) sin usar palabras. Eso fue todo lo que les dije. Se pusieron a trabajar, observando esos capítulos y hablando acerca de lo que harían. Entonces comenzaron a romper los pañuelos de papel en pequeños trozos para crear un mosaico de emociones. Les llevó varios encuentros completar el trabajo; las niñas estaban muy comprometidas mientras que trabajaban juntas y hablaban acerca de las posibles dinámicas y sentimientos que pudieron haber tenido los discípulos.

Además de algunas preguntas basadas en el contenido (cerradas), trato de hacerles muchas preguntas con final abierto (preguntas que no tienen una respuesta específica) con la idea de ampliar su pensamiento y ayudarlas a imaginar la situación, porque la imaginación juega un papel clave en el crecimiento espiritual.

También memorizamos las Escrituras como grupo. Trato de enfocarme en ayudarlas a comprender el pasaje, ir más allá de que simplemente lo reciten. Es cierto que saberlo de memoria es una disciplina espiritual importante, pero para que sea más efectivo, también deben entenderlo e internalizarlo.

es útil mezclarlos por género a estas edades; hacerlo ayuda a moderar algunos de los comportamientos estereotipados de un género específico que se pueda dar. Ya que los niños siempre se encuentran con el mismo grupo pequeño, aunque puedan elegir diferentes tareas para hacer al principio, pueden construir relaciones, compartir preocupaciones y orar unos por otros.

Resultado: *es importante crear experiencias que ayuden a los niños a ver la realidad de la historia bíblica: que los personajes bíblicos fueron personas reales, en un lugar real, en un momento de la historia real y que sus problemas, desafíos y alegrías son similares a lo que Dios nos permite experimentar hoy día, aunque las circunstancias puedan ser diferentes.*

Los tipos de experiencias que se crean son más importantes que tratar de hacer funcionar una tarea para un grupo de niños con una edad específica. Los niños más grandes naturalmente se sentirán atraídos de realizar una investigación, si tienen oportunidades para redactar y realizar tareas sofisticadas, pero un niño de cualquier edad puede construir, crear, cocinar o pintar. La diferencia está en lo que obtienen los niños de las tareas de aprendizaje y la forma en que conectan las historias bíblicas con sus propias vidas. Eso es lo que sucede en los grupos pequeños, que se convierten en grupos de veinte minutos de discipulado.

El discipulado con niños

¿Cómo es el discipulado con niños? Es intencional, con conversaciones planificadas acerca de Dios y de la vida y en crecimiento de desarrollos espirituales. Algunas veces el plan puede estar desarrollado por el adulto, como puede ser un estudio sobre los nombres de Dios o sobre las declaraciones de Jesús cuando afirma "Yo soy." Otras veces el plan puede ser moldeado por las preguntas que les generan curiosidad a los niños, tales como: ¿Cómo es el cielo? ¿Habrá mascotas allí? ¿Por qué los niños hacen bullying? ¿Cómo es morir? y ¿Por qué hay tanta enfermedad en el mundo? Por supuesto, el discipulado puede incluir estudios de libros o estar basado en doctrinas centrales de la fe cristiana, pero muchas veces las preguntas de las doctrinas quedan cubiertas porque surgen de asuntos que generan los mismos niños.

Elecciones curriculares

Antes que nada, ¡debo decir que no existe el currículo perfecto! Cada plan debe adaptarse al contexto y a los alumnos. Al seleccionar los materiales para enseñarles a los niños, considere el alcance y la secuencia: qué contenido estará cubierto y en qué orden (véase cap. 12). Si eso logra su propósito, entonces puede realizar ajustes para otras áreas de la lección que pueden ser menos adecuadas, creando sobre los principios detallados anteriormente.

Esto es lo que hay que buscar:

- ¿Cómo se trata y presenta el pasaje de las Escrituras?
- ¿Está "simplificado" o es adecuado para la edad?
- ¿Cuál es el rol del maestro?

- ¿Cuál es la visión con respecto al alumno: se ve el niño como alguien capaz y creativo, o simplemente como un títere que seguirá indicaciones?

Muchos ministerios eligen la desafiante tarea de redactar su propio currículo. Si lidera uno de estos ministerios, aquí hay una estructura que puede resultarle útil, un proceso de cinco pasos que se denomina los Cinco "-ar" para Educ-ar: (1) identificar, (2) elaborar, (3) iluminar, (4) integrar, (5) activar.[248]

- *Identificar*: identifique una necesidad o problema percibido de la vida o de las Escrituras. ¿En qué situaciones se encuentran los niños que se relaciona con el objetivo o con el texto?
- *Elaborar*: elabore o extraiga el problema a su conclusión lógica. Ayude a los niños a darse cuenta de cuáles pueden ser las consecuencias si el problema no se resuelve. Investigue porqué existe el problema y cuáles son sus consecuencias.
- *Iluminar*: ilumine el problema con la verdad de la Palabra de Dios. ¿De qué forma es evidente este problema en el texto que se utiliza? ¿De qué maneras intervino Dios? ¿Qué hicieron las personas en la historia bíblica? ¿Cómo respondieron a las acciones de Dios?
- *Integrar*: integre la verdad del pasaje con la ayuda del Espíritu Santo. Hágalo de tal manera que les muestre a los niños cómo aplicar la verdad a sus propias situaciones. ¿Qué significa esta verdad para sus vidas?
- *Activar*: active un plan bajo la dirección de Dios que producirá cambios en sus vidas. Deje que los niños lo determinen por sí mismos. ¿Cómo pueden ser específicamente diferentes con la ayuda de Dios? ¿A quién le rendirán cuentas para que puedan hacer un seguimiento hacia el cambio deseado?

Ciertamente, lleva tiempo acomodarse a este proceso. Fíjese que comienza por la vida de los niños, luego los lleva a las verdades de las Escrituras y nuevamente vuelve a sus propias vidas. Es un movimiento que fluye entre la vida de hoy y la vida de ese entonces. Dios no ha cambiado, pero nuestras vidas en sí ciertamente son diferentes de

[248] Desarrollé este esquema cuando escribía mi propio currículo. La palabra *educar* no significa simplemente "enseñar" o "aprender", sino "guiar a alguien."

aquellas de los tiempos bíblicos, aunque nuestros problemas suelen ser bastante similares.

Cuando desarrolle un plan de estudio, comience con el pasaje bíblico, un problema o un evento que haya afectado a los niños. Deje que el Espíritu Santo lo guíe a través de la oración para comprender de qué manera es relevante el pasaje para los niños, y luego proceda a construir el proceso, e incluya tantas formas experimentales como sea posible. Las experiencias creativas son especialmente útiles en los pasos 2 y 4.

Una palabra final

Es una alegría y un privilegio enseñarles a los niños acerca de Dios y a través del Espíritu que nos ayuda a hacerlo de manera atractiva. Necesitamos acordarnos de poner en primer lugar a los niños, como lo hizo Jesús (no a nuestras enseñanzas o a mis métodos, sino a los niños) y que nos volvamos como niños, y bendecirlos cada vez que estamos juntos, como también lo hizo Jesús.

Preguntas y actividades

1. ¿Recuerda alguna lección de una historia bíblica particular de su niñez? ¿Qué fue lo que hizo su maestro que la hizo tan memorable? ¿Qué rol desempeñaron el asombro y la sorpresa?
2. ¿Cuáles piensa que son las principales diferencias entre enseñarle a niños y enseñarle a adolescentes?
3. Al revisar este capítulo, ¿cuáles son las pautas más importantes que observa para la enseñanza efectiva de los niños? ¿Qué nota que puede ser particular para la enseñanza de los niños?
4. Encuentre un ministerio de niños de una iglesia local que le permita investigar los materiales que utilizan para exponen su propósito, la forma en que organizan a sus voluntarios y la forma en que capacitan a su gente. Revise los propósitos establecidos del ministerio, examine los recursos que le brindan a los maestros y anote los principios que guían su trabajo. Si tuviese que describir ese ministerio a otra persona, ¿cómo lo describiría?
5. Eche un vistazo a la sección de cómo puede verse la enseñanza con niños. Elija una de sus historias bíblicas favoritas

y cree un primer borrador de una lección original, utilizando las tres partes y sus principios.

Lectura adicional

May, Scottie, Beth Posterski, Catherine Stonehouse y Linda Cannell. *Children Matter: Celebrating Their Place in the Church, Family, and Community* [Los niños importan: celebramos su lugar en la iglesia, en la familia y en la comunidad] Grand Rapids: Eerdmans, 2005.

Stonehouse, Catherine. *Joining Children on the Spiritual Journey: Nurturing a Life of Faith* [Unámonos a los niños en su recorrido espiritual: nutramos la vida de la fe]. Grand Rapids: Baker, 1998.

14

La enseñanza para adultos

AMANDA DRURY

Cuando tenía veintitrés años, volví del hogar de ancianos afligida. Había estado haciendo una pasantía bajo la supervisión del capellán por algunos meses y acababa de presenciar la muerte de un residente. Ni bien entré por la puerta de casa, compartí con mi esposo lo difícil que fue ver morir a una de las residentes. Cuando terminé de compartirle lo que sentía, dejé escapar: "Y era tan joven; ¡sólo tenía setenta y dos años!"

John me miró perplejo: "¿Setenta y dos años es joven?"

Si no hubiese pasado tanto tiempo en ese hogar de ancianos, también hubiese considerado extraña esa declaración. ¿Setenta y dos años es joven? Pero después de varios meses de interactuar con los residentes que se encontraban en distintas etapas, era claro que había una gran diferencia entre setenta y dos y ochenta y dos años. Desde mi perspectiva, sí, setenta y dos me parecía una edad joven para morir.

Existe la tendencia entre aquellos que recién están entrando en la adultez de agrupar a las personas en una gran categoría, etiquetada simplemente bajo el nombre de "adultos." Existen varias categorías para aquellos que tienen menos de veinte años (recién nacido, bebé, niño, preescolar, estudiante de la escuela primaria, preadolescente, estudiante de la escuela media, estudiante de la escuela secundaria, adolescente) y nuestras conversaciones comienzan a extenderse para incluir a aquellos que se encuentran en la categoría de nuevos adultos. Existen muchas categorías para las primeras dos décadas de la vida, pero muy pocas cuando pasamos la mitad de los veinte años. Es extraño tener un vocabulario tan limitado para describir el lapso en el cual una persona pasa la mayoría de su vida.

De la misma manera en que existen muchos términos para las personas que tienen menos de veinte años, también la iglesia tiende a ofrecer muchas opciones de formación espiritual para los jóvenes. Según el tamaño de la iglesia, los niños son comúnmente divididos en clases, orientadas a su propio grupo de edad, los maestros de la escuela dominical orientan sus lecciones hacia cada uno de los grupos y, mientras que separamos a los de dos años de los de ocho, generalmente juntamos a los de treinta con los de setenta en una gran categoría: "adultos."

Para ser claros, este *no* es un capítulo destinado a defender la separación de los adultos por edades; sin embargo, es un llamado a los líderes de la iglesia para que profundicen su comprensión de lo que significa ministrar a los adultos. También debería tenerse en cuenta que las diferencias que surgen entre los adultos no están limitadas a las edades. Muchos otros factores entran en juego cuando consideramos la raza, la clase, la etnia, la educación, entre otros. Y luego, dentro de cada una de estas categorías, debemos considerar las diferencias acerca de su estado familiar. ¿Casado/a o soltero/a; divorciado/a o viudo/a? ¿Los adultos tienen hijos? De ser así, ¿los hijos son pequeños o grandes? Como podrá observar, no existe tal cosa como el "típico adulto."

Lo que, es más, incluso si tuviéramos una habitación llena de personas homogéneas (hombres y mujeres de la misma edad, raza, nivel socioeconómico y con responsabilidades familiares idénticas) aun así no podríamos enseñarles con un criterio genérico. Aunque podamos tener similitudes sorprendentes con aquellos que nos rodean, el Espíritu Santo nos habla a cada uno de nosotros con el contenido y en un momento que es diferente de persona a persona. Cuando consideramos todas estas diferencias, uno se queda preguntándose cómo es siquiera posible enseñar efectivamente en una sala llena de adultos distintos.

En un esfuerzo por combatir la afirmación previa que sostiene que el mismo programa sirve para todos los adultos por igual, muchos en el campo de la educación para adultos han intentado identificar teorías de las etapas para poder categorizar sus diferencias.[249] Si bien estas teorías de las etapas son una forma estándar de hablar sobre el desarrollo de los adultos, ciertamente no es la verdad autoritativa en cuanto a la experiencia que mantuvieron con ellos. De hecho, algunos pueden criticar estas teorías por ser demasiado limitadas, como explicaremos a la brevedad. Si bien las teorías de las etapas pueden tener limitaciones, pueden ser útiles si se utilizan de una manera flexible para familiarizarnos con las diferencias que se encuentran dentro de un aula repleta de adultos. Por lo tanto, nos involucraremos en una breve discusión acerca de la teoría de las etapas y luego le permitiremos que se vuelva parte del trasfondo de lo que significa enseñarles a los adultos.

Mientras que personas como Erik Erikson y Lawrence Kohlberg ofrecieron categorizaciones según el desarrollo psicológico de los niños y de los adultos, James Fowler desarrolló una teoría de seis pasos denominada "las etapas de la fe", que combina lo psicológico con lo espiritual. A continuación, se resume su teoría:

- Etapa 0: fe primaria o no diferenciada (del nacimiento a los 2 años). "El niño está formando su sentido básico de confianza… lo que yo llamo pre-imágenes de Dios o de lo santo, y de la clase de mundo en el que vivimos. Sobre este fundamento de la confianza o desconfianza básica, se construye todo lo que surge más adelante en cuanto a la fe."
- Etapa 1: fe "intuitivo-proyectiva" (de 3 a 7 años). "Está marcada por el surgimiento de la imaginación. El niño no tiene el tipo de lógica que hace posible o necesario cuestionarse las percepciones o las fantasías. Por lo tanto, uno podría decir que la mente del niño se encuentra 'religiosamente embarazada.'"
- Etapa 2: fe mítico-literal (principalmente en niños escolarizados). "El niño desarrolla una forma de lidiar con el mundo y crear significado que ahora critica y evalúa la etapa anterior de

[249] Por ejemplo, Erik Erikson (1902–1994) desarrolló una teoría de ocho pasos acerca del desarrollo de la identidad desde la niñez hasta la adultez. Lawrence Kohlberg (1927–1987) estudió el razonamiento moral y creó seis estados de desarrollo que resumen el proceso.

la imaginación y la fantasía. El regalo de esta etapa es la narrativa. El niño puede verdaderamente formar y volver a contar historias inspiradoras que captan sus propias experiencias de significado."

- Etapa 3: fe sintética convencional (surge en la adolescencia; desde los 12 años hasta la adultez). "Está marcada por el comienzo de lo que Piaget denominó el pensamiento operatorio formal. Significa sencillamente que ahora podemos pensar utilizando nuestro propio razonamiento. Es un tiempo donde comúnmente la persona está preocupada por formar su identidad, y está profundamente preocupada por las evaluaciones y respuestas que le realicen otras personas significativas en su vida... En cualquiera de las etapas a partir de la 2, puede encontrar adultos que son descriptos mejor por estas etapas."
- Etapa 4: fe individual y reflexiva (generalmente entre la mitad de los veinte hasta finales de los treinta). "La etapa 4, para aquellos que la desarrollan, es un tiempo en el cual la persona es expulsada, o sale, del círculo de las relaciones interpersonales que han sostenido su vida hasta ese momento. Ahora surge la responsabilidad de reflexionar en uno mismo, separado de los grupos y del mundo compartido que define la vida."
- Etapa 5: fe conjuntiva (la crisis de la mitad de la vida). "Uno empieza a reconocer que el yo consciente no es todo lo que existe. Tengo un inconsciente. Gran parte de mi comportamiento y respuestas a las cosas está moldeado por las dimensiones del yo, y en realidad no soy completamente consciente de esto. Existe una preparación más profunda para alcanzar una relación con Dios que incluye su misterio, inaccesibilidad y su extrañeza, como también su cercanía y claridad... La etapa cinco es un periodo donde uno se encuentra sensible a las paradojas."
- Etapa 6: fe universal (incluye varias etapas). "Encontramos pocas personas que avanzan hasta la etapa 6, la cual denominamos fe universal... Son personas que en un sentido se han negado a sí mismas para afirmar a Dios. Y, sin embargo, al afirmar a Dios se han convertido en personas vibrantes e influyentes en nuestra experiencia. Tienen una cualidad que

yo llamo la irrelevancia relevante. Su 'subversividad' muestra nuestros compromisos como realmente son."[250]

Si bien la teoría de las etapas de la fe de Fowler puede ser una herramienta útil en las conversaciones iniciales, al final, la teoría de las etapas suele tener varias desventajas. Aparte del hecho de que la mayoría de las personas se enfurece con la idea de que su fe y su desarrollo psicológico sea puesto en una caja, categorizar a las personas en varias etapas no toma en cuenta la riqueza de la experiencia humana, que rara vez es secuencial y para nada ordenada.

Consideremos a Ruby Bridges, quien, a los seis años de edad, acompañada por comisarios federales, se la veía orar regularmente por aquellos que protestaban que asistiera a una escuela que había sido solo para personas blancas. Por su edad, se encontraría en la primera etapa de Fowler ("fe 'intuitiva proyectiva'"). Sin embargo, sus acciones de compasión y gracia hacia aquellos que la amenazaban se parecían más a la "fe universal" de la etapa seis. La teoría de las etapas puede ser útil al principio, pero presenta grandes limitaciones. Quizás más útil que la teoría de las etapas sería el concepto de andragogía, la teoría y práctica relacionadas con la enseñanza a adultos.[251] Si hubiese un santo patrono de la enseñanza a adultos, probablemente sería el teórico educativo Malcolm Knowles (1913-1997), quien es mejor conocido por sus escritos acerca de la andragogía:

Los adultos tienen la necesidad de saber por qué aprenden algo.
Los adultos aprenden a través de la acción.
Los adultos resuelven problemas.

---

[250] James Fowler, citado en Harold Kent Straughn, "My Interview with James W. Fowler on the Stages of Faith," [Mi entrevista con James W. Fowler acerca de las etapas de la fe] John Mark Ministries, 13 de octubre de 2006, http://www.jmm.org.au/articles/18316.htm. La formulación completa de la teoría de Fowler puede encontrarse en su libro *Stages of Faith: The Psychology of Human Development and the Quest for Meaning* [Las etapas de la fe: la psicología del desarrollo humano y la búsqueda del significado] (San Francisco: Harper & Row, 1981).

[251] Este término se originó con el educador alemán Alexander Kapp y Eugen Rosenstock-Huessy desarrolló una teoría a partir del mismo. *Andragogía* es de origen griego y significa "guía para el hombre" (por supuesto, en este contexto se extiende a hombres y mujeres), lo que significa que el adulto posee elementos de autonomía. Esto se contrasta con el término *pedagogía*, que en griego significa "guía para el niño."

> Los adultos aprenden mejor cuando el tema es de uso inmediato. A medida que el adulto madura, la motivación para aprender proviene de adentro más que de afuera.[252]

El resto de este capítulo se enfocará en cinco pautas para enseñarle a adultos que están basadas en el entendimiento que tenía Knowles de la andragogía y que son apropiadas para la iglesia.

La enseñanza como co-aprendizaje

Entonces, ¿cómo abordamos la enseñanza a adultos? ¿Cómo le enseñamos a una audiencia tan amplia y diversa? Algunas de las pautas más básicas de enseñanza son verdaderas ya sea que nuestros estudiantes tengan tres años u ochenta y tres. Estas pautas más básicas se enfocan menos en *qué* enseñamos o *cómo*, y más en *quiénes somos*. Sin importar el tipo de audiencia, la enseñanza más efectiva comienza con la persona del maestro. El educador Parker Palmer escribió: "La buena enseñanza no puede reducirse a la técnica; la buena enseñanza procede de la identidad y la integridad del docente."[253]

En el corazón de la enseñanza efectiva se encuentra el conocimiento y la realidad de la identidad de uno mismo, particularmente porque se relaciona con el hecho de ser un hijo amado por Dios. Obviamente, esta clase de conocimiento de uno mismo lleva toda la vida y no se puede reducir a un simple libro, mucho menos a un capítulo. Sin embargo, es la piedra angular de la enseñanza, sin importar del tema o de la materia.

¿Qué significa ser un maestro de adultos intencional y atento? Incluso antes de que pongamos un pie dentro del aula, existe la posibilidad de que en nuestras mentes ya se esté gestando una batalla. "¿Me preparé lo suficiente?" "¿Le agradaré a estas personas?" "¿Qué pasará si nadie habla?" Frecuentemente, la buena enseñanza comienza con reconocer esos lugares donde nos sentimos incómodos o ansiosos.

No tiene que ser la persona más inteligente de la sala para ser un buen maestro. Es común que los recién graduados de la universi-

---

[252] Malcolm Knowles, *Andragogy in Action* [La andragogía en acción] (San Francisco: Jossey-Bass, 1984), 12.

[253] Parker Palmer, *El coraje de enseñar: explorando el paisaje interior de la vida de un maestro*, trad. Vicente Merlo (San Francisco: Editorial Sirio, 2017), 46.

dad que son llamados por primera vez se encuentren en uno de dos extremos. Primero, están aquellos que temen no tener nada que ofrecer a los congregantes que tienen diez, veinte o treinta y pico de años más que ellos. "Soy demasiado joven para tener algo para decir que valga la pena." "Nadie va a escucharme."

Luego, están aquellos en el otro extremo que creen que su educación y su experiencia los hacen expertos en todas las áreas espirituales. Leyeron los comentarios. Saben las teorías. Ganaron el premio al mejor predicador y sin duda la congregación estará sentada en el borde de sus asientos, deseosos de aprender.

La mayoría de los maestros probablemente se encuentren oscilando entre los dos extremos: a veces dentro del mismo periodo de clases. Aquellos que luchan porque se sienten incompetentes pueden encontrar el valor en las Escrituras cuando el niño Samuel fue elegido para escuchar la voz de Dios. O cuando el tartamudo Moisés recibió el mensaje: "¿Quién dio la boca al hombre? ¿O quién hizo al mudo y al sordo, al que ve y al ciego? ¿No soy yo Jehová? Ahora pues, ve, y yo estaré con tu boca, y te enseñaré lo que hayas de hablar" (Éx 4:11-12). Y cuando Timoteo recibió el consejo: "Ninguno tenga en poco tu juventud, sino sé ejemplo de los creyentes en palabra, conducta, amor, espíritu, fe y pureza." (1 Ti 4:12). Tenemos precedentes en las Escrituras de Dios utilizando a los jóvenes para enseñarles a los mayores. Aquellos a quienes Dios ha llamado no son impostores dentro de la iglesia; son niños ungidos separados y hechos valientes para el ministerio.

En última instancia, debemos recordar que nuestro objetivo no es crear discípulos nuestros; en cambio, nos esforzamos continuamente para darle lugar al Espíritu Santo para transformarnos a todos a la imagen de Cristo. Cuando nos vemos a nosotros mismos como co-aprendices que buscan ser transformados a la imagen de Cristo, en oposición a creernos expertos en el material, nos hacemos preguntas como: "¿De qué forma me cambia el material a *mí*?" Significa que le hacemos preguntas a nuestros compañeros de aprendizaje para las cuales todavía no tenemos respuestas. Ser un co-aprendiz, en oposición a ser un experto, es difícil ya que requiere que renunciemos a cierto grado de control en el aula. Asimismo, significa que nos tomamos seriamente la idea del "sacerdocio de todos los creyentes." Reconocemos que Dios puede hablar a través nuestro, así como a través de otros miembros de la congregación.

Este rol como co-aprendiz nos hace sentir tanto aliviados como aterrados. Experimentamos alivio cuando sabemos que no somos los expertos. No somos los mejores agentes de cambio. No podemos ganarnos nuestra propia salvación, y mucho menos la de aquellos en nuestros ministerios. Nuestro trabajo es estar abiertos al Espíritu. Sin embargo, es la apertura al Espíritu Santo la que también es aterradora. Enseñamos con un plan de estudio específico y sabemos que, como el viento, el Espíritu "sopla de donde quiere, y oyes su sonido; mas ni sabes de dónde viene, ni a dónde va; así es todo aquel que es nacido del Espíritu" (Jn 3:8).

> Medite acerca de sus maestros favoritos del pasado. ¿Qué era lo que más le atraía de ellos? Lo más probable es que no haya sido su inteligencia. Probablemente su respuesta tenga más que ver con la manera en que se relacionaban con sus estudiantes.

Enseñar para "satisfacer un deseo"

¿Alguna vez le han dado un regalo que simplemente no necesitaba? Ese regalo pueden ser botas de nieve cuando vive en Hawaii, shampoo cuando no tiene cabello o un nuevo par de medias cuando tiene un cajón lleno de ellas. Ahora aplique el mismo concepto a las ideas: ¿alguna vez le han brindado una idea que no necesitaba? Por ejemplo: ¿sabía que la palabra "himnos" es una de las más largas en español que tiene sus letras en orden alfabético? ¿O que es posible que una cucaracha viva varias semanas sin su cabeza? ¿Sabía que los camellos tienen tres filas de pestañas para proteger sus ojos de la arena?

Las probabilidades son que las preguntas arriba mencionadas no tengan nada que ver con las preguntas que se está haciendo en este momento. Puede que encuentre algunos de estos hechos un poco interesantes, pero lo más probable es que nos los integrará a su comprensión de la vida. Como son ideas que no necesita, estos elementos corren el riesgo de ser olvidados. Son irrelevantes.

Ahora imagine completamente lo contrario: alguien que le ofrece un paraguas bajo una lluvia torrencial, una porción de pizza cuando está hambriento, los resultados de un partido de fútbol que espera ansiosamente o inlcuso el remate de un chiste. La principal diferencia entre la información sobre las pestañas del camello y el resultado del partido de fútbol está totalmente basada en el interés del oyente. Alguna información es deseada, y otra no. Alguna información es buscada, y otra es una idea adicional. Alguna información es gratificante, y otra es redundante.

Algunas de las mejores enseñanzas ocurren cuando el maestro puede "satisfacer un deseo." Escuchamos mejor cuando anticipamos que la información que estamos a punto de recibir es de alguna manera relevante o importante. Si sentimos una necesidad por el tema disponible, probablemente prestaremos atención y retendremos la información.

La enseñanza efectiva aborda preguntas en las que ya estamos meditando. La enseñanza efectiva también nos impulsa a considerar preguntas que valen la pena para comenzar. Muy a menudo los maestros se conforman con enseñar contenido, más que enseñar para la transformación. Enseñar para la transformación requiere prestar atención a una necesidad.

Considere las diferencias entre estas dos enseñanzas:

1. Jesús le dijo a Pedro que dejara su red y que lo siguiera. Pescar era una tarea extenuante para los hombres del primer siglo. Uno puede preguntarse de qué forma el hecho de pescar peces preparó a los discípulos para la tarea de Jesús de pescar hombres. ¿Está viviendo su vida de tal manera que está pescando hombres?
2. Jesús le dijo a Pedro que dejara su red y que lo siguiera. ¿Puede imaginarse qué le hubiese sucedido a Pedro si hubiera intentado seguir a Jesús mientras seguía sosteniendo su red? Se hubiese tropezado con sus propios pies y hubiese ido más lento por el peso adicional. Cuando Jesús nos llama, nos llama a dejar nuestras redes: aquellas cosas que nos hacen disminuir la velocidad para seguirlo. ¿Qué tipo de cosas está tentado a no soltar que pueden retenerlo en su recorrido espiritual?

No hay nada falso en la primer declaración. Contiene información precisa y una pregunta poco clara al final. Sin embargo, la segunda enseñanza, genera una pregunta que lleva a la imaginación. ¿Qué hubiese pasado si Pedro no soltaba la red? Esta pregunta deja espacio para pensar e impulsa al oyente a dar una respuesta más personal. Una enseñanza brinda información; la otra, despierta el interés.

Malcolm Knowles destaca la importancia de que los adultos crean que lo que se les está enseñando vale su tiempo. La mejor enseñanza está dirigida a una necesidad: busca satisfacer un deseo. Lo que enseñamos no tiene que ser siempre inmediatamente relevante o aplicable, pero debería captar nuestras mentes de tal manera que quedemos atrapados en algún elemento de belleza o asombro. Esta clase de enseñanza requiere que el maestro incluya contradicciones, misterio y finales desordenados sin tener todas las respuestas. Una vez más, esta clase de enseñanza puede ser atemorizante para el maestro, ya que requiere la habilidad de sentarse con tensión y con preguntas sin resolver.

Enseñar para producir el cambio

Quizás uno de los mayores desafíos de la enseñanza en general, y especialmente en la enseñanza a adultos, es lograr el equilibrio correcto entre la comodidad y la incomodidad. Queremos que las personas se sientan lo suficientemente cómodas y seguras para involucrarse siendo auténticas, pero también queremos proporcionar suficientes desafíos estimuladores que los obligue a buscar algo más profundo. Queremos que los adultos estén cómodos, pero no aburridos; desafiados, pero no aterrados. El psicólogo ruso Lev Vygotsky (1896-1934) describió esta tarea con lo que denominó "Zona de Desarrollo Próximo" (ZDP; véase fig. 14.1).[254]

La zona más pequeña consiste en aquellas acciones que puedo realizar por mí mismo. La zona más grande representa aquellas acciones que *no* puedo realizar por mí mismo. La zona intermedia consiste en acciones que puedo realizar con la guía adecuada de alguien más. La zona intermedia se considera el punto ideal para los maestros. En ella, se aparta al estudiante de su zona de confort, pero hay suficiente apoyo como para que no caiga en fracaso.

Si todo lo que enseñamos se encuentra dentro del perímetro más pequeño, entonces nuestra enseñanza es redundante. Para llevarlo a un extremo, la mayoría de los adultos no se beneficiarían de una gran sesión sobre cómo atarse los cordones de los zapatos. Se sentirán aburridos, como si estuviesen perdiendo el tiempo. De la misma forma en que es importante no enseñarle a los adultos lo que ya saben, también es crítico que evitemos enseñarles algo que esté más allá de sus habilidades. Una clase técnica sobre física cuántica

---

[254] Lev S. Vygotsky, *Mind in Society: Development of Higher Psychological Processes* [La mente en la sociedad: el desarrollo de procesos psicológicos superiores] (Cambridge, MA: Harvard University Press, 1978), 86.

estaría más allá del alcance de la mayoría de los adultos. En este caso los estudiantes adultos se sentirán frustrados, quizás incluso ansiosos sobre sus propias capacidades mentales.

Sin embargo, la zona intermedia está llena de potencial. Aquí es donde se produce el crecimiento cuando se brinda la cantidad correcta de apoyo y de asistencia. Aquí enseñamos cosas que un individuo no puede alcanzar por sí misma, pero que es capaz de explorar con la ayuda y la guía de alguien más. Por ejemplo, el llamado a "amar a tus enemigos y orar por aquellos que te persiguen" puede sonar imposible para algunos. La esperanza es que con la guía/preguntas/exploración correctas, el concepto de perdonar a los enemigos, aunque siga siendo difícil, pase de ser imposible a posible.

Figura 14.1: Zona de Desarrollo Próximo (ZDP)

Enseñar hacia la intimidad

Considere la vida de una mujer de cuarenta y cinco años. Imaginemos que dedica cincuenta y cinco horas a la semana a su trabajo como directora ejecutiva en una compañía de marketing. Sus días están repletos de reuniones, de decisiones que hay que tomar con urgencia y de la necesidad de crear diseños atractivos. Luego de un largo día de trabajo, se reúne con su marido para ver el partido de basquet juvenil de su hijo. Pasan por un restaurante de comida para llevar donde se pide desde el auto para poder cenar rápidamente y luego se dirigen a su hogar, donde ella descarga el lavavajillas

Como maestros, ¿cómo ayudamos a faciliar el amor por el prójimo? Considere los siguientes consejos:

1. *Permita que haya más silencio del que crea necesario.* Cuando realice una pregunta, especialmente si es una personal, esté preparado para sentarse en silencio. A muchos maestros les incomoda el silencio e intervienen demasiado rápido. Permita el espacio para que las personas formulen respuestas más profundas o para que reúnan el valor para hablar. Existe la tentación de reprenderse a uno mismo o a los participantes durante el silencio: "Quizás hice una pregunta tonta." "¿Por qué nadie contesta?" "¿No están prestando atención?"
2. *Escuche sin tratar de corregir.* Cuando una persona comparta algo sensible, escuche y responda con empatía. No responda con consejos o textos de la Biblia que respalden lo que dice; simplemente reciba con gracia y empatía lo que se compartió. Podría decir lo siguiente: "Realmente aprecio que lo hayas compartido." "No puedo imaginar lo difícil que debe haber sido para tí." Luego de una ronda de intercambio particularmente intensa, incluso podría invitar a la clase a honrar al que compartió, simplemente sentándose en silencio durante dos minutos o u ofreciendo realizar una oración.
3. *Registre los pedidos de oración.* Si proporciona el espacio para que los adultos compartan sus pedidos de oración, escríbalos en un trozo de papel para poder realizar un seguimiento (siempre pida permiso antes de compartir cualquier pedido con otras personas). Hacer referencia a pedidos de oración anteriores también crea un espacio natural para que las personas compartan dónde y cómo han sido respondidas determinadas oraciones.

mientras repasa en su mente la agenda del día siguiente. Aunque gran parte de su día lo haya pasado en presencia de otras personas, lo más probable es que, de igual manera, se haya sentido sola y necesita intimidad u otra clase de conexión significativa. Si bien podemos pasar nuestros días en una oficina o con nuestros niños pequeños, muchos adultos anhelan algún tipo de intimidad. El deseo de ser conocido puede ser abrumador (y quizás sólo lo supera la necesidad de una buena siesta).

Puede ser muy beneficioso destinar un tiempo para la interacción personal y para compartir dentro de un entorno de clases. Podría ser que dedicarle tiempo a compartir los pedidos de oración y a orar unos por otros brinde ese plus tan necesario para la formación espiritual de la persona. Permitir este tipo de espacio en una clase, y tener un espíritu flexible con respecto a la lección planificada, es una de las maneras en las que intentamos abrirnos hacia el impulso del Espíritu Santo.

Es importante encontrar el equilibrio adecuado de intimidad. Si hay muy poca intimidad, solo habrá un diálogo trivial que no satisface. Por otro lado, demasiada intimidad puede resultar en un díalogo parecido a un lecho de muerte o confesionario que genera ansiedad. Sin embargo, nuestro objetivo al enseñarle a adultos no es introducirles información en la cabeza, sino enseñarles hacia su transformación a la imagen de Cristo. Hacemos real nuestra fe en la formas en que interactuamos con los demás. Los dos mandamientos principales son amar a Dios y amar a nuestro prójimo. De la misma manera en que buscamos ser intencionales con que crezca nuestro amor hacia Dios, también necesitamos ser intencionales acerca de que crezca nuestro amor por nuestro prójimo.

Si queremos que aquellos que están bajo nuestro cuidado sean capaces de comprender aunque sea un poco lo que significa ser el cuerpo de Cristo, debemos proporcionar el espacio para que la comunidad pueda practicar para alcanzar ese fin.

Enseñar hacia la diversión

Finalmente, no subestime la necesidad de diversión que pueden tener los alumnos adultos. "Divertido" no necesariamente significa gracioso. Una persona puede describir una película de acción como "divertida" porque lo mantuvo sentado al borde de su asiento; mantuvo su interés. La mayoría de los educadores sabemos que nuestras lecciones tienen que ser interesantes si queremos mantener la atención de los jóvenes oyentes. Pero algo extraño ocurre cuando cambiamos de adolescentes a adultos. Ser interesantes, inclusivos o "divertidos" parece menos importante cuando tratamos con adultos, que cuando estamos con niños. Esta observación produce la siguiente tesis: no subestime la necesidad que tiene el adulto de divertirse. Sólo porque una persona es de mediana edad no significa que ahora desea sentarse quieta y sumergirse en una clase de media hora sobre el sinóptico de los evangelios. Los adultos también se aburren y quizás tan rápido como los adolescentes. La diferencia es que tienden a ser más amables con respecto a su aburrimiento que los miembros más jóvenes de nuestra iglesia.

Mientras esté preparando sus lecciones, pregúntese continuamente: "¿Me resulta interesante lo que estoy preparando? ¿Capta mi atención? ¿Me lleva a querer escuchar más?" Es casi seguro que si *usted* se aburre con su material y con su preparación, entonces lo mismo le ocurrirá su audiencia.

Conclusión

Si bien existen muchas teorías acerca de la educación para adultos, nuestra tarea es de alguna manera diferente, ya que no estamos interesados en simplemente educar a adultos; queremos verlos transformados a la imagen de Cristo. El mundo no necesita más personas como las que John Westerhoff denominó "ateos educados" (personas que saben mucho de la Biblia pero no creen en Dios ni lo aman).[255] Lo que necesitamos son mujeres y hombres que estén completamente vivos para Dios. Si bien esta clase de transformación es primero y mayormente un producto del Espíritu Santo, como lo indicó John Wesley: "Es Dios, y no el hombre, el médico de las almas… Pero generalmente disfruta trabajar junto a sus criaturas: que el hombre ayude al hombre."[256] Enseñarle a adultos puede parecer una tarea abrumadora y confusa, particularmente para aquellos que recién están comenzando en el ministerio. Descanse confiado, el Padre nos ha dado al Hijo, y Cristo mismo nos dio a los apóstoles, los profetas, los evangelistas y los pastores y maestros para equipar a su pueblo para las obras del ministerio, para la edificación del cuerpo de Cristo, hasta que todos lleguemos a la unidad de la fe y del conocimiento del Hijo de Dios, a un varón perfecto, a la medida de la estatura de la plenitud de Cristo (Ef 4:11-13).

Preguntas y actividades

1. Mencione tres o cuatro puntos de este capítulo que lo hayan ayudado a profundizar su comprensión de lo que significa ministrar a adultos.
2. ¿De qué manera lo ayuda a comprender su propio desarrollo espiritual el hecho de reflexionar sobre la teoría del desarrollo de la fe de Fowler?
3. "La enseñanza efectiva aborda preguntas en las que ya estamos meditando." ¿Cómo se entrecruza esta declaración con lo que está escrito en el capítulo 10 con respecto a la motivación?

[255] John H. Westerhoff, *¿Tendrán fe nuestros hijos?*, trad. Dafne Sabanes de Plou (Buenos Aires: La Aurora, 1978), 38.

[256] John Wesley, "On the Education of Children," [Sobre la educación a los niños] en *The Works of John Wesley* vol. 7 [Las obras de John Wesley, vol. 7], ed. Thomas Jackson (Grand Rapids: Baker, 1979), 88.

¿Cuáles son las consecuencias para el ministerio cristiano? Por lo tanto, ¿cómo enseñamos para el cambio?
4. ¿De qué manera la enseñanza hacia la intimidad reaviva el ministerio con adultos? ¿Dónde podrían muchos ministerios con adultos mejorar su trabajo mediante la comprensión de estas pautas?
5. Para cada una de las cinco pautas para educar a adultos, redacte un ejemplo del momento en que pudo observarlas mejor puestas en acción: enseñar como co-aprendizaje, enseñar para "satisfacer un deseo", enseñar hacia el cambio, enseñar hacia la intimidad y enseñar hacia la diversión.

Lectura adicional

Drury, Amanda. *Saying Is Believing: The Necessity of Testimony in Adolescent Spiritual Development* [Decir es creer: la necesidad del testimonio en el desarrollo espiritual adolescente] Downers Grove, IL: InterVarsity, 2015.

Fowler, James. *Stages of Faith: The Psychology of Human Development and the Quest for Meaning* [Las etapas de la fe: la psicología del desarrollo humano y la búsqueda del significado] San Francisco: Harper & Row, 1981.

15

De qué manera las familias determinan la fe de las generaciones más jóvenes

BRENDA A. SNAILUM

Luego de una presentación acerca del ministerio de la familia, un obrero que trabaja con el grupo de jóvenes levantó la mano y afirmó con confianza: "Dios me llamó a ministrar a los adolescentes. ¡No quiero tener que ministrar también a sus padres y a sus hermanas y hermanos más pequeños!" Es suficientemente difícil liderar a un grupo de adolescentes, como para agregarle más obligaciones. Sin embargo, para ministrar adecuadamente a los jóvenes, tenemos que considerar algo muy importante: *la familia influencia a todos, de todas las formas, todo el tiempo*. Este capítulo estudia la forma en que las familias influencian la manera en que aprendemos y que crecemos en la fe, analiza las ideas bíblicas y culturales sobre la familia y evalúa distintas estrategias del ministerio de la familia, para que podamos comprender mejor cómo ministrar a los jóvenes de una forma que honre y apoye la influencia familiar.

Prácticamente todo lo que aprendemos de niños, lo hacemos en nuestro contexto familiar, que nos influencia directa e indirectamente, explícita e implícitamente, para bien o para mal. Comúnmente, la familia se define de dos maneras. La visión *estructural* de la familia es como la estructura de un árbol genealógico, que puede incluir las relaciones con la familia lejana y la familia extendida. La familia también puede definirse por los roles o las relaciones organizacionales que conectan a las personas que viven juntas: se comportan como una familia. Esta visión *funcional* incluye a aquellas personas que quizás no están relacionadas legalmente o por la genética, pero que suplen roles familiares entre sí.[257]

Ya sea que usted defina a la familia de forma estructural o funcional, es una de las fuerzas más poderosas en el desarrollo del ser humano, que nos afecta a nivel genético y ambiental, lo que comúnmente se denomina *naturaleza* y *crianza*. En el entorno de la familia los niños desarrollan su identidad como persona: aprenden *quiénes* son y *para quién* son en el centro de su ser. "Para bien o para mal, el ambiente familiar sirve como un espejo a través del cual su acción refleja nuestro ser, y al hacerlo, lo determina."[258] La identidad de un niño es parcialmente determinada por la genética: esto se refiere a *quiénes* son en carne y hueso. Los niños están inextricablemente vinculados a sus padres y a sus hermanos a través del ADN que comparten, con un conjunto de características físicas, psicológicas y de comportamiento específicas. Esta realidad biológica crea una impronta en la persona que se encuentra dentro de la familia diariamente.

Sin embargo, somos más que nuestra genética; nuestra identidad también se construye socialmente. La familia es mejor comprendida como un sistema complejo interrelacional, donde el todo es mejor que la suma de las partes. Dentro del sistema familiar, los niños aprenden *de quiénes son*: aprenden acerca de su contribución e identidad únicas en la comunidad de la familia. De hecho, la familia en sí misma tiene su propio esquema, o huella digital, que influye de forma dinámica a cada miembro, a medida que moldea su carácter, su moral, sus valores, su comportamiento y su fe.[259] La institución de la familia reclama la autoridad sobre los individuos, y los niños

---

[257] Diana Garland, *Family Ministry: A Comprehensive Guide* [Ministerio de la familia: una guía completa] (Downers Grove, IL: InterVarsity, 2012), 53–56.

[258] Andrew Root, *The Children of Divorce* [Los niños del divorcio] (Grand Rapids: Baker Academic, 2010), 39.

[259] Diana Garland, *Inside Out Families: Living the Faith Together* [Las familias de adentro hacia afuera: viviendo juntos la fe] (Waco, TX: Baylor University Press, 2010), 18.

no tienen la habilidad para ser auto reflexivos con el objetivo de examinar de forma crítica su realidad; simplemente viven en ella.[260]

Dentro del sistema familiar los niños desarrollan lo que Jason Santos denominó como "la identidad ancla", o el sentido fundacional central de quiénes somos.[261] Esta realidad crea un ancla para navegar el intenso periodo del desarrollo de la identidad y de la individualización durante la adolescencia y los comienzos de la adultez.[262] Mientras que los adolescentes amplían sus círculos sociales, interpretan y aplican lo que aprenden de las relaciones "secundarias" al desarrollo de su identidad. La influencia de los padres y de la familia no necesariamente se debilita, en cambio, comparten esta etapa al mismo tiempo que los pares, las relaciones con los adultos que no son familiares y la cultura más amplia se convierten en influencias en la "socialización secundaria" del joven.[263] Estas relaciones secundarias pueden resultar críticas para ayudar al joven, ya que le brindan un lugar de pertenencia, particularmente uno que compense las situaciones difíciles de la familia. Sin embargo, es importante recordar que la voluntad individual (el libre albedrío), y muchos otros factores relacionales y ambientales, se combinan con la influencia familiar y conforman una compleja matriz que influencia el desarrollo de la identidad.

¿Cómo influyen las familias en el aprendizaje?

El aprendizaje ocurre de manera experimental dentro del sistema familiar, y los niños, especialmente los bebés y niños pequeños, aprenden afectiva e intuitivamente. Los niños aprenden de su familia acerca de cómo aprender y valorar la educación. Pocos padres tienen un currículo formal para la educación o han expresado objetivos y estrategias de aprendizaje para enseñarles a sus hijos. Sin embargo, las familias generalmente comparten un conjunto común de valores educativos, que se transmiten implícitamente a los niños

[260] Peter Berger y Thomas Luckmann, *La construcción social de la realidad* (Buenos Aires: Amorrortu Editores, 1968), 80.

[261] Entrevista de Tim Baker a Jason Santos, "Adolescent Ontology: YWJ Roundtable," [La ontología adolescente: conferencia de YWJ] *Youth-Worker Journal*, julio/agosto de 2014, 31.

[262] Berger y Luckmann, *La construcción social de la realidad* (Buenos Aires: Amorrortu Editores, 1968), 59.

[263] Ídem., 164.

y adolescentes a través de conversaciones informales y por el modelo que reflejan de esos valores en la vida diaria.

Ya sea de forma intencional o no, las familias influencian en gran medida los valores, el contenido y la calidad de la educación institucional. El Departamento de Educación de los Estados Unidos afirmó: "Cuando las familias se involucran en la educación de sus hijos, éstos obtienen mejores calificaciones, asisten al colegio de forma más regular, completan más asignaciones, tienen actitudes y comportamientos más positivos, se gradúan de la secundaria más rápido y son más propensos a registrarse para una educación universitaria."[264] Las familias no solamente influencian la educación formal de sus hijos,[265] sino que también influencian en gran medida su motivación para aprender y su deseo de alcanzar distintos logros.[266] Poco apoyo familiar genera un bajo rendimiento escolar y altas tasas de deserción escolar, mientras que un buen apoyo familiar puede brindar un amortiguador que promueve la estabilidad y fomenta la motivación y los logros académicos, a pesar de las circunstancias negativas del entorno.[267]

¿Cuál es el rol de la familia en la formación de la fe?

Una de las cosas más importantes que aprendemos de nuestras familias es quién es Dios y quiénes somos nosotros en relación a Él

---

[264] Janie E. Funkhouser, Miriam R. Gonzales y Oliver C. Moles, "Executive Summary," [Resumen ejecutivo] en *Family Involvement in Children's Education: Successful Local Approaches—An Idea Book* [La participación de la familia en la educación de los niños: enfoques locales exitosos: un libro de ideas] (Departamento de Educación de los Estados Unidos, Oficina de Investigaciones y Mejoras Educativas, octubre de 1997), 2. Puede accederse a través de http://www2.ed.gov/pubs/FamInvolve/execsumm.html.

[265] Tim Urdan, Monica Solek y Erin Schoenfelder, "Students' Perceptions of Family Influences on Their Academic Motivation: A Qualitative Analysis," [Las percepciones de los estudiantes sobre las influencias familiares en su motivación académica: un análisis cuantitativo] *European Journal of Psychology of Education* 22, no. 1 (marzo de 2007): 9.

[266] Glen H. Elder y Avshalom Caspi, "Economic Stress in Lives: Developmental Perspectives," [El estrés económico en las vidas: perspectivas del desarrollo] *Journal of Social Issues* 44 (1988): 25–45.

[267] Damiya Whitaker et al., "Neighborhood and Family Effects on Learning Motivation among Urban African American Middle School Youth," [los efectos del vecindario y la familia en la motivación para aprender entre la juventud urbana afro-americana de escuela secundaria] *Journal of Children and Family Studies* 21 (2012): 131–38.

y a otros. Un tema recurrente de las Escrituras es que cada generación es responsable de enseñarle a sus hijos los asuntos de la fe en cada aspecto de la vida. Deuteronomio exhorta: "Y estas palabras que yo te mando hoy, estarán sobre tu corazón; y las repetirás a tus hijos, y hablarás de ellas estando en tu casa, y andando por el camino, y al acostarte, y cuando te levantes" (Dt 6:6-7). Por lo tanto, no es ninguna sorpresa que estudios recientes hayan afirmado que uno de los "mejores indicadores de cómo serán las vidas religiosas y espirituales de los jóvenes es la forma en que son las vidas religiosas y espirituales de sus padres."[268]

Los padres moldean nuestro concepto de quién es Dios a través de su estilo de paternidad, siendo modelos, compartiendo las acciones y el diálogo sobre la fe. La percepción de un niño sobre la naturaleza de Dios está fuertemente influenciada por la presencia o ausencia de sus padres, sus respuestas a los errores y su capacidad para perdonar. Si el padre es demasiado punitivo, ausente o distante, puede que el niño considere a Dios de la misma manera. Pero cuando los padres son en general amorosos, amables y tolerantes, probablemente los niños considerarán a Dios de la misma manera.[269]

Los padres pueden tener una influencia crucial en promover la fe autónoma o "adquirida", mientras que los adolescentes atraviesan el desarrollo de la identidad adolescente y la individualización.[270] Este es un periodo crítico donde se necesita el apoyo de los padres durante las transiciones y acontecimientos hacia una fe adulta que esté basada en una identidad en Cristo. En esta etapa de la vida, los adolescentes buscan una autonomía sustentada: quieren crecer y al mismo tiempo necesitan saber que estarán bien por su propia cuenta. Es importante que los padres equilibren adecuadamente cuándo aferrarse y cuando soltarlos. Los padres también pueden ser de influencia para ayudar al adolescente a descubrir y a desarrollar los dones y talentos únicos

---

[268] Christian Smith, *Soul Searching: The Religious and Spiritual Lives of American Teenagers* [Búsqueda espiritual: las vidas religiosas y espirituales de los adolescentes americanos] (Nueva York: Oxford University Press, 2005), 261.

[269] Roger L. Dudley, "The Relationship of Parenting Styles to Commitment to the Church among Young Adults," [La relación de los estilos de paternidad con el compromiso con la iglesia entre los adultos jóvenes] *Religious Education* 95 [Educación religiosa] (2000): 39–50.

[270] Mark Cannister, *Teenagers Matter: Making Student Ministry a Priority in the Church* [Los adolescentes importan: hagamos que el ministerio para estudiantes sea una prioridad en la iglesia] (Grand Rapids: Baker Academic, 2013), 88.

brindados por Dios, y al hacerlo, el joven puede encontrar su propio lugar en la comunidad de fe y en la gran misión de Dios.[271]

A través del esquema general familiar, los niños y los adolescentes aprenden las normas, los valores y las tradiciones religiosas; aprenden cómo se expresa y se comparte la fe, y cómo influencia la vida y las actitudes diarias. Existe una *reciprocidad bidireccional* cuando interactúan los miembros de la familia para influenciar y moldear la fe de los demás.[272] Los rituales, los devocionales y la adoración en familia influencian en gran manera las prácticas religiosas, y la asistencia familiar a la iglesia influencia la asistencia de los adolescentes, que puede extenderse a los años de adultez.[273]

¿En qué lugar se ubica la iglesia en este escenario?

A través de las Escrituras, la imagen más común utilizada para referirse a la iglesia es la de "familia."[274] En el Antiguo Testamento, la identidad de una persona se encontraba dentro de su hogar, clan y tribu, y cada unidad subsiguiente generalmente significaba un sentido de familia mayor y más diverso. La unidad más pequeña, la *casa* o la "casa del padre" era un conjunto de familias que generalmente representaban tres o más generaciones, e incluía a las viudas, los huérfanos, los prosélitos, los sirvientes y sus familias y, en algunos casos, a los Levitas o artesanos (Dt 16:11, 14). El *clan* era un conjunto de casas que otorgaban identidad territorial, o un domicilio geográfico, que raramente era más pequeño que un pueblo.[275] La *tribu* era la

---

[271] Ídem., 196-99.

[272] Chris J. Boyatzis y Denise L. Janicki, "Parent-Child Communication about Religion: Survey and Diary Data on Unilateral Transmission and Bi-directional Reciprocity Styles," [La comunicación entre padres e hijos sobre la religión: datos de la encuesta y diario sobre la transmisión unilateral y los estilos de reciprocidad bi-direccional] *Review of Religious Research* 44 [Revisión de investigación religiosa], no. 3 (2003): 252–70.

[273] Wes Black, "Stopping the Dropouts: Guiding Adolescents toward a Lasting Faith Following High School Graduation," [Frenemos a los desertores: cómo guiar a los adolescentes hacia una fe duradera después de la graduación de la escuela secundaria] *Christian Education Journal* 5, no. 1 (2008): 28–46.

[274] Joseph Hellerman, *When the Church Was a Family: Recapturing Jesus' Vision for Authentic Community* [Volvamos al tiempo en que la iglesia era una familia: recuperemos la visión de Jesús de una comunidad auténtica] (Nashville: B&H, 2009).

[275] T. Wills, "Family," [Familia] en *The New Interpreter's Dictionary of the Bible* [El diccionario bíblico del nuevo intérprete], ed. D. N. Freedman (Nashville: Abingdon, 2006), 2:429.

unidad familiar mayor, que denotaba un linaje genealógico, tal como el "linaje de David", pero incluía a aquellos que pertenecían a las casas y clanes, aunque no estuvieran vinculados genética o legalmente. Incluso al nivel de la tribu, existía un profundo sentido de relación familiar.

Cuando Jesús estableció su iglesia, estableció una familia completamente nueva: su familia. Gracias a la sangre de Cristo, los cristianos son hermanos de sangre, y los lazos familiares naturales se subordinan.[276] Este paradigma de la nueva familia influenció profundamente la forma en que los primeros creyentes se percibían a sí mismos en relación con Dios, como su Padre, y con otros creyentes, como sus hermanos y hermanas. Se comprendió que *la iglesia es familia* y que incluye a todos aquellos a los que Jesús declara hermanos y hermanas, sin importar su edad, si están casados, si tienen padres, o hermanos, o si son huérfanos o viudas. Dado el fuerte vínculo familiar natural dentro de la cultura judía, esto presentó una reorganización radical de cómo se relacionaban entre ellos como familia.

Una comprensión colectivista de la familia continuó durante la mitad del siglo diecinueve en la civilización occidental, cuando el individualismo, el incremento de la afluencia familiar y la movilidad normalizaron la forma más pequeña de la familia en la historia: la familia núcleo. De forma paralela, la industrialización, las crisis económicas y el incremento de los divorcios contribuyeron a un aumento en cantidad de familias destrozadas y fragmentadas, y generalmente se estigmatizaban a aquellas familias que no encajaban en la "norma": no solo en la cultura, sino también en la iglesia. La proliferación de la educación pública secular obligatoria a mitad del siglo veinte facilitó que los padres les relegaran la educación a las escuelas, y de esta forma se separó más a los niños de la influencia familiar, especialmente en los asuntos de la fe. El emblemático "adolescente rebelde" de la década de los 50 y la "brecha generacional" de los 60 cultivaron un mayor aislamiento de los adolescentes y una mayor división dentro de las familias y de las iglesias. En respuesta a esta fragmentación, muchos líderes cristianos desarrollaron ministerios contextualizados y divididos por edades para poder

[276] Para un trato más completo sobre este tema, véase Hellerman, *When the Church Was a Family* [Cuando la iglesia era una familia: recuperar la visión de Jesús de una comunidad auténtica] (Nashville: B&H, 2009), 74–75, 205–206.

alcanzar y enseñar de mejor manera a cada generación, y para brindar un espacio de pertenencia con amigos de las mismas edades.[277]

A medida que la cultura occidental se dividió aún más, las familias y los niños eran frecuentemente víctimas. En la actualidad, los conceptos de familia son fluidos y están abiertos a una auto definición y reforma, y los niños pueden ser considerados como responsabilidades en lugar de valores.[278] Como consecuencia, tenemos muchos adolescentes y adultos jóvenes en crecimiento, sin un ancla familiar o eclesiástica fuerte que les brinde un lugar de pertenencia. Son librados a desarrollar su propia identidad individual, y no cuentan con un sentido recíproco de conexiones comprometidas con la comunidad eclesiástica, que se forjan a través de la familia y de las experiencias intergeneracionales.

Si bien los ministerios juveniles y de niños han contribuido en gran manera a moldear la fe de los jóvenes,[279] estamos experimentando algunas ramificaciones en la división iglesia/familia. Muy a menudo, el desarrollo espiritual de los niños no es una prioridad principal para los padres y las congregaciones de adultos, y al mismo tiempo, rara vez las familias son una prioridad para los programas del ministerio juvenil. Generalmente, las familias y las iglesias funcionan de forma autónoma entre ellas, y los líderes de jóvenes y niños se han encontrado en tensión entre ambas. Claramente, esa división debe ser resuelta. Somos desafiados a dar los pasos necesarios para crear estrategias más inclusivas en el ministerio, que traigan sanidad a las familias heridas y que unan a las generaciones para que la iglesia se convierta en la familia unida que Cristo describió en el Nuevo Testamento.

¿Cómo podemos estructurar el ministerio para la familia?

Dada la profunda influencia que tienen las familias en cada aspecto de nuestras vidas, ¿cómo podemos desarrollar estrategias del ministerio cristiano que honren y apoyen esta influencia, y que

[277] Mark H. Senter, *When God Shows Up: A History of Protestant Youth Ministry in America* [Cuando Dios se presenta: una historia del ministerio juvenil protestante en los Estados Unidos] (Grand Rapids: Baker Academic, 2010).

[278] Root, *Children of Divorce* [Los niños del divorcio] (Grand Rapids: Baker Academic, 2010), 20–22.

[279] Brenda Snailum, "Integrating Intergenerational Ministry Strategies into Existing Youth Ministries: What Can a Hybrid Approach Be Expected to Accomplish?" [Integrar las estrategias ministeriales intergeneracionales a los ministerios juveniles existentes: ¿qué podemos lograr con un enfoque híbrido?] *Journal of Youth Ministry* 11, no. 2 (Spring 2013): 7–28.

cierren la brecha iglesia/familia? Existen muchos recursos del ministerio de la familia que intentan responder esa pregunta. Para ayudarnos a darle sentido a los distintos enfoques del ministerio, Timothy Paul Jones los organizó en tres categorías generales: *ministerio integrado por las familias*, *ministerio para equipar a las familias* y *ministerio basado en la familia*.[280]

Enfoque del ministerio integrado por las familias

Un movimiento de iglesias *integradas por las familias*, liderado por Scott Brown y otros,[281] busca enérgicamente restaurar la autoridad de los padres, particularmente la del padre, como la influencia espiritual primaria de sus hijos. Los partidarios de la integración de las familias afirman categóricamente que los programas que separan las edades en las iglesias y en las escuelas son responsables de la división en las iglesias y de la renuncia a la responsabilidad de los padres en la formación espiritual de sus hijos.[282] Por lo tanto, eliminan los ministerios para edades específicas, para que las familias asistan juntas a todos los programas de la iglesia, con la excepción de unos pocos grupos pequeños que se enfocan en capacitar a los padres cristianos para ser cabezas de sus hogares. El modelo de la iglesia integrada por las familias honra a los padres como los líderes espirituales primarios de sus familias, y las mujeres sirven con roles complementarios bajo su autoridad. Renfro admitió que puede ser complicado, ya que "algunos hombres no tienen el deseo de cumplir con las expectativas de Dios. De ser así, la iglesia integrada por las familias no es para ellos."[283] Sin embargo, las iglesias integradas por las familias deben

[280] Timothy Paul Jones, ed., *Perspectives on Family Ministry: Three Views* [Perspectivas sobre el ministerio a la familia: tres puntos de vista] (Nashville: B&H, 2009), 42–43.

[281] Scott Brown, *Una maleza en la iglesia: cómo una cultura de segregación por edad está dañando a la generación más joven, fragmentando a la familia y dividiendo a la iglesia* (Wake Forest, NC: The National Center for Family-Integrated Churches, 2011); Paul Renfro, "Family-Integrated Ministry: Family-Driven Faith," [Ministerio integrado por la familia: una fe impulsada por la familia] en Jones, *Perspectives on Family Ministry* [Perspectivas sobre el ministerio a la familia: tres puntos de vista] (Nashville: B&H, 2009), 54–78.

[282] Brown, *Una maleza en la iglesia*, (del original en inglés *Weed in the Church* 19; Renfro, "Family-Integrated Ministry," [Ministerio integrado por la familia: una fe impulsada por la familia], 55.

[283] Renfro, "Family-Integrated Ministry," [Ministerio integrado por la familia: una fe impulsada por la familia], 74.

ser elogiadas por tener un enfoque acertado ya que honran a las familias y potencian la influencia de los padres en la formación de la fe diaria de sus hijos. Este enfoque puede ser exitoso para las familias cristianas consolidadas que comparten la misma visión de la disciplina de los niños y los roles de las mujeres en el liderazgo.

Un problema es que los defensores de la iglesia integrada por la familia condenan el ministerio juvenil contemporáneo, y declaran que no existe una base bíblica para el ministerio dividido por edades. Sin embargo, un análisis crítico de la cultura hebrea del primer siglo reveló que su modelo educativo estaba dividido por edades, y Jesús supuestamente funcionaba dentro de ese modelo cuando llamó a su grupo de jóvenes (probablemente de entre quince y veinte años de edad) a dejar a sus familias y a seguirlo.[284] Es posible que Jesús y sus discípulos se asemejaran más a un grupo juvenil que a una iglesia integrada por familias. Además, la educación dividida por edades fue utilizada de manera muy efectiva por la iglesia a través de la historia.[285]

Otra dificultad que presenta el enfoque de la iglesia integrada por familias es que subestima a los pares como una importante influencia para el desarrollo. Existe suficiente evidencia bíblica de que la fe se forma en relaciones de amistad y de mentoreo con personas de edad similar. También existe un gran conjunto de investigaciones que indican que los grupos juveniles y los pares de la misma edad desempeñan un rol significativo y único que complementa, y en algunos casos, media en la influencia familiar en la formación espiritual durante la adolescencia.[286] Al eliminar el ministerio juvenil y de niños por completo, las iglesias integradas por familias no tienen un mecanismo claro para incluir de manera real a la extensa cultura

[284] Michael J. Wilkins, *Following the Master: A Biblical Theology of Discipleship* [Siguiendo al Maestro: una teología bíblica del discipulado] (Grand Rapids: Zondervan, 1992), 70–94; véase también Brenda Snailum, "Integrating Intergenerational Ministry and Age-Specific Youth Ministry in Evangelical Churches: Maximizing Influence for Adolescent Spiritual Development" [Integrar el ministerio intergeneracional con el ministerio juvenil de edades específicas en las iglesias evangélicas: maximizar la influencia para el desarrollo espiritual del adolescente] (PhD diss., Biola University, 2012), 217–21.

[285] Véase Senter, *When God Shows Up* [Cuando Dios se presenta: una historia del ministerio juvenil protestante en los Estados Unidos] para la forma en que Dios ministró a, y a través de, la juventud durante la historia de la iglesia.

[286] Snailum, "Integrating Intergenerational Ministry Strategies," [Integrar las estrategias ministeriales intergeneracionales a los ministerios juveniles existentes: ¿qué podemos lograr con un enfoque híbrido?], 9.

con la misión de Dios o para evangelizar a la juventud y a los niños de las familias que no pertenecen a ninguna iglesia.[287]

Enfoque del ministerio para equipar a las familias

El enfoque del ministerio *para equipar a las familias* enfatiza que la iglesia y la familia son socios equitativos en la formación de la fe y que deberían trabajar en conjunto de una forma naturalmente integrada.[288] Las iglesias deberían enfocarse intencionalmente en la programación familiar y en reducir los programas con las edades separadas. El principal enfoque se encuentra en facultar a las familias, mientras que se mantiene un compromiso con el desarrollo espiritual de los adolescentes, principalmente mediante el acceso y el apoyo a la influencia de los padres.

Este enfoque eleva el rol de la influencia de la familia en la formación de la fe y faculta a los padres para asumir la responsabilidad de la fe de sus hijos, al mismo tiempo que reconoce algunos beneficios que brindan los ministerios de la misma edad. Este enfoque podría ser particularmente beneficioso para las iglesias que cuentan con un buen número de familias fuertes que desean más oportunidades para la adoración familiar y necesitan apoyo como los principales hacedores de discípulos en sus hogares. Un enfoque para equipar a la familia puede ser, en cierto sentido, difícil para que las iglesias lo implementen, ya que muchas personas están acostumbradas a que haya programas del ministerio juvenil y de niños en las iglesias y en las escuelas. Puede que este enfoque no sea tan efectivo para ministrar a las formas alternativas de la familia y a aquellos que tienen miembros en su familia que no son creyentes.

Enfoque de un ministerio basado en la familia

El *ministerio juvenil basado en la familia* equipa a las familias y a las congregaciones para que faciliten de mejor manera la formación de la fe entre los adolescentes y los niños. Esto lo llevan a cabo

---

[287] Brandon Shields, "Responses to Paul Renfro," [Respuestas a Paul Renfro] en Jones, *Perspectives on Family Ministry* [Perspectivas sobre el ministerio a la familia: tres puntos de vista], 81.

[288] Jay Strother, "Family-Equipping Ministry: Church and Home as Cochampions," [Ministerio que equipa a las familias: la iglesia y el hogar como co-campeones] en Jones, *Perspectives on Family Ministry* [Perspectivas sobre el ministerio a la familia: tres puntos de vista], 140–67.

al potenciar los programas existentes de jóvenes y de niños para fortalecer a los padres para que puedan cumplir con su responsabilidad de facilitar una fe madura en sus hijos, así como establecer algunos programas nuevos para cultivar la ética intergeneracional a través de la iglesia.[289] Este enfoque honra los poderosos roles que las familias *y* los ministerios juveniles desempeñan en la formación espiritual de los adolescentes y ofrece una estrategia para que las iglesias que tienen programas separados por edades puedan transitar hacia una comunidad más intergeneracional. Este enfoque sería útil para las iglesias que tienen programas fuertes de jóvenes y de niños, pero desean establecer conexiones más profundas con los padres y las familias con el fin de maximizar la efectividad. Un riesgo de este modelo es que el ministerio de la familia se convierte en otro programa más si no es valorado por todos los líderes y padres de la iglesia, y, en consecuencia, la iglesia seguirá siendo una congregación segregada por edades que no aprovecha la influencia familiar o intergeneracional de manera eficiente.

Los enfoques del ministerio detallados previamente nos desafían a ampliar nuestra comprensión de la iglesia y de la familia. Un problema que todos tienen en común es que consideran a la iglesia como una composición de familias núcleo, en lugar de considerarla *como* familia. Utilizar esta definición limitada de familia puede dejar de lado las oportunidades para ministrar a familias con padres solteros, a aquellas donde el esposo y la esposa, o los padres, no asisten a la iglesia por diferentes motivos o a aquellas que presentan otra forma de familia. También deja de lado el valor de los adultos que no pertenecen a la familia y la comunidad de fe más extensa para la formación de la fe.

Las investigaciones han demostrado que los adultos que no pertenecen a la familia son una importante corriente de influencia, como lo son los pares y los grupos juveniles. Cada corriente de influencia (padres, pares y adultos no familiares) generan una contribución única a la formación de la fe, pero también interactúan sinérgicamente entre sí, y producen que el total sea mejor que la

[289] Mark DeVries, *Family-Based Youth Ministry* [Ministerio juvenil basado en la familia] (Downers Grove, IL: InterVarsity, 2004).

suma de las partes. Cualquier modelo de ministerio que limite una o más corrientes de influencia, corre el riesgo de cortar el desarrollo espiritual de todos los involucrados.[290] Necesitamos ministrar de formas que honren todas las corrientes de influencia dentro del gran contexto de una familia de iglesia intergeneracional. De esta forma, las iglesias *son* familia, y no simplemente una composición de familias núcleo o programas familiares.

Quizás el mejor enfoque sea una estrategia de *ministerio intergeneracional* que comparta la responsabilidad de la formación de la fe con toda la iglesia, y que esté caracterizado por el amor mutuo, la unidad, la lealtad y la interdependencia entre todos sus miembros, sin tener en cuenta la edad o el estado de la familia natural. Deberíamos cultivar una mentalidad comunitaria e inclusiva y desarrollar formas de relacionarnos entre nosotros que verdaderamente valoren a cada generación y que honren a los demás como hermanos en la familia de Cristo. Este reordenamiento radical de las prioridades en las relaciones va en contra de la brecha generacional y de las fuerzas culturales de la discriminación por edad, el individualismo y la idolatría al funcionamiento de la familia núcleo en muchas iglesias. Somos desafiados a expandir nuestra eclesiología y a comprender la forma en que Dios ministra a, y a través de, *su* familia. ¿Cuán diferente nos comportaríamos si realmente consideráramos a los miembros de las diferentes generaciones como hermanos, en vez de operar a partir de un paradigma caracterizado por una manera superior/inferior de relacionarnos entre nosotros? ¿Qué deberíamos hacer en el contexto de un ministerio juvenil?

Al comprender la influencia que tienen las familias, podemos ministrar de mejor manera a los niños y a la juventud, de formas que honren y apoyen a sus familias mientras que se fortalece la familia de la iglesia. Existen algunos conceptos importantes que nos pueden guiar en este proceso:

1. ¡No lo haga solo! Este es un esfuerzo de toda la iglesia que requiere que el liderazgo trabaje en conjunto para amoldar la visión, enseñar y apoyarse mutuamente durante este largo recorrido. El trabajo en equipo es esencial.

---

[290] Snailum, "Integrating Intergenerational Ministry Strategies," [Integrar las estrategias ministeriales intergeneracionales a los ministerios juveniles existentes: ¿qué podemos lograr con un enfoque híbrido?], 15–16.

2. Tómese en serio la idea de la iglesia como la familia de Jesús. Honrar la influencia de la familia no siempre significa trasladarse a un programa de "ministerio familiar", sino que significa crear un entorno donde todos sean incluidos en la familia de Cristo.
3. Tenga una visión humilde de su rol en el ministerio. El ministerio juvenil es una parte integral de un sistema complejo de la formación de la fe. Honre y trabaje junto con los padres y el resto de la familia eclesiástica para maximizar la efectividad.
4. Demuestre su intención cuando se trate de conectarse con otros ministerios. La unidad no se da fácilmente. Debemos ser diligentes en identificar formas en las que podamos trabajar con líderes de otros ministerios y programas para crear una ética más intergeneracional.
5. Honre y equipe a los padres y a las familias. Es importante considerar a la juventud como parte de su sistema familiar. Los líderes del grupo juvenil necesitan darse cuenta de que los padres son la influencia primaria y lo seguirán siendo por décadas después de que los niños no estén más en nuestros programas. ¿Podemos decir honestamente que valoramos a los padres y a las familias de los jóvenes que se encuentran en nuestra área de influencia?
6. Comprenda su contexto. La forma en que haga uso de la influencia de la familia y que cree una comunidad intergeneracional depende en gran medida de su contexto, cultura y de la situación en su iglesia. Trabaje con su equipo de liderazgo para ayudar a que su comunidad de fe se desarrolle como una *familia* espiritual fuerte que reciba a todos como un verdadero miembro de la familia y que, de este modo, compense alguna falta de apoyo de la familia natural.

Preguntas y actividades

1. Escriba diez características acerca de quién es usted. Revise la lista de carácterísticas y escriba un porcentaje al lado de cada una para determinar la cantidad de naturaleza (genética) y crianza (ambiental/social) que jugó un papel para desarrollarlas.

2. ¿Cómo podría captar a otras personas que estén dispuestas a trabajar con el fin de construir un equipo con una visión intergeneracional? ¿Cómo puede promover nuevas formas de relacionarse como hermanos y hermanas? ¿Cómo puede considerar su rol como líder del grupo juvenil con verdadera humildad dentro del grupo más grande de la familia de la iglesia?
3. ¿De qué manera pueden todos los ministerios de su iglesia trabajar juntos para brindar espacios significativos para los niños, la juventud y los adultos jóvenes, con el objetivo de que sea un espacio de pertenencia, donde sirvan y crezcan?
4. ¿Cuál de los diferentes enfoques del ministerio de la familia le resulta más conocido? ¿Cuál fue nuevo para usted? ¿Cuáles son las fortalezas y las debilidades de cada uno?
5. Realice una búsqueda de artículos sobre el ministerio de la familia y anote los principios que se enfatizan y en qué trabaja el autor para abordar y corregir.

Lectura adicional

Garland, Diana. *Family Ministry: A Comprehensive Guide* [Ministerio a la familia: una guía completa]. Downers Grove, IL: InterVarsity, 2012.

Joiner, Reggie. *Think Orange: Imagine the Impact When Church and Family Collide* [Piense en el equipo de Orange: imagine el impacto cuando colisionen la iglesia y la familia]. Colorado Springs: David C. Cook, 2009.

Nel, Malan. "The Inclusive-Congregational Approach to Youth Ministry" [El enfoque de la congregación inclusiva del ministerio juvenil] en *Four Views on Youth Ministry and the Church* [Cuatro puntos de vista sobre el ministerio juvenil y la iglesia], editado por Mark Senter, 1–38. Grand Rapids: Zondervan, 2001.

16

El modelo de Dios para equipar al ministerio de jóvenes y de adultos jóvenes

KEN CASTOR

> Todas las iglesias luchan con el desafío de pasar el significado de la fe a las siguientes generaciones.
>
> —George Hunter III, *The Celtic Way of Evangelism* [La forma céltica del evangelismo].

Samuel lo desestimó: "Ciertamente es muy joven." Su hermano lo criticó: "¿Qué estás haciendo aquí? ¡Deberías estar en casa!" El rey Saúl quiso que usara su armadura: "Así se supone que debemos hacerlo. Siempre lo hicimos así." Con eso, David recogió cinco piedras lisas y mató una idea equivocada gigante acerca del liderazgo generacional.

Cada generación es tentada a recurrir a las costumbres que le resultan familiares, en vez de tomar una postura que les permita adoptar a las generaciones más jóvenes una vitalidad de fe que cambie la vida y que sea trascendental. Sin embargo, la historia de David revela una verdad extraordinaria acerca de un sinnúmero de otros jóvenes y adultos jóvenes: Dios intenta equipar a las generaciones más jóvenes para liderar.[291]

Históricamente, las generaciones mayores han luchado para tratar a los jóvenes como compañeros iguales en el ministerio. Si bien no existe una mala intención, muchas congregaciones involuntariamente crean ambientes en los cuales los jóvenes nunca se sienten como si fuesen una parte integral de la familia. Sus comportamientos tradicionales, sin intención, omiten a los jóvenes de la ecuación. Como se ha observado: "Somos más propensos a considerar a la juventud como objetos del ministerio, en lugar de agentes del mismo; como personas que deben ser ministradas, en lugar de personas a las que Jesús ha llamado al ministerio por derecho propio."[292] La percepción resultante es que tenemos un éxodo de la próxima generación.[293]

Quizás esté mal direccionada la pregunta de por qué los jóvenes se van de la iglesia. Quizás necesitamos responder una pregunta más profunda; si estos jóvenes fueron realmente alguna vez parte de la iglesia. De la misma forma en que David no había sido invitado a la batalla (1 S 17:15, 20), aquellos jóvenes que parecían estar tan activos en nuestros programas, puede que nunca hayan sido realmente invitados a participar plenamente en la misión.[294] Si bien puede ser que hayan asistido a programas del ministerio para edades específicas, muchos de ellos no fueron invitados a estar activos, a colaborar y a ser parte *significativa* del cuerpo. Muchos jóvenes han sido inconscientemente separados de la comunidad multigeneracional durante sus años de mayor formación espiritual.

El alcance de este capítulo no trata de añadir los restos al desenlace percibido de la participación de los adultos jóvenes en las

---

[291] Véase 1 S 16–17: Dios lo había probado cuando David defendía al rebaño, en su administración del negocio familiar y, ciertamente, cuando se puso de pie de manera extraordinaria contra Goliat.

[292] Kenda Dean, *Starting Right: Thinking Theologically about Youth Ministry* [Un buen comienzo: el pensamiento teológico acerca del ministerio juvenil] (Grand Rapids: Zondervan, 2001), 30.

[293] Robert Wuthnow, *After the Baby Boom: How Twenty- and Thirty-Somethings Are Shaping the Future of American Religion* [Después de la explosión de la natalidad: cómo los veinteañeros y los treintañeros están moldeando el futuro de la religión de los Estados Unidos] (Princeton: Princeton University Press, 2007), 214.

[294] David Setran, *Spiritual Formation in Emerging Adulthood: A Practical Theology for College and Young Adult Ministry* [La formación espiritual en la adultez emergente: una teología práctica para la universidad y para el ministerio de los adultos jóvenes] (Grand Rapids: Baker Academic, 2013), 16–17.

iglesias establecidas en América del Norte. En cambio, el objetivo de este capítulo es brindar un marco constructivo para el ministerio operante con los jóvenes y los adultos jóvenes, que trae como resultado la perpetuación generacional de la fe en Jesucristo. Esta perspectiva constructiva surge del incesante plan iniciado por Dios: compartir la fe con las siguientes generaciones. En ese tono esperanzador y confidente, este capítulo busca proponer los modelos básicos que permiten a la juventud y a los adultos jóvenes recibir la posta de la misión de la iglesia de las generaciones mayores. Al igual que en una carrera de relevos, históricamente el plano de Dios para el discipulado y el evangelismo ha sido el traspaso generacional de la fe y el liderazgo.[295]

El modelo se ve de la siguiente manera: las personas que han sido equipadas en la fe y equipadas para liderar en la práctica de la fe, inevitablemente transfieren esos dos factores a la generación que les sigue. Guiada por el Espíritu de Dios, esta fórmula catalítica se repite a sí misma durante la historia:

$$eq(f) + eq(l) \rightarrow (g)e$$

Equipar (eq) a la generación siguiente en la fe (f) en Jesucristo, más equiparlos (eq) para el liderazgo (l) de esa fe, produce un empoderamiento (e) generativo (g) de la fe y del liderazgo. Tanto el principio como en la práctica, este simple plano es el modelo recurrente de Dios en las Escrituras. Como lo indicó Francis Chan: "Desde el comienzo, el diseño de Dios ha sido que cada discípulo de Jesús haga discípulos, quienes hagan discípulos, que a su vez hagan discípulos, hasta que el evangelio se extienda a todos los pueblos."[296] Entonces, mientras los líderes contemporáneos pueden trabajar arduamente para descifrar e implementar la última parte, elaborar modelos que tengan como objetivo ciertas edades, se necesita recordar que Dios ha sido proactivo para abordar los problemas generacionales durante un buen tiempo ya.

---

[295] Ken Castor, "Enabling Generational Transference of Ministry Leadership in the Local Congregation" [Hagamos posible la transferencia generacional del liderazgo ministerial en la congregación local] (tesis doctoral, Trinity Western University, 2010).

[296] Francis Chan, *Multiply: Disciples Making Disciples* [Multiplíquense: discípulos que hacen discípulos] (Colorado Springs: David C. Cook, 2012), 7.

Equipando en la fe y en el liderazgo generativo: en las Escrituras

El ministerio de jóvenes y de adultos jóvenes puede parecer un fenómeno relativamente nuevo, pero Dios ha estado buscando intencionalmente a los jóvenes desde los acontecimientos detallados en Génesis 3. Una vez que surgió la necesidad de un ministerio salvífico, las *próximas* generaciones han sido el enfoque de la misión de Dios y el medio por el cual Dios ha escogido lograrlo (Gn 3:15). Este proceso se ha repetido perpetuamente a lo largo de la historia, desde la gran *shema* hasta la Gran Comisión.

Tanto en el Antiguo como en el Nuevo Testamento, Dios les encomendó a sus seguidores una misión inherente de equipar a las próximas generaciones para que adopten y difundan las buenas nuevas de Jesús. Al mismo tiempo que Dios trabajó para solidificar la identidad y la misión de su pueblo, también transmitió una visión generacional: que los principios y el carácter de Dios sean pasados a los hijos y a los nietos, para que el futuro pueblo pueda llegar a conocer a Dios.[297] En este ámbito, el pueblo de Dios hizo un pacto para mantener a las próximas generaciones a la vanguardia de toda su práctica del ministerio. Por ejemplo, el escritor del Salmo 78 declaró determinantemente: "No las encubriremos a sus hijos, contando a la generación venidera las alabanzas de Jehová... y los hijos que nacerán; Y los que se levantarán lo cuenten a sus hijos." La visión del salmista refleja un modelo transmitido:

Nuestros ancestros → nosotros → nuestros hijos → sus hijos → sus hijos

Ya sea Abraham que creyó incondicionalmente en los planes de Dios para Isaac, Moisés que le transfirió autoridad pública a Josué, Samuel que ungió a David o Elías que le otorgó deliberadamente su manto a Eliseo, los líderes bíblicos que fueron fieles a Dios, en general buscaron líderes para las generaciones siguientes, en los cuales pudieran confiar el llamado de Dios.[298] A través del Antiguo Testamento surge un marco típico para el traspaso de la fe y el liderazgo de generación en generación:[299]

[297] E.g., Gn 17:7; Éx 3:15; Dt 6:4–9; 7:9; Is 53:10–12.

[298] E.g., Gn 22; Dt 1:38; 3:28; 5:1–3; 31:4; 32:44; 34:9; 1 S 16:13; 1 R 19:19.

[299] Castor, "Enabling Generational Transference" [Hagamos posible la transferencia generacional], 80–81.

- Los líderes generacionales efectivos mostraron una relación genuina con Dios.
- A la generación siguiente se le otorgaba intencionalmente un alto nivel de oportunidad para liderar.
- Los líderes de las generaciones más jóvenes se unieron humildemente en la misión con los líderes de las generaciones anteriores.
- La transferencia de la autoridad y de la visión del liderazgo implicaba la importancia de sostener una relación de confianza.
- Compartir el liderazgo era algo altruista: era por el bien de la comunidad.

Los Salmos están repletos de estos conceptos. Un salmista declaró: "Generación a generación celebrará tus obras, y anunciará tus poderosos hechos" (145:4). El escritor del Salmo 71, quien ya era anciano y canoso, le suplicó a Dios que le permitiera equipar a la nueva generación. El Salmo 102 se escribió específicamente para que las generaciones anteriores transfieran a los siguientes la responsabilidad de adorar a Dios. Otros Salmos, como el Salmo 22, mantienen en la mira a las futuras generaciones.[300]

Hay que reconocer que hubo momentos en que la transferencia del liderazgo del ministerio fue, en el mejor de los casos, casual. Por ejemplo, en el libro de los Jueces pareciera un milagro que un linaje de fe haya sobrevivido, ya que una generación tras otra fracasaba en su intención de seguir a Dios. Sin embargo, esparcidos por el Antiguo Testamento, desde Génesis 9 a Proverbios 2, a Joel 1, el tema del empoderamiento generativo es recurrente. Sin importar la geografía, el clima cultural o las estructuras administrativas, la importancia de equipar a las generaciones en el ministerio siempre ha sido un aspecto integral a la misión redentora de Dios.[301]

Equipar la fe y el liderazgo generativos era esencial en el enfoque de Jesús con sus discípulos, de los cuales muchos eran adultos jóvenes. Jesús los comisionó con su autoridad y les otorgó poder con su Espíritu para que pudieran hacer discípulos (Mt 28:19-20; Jn 13:34-35; Hch 1:8). A través de este grupo de jóvenes seguidores,

---

[300] E.g., Sal 22:30–31; 45:17; 71:18; 79:13; 89:1; 102:18; 145:3–7.

[301] Véase Castor, "Enabling Generational Transference" [Hagamos posible la transferencia generacional], 76-77.

Jesús diseñó el plano de los discípulos que transformarían al mundo, haciendo discípulos.[302]

En las primeras comunidades cristianas, se les ordenaba a los hombres y a las mujeres mayores que aconsejaran y animaran a los jóvenes (Tit 2:1-6).[303] Bernabé, Pedro, Juan, Priscilla y Aquila, entre muchos otros, equiparon de manera activa a los líderes más jóvenes. Y Pablo, quizás más personalmente que todos, comprendió la necesidad de transferir con determinación la fe y el liderazgo a los líderes emergentes. Aprendió esta verdad directamente de Bernabé, quien había obtenido la oportunidad de liderar gracias a los discípulos; quienes a su vez habían sido equipados por Jesús. Esto le permitió a Pablo entender que los líderes de las generaciones siguientes como Timoteo y Tito eran esenciales para la difusión del evangelio para las generaciones futuras. Pablo les enseñaba a adultos jóvenes, los llamaba a un nivel elevado de compromiso con Cristo y les brindaba amplias oportunidades de liderazgo (1 T 4:12).[304] Él les encomendó a muchos adultos jóvenes que levantaran a otros líderes emergentes, quienes perpetuarían el proceso generativo por su cuenta.[305]

Jesús → los discípulos → Bernabé → Pablo → Timoteo → líderes → otros

A través de las Escrituras, el modelo generacional de la fe y del liderazgo no fue moldeado por programas escritos, sino sobre la verdad del discipulado.[306] Pablo escribió: "Sed imitadores de mí, así como yo de Cristo" (1 Co 11:1) y "Lo que aprendisteis y recibisteis y oísteis y visteis en mí, esto haced; y el Dios de paz estará con vosotros" (Fil 4:9). Algo similar a pasar la posta, la iglesia primitiva creía que los mayores y los menores tenían la misma obligación de servir a

[302] Véase Rick Lawrence, *Jesus-Centered Youth Ministry: Moving from Jesus-Plus to Jesus-Only* [El ministerio juvenil centrado en Jesús: de Jesús como un agregado a únicamente Jesús] (Colorado Springs: Group, 2014), 115–19.

[303] Véase Castor, "Enabling Generational Transference" [Hagamos posible la transferencia generacional], 76.

[304] Véase ídem., 92.

[305] Véase J. Oswald Sanders, *Paul the Leader* [Pablo, el líder] (Colorado Springs: NavPress, 1984), 181.

[306] "Making disciples is far more than a program. It is the mission of our lives. It defines us. A disciple is a disciple maker" [Hacer discípulos es mucho más importante que un programa. Es la misión de nuestras vidas. Nos define. Un discípulo es un hacedor de discípulos]. Chan, *Multiply* [Multiplíquense], 31.

Cristo como compañeros. Pasajes como Romanos 16 y Colosenses 4 sirven como testamento generacional para la colaboración intergeneracional y el liderazgo compartido de la iglesia primitiva.[307]

Esto nos lleva a tener en cuenta algunas consideraciones prácticas sobre el ministerio actual:

- una iglesia local debería mantener su enfoque en la misión de la próxima generación; podría decirse que la generación siguiente siempre es la más importante en la iglesia.
- una iglesia local debería adoptar métodos contextualizados y flexibles que le brinden a la juventud y a los adultos jóvenes la oportunidad de liderar como compañeros centrales en el desarrollo de la visión, la estrategia y la supervisión de los esfuerzos del ministerio.
- una iglesia local debería hacer énfasis en un estilo de vida de fe diario, que incentive intencionalmente e impulse a los jóvenes.

Al utilizar estos fundamentos de las Escrituras, se llevaron a cabo una serie de entrevistas que examinaron a líderes de todo Norte América y que mostraron el empoderamiento efectivo de los líderes de la próxima generación.[308] Si bien cada una de estas iglesias tenían estructuras de liderazgo, modelos de ministerio, comunidades definidas y trasfondos históricos únicos, surgieron varios principios de empoderamiento generativo colectivo (PEG).

Tres elementos esenciales para el empoderamiento generativo

Cada iglesia del proyecto de investigación enfatizó categóricamente tres principios que creían que eran indispensables para la fe y el liderazgo generativos. En otras palabras, estos fueron los "elementos esenciales" que creyeron que debían existir para trasferir la fe a la generación siguiente.

Elemento esencial #1: Un carácter Cristo-céntrico

Tanto las generaciones anteriores como las posteriores deben centrar sus vidas alrededor de Jesús. Cada congregación que participó

[307] E.g., Hch 2:41–47; Ef 4:1–12; Tit 2:1–8; 1 Jn 2:7–14.

[308] Véase Castor, "Enabling Generational Transference" [Hagamos posible la transferencia generacional].

del estudio destacó esta postura singular como el aspecto más importante para el empoderamiento de las futuras generaciones. Todos los demás aspectos que incentivan el ministerio efectivo de jóvenes y de adultos jóvenes surgen de aquellos que son formados por Jesús de una manera apasionada.

> Aunque la descripción de su trabajo pueda otorgarle solo la supervisión del programa de jóvenes y de adultos jóvenes, su llamado realmente incluye pastorear tanto a las generaciones jóvenes como a las mayores de su comunidad local, para que se acerquen más a Jesús y así varias de las próximas generaciones puedan tener una fe centrada en Jesús.

En las entrevistas, un pastor indicó que las personas mayores que están siendo moldeadas por Jesús, albergan de forma natural el deseo de invertir en los que son más jóvenes. También afirmó que las personas más jóvenes que están siendo moldeadas por Jesús desarrollan un anhelo interno de recibir enseñanza de los líderes mayores. Jesús, por su obra personal a través de su Espíritu, logra que las personas tengan el deseo de ver a las siguientes generaciones crecer más cerca de Él.[309]

En su libro *Jesus-Centered Youth Ministry* [Ministerio juvenil centrado en Jesús], Rick Lawrence ha sugerido que el ministerio para la próxima generación "debe pasar de brindar consejos y técnicas brillantes a sentarse en última fila y darle el lugar a un ministerio de jóvenes que está inexorablemente centrado en Jesús."[310] Con esto en mente, cada generación, sea anciana o joven, se encuentra en el mismo camino de acercarse más a Jesús. Si una generación no refleja este corazón, será muy difícil transmitir la fe y el liderazgo a la próxima generación.

Elemento esencial #2: la intencionalidad

Las generaciones mayores deben volverse extremadamente intencionales con todo lo que respecta a equipar a los jóvenes. Una iglesia local, incluso una con abundantes recursos, no puede esperar transmitir la fe simplemente creando grupos para edades específicas. El mejor escenario para permitirles a los jóvenes que acepten a Jesús y que se apropien del liderazgo para formar discípulos requiere una reorientación total y estratégica alrededor del desarrollo de

[309] Ídem., 126-29.

[310] Lawrence, *Jesus-Centered Youth Ministry* [El ministerio juvenil centrado en Jesús], xvii.

la fe y del liderazgo de las próximas generaciones. Varios de los entrevistados afirmaron que ésta era la instrucción de Dios al pueblo de Israel. Se trata de cambiar el enfoque de los congregantes de una actitud de "¿qué obtengo a cambio?" hacia una actitud de "¿cómo podemos equipar a la próxima generación?"

Un pastor contó su propia historia al respecto. Los líderes veteranos de la iglesia lo eligieron intencionalmente como líder cuando él era adolescente, le brindaron la oportunidad de crecer como pasante y luego le confiaron el liderazgo de un ministerio significativo. Otra iglesia alentó a sus participantes mayores a que priorizaran la importancia de invertir en los líderes de las generaciones más jóvenes para dejar un legado de fe. Los estudiantes de otra iglesia fueron estratégicamente emparejados con personas más grandes y más jóvenes de la congregación, para que tuvieran "alguien delante que los guiara, y alguien detrás para guiar."[311] Otra comunidad exhortó a las personas mayores de cincuenta años a que buscaran líderes de las próximas generaciones para que continúen con sus roles de influencia en la comunidad porque "ese es el modelo bíblico."[312]

La inversión intencional en las personas de las generaciones mayores es imprescindible para equipar a los jóvenes con un compromiso de fe a largo plazo. David Setran declaró que, en el momento más intenso de sus vidas, los adultos jóvenes necesitan a los seguidores de Jesús mayores para que los formen a través de un mentoreo deliberado. Él escribe que "los mentores ayudan a los adultos emergentes a abrir sus ojos a la obra de Dios en sus vidas y en el mundo, a través de prestar atención al pasado, al presente y al futuro."[313]

Puede que muchas iglesias tengan buenas intenciones, pero puede que no sean intencionales. Su llamado supremo como arquitecto del ministerio local incluye permitir que la generación de los mayores seguidores de Jesús reestructure de forma deliberada la expresión y la práctica de su fe, de tal manera que puedan equipar a las personas de la generación más joven.

---

[311] Castor, "Enabling Generational Transference" [Hagamos posible la transferencia generacional], 130–32.

[312] El pastor de esta congregación compartió que necesitaba incentivar a muchos miembros mayores que le temían al cambio. Véase ídem., 133.

[313] Setran, *Spiritual Formation in Emerging Adulthood* [La formación espiritual en la adultez emergente], 206.

Elemento esencial #3: un entorno de ánimo

Los jóvenes deben ser recibidos en las comunidades eclesiásticas que muestran un entorno de ánimo. Lawrence afirmó: "La vida se está escurriendo de la iglesia occidental, así como la mayoría de los ministerios juveniles, debido a que no establecemos el tipo de entorno de crecimiento que es propicio para los discípulos."[314]

Las generaciones mayores, al poner las necesidades y las preocupaciones de las generaciones más jóvenes por sobre las suyas, animan exitosamente a las próximas generaciones a seguir a Jesús y los empoderan de forma efectiva para liderar en fe.

Un joven pastor notó que las personas en su iglesia "se preocupaban por él y lo amaban genuinamente" y que "deseaban lo mejor para él." Le atribuyó a su congregación que tuvieran "un gran espíritu de afirmación" como parte de su ADN. Concluyó que una iglesia debería ser un "ámbito propicio donde un líder pueda florecer y desarrollarse."[315]

El pastor de jóvenes de otra iglesia habló acerca de la "cultura", en lugar del "programa." Afirmó que las tradiciones y las estructuras son temporales, pero una comunidad de formación espiritual es la práctica permanente. La "valentía" de su iglesia implicaba proporcionarle a cada persona un lugar de pertenencia y un espacio donde servir. El pastor de jóvenes describió: "Y así, nos desarrollamos como una cultura que sale a la búsqueda de personas que se encuentran alejadas (por la diferencia generacional) de usted... a quienes les pueda pasar la posta."[316]

Otro entrevistado comentó que su iglesia "intenta crear una atmósfera" en la cual las personas reciban "un gran apoyo y ánimo." Explicó: "Creo que el liderazgo es un lugar, no para restringir a las personas, sino para guiarlas bíblicamente... para animarlas y para empoderarlas... Todos, incluso un niño de tan solo seis años en mi iglesia... necesitan aprender cómo liderar y cómo vivir el evangelio y demostrarlo."[317]

[314] Lawrence, *Jesus-Centered Youth Ministry* [El ministerio juvenil centrado en Jesús], 17.

[315] Afirmó: "Traemos un montón de jóvenes y los incentivamos, les ponemos estructuras alrededor para que puedan tener éxito." Castor, "Enabling Generational transference" [Hagamos posible la transferencia generacional], 135–37.

[316] Ídem., 137.

[317] Ídem., 138-39.

Dos estrategias

Cada iglesia en el proyecto PEG demostró dos estrategias clave en su búsqueda del empoderamiento generativo. Estas estrategias fueron diversas en sus metodologías, pero generalizadas a través de los enfoques del ministerio de cada congregación.

Estrategia #1: capacitación

La generación mayor debería proporcionar una capacitación basada en los alumnos para los seguidores de Jesús que son más jóvenes. Esto incluye una educación teológica bíblica y práctica relevante, un espacio para el pensamiento crítico y la provisión de actividades de aprendizaje práctico (tales como la formación, las participaciones y las prácticas de la misión, entre otras).[318]

Estrategia #2: oportunidad

La generación mayor debería "ponerse debajo" de la generación más joven para brindarle la oportunidad de liderar. De la misma manera en que hay un momento en que un padre debe entregarle las llaves del auto a su hijo/a de dieciséis años, o un momento cuando el primer corredor le debe pasar la posta al segundo, así los líderes mayores deben otorgarles a los líderes más jóvenes la oportunidad de practicar el proceso de ministrar significativamente.[319]

Tres características del empoderamiento generativo

¿Cómo sabe si su iglesia está equipando de forma efectiva a los jóvenes en la fe y en el liderazgo? Las entrevistas produjeron varias características que son medibles.[320]

Característica #1: interacción generacional

Las congregaciones que están centradas en Jesús y que son intencionales con respecto a desarrollar y animar a las próximas generaciones realizan una abundante interacción entre las generaciones mayores y las más jóvenes. Muchos de los problemas de la segmentación generacional que invaden gran parte de la cultura eclesiástica de América del Norte en la actualidad se superan naturalmente, no

---

[318] Ídem., 139-40.

[319] Ídem., 140-42.

[320] Ídem., 142-44.

a la fuerza, por el fruto de los elementos esenciales y las estrategias del PEG.

Característica #2: mentalidad misionera

Los fundamentos para el empoderamiento generativo también se demuestran en el compañerismo entre las generaciones más jóvenes con las mayores en la misión de la iglesia. Tal como lo declaró un entrevistado: "No estamos aquí para hacer lo mismo todas las semanas... Estamos aquí para lograr un objetivo."

Característica #3: reconocimiento de dones

Finalmente, la fe y el liderazgo generativo reconocerán los dones emergentes de los jóvenes seguidores de Jesús.[321] Con la base de un carácter centrado en Jesús, el talento de las personas llamadas al liderazgo puede identificarse y utilizarse mediante una capacitación efectiva y la oportunidad. Setran afirmó: "Una consciencia en crecimiento sobre los dones espirituales y naturales representa un medio por el cual los adultos emergentes pueden ver cómo Dios, en su providencia, los ha conectado para un servicio fructífero en la iglesia y en el mundo" (1 Co 12:11).[322]

Dos obstáculos del empoderamiento generativo

Las iglesias estudiadas en este proyecto PEG no eran inmunes a los obstáculos que, si se les permitían infectarse, podían inhibir a las generaciones más jóvenes de seguir a Jesús. Surgieron dos obstáculos significativos en las entrevistas del proyecto.

Obstáculo #1: el liderazgo posesivo

Los líderes del proyecto PEG con frecuencia se lamentaron por los líderes de generaciones mayores que no lograron soltar a los jóvenes y a los adultos jóvenes para que les dieran forma a las direcciones y a las iniciativas en el ministerio.[323] La tentación de aferrarse al poder, en lugar de pasar el liderazgo, puede ser abrumadora.

---

[321] Setran, *Spiritual Formation in Emerging Adulthood* [La formación espiritual en la adultez emergente], 130.

[322] Castor, "Enabling Generational Transference" [Hagamos posible la transferencia generacional], 142–44.

[323] Ídem., 146-52.

- Control: para algunos líderes mayores, el deseo de control oscurece su voluntad para dejar que los líderes más jóvenes tomen las riendas.
- Actitutes sentenciosas: las actitudes sentenciosas crean ambientes en donde las generaciones anteriores no confían en las demás y, por lo tanto, están tentadas a encerrarse en sí mismas.
- Techos eclesiásticos: muchos líderes mayores no logran hacerse a un lado (o "ponerse debajo") intencionalmente para que los líderes más jóvenes reciban la oportunidad de emparejarse en la misión y ejercitar sus dones. Como resultado, los adultos jóvenes "se golpean la cabeza" con los pies de los adultos mayores.

Obstáculo #2: desafío paradigmático

Las generaciones operan con diferentes lentes paradigmáticas, filtros por los cuales se comprende el mundo. Los desafíos paradigmáticos pueden causar estragos dentro de las congregaciones, pueden hacer que fracasen a la hora de enfocarse en Jesús, que intencionalmente no reorienten el ministerio hacia los paradigmas de la generación más joven y que no compongan entornos en donde el ánimo es un valor predominante.

Para combatirlo, una congregación debería recordar que es importante adaptar sus propias inclinaciones hacia un enfoque "basado en el alumno" para orientar a las personas más jóvenes. Las generaciones más jóvenes procesan la información de manera diferente a como lo hicieron sus padres o sus abuelos. Por lo tanto, en lugar de intentar que los jóvenes estén de acuerdo con ellos en vano, la prioridad de los influenciadores mayores debería ser capacitar a las próximas generaciones para que crezcan más profundamente en su relación con Jesús. Esta postura simple pero profunda confía en que Jesús es el que filtra y le da forma a la práctica de los jóvenes, dentro de la perspectiva contextual única de cada uno de ellos.

Equipe para la fe y el liderazgo generativo en su comunidad

Como lo indicamos previamente, el empoderamiento generativo de la fe y del liderazgo no surge de la aplicación de las últimas tendencias y métodos del ministerio. Con esto en mente, la siguiente lista no intenta desarrollar la fórmula del "cómo", sino es solo un conjunto simple de ideas. Estas son herramientas que, cuando son utilizadas por líderes y adultos jóvenes que tienen un carácter centrado en Jesús, pueden servir para equipar la fe y el liderazgo generativo.

- Evalúe mediante un filtro PEG. La pregunta se ha planteado frecuentemente: "¿Seguirá nuestros pasos la próxima generación?" Pero esta no es una pregunta correcta. En cambio, la pregunta debería ser reformulada: "¿Seguirá los pasos de Jesús la próxima generación?"
- Cree ánimo. Conviértase en la comunidad que es conocida por aceptar y capacitar a los jóvenes y a los adultos jóvenes. Invite a los estudiantes a almorzar, recaude dinero para pagar los gastos de su universidad y compartan muchas risas juntos. Para darle un toque diferente, pruebe un día de "juegos" donde los jóvenes y los adultos jóvenes inviten a la generación mayor para que les enseñen sus tan preciados juegos de mesa y de cartas.
- Estudie 1 Samuel 17 a través de la lente generacional. Con múltiples generaciones, estudie "David en la armadura de Saúl." ¿Qué problemas relevantes del liderazgo generacional puede observar en la historia?
- Recuerde cómo era. En el ámbito de un grupo pequeño, pregúntele a un seguidor de Jesús mayor que recuerde cómo era en su época de adolescencia (1) cuando un adulto les brindaba la oportunidad de liderar y (2) cuando un adulto no les dejaba hacer algo, pero decidían hacerlo de todas formas.
- Autoreflexión PEG: pregúntele a los líderes qué PEGs ya están siendo empleados en su ministerio. Comparta ideas acerca de cómo podría fortalecer/mejorar/capitalizar estos PEGs.
- Autoreflexión sobre los obstáculos: ¿Qué obstáculos están asomando su desagradable cabeza en la actualidad (o podrían estar haciéndolo en un futuro)? ¿Qué puede ser que esté haciendo su ministerio de forma inadvertida que pueda dificultarle a la juventud y a los adultos jóvenes que adopten personalmente la fe y el liderazgo? Comparta ideas acerca de algunas formas en que su equipo del ministerio podría abordar estos obstáculos.

Preguntas y actividades

1. ¿Qué le gustaría que la generación más joven de su iglesia sepa acerca de la generación mayor, y viceversa?
2. ¿De qué formas son la juventud y los adultos jóvenes inspirados por las generaciones mayores? ¿De qué manera usted podría ser un catalizador para las actividades inspiracionales en su iglesia?
3. ¿Cómo podrían las generaciones más jóvenes mostrar agradecimiento para con las mayores?
4. En caso de que haya crecido en la iglesia, ¿qué es lo que la iglesia hizo bien respecto del empoderamiento generativo? Si fuese a implementar algunos de los principios de este capítulo, ¿cuáles serían?
5. Podemos aprender mucho de las generaciones mayores. Seleccione cinco adultos mayores de distintos grupos de edad y entrevístelos con respecto al desarrollo de su propia fe y del rol de la iglesia en sus vidas.

Lectura adicional

Castor, Ken. *Grow Down: How to Build a Jesus-Centered Faith* [Crecer hacia abajo: cómo construir una fe centrada en Jesús] Loveland CO: Group, 2014.

Chan, Francis. *Multiply: Disciples Making Disciples* [Multiplíquense: discípulos que hacen discípulos]. Colorado Springs: David C. Cook, 2012.

Myers, Jeff. *Grow Together: The Forgotten Story of How Uniting the Generations Unleashes Epic Spiritual Potential* [Crezcamos juntos: la historia olvidada de cómo se desata un potencial espiritual épico cuando se unen las generaciones] Manitou Springs, CO: Summit Ministries, 2014.

Powell, Kara, Brad Griffin y Cheryl Crawford. *Sticky Faith: Youth Worker Edition; Practical Ideas to Nurture Long-Term Faith in Teenagers* [Una fe pegadiza: edición para el pastor de jóvenes: ideas prácticas para fomentar una fe a largo plazo en los adolescentes]. Grand Rapids: Zondervan, 2011.

Rainer, Thom S. y Sam S. Rainer III. *Essential Church? Reclaiming a Generation of Dropouts* [¿Una iglesia imprescindible? Reclamando una generación de desertores] Nashville: B&H, 2008.

17

Hacia una teoría curricular de la tecnología educativa

MARK HAYSE

Se puede decir que la tecnología educativa comenzó con la invención del primer abecedario: herramientas que le confirieron poder a los aspectos simbólicos de la enseñanza y el aprendizaje. De igual manera, los libros y el papel son tecnologías educativas, como también lo son la imprenta y los lápices, las pizarras, los pizarrones, las copiadoras y los proyectores colgantes; cada uno, a su vez, otorgó una nueva energía a la enseñanza y al aprendizaje, incluso mientras amenazaban con derribar a los llamados métodos educativos tradicionales.

Ahora, las herramientas digitales ocupan el espacio que alguna vez tuvieron las herramientas analógicas, tales como las grabaciones de audio y las cintas de película. Las innovaciones de ayer se convierten en la "vieja escuela" de mañana. Los sistemas de manejo del aprendizaje en línea (esto es, Blackboard y Moodle) han capturado el ingenio educativo en las escuelas secundarias, en las universidades y en los seminarios, y los educadores vuelven las corrientes principales de la tecnología (esto es, las redes sociales) hacia la enseñanza y el aprendizaje. Las nuevas tecnologías y plataformas educativas se propagan más rápido de lo que cualquier maestro o estudiante puede navegar, y mucho menos dominar. Y las iglesias y ministerios ponen rápidamente en uso la nueva tecnología, sin tener en cuenta su rol en el aprendizaje y en la formación espiritual.

La discusión sobre la tecnología educativa es una discusión *curricular* compleja. Por ejemplo, considere la conversación acerca de el cúrrículo explícito, implícito y nulo (véase el capítulo 5). El currículo eplícito identifica públicamente el tema en consideración, "en voz alta y a propósito." Por otro lado, el currículo implícito opera como currículo "escondido", "debajo de la superficie y detrás de escena." El currículo nulo enseña mediante "el silencio, la censura y la omisión."[324] Ahora, considere la discusión acerca del currículo explícito, implícito y nulo en cuanto a la tecnología educativa. Es comun que los educadores en las escuelas les digan a los padres y a los niños, cosas tales como: "Manténganse actualizados con las nuevas tecnologías ¡o se quedarán atrás en el mercado global! ¡Todos necesitan utilizar la tecnología para tener éxito!" Estas palabras constituyen el currículo explícito de la tecnología educativa, y los ministerios sienten una presión similar para mantenerse actualizados y adoptar la última tecnología para estar conectados.

El currículo implícito de la tecnología educativa es más sutil y más difícil de identificar, sin embargo: "Utilizar la tecnología es 'común'. Es sencillamente 'lo que hacemos ahora'. La tecnología más rápida y más eficiente siempre es mejor." Típicamente, los maestros envían estos mensajes de una forma sutil, en vez de hacerlo abiertamente; con actitudes, en vez de con palabras. Estos mensajes constituyen los el currículo implícito de la tecnología educativa. El currículo nulo de la tecnología educativa es el más difícil de identificar ya que se enseñn a partir del silencio y la omisión. Las preguntas difíciles acerca del uso de la tecnología en el entorno del ministerio generalmente quedan sin realizarse, entre las cuales se encuentran: "¿Deberíamos cuestionar la tecnología, incluso si la utilizamos? ¿Es 'neutral' la tecnología? Cuando la utilizamos, ¿qué perdemos y qué obtenemos? ¿Vale la pena el intercambio?"

Este capítulo tiene como fin realizar preguntas difíciles acerca de la tecnología educativa, el uso de la tecnología para enseñar. Es-

[324] Elliot W. Eisner, *The Educational Imagination: On the Design and Evaluation of School Programs* [La imaginación educativa: sobre el diseño y la evaluación de los programas escolares], 3ra ed. (Upper Saddle River, NJ: Prentice Hall, 2002).

tas preguntas pueden equipar a los lectores para pensar más profundamente acerca del aprendizaje, de la formación de la fe y de la tecnología educativa. Muchos defensores de la tecnología educativa tienden a pensar acerca de la misma como una *tabula rasa* (pizarra en blanco). Sin embargo, los críticos reconocen que la tecnología educativa es todo menos una pizarra en blanco. Para estas personas, el medio es tan importante como el mensaje, y quizás un poco más. Además, estos críticos generalmente hablan con el conocimiento de una perspectiva histórica que trasciende los desarrollos digitales del siglo veintiuno. Sus argumentos son antiguos, pero pueden hablarles persuasivamente a los maestros y a los estudiantes de hoy día.[325]

Puede parecer extraño criticar el uso de la tecnología en la educación en este mundo digitalmente saturado. El surgimiento de la tecnología como una parte integral de la vida ha dejado atrás a la investigación acerca de cómo está formando nuestro pensamiento y nuestros valores. Hemos adoptado Google y el GPS sin considerar los efectos condicionantes que tienen en la memoria, en el pensamiento espacial y en otras formas en las que interactuamos.[325]

Una investigación más a fondo del currículo implícito

En medio de la educación moderna en los Estados Unidos, John Dewey escribió que los estudiantes generalmente adoptan una forma de "aprendizaje colateral" en sus experiencias educativas.[326] Nos encontramos con la lección *enseñada* a los estudiantes, y luego también está la que es *captada* por ellos. En otras palabras, los estudiantes aprenden mucho más que lo que intentan enseñar el currículo implícito. Desde la perspectiva de Dewey, el entorno educativo enseña "actitudes duraderas... gustos y disgustos" de una forma en que el currículo no lo hace. Dewey afirmó que estas actitudes

[325] Cuatro estudios llevados a cabo en 2011 sugirieron que las personas que tienen acceso a dispositivos de búsqueda, tienden a recordar pocos hechos y menos información en general, ya que saben que pueden encontrar la respuesta fácilmente en Internet. Véase Betsy Sparrow, Jenny Liu y Daniel M. Wegner, "Google Effects on Memory: Cognitive Consequences of Having Information at Our Fingertips" [Los efectos de Google en la memoria: las consecuencias cognitivas de tener la información a un click de distancia] *Science* 333 [Ciencia 333] (5 de agosto de 2011), 776–78, http://scholar.harvard.edu/files/dwegner/files/sparrow_et_al._2011.pdf.

[326] John Dewey, *Experiencia y Educación*, trad. Lorenzo Luzuriaga (Madrid: Editorial Biblioteca Nueva, 2004), 90-91.

colaterales son "lo que básicamente importa en lo futuro" para el éxito del estudiante.

Otros teóricos del currículo tomaron la discusión de Dewey sobre el aprendizaje colateral y la readaptaron en términos del currículo implícito. Por ejemplo, Phillip Jackson declaró que el aprendizaje colateral de los estudiantes tiende a seguir las sutilezas de "las multitudes, el elogio y el poder" de la educación.[327] Por lo tanto, los estudiantes tenderán a aceptar la prioridad de la tecnología educativa en proporción directa con la cantidad de uso, los elogios y la necesidad de uso. Los maestros no son tan distintos; de la misma forma en que pueden dar por sentado las filas de sillas rectas hacia el frente como parte de un aula, también pueden imaginar que el uso de la tecnología en el aula es necesario e inevitable. Aquellos que ministran a la próxima generación pueden dar por sentado que este tipo de programa adoptará y utilizará rápidamente la mejor tecnología y el software más innovador.

Intuitivamente, todo maestro sabe que esto ocurre en el "aprendizaje colateral." Piense en una clase o una experiencia educativa que haya tenido que haya fomentado en usted el amor por aprender. Identifique momentos similares en su vida espiritual. ¿Qué maestro o grupo fomentó su entusiasmo por aprender más sobre Jesús, la Biblia y su crecimiento espiritual? ¿Cuál fue el efecto a largo plazo de ese entusiasmo en su vida espiritual?

Una vez, Maxine Greene advirtió drásticamente que el currículo implícito obliga a los estudiantes a adoptar "una aceptación que no fue pensada, ni reflexionada, de lo que se presenta como un destino social."[328] Estas fuertes palabras resuenan hoy día cuando uno considera el estado actual de los asuntos relacionados con la tecnología educativa como parte integral de nuestro destino social. La presión económica con respecto a la financiación escolar, a las matrículas y a conseguir un trabajo han creado un ambiente en donde pocos se detienen a pensar críticamente acerca de su propio uso de la tecnología. En cambio, tienden a aceptar su uso sin cuestionamientos como el status quo para la vida diaria y el aprendizaje.

---

[327] Philip W. Jackson, *La vida en las aulas* 6ta ed. (Madrid: Ediciones Morata, 1990), 50-61.

[328] Maxine Greene, introducción a *The Hidden Curriculum and Moral Education: Deception or Discovery?* [El currículo oculto y la educación moral: ¿decepción o descubrimiento?] ed. Henry Giroux y David Purpel (Berkeley: McCutchan, 1983), 1–5.

Los puntos de vista históricos con respecto a la tecnología educativa

En la década de 1960, B.F. Skinner describió un enfoque "tecnológico" del aprendizaje que hoy día influencia grandemente los esfuerzos educativos para crear resultados medibles y una gran responsabilidad.[329] Para Skinner, la educación efectiva surge de la comprensión científica del refuerzo conductual. Todo arte de enseñanza se puede reducir a la experiencia de un maestro en moldear el comportamiento del estudiante, ya que eso es lo que produce el aprendizaje. En resumen, Skinner consideraba la educación como un proceso técnico.

Skinner no se encontraba solo en esto; todo lo contrario. Antes de Skinner, Ralph Tyler argumentó de manera célebre que el currículo debería enfocarse en los objetivos conductuales para poder generar resultados medibles en los estudiantes.[330] A través de las revoluciones industrial y tecnológica de los siglos diecinueve y veinte, los educadores como Skinner y Tyler consideraron la educación a través de una lente técnica. De esta manera, la computadora sirve como un emblema contemporáneo de su compromiso. Skinner predijo que llegaría el día en que los enfoques tecnológicos dominarían la educación.[331] Uno sólo necesita analizar la reciente ley Que Ningún Niño se Quede Atrás para darse cuenta de que la educación pública en los Estados Unidos pone su esperanza en la tecnología digital para la salvación virtual.[332]

Por otro lado, los críticos históricos afirmaron que la tecnología educativa perjudica ciertos objetivos educativos, incluso cuando apoya a otros. Por ejemplo, la tecnología educativa promete simplificar la enseñanza y el aprendizaje; pero, ¿se cumple? Para algunos críticos, la tecnología informática está "sobrevendida e

---

[329] B. F. Skinner, "Review Lecture: The Technology of Teaching" [Conferencia de revisión: la tecnología de la enseñanza], *Proceedings of the Royal Society of London, Series B, Biological Sciences* 162 [Los procedimientos de la Sociedad Real de Londres, Serie B, ciencias biológicas 162] no. 989 (1965): 427–43.

[330] Ralph W. Tyler, *Principios básicos del currículo* (Buenos Aire: Editorial Troquel, 1973).

[331] Skinner, "Review Lecture" [Conferencia de revisión: la tecnología de la enseñanza], 443.

[332] *US Department of Education* [Departamento de Educación de los Estados Unidos] "No Child Left Behind" [Ley Que Ningún Niño se Quede Atrás] 2001, http://www.ed.gov/nclb/landing.jhtml.

infrautilizada" en el aula.[333] Las escuelas reclaman actualizar sus aulas con la última tecnología, incluso cuando luchan por implementar su uso efectivo. Las actualizaciones tecnológicas interminables atrapan a los maestros y a los estudiantes en una rutina que los distrae por un largo tiempo de las búsquedas educativas más nobles.

> Puede ver las similitudes con nuestro contexto actual. Prácticamente todas las conversaciones sobre el valor de una educación universitaria giran alrededor de la importancia de "conseguir un trabajo" en el futuro. Las escuelas evalúan la efectividad de su enseñanza a través de un análisis sistemático que analiza cuán bien han alcanzado sus objetivos predeterminados y medibles. ¿En qué formas existe un enfoque tecnológico similar para el aprendizaje en los entornos del ministerio cristiano?

Algunos teóricos lamentan que las restricciones de la tecnología educativa tienden a limitar la creatividad y la imaginación de sus usuarios.[334] Steve Jobs, antiguo director ejecutivo de Apple, era un "padre de poca tecnología", limitaba a sus hijos el uso y la dependencia de los iPads y las computadoras.[335] Los maestros y los estudiantes generalmente dedican más tiempo en aprender cómo utilizar la tecnología, y menos tiempo en intentar lograr todo aquello que la tecnología no puede abordar. Lo mismo puede suceder en los entornos del ministerio.

La tecnología educativa apoya de forma implícita una agenda curricular que valora la eficiencia, la previsibilidad, la transmisión, la medición y el control por sobre todas las cosas.[336] Como es una

---

[333] Larry Cuban, *Oversold and Underused: Computers in the Classroom* [Sobrevendidas e infrautilizadas: las computadoras en el aula] (Cambridge, MA: Harvard University Press, 2001).

[334] Michael W. Apple, "Teaching and Technology: The Hidden Effects of Computers on Teachers and Students" [La enseñanza y la tecnología: los efectos ocultos de las computadoras en los maestros y estudiantes], en *The Curriculum: Problems, Politics, and Possibilities* [El currículo: problemas, política y posibilidades], ed. Landon E. Beyerand Michael W. Apple (Albany, NY: State University of New York Press, 1988), 289–311.

[335] Nick Bilton, "Steve Jobs Was a Low-Tech Parent" [Steve Jobs fue un padre de poca tecnología], *New York Times*, 10 de septiembre de 2014, http://www.nytimes.com/2014/09/11/fashion/steve-jobs-apple-was-a-low-tech-parent.html.

[336] Ted T. Aoki, "Interests, Knowledge and Evaluation: Alternative Approaches to Curriculum Evaluation" [Intereses, conocimiento y evaluación: los enfoques alternativos a la evaluación del currículo], en *Paradigms Regained: The Uses of Illuminative, Semiotic, and Post-modern Criticism as Modes of Inquiry in Educational Technology* [Los paradigmas recuperados: los usos de la crítica iluminativa, semiótica y post-mo-

máquina, así lo hace. En el análisis final, todos los críticos se hacen la misma pregunta: "¿Qué se *pierde* con el uso de la tecnología educativa?" Esa es una pregunta útil que también deben hacerse los obreros cristianos.

Para ser justos, otros expertos ven una gran promesa en el uso de la tecnología educativa. Algunos dicen que la tecnología puede aumentar el uso de la imaginación y de la expresión creativa.[337] Los primeros críticos de la década de 1990 creían que la tecnología podía enriquecer el alcance y la profundidad del espíritu humano, en lugar de reducir a las personas a usuarios robóticos de computadoras.[338] Imaginaron una era en la cual la tecnología facilitara el intercambio seguro de ideas, de experiencias y de perspectivas personales, el sentido de familiaridad con los demás y la cultura de un espíritu de colaboración.[339] Los desarrollos recientes de las redes sociales y de las aplicaciones de enseñanza en los teléfonos inteligentes y tabletas ha llevado esta promesa a los niveles más altos, hasta ahora.

El amplio acceso a internet de banda ancha ahora permite que aquellos que alguna vez estuvieron aislados de los demás se acerquen a una visión de una comunidad global. Una persona que utiliza las herramientas actuales de las redes sociales para intercambiar pensamientos, imágenes y videos puede ver cómo estas esperanzas

---

derna como las formas de investigación en la tecnología educativa], ed. Denis Hlynka y John C. Belland (Englewood Cliffs, NJ: Educational Technology, 1991), 65–81.

[337] Elliot W. Eisner, "What Can Education Learn from the Arts about the Practice of Education?" [¿Qué puede aprender la educación de las artes acerca de la práctica de la educación?] en *Reimagining Schools: The Selected Works of Elliot W. Eisner* [Reinventando las escuelas: obras seleccionadas de Elliot W. Eisner], ed. Elliot W. Eisner (Nueva York: Routledge, 2005), 205–14.

[338] John W. Murphy y John T. Pardeck, "The Technological World-View and the Responsible Use of Computers in the Classroom" [La visión tecnológica del mundo y el uso responsable de las computadoras en el aula], en Hlynka y Belland, *Paradigms Regained* [Los paradigmas recuperados], 385–99.

[339] Gary M. Boyd, "Emancipative Educational Technology" [La tecnología educativa emancipadora], en Hlynka y Belland, *Paradigms Regained* [Los paradigmas recuperados], 83–92. También Joshua Meyrowitz, "Taking McLuhan and 'Medium Theory' Seriously: Technological Change and the Evolution of Education" [McLuhan y la 'Teoría del medio' tomados seriamente: el cambio tecnológico y la evolución de la educación], en *Technology and the Future of Schooling: Ninety-Fifth Yearbook of the National Society for the Study of Education, Part II* [La tecnología y el futuro de la educación: anuario número noventa y cinco de la Sociedad Nacional del Estudio de la Educación parte II], ed. Stephen T. Kerr (Chicago: University of Chicago Press, 1996), 73–110.

han dado su fruto. En contraste a otros, estos defensores históricos se preguntan: "¿Qué se *gana* con el uso de la tecnología educativa?"

Cuestionando la tecnología educativa: antes y ahora

Deben realizarse las preguntas difíciles de la "tecno utopía" en la que nos encontramos actualmente. Para ello, los teóricos como Marshall McLuhan planteaban preguntas que examinaban las ventajas y las desventajas de utilizar la tecnología. Shane Hipps se basó en la teoría de McLuhan que se encuentra en el libro *The Hidden Power of Electronic Culture: How Media Shapes Faith, the Gospel, and Church* [El poder oculto de la cultura electrónica: cómo los medios moldean la fe, el evangelio y la iglesia].[340] La ahora clásica "tétrada" (cuatro perspectivas) de McLuhan resulta muy útil para este debate:[341]

- Cuando utiliza la tecnología educativa, ¿qué es lo que *mejora*? ¿Qué aspecto de la experiencia del estudiante intensifica?
- ¿Qué cosas *deja obsoletas* la tecnología educativa? ¿Qué "antiguas formas" de enseñanza y aprendizaje son sustituídas por las "nuevas formas"?
- ¿Qué cosas *recupera* la tecnología educativa? ¿Qué experiencia educativa recupera o reintroduce a los estudiantes?
- ¿Qué cosas *revierte* la tecnología educativa? ¿Cómo cambia cuando es llevada a un extremo?

McLuhan aplica su tétrada a las tecnologías informáticas, pero también es útil para pensar acerca de los propósitos de los ministerios cristianos. ¿De qué maneras la tecnología mejora, deja obsoletos, recupera y revierte los elementos importantes de la fe y de la comprensión espiritual? McLuhan declaró que la computadora (y por extensión, Internet) *mejora* la recuperación de la información.[342] Al mismo tiempo, la computadora/internet hace que las instalaciones y

[340] Shane Hipps, *The Hidden Power of Electronic Culture: How Media Shapes Faith, the Gospel, and Church* [El poder oculto de la cultura electrónica: cómo los medios moldean la fe, el evangelio y la iglesia] (Grand Rapids: Zondervan/Youth Specialties, 2006).

[341] Marshall McLuhan y Eric McLuhan, *Las leyes de los medios: la nueva ciencia*, (Madrid: Cuadernos de Investigación y Comunicación, 2009).

[342] Marshall McLuhan, *Comprender los medios de comunicación: las extensiones del ser humano*, trad. Patrick Ducher (Barcelona: Ediciones Paidós Ibérica S.A., 1996).

los sistemas de almacenamiento de una librería física sean *obsoletos*, al menos en un sentido. La computadora/internet *recupera* la capacidad de una persona de trabajar enciclopédicamente de una nueva forma, aunque amenace con *revertirlos* en una fuente cerrada de "información a la venta", en lugar de un "depósito de acceso libre" que sea sin cargo para todos. Muchos consideran a McLuhan como el profeta de los medios y la tecnología. Sus preguntas resultaron muy útiles y ampliamente aplicables para todas las clases de procesos evaluativos para aquellos que se encuentran involucrados en el ministerio.

Don Ihde sólo realizó dos preguntas acerca de la tecnología informática:

1. ¿Qué tipo de pensamiento *amplifica* la tecnología?
2. ¿Qué tipo de pensamiento *reduce* la tecnología?[343]

En respuesta a sus propias preguntas, Ihde afirmó que la tecnología informática facilita un tipo de pensamiento sobre la verdad de forma analítica (como los datos, los bits y las categorías) en lugar de un todo integrado.

Este argumento es similar a la obra más reciente de Nicholas Carr, *The Shallows: What the Internet Is Doing to Our Brains* [Los superficiales: lo que Internet le está haciendo a nuestro cerebro].[344] Carr utilizó un argumento neurológico cuando afirmó que mirar rápidamente el texto, la imagen y el video en las pantallas de la computadora y el teléfono inteligente parece inhibir la habilidad de pensar profundamente con una contemplación prolongada. Ya sea que uno concuerde con estos teóricos o no, sus preguntas merecen ser consideradas cuidadosamente.

El modelo SAMR de Rubén R. Puentedura (Sustitución, Aumento, Modificación, Redefinición) adopta una postura más práctica hacia la tecnología educativa.[345] Realiza cuatro preguntas acerca de cuándo usar la tecnología educativa y con qué propósito:

---

[343] Don Ihde, *Technics and Praxis* [Técnicas y prácticas] (Dordrecht, Holanda: D. Reidel, 1979).

[344] Nicholas Carr, *The Shallows: What the Internet Is Doing to Our Brains* [Los superficiales: lo que internet le está haciendo a nuestro cerebro] (Nueva York: W. W. Norton, 2010).

[345] Ruben R. Puentedura, "Transformation, Technology, and Education" [Transformación, tecnología y educación] 2006, http://hippasus.com/resources/tte/.

- *Sustitución*: ¿Cómo puede sustituir la tecnología educativa otra herramienta educativa, *sin* cambiar su función?
- *Aumento:* ¿Cómo puede sustituir la tecnología educativa otra herramienta educativa, con una *mejora* en su función?
- *Modificación*: ¿Cómo puede la tecnología educativa dar lugar al *rediseño* de una tarea de aprendizaje?
- *Redefinición*: ¿Cómo puede la tecnología educativa dar lugar a la *creación* de nuevas tareas de aprendizaje que previamente eran impensables?

En el modelo de Puentedura, las primeras dos preguntas están orientadas hacia la *mejora* de la enseñanza y del aprendizaje a través del uso de la tecnología de la educación. Modifican algo que ya existe. Las últimas dos están orientadas a la *transformación* de la enseñanza y el aprendizaje a través del uso de la tecnología educativa. Agregan algo nuevo a lo que ya existe. Puentedura sostiene que los educadores deberían comprender por qué y cómo utilizarían la tecnología, en vez de utilizarla simplemente "porque pueden."

El modelo de Puentedura es útil para los obreros cristianos cuando consideran utilizar métodos basados en la tecnología. Si usted está utilizando tecnología, ¿está eligiendo cambiar de alguna manera las funciones de la enseñanza y el aprendizaje? ¿Observa una mejora en la instrucción? ¿De qué formas rediseña el método? ¿Ofrece algo creativo y novedoso para el aprendizaje y el crecimiento espiritual? ¿Se conecta con los estudiantes y sus vidas de forma útil y profunda?

En contraste, Audrey Watters enciende una alarma sobre las potenciales repercusiones de la tecnología educativa.[346] Watters habla con una voz fuerte e irreverente, pero no puede ser desestimada fácilmente. Aunque ella cree en el valor de la tecnología educativa, también cree que el elemento corporativo-industrial de la tecnología genera tantos problemas como los que resuelve.

Innovación. Cuando las compañías crean nueva tecnología, ¿sus productos generan nuevas formas de enseñar y aprender, o simplemente nuevas formas para generar dinero? ¿Sus productos ayudan a los estudiantes a encontrar y a expresar sus propias voces, o sus productos silencian las diferencias al reducir las posibilidades para la auto expresión?

[346] Audrey Watters, *The Monsters of Education Technology* [Los monstruos de la tecnología de la educación], 2014, http://monsters.hackeducation.com.

Código abierto. Las tecnologías contemporáneas prometen brindarles a los estudiantes el mismo acceso a las herramientas de éxito. Sin embargo, en muchos casos este acceso no está abierto, no es público o gratuito. Por lo tanto, una "división digital" entre los estudiantes ricos y los pobres amenaza con separarlos, en lugar de acercarlos.

Género. Watters menciona que los hombres dominan los campos CTIM (ciencia, tecnología, ingeniería y matemáticas).[347] Watters sostiene que los hombres terminan "explicando" (léase: controlando) internet de manera desproporcionada con respecto a las mujeres. De esta manera, una división digital amenaza con intensificar el desempoderamiento de las estudiantes mujeres.

Algunos pueden leer a Watters y decir: "¿Cuál es el problema? Es como es." Sin embargo, Watters demuestra el poder de realizar las preguntas difíciles acerca de lo que se da por sentado. La cultura que rodea a la tecnología amenaza con rehacer a los estudiantes a su propia imagen.

Nancy K. Baym afirma que la tecnología es mucho más complicada de lo que la mayoría de las personas se da cuenta. Ella expresa que, aunque "las máquinas tengan efectos", estos efectos no determinan cómo se utiliza la tecnología.[348] Por ejemplo, Baym menciona que las computadoras pueden ayudar a las personas a encontrar y a profundizar la conexión social que anhelan, aunque las computadoras también pueden crear distancia entre las personas. Baym hace preguntas como las siguientes:

> ¿De qué forma la tecnología respalda y perjudica las prácticas de la comunicación y la construcción de la comunidad? ¿Cómo adaptan las personas la tecnología para utilizarla más allá de su propósito original (tal como la invención de los mensajes de texto abreviados para poder comunicar rápidamente la experiencia emocional)?

A medida que Baym cuestiona la tecnología, explora su impacto en la sociedad (y por extensión, en la enseñanza y el aprendizaje en una era digital).

---

[347] Véase también Claire Cain Miller, "Technology's Man Problem" [La tecnología es el problema del hombre], *The New York Times*, 5 de abril de 2014, http://www.nytimes.com/2014/04/06/technology/technologys-man-problem.html.

[348] Nancy K. Baym, *Personal Connections in the Digital Age* [Conexiones personales en la era digital] (Cambridge: Polity, 2010), 152.

En contraste al tono optimista de Baym, Sherry Turkle adopta una postura más pesimista hacia la tecnología, la comunicación y la construcción de la comunidad. Turkle analiza las formas en las cuales la tecnología perjudica la intimidad de los seres humanos, y argumenta que "en texto, mensaje y correo electrónico se esconde tanto como lo que se muestra."[349] También expresa su preocupación con respecto a que la comunicación digital puede atenuar o desplazar el gusto de una persona por mantener una relación cara a cara. Las preguntas de Turkle generan preocupación por una visión de la educación que requiere la presencia de una comunidad personificada:

- *Conexión*: "¿La intimidad virtual degenera nuestra experiencia de otra clase, de todos los encuentros, de cualquier tipo?"[350]
- *Comunicación*: ¿Las redes sociales digitales aplanan la comunicación, y nos condicionan a formar amistades superficiales que "muy a menudo se basan en respuestas rápidas en lugar de una reflexión?[351]

En el espíritu de McLuhan, Turkle cita a Winston Churchill, quien afirmó, no una, sino dos veces: "Nosotros damos forma a nuestros edificios y después nuestros edificios nos dan forma a nosotros."[352] Turkle podría haber dicho con la misma facilidad: "Nosotros diseñamos nuestra tecnología y después nuestra tecnología nos rediseña a nosotros." El título del libro de Turkle transmite contundentemente sus convicciones: *Alone Together: Why We Expect More from Technology and Less from Each Other* [Juntos a solas: Por qué esperamos más de la tecnología y menos de los demás].

Un capítulo sobre la tecnología educativa debería enseñarles a los lectores cómo cuestionar sus propias suposiciones, en lugar de proporcionarles una lista de las diez "mejores aplicaciones educativas." Las tecnologías digitales notoriamente tienen poca vida útil. La habilidad que uno tiene para navegar las aguas de la tecnología

---

[349] Sherry Turkle, *Alone Together: Why We Expect More from Technology and Less from Each Other* [Juntos a solas: Por qué esperamos más de la tecnología y menos de los demás] (Nueva York: Basic Books, 2011), 207.

[350] Ídem., 12.

[351] Ídem., 17.

[352] Ídem., 310m.

educativa depende en primer lugar de la habilidad para pensar críticamente, no de la habilidad para actualizar su sistema.

Preguntas y actividades

1. ¿Qué ha escuchado decir a los maestros sobre el valor de la tecnología educativa en los entornos del ministerio? Basado en este capítulo, ¿qué temas importantes dejan de lado los educadores con respecto a la tecnología educativa?
2. ¿Qué actitudes tiene con respecto al uso de la tecnología en su vida personal? ¿Una actitud positiva, negativa o una mezcla de las dos?
3. ¿Cómo ayuda o inhibe su aprendizaje la tecnología? ¿Puede brindar algunos ejemplos de la semana pasada? ¿Cómo puede la tecnología educativa fortalecer o debilitar su formación de discípulos en el ministerio?
4. ¿Qué es lo que hace bien la tecnología educativa? ¿Y mal?
5. ¿La tecnología tiende a mejorar o a debilitar la calidad de sus amistades? ¿Y su compasión por los demás? ¿Su percepción del bien y del mal? ¿Su deseo de conocer mejor a Jesús?

Lectura adicional

Detweiler, Craig. *iGods: How Technology Shapes Our Spiritual and Social Lives* [Dioses informáticos: cómo moldea la tecnología nuestra vida espiritual y social]. Grand Rapids: Brazos, 2013.

Dyer, John. *From the Garden to the City: The Redeeming and Corrupting Power of Technology* [Del jardín a la ciudad: el poder redentor y corrupto de la tecnología]. Grand Rapids: Kregel, 2011.

Hipps, Shane. *The Hidden Power of Electronic Culture: How Media Shapes Faith, the Gospel, and Church* [El poder oculto de la cultura electrónica: cómo los medios moldean la fe, el evangelio y la iglesia]. Grand Rapids: Zondervan/Youth Specialties, 2006.

Schultze, Quentin J. *High-Tech Worship? Using Presentational Technologies Wisely* [¿Adoración con tecnología de punta? Cuando las tecnologías de presentaciones se utilizan sabiamente]. Grand Rapids: Baker Books, 2004.

SECCIÓN CUATRO

MÉTODOS PARA LA ENSEÑANZA CRISTIANA

El aspecto más visible de la enseñanza se encuentra en el punto de contacto entre el maestro y el estudiante, comúnmente denominado los *métodos*. Los maestros cristianos efectivos poseen y utilizan una amplia variedad de métodos para enseñar de mejor manera al abanico completo de alumnos y para integrar la aplicación y la transferencia del mensaje, más allá de la lección. En los últimos años, el énfasis se ha volcado en las lecciones como el método más exclusivo para enseñarles a los jóvenes. Sin embargo, el mundo de las redes sociales interactivas y visuales, junto con una crítica acerca de los resultados del ministerio de jóvenes, están obligando a los líderes cristianos a buscar varios métodos que se conecten de forma inmediata con las vidas y los intereses de los estudiantes.

Esta sección abarca los métodos más prominentes para enseñarle a la próxima generación y les otorga una atención particular a los simulacros y al aprendizaje al aire libre, que ha demostrado haber sido efectivo durante mucho tiempo, pero generalmente su utilización es exagerada. Enseñar la Biblia, debatir y hablar frente a grandes grupos todavía siguen siendo los métodos principales de enseñanza para la próxima generación. Los capítulos en esta sección ayudan a los lectores a comprender estos métodos y a establecer pautas para su uso efectivo en los entornos del ministerio.

El libro *Métodos creativos de enseñanza: cómo ser un maestro eficiente* (España: Patmos, 2004) de Marlene LeFever es un recurso útil para aquellos métodos que no se tratan en esta sección y que merecen más atención.

18

Enseñemos la Biblia para que los jóvenes aprendan

DUFFY ROBBINS

El sitio web Smosh.com denominó su artículo "Los 22 nombres ridículamente mal escritos que demuestran que Starbucks sólo está jugando con nosotros", que, junto a una galería de fotos de los vasos de Starbucks con los nombres de los clientes escritos equivocadamente por camareros sobrepasados de trabajo, hicieron que el título pareciera completamente verosímil. Una rápida encuesta mostró algunas reproducciones bastante divertidas y creativas de nombres comunes: "Alan" escrito como "Alien"; "Mauricio" como "México"; "Martín" como "Malón" y "Margaux" como "Marabcdef." Pero sin dudas, uno de los mejores fue la imagen de un vaso de café que mostraba el nombre "Cark" garabateado con el típico marcador marca Sharpie que utilizan en Starbucks y la leyenda que explicaba que el cliente había dicho que su nombre era "Marc con 'c'."

Por eso, en este punto de nuestro texto, seguramente se haya hecho evidente para cualquier lector que *la comunicación es complicada*, ya sea que usted es un amante del café que le brinda su nombre al camarero o un líder de jóvenes que intenta comunicarle a un grupo de adolescentes el Nombre que es sobre todo nombre.

Enseñarles la Biblia a las próximas generaciones es todo un desafío; no es imposible, pero es complicado. Incluso cuando uno piensa que es claro y obvio, y que las verdades son tan evidentes por sí mismas y "tan obvias que incluso un niño podría entenderlas," es bastante sorprendente la manera en que el mensaje se presenta muchas veces de forma confusa y se pierde el sentido en la traducción. Los líderes de jóvenes creativos y considerados, los maestros de la escuela dominical sinceros y apasionados, los predicadores instruidos y elocuentes, en general ofrecen lo que ellos consideran que es una proclama bien clara del nombre de Jesús. Pero lo que escuchan sus grupos de jóvenes, las clases de la escuela dominical y las congregaciones jóvenes resulta complicado y confuso. Si hubiera una fotografía y una leyenda, podría decir: "Jesús, con '¡vaya, esto sí que es difícil!'"

Este no es un problema nuevo, que emerge nuevamente en el horizonte del ministerio de jóvenes y (alerta de spoiler) es improbable que el hecho de leer y aplicar minuciosamente los principios de este libro lo convierta en un problema del *pasado* del que ya no tengamos que preocuparnos. Es un desafío recurrente que debe ser considerado muy en serio. Muchos obreros cristianos se han lanzado al ministerio con este pensamiento: "¿Qué tan difícil puede ser? Amo a los jóvenes, amo a Jesús, amo la Biblia, y creo que tengo el don de *enseñanza*", y luego de volver a poner los pies en la tierra deciden: "Todavía sigo amando a los jóvenes, todavía sigo amando a Jesús y todavía sigo amando la Biblia, pero los jóvenes que lidero no parecieran tener el don del *aprendizaje*."

Lectura, escritura y redención

Esto no significa que enseñar la Biblia sea precisamente como enseñar cualquier otro tema académico. Para empezar, el último comentario que la mayoría de los obreros cristianos quieren escuchar de un joven de quince años del grupo es: "¡Guau! ¡La forma en la que presenta el estudio bíblico me recuerda a la misma forma en que me aburro en la escuela!" Sin embargo, y más importante, es que existe una diferencia sustancial entre los tipos de contenido que desarrollamos cuando enseñamos la Palabra de Dios y aquellos que desarrollamos cuando enseñamos acerca de los tiempos verbales o la historia medieval. Es posible vivir una vida abundante y feliz sin saber cómo calcular el área dentro de un trapecio. Cuando se trata de ignorar o estar mal informado con respecto a Jesucristo es una negligencia que pierde la Fuente de la vida misma (Jn 4:13).[353]

Cuando les enseñamos la Biblia a las próximas generaciones desarrollamos un único *tema*, Jesús, el Hijo de Dios; que proviene de una única *fuente*, la Biblia, que es la Palabra de Dios (2 T 3:16). Hablamos sobre *objetivos* que son únicos: el objetivo de enseñar la Biblia no es sólo la educación, la memorización de hechos o la acumulación de la verdad; es la transformación que surge en respuesta y la aplicación de esas verdades (Ro 12:2; Stg 1:22-25). Hablamos de una *representación espiritual* que va más allá del maestro, el espacio de enseñanza, los recursos curriculares y el estudiante; una representación atravesada por la obra y la persona del Espíritu Santo (cf. Is 59:21; Lc 12:12; Jn 16:7b-8, 13; 14:26; 1 Co 2:11b-14; Tit 3:5-7; 1 Jn 2:20).[354]

Para resumir, hablamos acerca de una alianza estratégica y fundamental entre el obrero cristiano y el Espíritu de Dios. El maestro es el que enseña, pero sin el Espíritu que "guiará [a los estudiantes]... a toda la verdad" (Jn 16:13), para convencer a nuestros estudiantes de pecado (Jn 16:8) y guiarlos hacia la rectitud (Jn 16:13), nuestro esfuerzo se echará a perder, y no es más capaz de encender el fuego

[353] Como cristianos, comenzamos nuestra tarea de aprendizaje con tres suposiciones críticas. (1) Creemos que los jóvenes son creaciones de Dios, hechos a su imagen (Gn 1:26), sus cuerpos *y* sus mentes: no simplemente manipulados por impulsos corporales o por realidades físicas y culturales, sino que son agentes morales con la capacidad de pensar y conocer, y con una voluntad propia. (2) Creemos que esta capacidad otorgada por Dios ha sido tremendamente arruinada y deteriorada por el pecado (Ro 1:18–32), un error inherente que afecta la forma en que aprendemos y lo que hacemos con lo aprendido, especialmente respecto a la verdad acerca del Dios que nos creó (1 Co 2:14–16). (3) Creemos que la gran necesidad de nuestros estudiantes es la conversión del Espíritu, que proviene de una relación con Jesucristo (Ro 12:1–2). Para más información acerca de este tema, véase mi libro, Duffy Robbins, *This Way to Youth Ministry: An Introduction to the Adventure* [Este camino hacia el ministerio de jóvenes: una introducción a la aventura] (Grand Rapids: Zondervan/Youth Specialties Academic, 2004), 187–89.

[354] Thyra Cameron y James Swezey, "Educating in the Spirit: An Examination of the Person and Role of the Holy Spirit in Christian School Education (Part One)" [Eduquemos en el Espíritu: una investigación de la persona y el rol del Espíritu Santo en la educación de la escuela cristiana (Parte Uno)], *Journal of the International Christian Community for Teacher Education* 10 [Diario de la comunidad cristiana internacional para la educación del maestro], no. 1 (2015), disponible en http://icctejournal.org/issues/v10i1/v10i1-cameron-swezey/.

de la pasión por Dios que una leña de plástico en una chimenea eléctrica. La lección puede verse bien, e incluso puede proveer algo de luz, pero no espere que brinde demasiado calor.[355]

John Milton Gregory no solo era el presidente de la Universidad de Illinois en Urbana-Champaign, sino que también era un cristiano que mostraba una profunda carga por comunicar de manera efectiva la verdad bíblica. Así, esa carga fue la que lo llevó a combinar su mente entusiasta como educador y su cálido corazón como evangelista para escribir un libro que fue originalmente publicado en 1856, al cual denominó *Las siete leyes de la enseñanza*.[356]

La buena comunicación es buena comunicación, y uno podría afirmar que existen ciertos principios que son universales sobre la instrucción efectiva. De hecho, no es difícil encontrar ejemplos claros en la Biblia sobre las Siete Leyes de la enseñanza de Gregory. Ya sea el uso de la historia por parte de Natán para generar arrepentimiento en David luego de que este hubiera cometido adulterio con Betsabé (2 S 12:1-7), el uso por parte de Dios de la casa del alfarero para ayudarle a Jeremías a comprender su dominio sobre Israel (Jer 18:1-6), el uso de las parábolas y preguntas por parte de Jesús para provocar las mentes de su audiencia (Mt 10:10-13; 17:25) o las apelaciones por parte de Pablo al testigo de su propio estilo de vida personal para testificar la verdad acerca de su enseñanza (1 Co 11:1; 1 Ts 2:5-8), todo esto puede vincularse claramente a una de las Siete Leyes. Si bien es probable que los líderes de jóvenes efectivos vayan más allá de las Siete Leyes en su enseñanza bíblica, si son realmente sabios, será mejor que no las dejen de lado.

Las siete leyes del aprendizaje

Es por esto que este capítulo se ofrece como un manual básico, una introducción a estos siete principios básicos, con una atención especial hacia la aplicación práctica en el contexto de la enseñanza bíblica y el ministerio de jóvenes.

---

[355] El apóstol Pablo brinda una explicación completa de la obra imprescindible del Espíritu en nuestro ministerio de enseñanza en 1 Co 2:9–14. Véase también su oración en Ef 1:18, "*alumbrando* los ojos de vuestro entendimiento, *para que sepáis* cuál es la esperanza a que él os ha llamado, y cuáles las riquezas de la gloria de su herencia en los santos" (énfasis agregado).

[356] John Milton Gregory, *Las Siete Leyes de la enseñanza*, trad. Alfredo S. Rodríguez y García (Boston: The Pilgrim Press, 1919).

La ley del maestro: "El maestro debe conocer lo que ha de enseñar."[357]

Esta es la primera y la más básica de todas las leyes de enseñanza. Y, en ciertos aspectos, la más intuitiva. La primera pregunta que nos hacemos acerca de cualquier maestro es: "*¿Sabe de lo que está hablando?*"

Hay una razón por la cual Juan comienza su carta pastoral con unas palabras acerca de su testimonio personal.

> "Lo que era desde el principio, lo que *hemos oído*, lo que *hemos visto* con nuestros ojos, lo que *hemos contemplado*, y *palparon nuestras manos* tocante al Verbo de vida (porque la vida fue manifestada, y la hemos visto, y testificamos, y os anunciamos la vida eterna, la cual estaba con el Padre, y se nos manifestó); lo que *hemos visto y oído*, eso os anunciamos, para que también vosotros tengáis comunión con nosotros; y nuestra comunión verdaderamente es con el Padre, y con su Hijo Jesucristo. Estas cosas os escribimos, para que vuestro gozo sea cumplido" (1 Jn 1:1-4, énfasis añadido).

No podemos enseñar lo que no sabemos, de la misma forma en que no podemos dar lo que no tenemos, o volver de un lugar al cual nunca fuimos. Debemos conocer aquello que vamos a enseñar.

¿Qué significa en términos prácticos?

1. Sea auténtico. Antes que nada, por la gracia de Dios y a través del poder de su Espíritu, busque practicar lo que enseña. Nuestros estudiantes necesitan creer que, en cierto aspecto, *hemos oído, hemos visto, hemos contemplado y hemos palpado*. Básicamente, el poder del ministerio del apóstol Pablo no radicaba en que él dijera "*Escúchenme*", sino en que podía decir "*Imítenme*" (1 Co 11:1). Eso no significa que tengamos que ser perfectos, pero sí que tenemos que estar en pos de ello (Fil 3:12-17).[358]

2. Haga su tarea. Realice una exégesis bíblica completa y profunda para que pueda exponer con confianza acerca de lo que enseña la Palabra. Asegúrese de que ha considerado algunas de las preguntas difíciles que pueden surgir del texto y esté preparado para abordarlas en caso de que sus estudiantes las realicen. Sepa cómo

---

[357] Ídem., 15. Gregory resumió su ley de la siguiente forma: "Un maestro debe ser uno que sepa la lección o la verdad a enseñar" (46).

[358] Para más información sobre este tema, véase Doug Fields y Duffy Robbins, *Speaking to Teenagers* [Charlas con adolescentes] (GrandRapids: Zondervan, 2007), cap. 4.

pronunciar los nombres que necesitará mencionar, por ejemplo, nombres de lugares bíblicos y nombres propios.

3. Sea organizado. Tenga una comprensión clara de su lección. Está llevando a sus estudiantes en un recorrido. Si quiere que confíen en usted como su guía, necesita comunicarles que usted sabe a dónde se está dirigiendo. Si su idea es presentar recursos multimedia, revíselos con tiempo, y luego vuelva a hacerlo una vez más. Asegúrese de que funcionan adecuadamente y de que las palabras están escritas correctamente. Todos cometemos errores, pero no realza su credibilidad el hecho de que la diapositiva de PowerPoint invite a los estudiantes a que sean "llenos del Espíritu *Salto*."

La ley del discípulo: "El alumno debe atender con interés a la materia que ha de aprender."

La parte más difícil de enseñar la Biblia no es *enseñar* la Biblia en sí. La parte más difícil es lograr que los adolescentes *escuchen y se involucren cuando usted esté enseñando* la Biblia. Recuerde la antigua pregunta: "si un árbol se cae en el bosque y nadie lo escucha, ¿realmente hizo algún ruido?" En cierto sentido, ese es el punto de la segunda ley del aprendizaje. Si un líder de jóvenes lleva a cabo un estudio bíblico y nadie lo escucha, *¿realmente* llevó a cabo un estudio bíblico el líder de jóvenes?

La mayoría de nosotros estamos familiarizados con el antiguo proverbio "Puedes darle un consejo a alguien, pero no puedes obligarlo a que lo siga." La Ley del Discípulo nos recuerda que incluso el Agua Viva puede ser rechazada si en primer lugar no hay sed. Imagine responder una pregunta que nadie ha realizado, preparar un banquete para personas que no tienen hambre, instruir a una persona en el camino correcto para que siga el camino *a*, pero que en realidad se encuentra completamente feliz con su método *b* o dar la respuesta a un chiste que comienza con "toc-toc" sin decir toc-toc, o sin preguntar "¿Quién es?" Sucede muy a menudo en la congregación y en el ministerio de jóvenes: intentamos satisfacer un deseo donde no lo hay.

Uno de los principios más básicos de la comunicación es que *la audiencia es soberana* (1 Co 9:22-30).[359] Podemos *liderar* el estudio bíblico; ellos votan si *seguirnos* o no. Y cualquiera que haya llevado

[359] Esto *no* quiere decir que el mensaje o la lección no sean importantes. Simplemente que no podemos tener un estudio bíblico fructífero con un aula repleta de adolescentes que no están dispuestos a estudiar la Biblia.

a cabo el ministerio de jóvenes por más de veinte minutos le dirá que la votación es bastante pareja, y que a veces no se inclina a nuestro favor. A los efectos prácticos, cuando eso sucede el estudio bíblico llegó a su fin.

Entonces, ¿cómo hacemos para que los estudiantes estén sedientos de la verdad bíblica?

1. Escuche antes de enseñar. Asegúrese de que ellos entiendan que usted entiende. Utilice los temas que ellos quieren hablar como un puente para traerlos hacia el tema que usted espera hablar. Utilice sus preguntas para generar interés en las respuestas de la Biblia. Pero no trate de fabricar preguntas o respuestas fáciles. A veces, el elemento más cautivante de las Escrituras es que nos lleva al misterio y a la sorpresa.

2. Comprométase con la responsabilidad con empeño. Rehúsese a enseñar incluso un devocional de cinco minutos sin tener en cuenta esta pregunta básica: "*¿Cómo captaré la atención de mis estudiantes?*" Sí, implica mucho trabajo. Pero a través de la creatividad, del ingenio y de una desesperación auténtica, la comunidad del ministerio de jóvenes ha demostrado una increíble ingenuidad para responder esta pregunta. Existen varios sitios web y recursos escritos que pueden presentarle algunas de estas estrategias a un líder cristiano novato; videos, música, lecciones artísticas u objetivas, casos prácticos, obras dramáticas o melodramáticas, juegos de simulación, grupos pequeños, videos de YouTube o historias sobre los nombres fallidos que escribió Starbucks en el sitio Smosh.com.[360]

Decídase a nunca empezar un estudio bíblico con las siguientes palabras: "Nuestro tema de hoy es..." Ningún adolescente de un grupo de jóvenes recorre los pasillos de su escuela preguntándose "¿Cuál será el tema de esta semana en el estudio bíblico?"

3. Conviértase en un conservador de las buenas estrategias de compromiso. No todas las buenas ideas tienen que surgir de usted. La enseñanza efectiva no se trata de reiventar la rueda; se trata de involucrar a los estudiantes para que estén dispuestos a subir a bordo de lo que sea que usted desee enseñar.

[360] Para ideas, véase Helen Musick y Duffy Robbins, *Everyday Object Lessons* [Lecciones objetivas para cada día] (Grand Rapids: Zondervan/Youth Specialties, 1998); Doug Fields, Laurie Polich y Duffy Robbins, *Spontaneous Melodramas I and II* [Melodramas espontáneos I y II] (Grand Rapids: Zondervan/Youth Specialties, 2000).

La Ley del idioma: "El idioma o el lenguaje usado en la enseñanza debe ser común al maestro y al discípulo"[361]

Todos conocemos la frustración: en nuestro deseo por utilizar el nuevo software, consultamos el manual de instrucciones, y ¡descubrimos que está tan mal redactado que necesitamos un segundo manual de instrucciones para comprender el primero! Nuestro problema no es la falta de motivación; los estudiantes están sedientos y realmente quieren saber sobre este tema. Tampoco es falta de credibilidad; estamos confiados de que el autor del manual sabía de lo que escribió. Por el contrario, nuestro equipo colapsó debido a que, para los propósitos prácticos, el manual no estaba escrito en un lenguaje que era común al maestro y al alumno.

Los líderes de jóvenes, en particular aquellos que han recibido una capacitación formal en el seminario y la escuela bíblica, se benefician en gran manera de haber aprendido el léxico de la tradición cristiana. Nuestra fe es enriquecida por nuestra comprensión de términos como *justificación, encarnación, expiación, ex nihilo* (de la nada) *y imago Dei* (a imagen de Dios). Desafortunadamente, cuando llevamos ese lenguaje fuera de la universidad, descubrimos que, al igual que los misioneros cuando trabajan en una cultura distante, hablamos un lenguaje que es desconocido para las personas que intentamos alcanzar.

Eso no significa que debemos abandonar esos términos. Abandonarlos haría más difícil que nos involucremos en conversaciones teológicas importantes y que practiquemos las valiosas verdades dentro de nuestra comunidad de fe. Sería como si los ingenieros nucleares, en un esfuerzo por hacerse entender mejor y ser considerados menos bichos raros, decidieran limitar sus conversaciones acerca de lo importante que es "mantener esa cosa radioactiva durmiendo como un bebé para que no se ilumine." Los conceptos que son importantes y críticos para la misión necesitan mantenerse con su léxico original. Pero, al mismo tiempo, necesitamos descubrir una forma de traducir esos términos a un lenguaje que tenga sentido para la cultura que intentamos involucrar, si realmente queremos que acepten el poder del evangelio.[362]

---

[361] Gregory, *Las Siete Leyes de la enseñanza*, 45.

[362] Kenda Dean discute la diferencia entre las conversaciones "puertas para adentro" (el vocabulario que manejamos en la comunidad eclesiástica) y "puertas para afuera" (el lenguaje que manejamos afuera de la comunidad eclesiástica), y la vital

Las siguientes son algunas sugerencias prácticas.

1. Tenga cuidado cuando hable con lenguaje cristiano. Tenga en cuenta que la mayoría de la población adolescente actual es analfabeta en cuanto a la Biblia y a la terminología básica cristiana. Conocen poco de la Biblia, de sus costumbres, su geografía y su gran narrativa. Entonces, cuando utilice estos términos, tradúzcalos a un lenguaje que *sí* comprendan. No asuma que sus estudiantes hablan este lenguaje. No lo hacen.

2. Utilice versiones en lenguaje actual del texto bíblico. Es improbable que sus estudiantes hablen en la versión Reina Valera. De hecho, es dudoso que sea vuestro lenguaje. Por lo tanto, utilice una traducción moderna de entre las muchas excelentes que existen.

De ser posible, proporcióneles Biblias a sus estudiantes. Esto tiene el beneficio adicional de proporcionarles a cada uno una versión clara del pasaje y, también es muy útil, ya que garantiza que todos lean el mismo versículo expuesto de la misma manera. También puede animar a los estudiantes a que lleven sus Biblias, pero la realidad es que muchos no lo hacen. Al ofrecerles una se asegurade que *tengan* una Biblia para estudiar. Para aquellos grupos que son completamente nuevos en un estudio bíblico, puede ser útil proporcionarle simplemente una fotocopia a cada estudiante del pasaje que se estudiará. Para un adolescente de quince años que no está habituado a leer la Biblia, puede parecerle un gran y temible libro con demasiadas páginas finas y una cubierta negra que básicamente le advierte: "Este libro es santo, ¡y tú no lo eres!" A veces esa hoja fotocopiada, aparte del resto del libro, puede disminuir el factor de la intimidación. También les da mayor facilidad para encontrar el pasaje, sin tener que atravesar los sesenta y seis libros.[363] Amplifique el significado de un versículo al leerlo a partir de dos o tres

---

importancia de cada una de estas. Véase Kenda Creasy Dean, *Almost Christian: What the Faith of Our Teenagers Is Telling the American Church* [Casi cristiano: lo que la fe de nuestros adolescentes le expresa a la iglesia de los Estados Unidos] (Nueva York: Oxford University Press, 2010), 113–14.

[363] Probablemente no sea una buena estrategia a largo plazo. Pero debemos caminar por el agua antes de sumergirnos, y ese proceso sucede en la parte poco profunda de la piscina. Además, los grupos del campus de la universidad como InterVarsity y Cru utilizan impresiones que permiten que los estudiantes marquen el texto mientras se involucran en el estudio inductivo, o lo que algunos llaman "estudio bíblico manuscrito" Para más información, véase http://manuscriptbiblestudy.com.

traducciones diferentes. De manera similar, utilizar un texto parafraseado como *The Message* de Eugene Peterson puede agregarle color y textura al texto bíblico.

3. Invite a los estudiantes a parafrasear el pasaje. Luego de trabajar con el pasaje completo en su grupo de estudio, termine con una invitación a que los estudiantes hagan su propia paráfrasis del pasaje. Pueden parafrasearlo en sus propias palabras o puede asignarles que lo parafraseen en el lenguaje de un dialecto único: un genio informático, un atleta, un surfer.

4. Invite a los estudiantes a dibujar el pasaje. Puede ayudar a los estudiantes a pensar más profundamente en las palabras precisas del texto si los invita a traducirlo, no en palabras, sino en imágenes.

La Ley de la Lección: "La verdad que ha de enseñarse ha de ser aprendida por medio de la verdad que ya es conocida."[364]

¿Dónde se encuentra ahora, mientras lee estas palabras? ¿En un dormitorio universitario, en una biblioteca, en la habitación de su casa o quizás en una cafetería donde el camarero escribió incorrectamente su nombre? Sea donde sea, asumamos que se encuentra allí intencionalmente: quiso estar allí. Ahora, (y esta es la parte importante) para que usted entrara en ese espacio, tuvo que atravesar una secuencia de pasos. Si se encuentra en un dormitorio universitario, tuvo que ingresar a la residencia universitaria. Para ingresar a la residencia, tuvo que entrar al campus. Para entrar al campus, tuvo que ir a la ciudad donde se encuentra su universidad. Si es un estudiante que proviene de otro estado, tuvo que ingresar al estado donde se encuentra esa ciudad. Ya comprendió la idea: no pudo llegar a la ubicación D, sin haber seguido la secuencia de entrada a las ubicaciones A, B y C.

La primera Ley de la Lección nos recuerda que la verdad es secuencial. No podemos guiar a nuestros estudiantes a la verdad C, hasta que comprendan la verdad B, y no pueden comprender la verdad B, hasta que no hayan comprendido la verdad A. Por lo tanto, si realmente queremos enseñar la Biblia de una forma que ayude a aprender a los jóvenes, tenemos que comenzar desde el lugar en donde se encuentran: no donde *nosotros* estamos, y no donde *deseamos* que ellos estén. ¡Cuántos estudios bíblicos y mensajes han errado al

---

[364] Gregory, *Las Siete Leyes de la enseñanza*, 60.

blanco debido a la falta de intención y precaución en cuanto a esto! El maestro comienza con expectativas altas, que se traducen en objetivos altos, que resultan en un estudio bíblico que se encuentra por encima de todos en la clase. La verdad que ha de enseñarse ha de ser aprendida por medio de la verdad que ya es conocida.

¿De qué forma uno le presta atención a esta secuencia en la enseñanza de la Biblia?

1. Asegúrese de que comprenden la verdad A, antes de enseñarles la verdad B. Un líder de jóvenes recuerda haber dictado un estudio bíblico donde se analizaron algunos de los temas relacionados con los dones del Espíritu Santo (sanidad, lenguas, profecía, entre otros). Había trabajado arduamente para analizar lo que las Escrituras enseñaban acerca de estos dones milagrosos. Cuando terminó el estudio y estaba conversando con los estudiantes, una estudiante perspicaz de segundo año se acercó y le comentó inocentemente: "Esta noche fue muy interesante, pero, ¿alguna vez nos dirá qué es el Espíritu Santo?" No enseñe sobre la segunda venida hasta que conozcan la primera. No enseñe la verdad B hasta que comprendan la verdad A.

2. Enfoque su enseñanza. Uno de los mayores errores que cometemos en la programación del ministerio de jóvenes es apuntarle a la nada. Y todos sabemos esto: cuando le apuntamos a la nada, es muy probable que recibamos exactamente ese resultado.

Gran parte del lenguaje del Nuevo Testamento sugiere que existen varios niveles de comprensión y de compromiso (cf. Mt 13:5-8). Considere los siguientes versículos como una muestra.

> Jesús: "Aún tengo muchas cosas que deciros, pero ahora no las podéis sobrellevar" (Jn 16:12).
>
> Jesús: "Y mientras sembraba, parte de la semilla cayó junto al camino; y vinieron las aves y la comieron" (Mt 13:4).
>
> Pablo: "Os di a beber leche, y no vianda; porque aún no erais capaces, ni sois capaces todavía" (1 Co 3:2).
>
> El autor de Hebreos: "Porque debiendo ser ya maestros, después de tanto tiempo, tenéis necesidad de que se os vuelva a enseñar cuáles son los primeros rudimentos de las palabras de Dios; y habéis llegado a ser tales que tenéis necesidad de leche, y no de alimento sólido. Y todo aquel que participa de la leche es inexperto en la palabra de justicia, porque es niño; pero el alimento sólido es para los que han

Considere el siguiente caso práctico:

Jake se presentó en el grupo juvenil del sábado por la noche, preparado para llevar adelante al grupo en un programa que consistía en una colación, un juego corto o rompe-hielo, un tiempo de adoración y un breve estudio bíblico con un debate en grupos pequeños. Si todos los estudiantes que habían asistido hubieran estado dispuestos a seguir la agenda de Jake, podría haber funcionado. Pero luego de un tiempo de adoración, era claro que el novio de Heather, Walt, y su amigo, Marv, quienes esrtaban asistiendo esa noche por primera vez, no tenían intenciones de seguir con la agenda. Estaban al fondo del aula, enviándose mensajes de texto entre ellos y riéndose de los mensajes que se habían enviado. A medida que el estudio bíblico se extendía, empeoraron las interrupciones y los problemas de disciplina y cada vez interrumpían más.

Jake no quería pedirles a estos estudiantes que se fueran: después de todo, estos eran los estudiantes que él y su equipo querían alcanzar. Por otro lado, algunos de sus estudiantes estaban realmente deseosos de aprender y participar en el estudio, y las interrupciones hacían que fuera altamente improbable que sucediera.

Después de varias súplicas, algunas amigables y otras no tanto, para que los estudiantes desinteresados dejaran de interrumpir, Jake concluyó en que quizás necesitaba cambiar su táctica y actuar intencionalmente conforme a sus intereses. Sabía que si los estudiantes que estaban más comprometidos se aburrían, al menos lo harían de forma amable. Entonces, decidió disminuir el nivel del estudio, lo acortó y lo hizo más básico de lo que había planificado. No sería tan sustancioso como esperaba, pero ¿cuál era el punto de servir "alimento sólido" cuando varios muchachos en el aula, al menos espiritualmente hablando, no tenían apetito? Para el momento en que estaba llegando el final del estudio, decidió descartar el tiempo de debate.

La noche al fin culminó, pero no fue una noche muy satisfactoria. Marv y Walt se fueron del aula aburridos y hablaron acerca de que no vovlerían nunca más. Heather regresó a su casa avergonzada de que su novio haya sido un alborotador y de que ella le siguió un poco el juego. Los estudiantes que realmente querían estudiar la Palabra se fueron frustrados, y Jake se fue desanimado y descorazonado. Había estado toda una noche tratando de entretener a un grupo de estudiantes, sin ningún éxito, y en el proceso, perdió la oportunidad de formar a otro grupo de estudiantes. Debido a que no orientó su programa cuidadosamente, jugó al menor denominador común espiritual. Le apuntó a la nada, y dio en el blanco.

alcanzado madurez, para los que por el uso tienen los sentidos ejercitados en el discernimiento del bien y del mal. Por tanto, dejando ya los rudimentos de la doctrina de Cristo, vamos adelante a la perfección; no echando otra vez el fundamento del arrepentimiento de obras muertas, de la fe en Dios" (Hebreos 5:12–6:1).

No nos enojamos con los bebés porque no tienen la habilidad de masticar alimentos sólidos; los alimentamos con leche hasta que podamos desarrollar en ellos un apetito por algo más. Ciertamente, la verdad bíblica es un gusto adquirido. Pero el crecimiento espiritual y la madurez auténtica solo surgen con una nutrición apropiada de la Palabra. Un ministerio de jóvenes que no proporciona esto impide el crecimiento espiritual de sus estudiantes. Por eso, necesitamos proporcionar ambas cosas: el alimento sólido para aquellos que están dispuestos a recibirlo y la leche para aquellos que todavía se encuentran en la infancia espiritual.

3. Sirva en el programa lo que prometió en el menú. Todos los programas, en particular en lo que refiere a la enseñanza, deberían diseñarse y marcarse (esto es, promocionarse en el sitio web del grupo de jóvenes, entre otros) de tal manera que tanto los líderes como los estudiantes comprendan la audiencia a la cual se dirigen. Los estudiantes que apenas tienen apetito por la leche deberían saber de antemano si en la reunión se servirá alimento sólido. Si el evento se llama Explosión y el programa para esa noche consiste en un estudio de dos horas acerca de la Trinidad, quizás deberíamos perdonar a los estudiantes por sentir que recibieron una publicidad engañosa.

Sin embargo, ¿qué sucede con el estudiante desinteresado que simplemente se presenta en el estudio bíblico sin conocimiento del menú y sin apetito por el alimento espiritual? Mientras que el desinteresado no evite que los demás sean alimentados, no habrá ningún problema. El programa dirigido no tiene como finalidad que el líder de jóvenes le diga a un estudiante que *no* está apto para participar de un programa o un evento de enseñanza específico. Dicho esto, si ese estudiante se vuelve disruptivo, el líder de jóvenes debe asumir la responsabilidad de (a) no permitir que eso impida el crecimiento de otros estudiantes y (b) no modificar el menú de enseñanza para satisfacer el apetito espiritual de comida chatarra y bajar el nivel de nutrición de todos los demás estudiantes.

La mayoría de los líderes de jóvenes quieren alcanzar la mayor cantidad posible de jóvenes cada semana, entonces se sienten obligados a realizar un programa que atraiga a un mítico, amplio punto intermedio. El problema sigue siendo "si le apuntas a la nada, darás siempre en el blanco."

Los ministerios que se dirigen a absolutamente todos rara vez logran algo estratégico para cualquiera.

La Ley del Proceso de la Enseñanza: "Estimular y dirigir las actividades del alumno y, como regla general, que pueda aprender por sí mismo."[365]

La mejor manera de cultivar en una persona el gusto por la crema de avellanas no es invitándola a que asistan un domingo por la mañana a sentarse en una habitación pequeña para que puedan escuchar a alguien que les describa a qué sabe. La mejor manera de ayudar a alguien a que desarrolle el gusto por la crema de avellanas es brindarle una forma de *probarla* por *sí mismo*. Es muy poco probable que los jóvenes sientan apetito por las Escrituras con solo escuchar las descripciones de otras personas. Necesitamos elaborar la manera de ayudarlos a descubrirla por sí mismos.

Ya se han dado muchas oportunidades en este libro para que los lectores reflexionen acerca de varias teorías de aprendizaje. No lo haremos aquí. Es suficiente decir que hay críticos de un enfoque de la enseñanza que colocan su énfasis en el descubrimiento personal, un enfoque que generalmente se describe como *constructivismo*.[366] Pero, en el mejor de los casos, este enfoque acata dos elementos esenciales de la buena enseñanza:

1. Contenido: la verdad o las verdades a enseñarse.
2. Proceso: el elemento vivencial de la enseñanza (la metodología de enseñanza, la aplicación de las verdades enseñadas, entre otros).

---

[365] Ídem., 79.

[366] Las percepciones de Jerome Bruner que rondaban el *aprendizaje a partir del descubrimiento* afirmaron en primer lugar que cuando los alumnos descubren hechos y relaciones conceptuales por sí mismos, el material es más utilizable y lo retienen mejor que en los casos en que el material solamente se recoge y se memoriza. Esta es la noción verdadera de la raiz del constructivismo. Bruner creía firmemente que los estudiantes aprenden mejor lo que aprenden por sí mismos. Algunos críticos (como David Ausebel) discuten que este enfoque supone erróneamente que los alumnos *saben* lo que necesitaan aprender y que estarían *motivados* de aprender lo que necesitan aprender. Otros señalaron que este enfoque simplemente es inapropiado para algunos temas en particular y para los entornos de aprendizaje. Ambas críticas tienen mérito, pero aun así no anulan la validez de la idea central de Bruner. Lo que se propone en este capítulo es un enfoque híbrido que se hizo conocido como el enfoque del *descubrimiento guiado*. Para una discusión más completa sobre la teoría de aprendizaje detrás de este enfoque y sus raíces teóricas, véase William R. Yount, *Created to Learn* [Creados para aprender] (Nashville: Broadman & Holman, 1996), 196–205.

La acusación de Jesús a los fariseos: "El error de ustedes es que no conocen las Escrituras ni el poder de Dios" (Mt 22:29 RVC) sugiere que ni el contenido, ni el proceso, son suficientes por sí mismos.[367] La palabra hebrea para "conocer" nos ayuda a comprender que el sentido de conocer es mucho más profundo que solo recibir información. El verbo *conocer* tiene un significado más rico y amplio, que se extiende desde la idea de reconocer el bien y el mal (Gn 3:22; 39:9; 1 S 28:9), la habilidad de percibir correctamente (Gn 19:33,35; 1 S 12:17), la habilidad de discriminar y discernir (Jon 4:11) y el crecimiento que proviene de la experiencia (Jos 23:14; Sal 51:5; Is 59:12).

Es muy poco probable que los jóvenes sientan apetito por las Escrituras con solo escuchar las descripciones de otras personas. Necesitamos elaborar la manera de ayudarlos a descubrirla por sí mismos.

Entonces, ¿cómo puede uno ayudar a que una habitación repleta de jóvenes "prueben y vean" que el Señor es bueno (Sal 34:8), de una forma que respete tanto la verdad que nutre como la verdad que fue probada y asimilada? ¿Cómo podemos enseñar de una manera que los ayudará a *conocer*?

1. Bríndeles las herramientas y muéstreles dónde investigar. Piense en la verdad bíblica como un tesoro. La tarea de la enseñanza efectiva es darles a los estudiantes dirección sobre dónde investigar y luego ofrecerles herramientas con las cuales realizar el descubrimiento. Es una forma de hacer la búsqueda más inclusiva y el descubrimiento más personal.

El propio ministerio de enseñanza de Jesús nos brinda ejemplos vívidos de esta clase de enfoque deductivo. Él utilizó una gran variedad de técnicas de enseñanza como las siguientes:

a. lecciones objetivas (Jn 4:1-42)
b. ministerio relacional (Jn 1:35-51)
c. resolución de problemas (Mc 10:17-22)

---

[367] Se proporciona una lógica más completa en mi capítulo, Duffy Robins, "Thinking Creatively: Beyond Schooling Perspectives in Curriculum" [Pensemos creativamente: más allá de las perspectivas escolares en el currículo] en *Starting Right: Thinking Theologically about Youth Ministry* [Comencemos correctamente: pensar desde la teología acerca del ministerio de jóvenes] (Grand Rapids: Zondervan/Youth Specialties Academic, 2001).

d. conversación (Mc 10:27)
e. lecciones (Mt 5-7; Jn 14-16)
f. parábolas (Jn 10:1-21; 15:1-10)
g. momento enseñable, enseñar a través de la experiencia (Jn 4:5-26)
h. ilustraciones, ejemplos (Mt 6:26-34)
i. simulación, símbolos (Jn 13:1-20)
j. grupos grandes y pequeños (grandes de cinco mil y pequeños de tres personas)
k. modelo (Lc 18:15-17)[368]

Los líderes de jóvenes han inventado y reinventado literalmente cientos de otras herramientas para ayudar a los estudiantes a analizar y experimentar un texto bíblico: escribir canciones, arte, teatro, paneles de debate, poesía (rap, poemas graciosos, entre otros), casos prácticos, excursiones, dibujos, graffitis y muchísimos más.[369]Es cierto, sería "más fácil", "más rápido" y "más eficiente" simplemente decirles a los estudiantes lo que necesitan saber. Pero es más probable que valoren el tesoro cuando lo descubran por sí mismos.

2. *Varíe sus métodos de enseñanza.* Todavía hay un gran escepticismo acerca del valor y la efectividad que supone el hecho de abordar varios estilos de aprendizaje en el transcurso de un estudio bíblico. Pero existe evidencia, tanto empírica como anecdótica (pregúntele a cualquier líder de jóvenes), de que los adolescentes aprenden de maneras distintas. Algunos aprenden cuando escuchan, otros cuando sienten, otros cuando hacen, y algunos cuando piensan y razonan.[370]

El problema es que los maestros tienden a enseñar *en la forma en que ellos mismos prefieren aprender*. Desafortunadamente,

---

[368] Robert Joseph Choun Jr., "Choosing and Using Creative Methods" [Elegir y usar métodos creativos] en *The Christian Educator's Handbook on Teaching* [Manual del educador cristiano sobre la enseñanza] ed. Kenneth O. Gangel y Howard G. Hendricks (Wheaton: Victor, 1989), 166–68.

[369] Para más ideas, véase Dan Lambert, "The World's Longest List of Teaching Methods" [La lista de métodos de enseñanza más larga del mundo] *Teaching That Makes a Difference* [Enseñanza que marca la diferencia] (Grand Rapids: Zondervan/Youth Specialties Academic, 2010), 147–62.

[370] Véase cap. 8. Véase también Marlene LeFever, *Learning Styles: Reaching Everyone God Gave You to Teach* [Estilos de aprendizaje: cómo alcanzar a todas las personas que Dios le entregó para que les enseñe] (Colorado Springs: David C. Cook, 2011).

y previsiblemente, ese enfoque tiene aproximadamente el mismo porcentaje de éxito que si estuviésemos determinados a enseñarles a las águilas a nadar y a las tortugas a volar. No somos todos iguales. Un método de enseñanza no funciona para todos los jóvenes del grupo. Los líderes de jóvenes sabios considerarán la forma de organizar su enseñanza para que cada estudio bíblico aborde los distintos estilos de aprendizaje.

En conclusión: la forma más memorable de aprender a *no* tocar una hornalla caliente es tocando una hornalla caliente, en vez de escuchar a alguien que da una lección sobre "el calor y la esencia de la hornalla." La segunda Ley de la Lección afirma que la mejor manera de hacer que la verdad bíblica sea memorable para nuestros estudiantes *no* es enseñarles *sobre ella*, sino permitirles experimentarña y explorarla por ellos mismos.

¿Requerirá guía e instrucción? Por supuesto. No se trata de sentar a los estudiantes en un aula con una Biblia y darles instrucciones para "encontrar cosas que los bendigan." Necesitarán una persona que los guíe que sepa dónde está enterrado el tesoro. Necesitarán a alguien que les pueda brindar las herramientas con las cuales explorar, y quizás alguien que los ayude a reconocer el tesoro cuando lo encuentren. Incluso pueden necesitar a alguien que, para comenzar, pueda hacer real el valor de la búsqueda. Pero Dios nos ha dado el tesoro, y a medida que los estudiantes comienzan a descubrirlo por sí mismos, anhelarán más.

La Ley del Proceso de Aprendizaje: "El discípulo ha de reproducir en su mente la verdad que ha de aprender."[371]

Los loros pueden repetir frases: "Polly quiere una galleta." "Lindo niño." Eso no significa que saben quién es Polly o que comprenden el concepto de una galleta, y ciertamente no significa que evaluaron cuidadosamente las características de la persona que limpia su jaula y que decidieron que es ¡totalmente bella! Esta sexta Ley de la Enseñanza simplemente afirma que un alumno no ha captado realmente un concepto hasta que pueda expresarlo en sus propios términos. Repetición no necesariamente es lo mismo que comprensión.

Cualquier líder de jóvenes sabe por experiencia que el mayor desafío cuando le toca enseñar la Biblia no es hacer que los jóvenes

[371] Gregory, *Las Siete Leyes de la enseñanza*, 103.

den las respuestas correctas; es hacer que transfieran esas respuestas correctas al mundo real. Ese es el motivo por el cual la primera Ley del Proceso de Aprendizaje es tan crítica, especialmente en el entorno de una iglesia donde aprender la verdad bíblica y transmitir la fe que una vez se le entregó a los santos tienen gran valor. Si no podemos ayudarlos a reproducir las ideas en sus propias mentes, en sus propias palabras, y finalmente en sus propias vidas, se volverán insensibles al impulso de la verdad. Y esa es una condición que rápidamente crece hasta que terminan convirtièndose en corazones endurecidos.

Si hacemos referencia a la práctica, ¿de qué forma debemos complementar este principio de aprendizaje?

Veamos algunas sugerencias simples.

1. Realice buenas preguntas. Deje a un lado las preguntas cuya respuesta es sí o no, y que les otorga a los niños despistados una probilidad del 50 por ciento de eludir una discusión más profunda. Dispóngase a indagar las respuestas correctas con preguntas de seguimiento: "¿Por qué lo dices?" "¿Por qué no podría ser de esta manera?" "¿Cómo se lo explicarías a alguien que no cree en Dios?"

2. Realice preguntas difíciles. En nuestro esfuerzo para hacer del grupo juvenil un lugar cómodo, muy a menudo realizamos preguntas cuyas respuestas son demasiado obvias. "¿Qué debería hacer Sally cuando se enfrenta a la tentación? Escoge una respuesta: (a) investigar un poco más, (b) alejarse de ella, (c) golpear sus zapatos y repetir 'No hay lugar como el hogar' o (d) preguntarse: '¿Qué haría Taylor Swift?'" La vida real les genera preguntas a nuestros estudiantes que son mucho más difíciles, y la prueba real de nuestra enseñanza será su habilidad de acomodar el mensaje en el desorden y los problemas de la vida diaria. Si bien nos encanta escuchar a nuestros estudiantes cuando utilizan palabras y conceptos teológicos, forcémolos a deshacerse de esas frases cuando los llevemos a dar un paseo por los problemas de la vida real.

3. Practique el poder de la paráfrasis. Ya sea un principio, una idea o un pasaje bíblico, una de las aplicaciones más directas de esta sexta ley del aprendizaje es brindarle a los estudiantes la oportunidad de parafrasear: "Ahora describe esta idea con tus propias palabras"; "Parafrasea este versículo en el lenguaje de sus amigos"; "Explícale a la persona que tienes al lado la lección principial de hoy en tus propias palabras."

4. Hágase el tonto. "Supongamos que nunca escuché acerca de Jesús de Nazaret. Basados en lo que estudiamos esta mañana en Filipenses 2:5-11, ¿cómo me explicarías quién es Él?"

Necesitamos estar alerta. Sólo porque los estudiantes utilicen las mismas palabras que nosotros, y que hayan memorizado los conceptos que les hemos enseñado, no significa que hayan aprendido algo. Y cuando los estudiantes no aprenden y crecen, se vuelven desinteresados rápidamente. Cuando realicemos el estudio bíblico, podemos aumentar su interés cada vez que volvamos sobre una idea o principio, y les preguntemos de alguna manera: "¿Qué significa esto? *Descríbelo en tus propias palabras.*"

La Ley del Proceso de Aprendizaje: "La finalización, prueba y confirmación de lo enseñado debe realizarse mediante revisiones."[372]

Gregory enfatizó el valor de retención que implica que los estudiantes reciten y repitan las verdades que han aprendido. En algún punto, las palabras repetidas comienzan a moldear y a formar nuestros valores. Considere la forma en que las muchas maneras variadas y profanas que nuestra cultura utiliza para referirse al acto sexual han desvalorizado y degradado la manera en que pensamos acerca de esta forma de interacción humana, que es sagrada y poderosa.[373]

Sólo porque los estudiantes utilicen las mismas palabras que nosotros, y que hayan memorizado los conceptos que les hemos enseñado, no significa que hayan aprendido algo.

Las Escrituras enfatizan muy intencionalmente que las frases y las palabras repetidas no son el objetivo principal (cf. "vanas repeticiones" [Mt 6:7]; y confesiones vacías [Stg 2:14-20]). El objetivo principal es la transformación. Entonces, ¿cómo logramos que esto suceda? ¿Cómo llevamos nuestra enseñanza más allá de la información, hacia la aplicación? Los siguientes son ejemplos de estrategias que podríamos utilizar

---

[372] Ídem., 114.

[373] El poder de las palabras para moldear el pensamiento ha sido un tema central en discusiones sobre la cosmovisión y la exégesis cultural. Cf. Brian J. Walsh y J. Richard Middleton, *The Transforming Vision: Shaping a Christian World View* [La visión transformadora: moldear la visión del mundo de un cristiano] (Downers Grove, IL: IVP Academic, 1984), 34; Donald Miller, *Blue Like Jazz* [Azul como el jazz] (Nashville: Thomas Nelson, 2002), 217.

como elementos para concluir una lección, para ayudar a que los estudiantes examinen sus propias vidas a la luz de la Palabra:

1. Utilice una línea de espacio y tiempo, y pídales a los estudiantes que identifiquen en esa línea en qué lugar se encuentran con respecto a su obediencia a una verdad específica.
2. Pídales a los estudiantes que identifiquen algo por lo que están agradecidos en ese estudio.
3. Pídales a los estudiantes que identifiquen algo que sientan que necesitan confesar basado en ese estudio.
4. Pídales a los estudiantes que escriban tres acciones específicas que necesitan realizar, basados en lo que escucharon en ese estudio.
5. Invite a los estudiantes a comprometerse o a firmar un pacto.
6. Realice una "ofrenda", pero en lugar de depositar dinero en un plato, anime a los estudiantes a escribir en una hoja de papel un compromiso que están dispuestos a hacer como ofrenda a Dios.
7. Utilice una escala del uno al diez para pedirles a los estudiantes que consideren cómo están aplicando alguna verdad específica.
8. Utilice imágines (rostros, carteles de velocidades [por ejemplo, pare, siga, punto muerto, reversa], un interruptor de luces [por ejemplo, apagado, encendido, tenue, brillante] para ayudar a los adolescentes a evaluar dónde se encuentran en relación con la obediencia.
9. Pídales a los estudiantes que escriban una carta como si Dios se las escribiera a ellos, o una carta de parte de ellos a Dios, basados en lo que aprendieron en ese estudio.
10. Pídales a los adolescentes que identifiquen una forma en la que su vida será diferente mañana debido a una verdad que aprendieron ese día.
11. Otórgueles a los estudiantes frases para completar: "Debido a lo que escuché esta noche voy a _______." "Si lo que la Palabra de Dios establece es cierto, entonces necesito _______." "Después de lo que escuché, estoy agradecido/a por _______."
12. Deje que los estudiantes le den forma a un objeto inanimado (un clip, un vaso de papel, un cepillo destapacañería, plastilina, un pedazo de papel) para permitirles verbalizar su respuesta a alguna verdad.

13. Si está enseñando una verdad orientada a una habilidad (compartir su fe, confrontar a un amigo, entre otras), permita que los estudiantes realicen una interpretación de cómo lo harían.
14. Confeccione una lista de formas en que los estudiantes pueden responder a una verdad y pídales que circulen dos o tres opciones de esa lista.
15. Invite a los estudiantes a que se cuenten entre sí las decisiones que han tomado, y pídales que oren juntos.

Quizás la mejor manera de resumir el punto de esta séptima Ley de Enseñanza, incluso el punto de *todas* las Siete Leyes, es hacer referencia a un dibujo animado que muestra a un líder juvenil de la escuela secundaria parado frente a una docena de chicos apáticos, de entre trece y quince años. Claramente no están interesados. Él es evidentemente sincero y optimista. Sostiene su Biblia e intenta desesperadamente generar alguna clase de reconocimiento, interés o, al menos, consciencia a medida que declara: “Como pueden ver, jóvenes, ¡el sacrificio levítico *es* realmente un tema ardiente!” En realidad, al final del día, no lo es.

Ciertamente, una de las mejores maneras de cultivar la verdad bíblica en nuestras vidas es cuando construimos hábitos de aplicación para practicar la importancia de poner en acción lo que enseñamos: no sólo palabras repetidas, sino actos repetidos. A la luz de esto, probablemente sea mejor hacer énfasis en la aplicación por sobre la repetición. Enseñamos la Palabra de Dios para que nuestros estudiantes puedan ser formados a la semejanza de Cristo (2 T 3:16-17).

Preguntas y actividades

1. Si tuviera que clasificar las Siete Leyes, ¿cuáles serían las dos más importantes y por qué?
2. ¿Cuáles de las Siete Leyes ya está llevando a cabo correctamente? ¿Cuáles de las leyes necesita mejorar?
3. Revise las Siete Leyes y escriba para cada una el nombre de su mejor maestro que haya logrado ejemplificar esa ley en su enseñanza. Agregue una frase que describa el motivo por el cual escogió a ese maestro y cualquier efecto que haya notado en la vida de los estudiantes gracias a su enseñanza.

4. Si tuviese que agregar una o dos "leyes del maestro" más de su autoría, ¿cuáles serían y por qué?
5. Imagine que una iglesia local le ha pedido que confeccione un video de dos minutos sobre la importancia de enseñar bien la Biblia. Basado en el material de este capítulo, realice un gráfico de las escenas y el guión que utilizaría para hacer el video.

Lectura adicional

Fields, Doug y Duffy Robbins. *Speaking to Teenagers: How to Think About, Create, and Deliver Effective Messages* [Pláticas con adolescentes: cómo pensar, crear y presentar mensajes efectivos]. Grand Rapids: Zondervan/Youth Specialties, 2007.

Hendricks, Howard. *Teaching to Change Lives: Seven Proven Ways to Make Your Teaching Come Alive* [Enseñemos para cambiar vidas: siete formas comprobadas para que su enseñanza cobre vida]. Colorado Springs: Multnomah, 1987.

19

El valor del debate

TROY W. TEMPLE

> En medio de una generación que clama por respuestas, los cristianos tartamudean.
>
> —Howard Hendricks

Cuando se inicia un debate, se abren canales de comunicación y de aprendizaje. Muy a menudo, por no decir la mayoría del tiempo, el diálogo es el objetivo, y se considera un éxito si ambas partes simplemente hablan entre sí. Quizá recuerde la discusión con sus padres, que era más o menos de la siguiente manera:

"¿Por qué?"
"¡Porque yo lo digo!"

Ahora, no encontrará a muchas personas que digan que ese es un debate saludable, pero debates como esos ocurren todos los días. Los estudiantes cuestionarán a un maestro o a un líder del grupo de jóvenes que solo conoce el "qué", pero es incapaz de explicar el "porqué." El debate es un método de enseñanza que presenta grandes ventajas que no pueden obtenerse con los estilos de enseñanza más comunes de "una sola vía." Un debate dinámico es más que solamente dialogar; abre corazones y lazos relacionales.

Jesús utilizaba preguntas para suscitar pensamientos entre sus discípulos. En la diversa ciudad de Cesarea de Filipo, Jesús les preguntó a sus discípulos quién decía la gente que era Él. Jesús no estaba buscando obtener información nueva; les planteó la pregunta para que los discípulos pensaran más allá de las leyes religiosas comunes. Los discípulos respondieron y Jesús siguió su respuesta con una interacción más personal. La respuesta de Pedro fue recibida con gran afirmación y luego con una proclama de Jesús (Mt 16:13-19). En los evangelios se registraron varios ejemplos de la forma en que Jesús utilizaba preguntas para incentivar a los discípulos a que pensaran más profundamente:

- Mateo 16:13: "¿Quién dicen los hombres que es el Hijo del Hombre?"
- Mateo 22:20: "¿De quién es esta imagen, y la inscripción?"
- Marcos 3:23: "¿Cómo puede Satanás echar fuera a Satanás?"
- Lucas 5:34: "¿Podéis acaso hacer que los que están de bodas ayunen, entre tanto que el esposo está con ellos?"
- Lucas 20:41: "¿Cómo dicen que el Cristo es hijo de David?"
- Juan 18:4: "¿A quién buscáis?"
- Juan 21:16-17: "¿me amas?"

El método del debate está arraigado a una forma de diálogo desarrollada por Sócrates, un filósofo griego del siglo quinto a.C. Él utilizó una forma de investigación que guiaba al estudiante a pensar más críticamente, así como a descubrir nuevas perspectivas relacionadas con la línea de preguntas y, en última instancia, a una resolución personal sobre el tema en discusión. El método socrático se ocupa tanto, si no más, del proceso como del resultado.

El debate es una herramienta indispensable para aquellos líderes cristianos que quieren enseñar correctamente y ayudar a sus estudiantes a crecer en su habilidad de pensar y creer por su cuenta. Un debate saludable consiste en el diálogo o la conversación entre dos o más personas, o grupos de personas, que incluye también una comunicación no verbal. Considere los siguientes beneficios del debate:

1. *El debate fuerza a los estudiantes a pensar y a escuchar* a los demás, y a comparar sus opiniones con sus creencias personales y con sus convicciones anteriores.
2. *El debate ayuda a que los estudiantes apliquen* las Escrituras y la teología a las situaciones o problemas de la vida real.
3. *El debate se basa en nuestro deseo de ser conocidos*, y un ambiente de debate grupal seguro brinda la oportunidad para que participen varios tipos de personalidades.
4. *El debate invita a la diversidad;* las experiencias y perspectivas de todas las personas le agregan profundidad y ayudan a otros a ver desde distintos puntos de observación.
5. *El debate sirve como un barómetro del aprendizaje* con el cual los líderes pueden determinar si los estudiantes comprenden el material.
6. *El debate ayuda a desarrollar una comunidad más fuerte.* Las experiencias compartidas, las "bromas internas" y los momentos emotivos de preocuparse por los demás generan una solidaridad cohesiva que lleva al cambio espiritual dentro de un grupo.

Existen dos teorías del campo de la psicología que nos ayudan a pensar cómo estructurar debates saludables. Aunque ha habido críticas y revisiones, cada una informa las conversaciones acerca de los procesos de aprendizaje.

La taxonomía del aprendizaje de Bloom

Una enseñanza sólida siempre es guiada por objetivos medibles. El teórico educativo Benjamin Bloom categorizó el aprendizaje cognoscitivo en seis niveles para fomentar un enfoque holístico de enseñanza, para ofrecer un marco para establecer objetivos educativos y para generar pensamientos más complejos y de orden más elevado.[374] Su taxonomía nos ayuda a pensar, crear y formular nuestras preguntas para lograr más que solo respuestas mecánicas. Muy a menudo, el debate se utiliza para que los estudiantes repitan mecánicamente información o respuestas obvias, y nunca establecen verdaderamente el valor y la aplicabilidad del

[374] Benjamin Bloom y David R. Krathwohl, *Taxonomía de los objetivos de la educación, Manual I: dominio cognoscitivo*, 10ma. ed., trad. Marcelo Pérez Rivas (Buenos Aires: El Ateneo, 1990), 43–131.

conocimiento. El secreto de un debate productivo es la práctica de realizar buenas preguntas.

Veamos cómo podemos utilizar la taxonomía de Bloom como si enseñáramos una lección sobre Zaqueo de Lucas 19.

Nivel l: Conocimiento

El paso inicial en el proceso de aprendizaje se muestra cuando los estudiantes son capaces de evocar o recordar información e ideas clave y principios fundamentales relacionados con el tema. Antes de que los estudiantes sean capaces de avanzar hacia niveles más elevados de aprendizaje, deben demostrar una comprensión de la información relacionada con el tema. Si les pedimos a los estudiantes que definan, identifiquen, califiquen, enumeren, resuman o recuerden, estamos realizando preguntas sobre el conocimiento.

Preguntas de ejemplo: ¿A qué se dedicaba Zaqueo? ¿En qué ciudad transcurre la historia? ¿Qué hizo Zaqueo para poder ver mejor a Jesús?

Nivel 2: Comprensión

Los estudiantes deberían ser capaces de demostrar un entendimiento de la información a través de las actividades, tales como clasificar, resumir, ilustrar, ampliar, describir y reformular. Si un estudiante comprende el material, debería ser capaz de brindar una explicación básica de las ideas, la información o los principios involucrados.

Preguntas de ejemplo: ¿Cuál era el propósito de Jesús de ir a la casa de Zaqueo? ¿Consideraría que Zaqueo era un hombre que le agradaba a la gente? Interprete la respuesta de Zaqueo a la atención que le brindó Jesús.

Nivel 3: Aplicación

Los estudiantes aprovechan su conocimiento para resolver problemas y para aplicarlo a las situaciones de la vida. Este es el primer nivel de lo que Bloom categorizó como el dominio afectivo, que requiere esfuerzos emocionales y empáticos por parte del alumno. Las preguntas de aplicación les piden a los estudiantes que elijan, desarrollen, resuelvan, empleen, identifiquen o planifiquen de una forma que requiere que implementen el conocimiento.

Preguntas de ejemplo: ¿Cómo le responderías a Zaqueo? ¿Qué resaltarías de esta historia si tuviera que enseñarla? ¿Qué virtudes de esta historia te gustaría que tus amigos te demuestren?

Un buen debate requiere buenas preguntas, y las buenas preguntas rara vez suceden sin trabajo. Dan Lambert identificó cinco tipos de preguntas.

1. Las *preguntas cerradas* tienen respuestas definitivas, como "sí" o "no", y "verdadero" o "falso."
2. Las *preguntas abiertas* tienen más de una respuesta probable.
3. Las *preguntas reflexivas* requieren que los estudiantes reflexionen y apliquen lo aprendido más allá de la información de la lección.
4. Las *preguntas de evaluación* incentivan a los estudiantes a que analicen y descubran porqué algo sucedió o qué podría haber sido diferente.
5. Las *preguntas de aplicación* permiten que los estudiantes apliquen el tema en sus vidas personales.

—Dan Lambert, *Teaching That Makes a Difference* [Enseñanza que hace la diferencia] (Grand Rapids: Zondervan/Youth Specialties Academic, 2004), 140-41.

Nivel 4: Análisis

Los estudiantes deberían ser capaces de desglosar la información en partes o de identificar motivos o causas relacionadas con las personas de una historia. Estas preguntas cruciales ayudan a los estudiantes a ir más allá de las generalizaciones para sacar conclusiones y encontrar evidencia y soporte para cada perspectiva diferente. Las preguntas analíticas les piden a los estudiantes que comparen, contrasten, analicen, simplifiquen, categoricen, supongan y concluyan.

Preguntas de ejemplo: ¿Cuál es el tema de la historia? ¿Cuál es la relación entre Zaqueo y las demás personas? Compara y contrasta la respuesta de Zaqueo con las respuestas de otras personas que se encontraron con Jesús en Lucas.

Nivel 5: Síntesis

Los estudiantes deberían ser capaces de reunir información y crear nuevos patrones o soluciones, con el uso de verbos clave como construir, crear, diseñar, inventar, mejorar o desarrollar.[375]

Preguntas de ejemplo: ¿Cómo se hubiese visto la vida de Zaqueo después de esta escena? ¿De qué formas hubiese vivido de manera

[375] Una importante revisión de la taxonomía colocó a la síntesis, o a la idea de "crear", en el nivel más alto. Para conocer más acerca de esto, véase Lorin W. Anderson et al., *A Taxonomy for Learning, Teaching and Assessing: A Revision of Bloom's Taxonomy of Educational Objectives* [Una taxonomía para el aprendizaje, la enseñanza y la evaluación: una revisión de la taxonomía de los objetivos de la educación de Bloom] (Nueva York: Longman, 2001).

diferente? Desarrolle una lista de las razones probables por las cuales quería ver "quién era Jesús." ¿Qué hubiese sucedido si Zaqueo no hubiese subido al árbol?

Nivel 6: Evaluación

El nivel final concluye lo que Bloom calificó como el dominio psicomotor, en el cual los estudiantes emiten juicio acerca de la información de los niveles previos. Algunos verbos clave para este nivel son: decidir, juzgar, criticar, justificar, argumentar, explicar, defender, evaluar, probar y apoyar.

Preguntas de ejemplo: ¿Cómo podría ser que alguien intente defender la objeción de las personas frente a la intención de Jesús de visitar la casa de Zaqueo? Evalúe su propia respuesta cuando alguien que ha sido cruel con usted conoce a Jesús y recibe el don de la salvación. ¿De qué forma está involucrado en ayudar a que otros vean y sigan a Jesús? ¿De qué manera necesita obtener una nueva perspectiva en relación con quién es Jesús?

El debate y la jerarquía de las necesidades humanas de Maslow

El debate saludable asiste las necesidades de todos los involucrados y conecta con las motivaciones de aquellos que participan.[376] Aunque no se refiera abiertamente a la enseñanza, la jerarquía de Abraham Maslow le ofrece al líder algunos puntos de control para pensar en cómo ocuparse de los demás durante el debate, especialmente cuando se refiere a los propósitos del discipulado.[377]

Necesidades fisiológicas

El primer nivel de Maslow identificó las necesidades básicas de una persona: refugio, abrigo y alimento. Los maestros efectivos

---

[376] Abraham H. Maslow, *Motivación y personalidad*, trad. Caridad Clemente (Madrid: Diaz de Santos, 1991), 87–96.

[377] Maslow desarrolló su teoría de la motivación para demostrar lo que impulsa a cada persona a perseguir un crecimiento u objetivos específicos. Los primeros cuatro niveles se consideran las necesidades básicas que proporcionan un fundamento para una autorrealización saludable, lo que definió como "el deseo de una persona de realizarse, en particular, a la tendencia de una persona de convertir en realidad lo que él o ella es potencialmente." Abraham H. Maslow, "A Theory of Human Motivation" [Una teoría de la motivación del ser humano] *Psychology Review* 50 [Revisión psicológica 50] no. 4 (1943): 382.

Cómo darle forma al debate

1. *Defina el objetivo.* Es fundamental comenzar cualquier método de enseñanza con el final en mente; el debate se trata tanto del proceso, como de la conclusión final.
2. *Redacte sus propias preguntas, y realice preguntas más profundas cuando se esté acercando al final.* Tenga cuidado con las preguntas cerradas ya que tienden a no fomentar la aplicación. Los buenos debates se basan en el conocimiento y en los procesos previos.
3. *Introduzca el tema y establezca el objetivo del debate.* Esto permite que los estudiantes conozcan el tema y participen con mayor libertad, ya que saben hacia dónde se dirige.
4. *Defina el iniciador del debate.* Los buenos debates requieren un poco de preparación; los estudiantes necesitan ser atraídos hacia el tema. Esto es un elemento importante para un buen debate.
5. *Fomente una participación total.* Debe asegurarles a todos los que participan del debate que la idea es que contribuyan y que tienen la libertad de agregar comentarios a la conversación. El debate requiere que todos participen, incluso cuando no se consideran a sí mismos expertos en el tema.
6. *Manténgase en el tema.* La mayoría de los debates producen tangentes, que también pueden descarrilar el debate, y lo pueden dejar lejos del rumbo previsto para obtener el resultado esperado. Con frecuencia, los participantes pueden sugerir ideas que se pueden utilizar en debates futuros. Asegúreles a los miembros del grupo que tendrá una lista de temas para futuros debates.
7. *No existen las respuestas equivocadas.* La intención del debate debería permitirles a los estudiantes expresar pensamientos o ideas relacionados con el tema, sin temor a ser ridiculizados o rechazados.
8. *Haga una pausa para reflexionar.* Periódicamente, tómese un minuto para resumir hacia dónde se dirigió el debate y destaque uno o dos pensamientos clave sobre los cuales puedan basarse.

comprenden el efecto dramático que el entorno puede tener sobre un buen debate bien intencionado y cómo afectan el aprendizaje los problemas fisiológicos y de la salud.

Necesidades de seguridad

El elemento fundamental para cualquier debate saludable es la seguridad (protección, estructura y estabilidad) de las personas que participan. Se lleva a cabo un debate productivo cuando aquellos que están involucrados están confiados de que no serán atacados verbalmente o que no tendrán que actuar de maneras que no sean auténticas debido a su contribución al diálogo. Los buenos líderes de debates son capaces de monitorear y de asegurar la seguridad de sus grupos, ya que establecen y gentilmente mantienen las normas básicas del debate.

Un proyecto de investigación a nivel nacional descubrió que los ministerios juveniles en crecimiento se aseguraban de que sus grupos estuvieran emocional y socialmente "seguros," Los líderes estudiantiles declararon que cada semana podían ser ellos mismos, que podían expresarse libremente y que nunca se volvería "extraño."[378]

Necesidades sociales

Maslow afirmó que cuando se satisfacen las necesidades fisiológicas y de seguridad, la persona anhelará "relaciones afectivas con las personas en general, concretamente, un lugar en su grupo."[379] Esta dinámica puede observarse en los grupos demográficamente diversos. Un debate saludable debería buscar acentuar las cosas en común y ayudar a los miembros del grupo a desarrollar una conexión social más fuerte, especialmente sobre las barreras sociales comunes. Este aspecto de "unos a otros" es una prueba de fuego crucial para la comunidad Cristocéntrica (Jn 13:34; Ef 4:13).

Necesidades de reconocimiento

Las personas desean ser confiables y competentes, y los debates pueden desarrollar o destruir esto. Los debates más productivos son aquellos donde cada miembro tiene una confianza y una competencia sana sobre el tema y comprende cómo contribuir para alcanzar el resultado esperado. Un debate pésimamente manejado puede causar tanto daño que un joven puede no volver a presentarse en nuestro ministerio por miedo a pasar vergüenza o resultar herido en un futuro.

Las personas también desean tener un estatus dentro de los grupos. Esto puede ser como alguien que domina el debate, alguien que habla sin decir nada en verdad, o (más frecuentemente) alguien que participa para sentirse valorado al igual que las personas "populares" del grupo. Cuando un estudiante aporta valor a un debate,

---

[378] David Rahn y Terry Linhart, *Evangelism Remixed: Empowering Students for Courageous and Contagious Faith* [Evangelismo remix: capacitar a los estudiantes para que tengan una fe valiente y contagiosa] (Grand Rapids: Zondervan/Youth Specialties, 2010).

[379] Maslow, *Motivación y personalidad*, 28.

el líder del grupo debería aprovechar esa oportunidad para afirmar y reconocer el aporte positivo. Esto crea confianza en la persona y le ayuda a desarrollar la competencia necesaria para participar de manera efectiva en debates futuros.

Necesidades de autorrealización

En la jerarquía de las necesidades de Maslow, la autorrealización es la cima y se refiere a cuando los alumnos alcanzan una profunda consciencia de quiénes son y en quiénes se están convirtiendo. Un buen debate les permite a los participantes escuchar puntos de vista contrarios, discutirlos con gracia y solidificar sus propios puntos de vista. Aprenden a aceptarse a ellos mismos y a otros, a desarrollar apertura y espontaneidad y a apreciar a otros. Las personas que se encuentran en este nivel tienen una compostura que les permite pensar críticamente, saber qué decir y saber cuándo decirlo.

El debate dentro de las lecciones

En nuestra cultura, la lección ("charla" o sermón) generalmente ha sido considerada un enfoque mundano de la enseñanza y, en muchos casos, esa reputación fue ganada con motivo. Sin embargo, una lección efectiva no resume solamente un tema en su totalidad en un intento por responder cada pregunta posible. Los autores Stephen D. Brookfield y Stephen Preskill sugirieron varias formas en las que el debate puede vincularse a una lección que agregará los elementos fundamentales para el aprendizaje efectivo.[380]

Comience cada sesión con pocas preguntas clave para generar el interés de los estudiantes, y de ese modo mantenerlos involucrados. En vez de descansar en el orador para que realice las primeras conexiones, los estudiantes son quienes dan los primeros pasos para comprender el tema.

Finalice cada sesión con una serie de preguntas que hayan surgido o que no hayan sido respondidas. Muchos maestros han sido condicionados por tener que proporcionar un resumen de la información desarrollada y por tener que brindar una palabra final autoritativa acerca del tema. Sin embargo, muchas veces el aprendizaje se

[380] Stephen D. Brookfield y Stephen Preskill, *Discussion as a Way of Teaching: Tools and Techniques for Democratic Classrooms*, 2da. ed. [El debate como forma de enseñanza: herramientas y técnicas para las aulas democráticas] (San Francisco: Jossey-Bass, 2005), 44.

desarrollaría de mejor manera si les permitimos a los estudiantes contribuir o escribir preguntas que todavía deben ser respondidas o discutidas. Si no lo hacemos, podemos perjudicar el proceso y sabotear la oportunidad de que los estudiantes piensen críticamente y aprendan investigando preguntas menos obvias, lo que nos deja con la "esperanza" de que hayan aprendido algo mientras hablábamos.

> Puede realizar preguntas específicas en los grupos pequeños de debate o una de las cinco preguntas sugeridas por Brookfield y Preskill. Funcionan particularmente bien en medio de una lección.
>
> - ¿Cuál es la declaración más susceptible que ha escuchado hasta ahora?
> - ¿Cuál es el punto más importante afirmado hasta ahora?
> - ¿Qué pregunta le hubiese gustado contestar más, relacionada con el tema de hoy?
> - ¿Cuál es el punto menos comprobado que ha escuchado hasta ahora?
> - De todas las ideas y los puntos que ha escuchado hasta ahora, ¿cuál es el más extraño o ambiguo para usted?

Introduzca deliberadamente periodos de silencio. Ya sea que desarrolle una lección, un debate u otro método, preste atención a los momentos de silencio y asegúrese de proporcionarles a los estudiantes un tiempo adecuado para considerar el tema en general, y para considerar preguntas particulares o declaraciones. El silencio no es falta de involucramiento; en cambio, puede ser una demostración más intensa de que están involucrados, ya que cada estudiante se toma el tiempo para pensar en el tema en cuestión de forma más profunda, antes de brindar una respuesta. La tensión es una gran herramienta pedagógica, y generalmente el silencio es su mayor aliado.

Divida a sus alumnos por grupos pequeños de debate. Los grupos pequeños de debate son simplemente grupos de micro-debate (de tres o cuatro personas) usados en momentos breves durante una clase. Son particularmente efectivos para involucrar a todos los participantes del grupo.

Dificultades al momento de realizar un debate

Distracciones. En los debates en grupos pequeños con jóvenes abundan las distracciones e interrupciones. Puede ser mucho más difícil ocultarlas que en un ambiente de grupos grandes.

Miembros de grupo dominantes. En cualquier momento, "esa persona" puede atravesar la puerta. Usted sabe a quién me refiero: esa persona que puede hablar de cualquier cosa, y por mucho tiempo.

Los debates pueden ser saboteados rápidamente por una historia larga. Cuando los estudiantes dominan la conversación, todo el proceso de aprendizaje puede perderse por completo.

Mantenerse enfocado. Uno de los aspectos más frustrantes de liderar un debate es cuando se corre del tema en cuestión durante mucho tiempo. Use el diálogo reflexivo tanto para aclarar lo que alguien ha dicho, como para volver a enfocar a todos nuevamente en el tema.

El debate sin fin. Puede parecer que los grupos de debate nunca terminan. Cuando lidere un debate, preste atención al tiempo. Cuando queden solamente de diez a quince minutos, comience a concluir con una pregunta para meditar en la semana o un rápido resumen de lo que ha aprendido.

Estudiantes tímidos. Los líderes astutos se dan cuenta que con frecuencia un debate incluye solamente a un tercio del grupo. Esto no significa que los estudiantes callados no piensan o que no tienen nada valioso para decir, pero requerirá intencionalidad para poder involucrarlos. Dividir los grupos grandes en grupos pequeños, utilizar los grupos de pequeños de debate, o asegurarse de pedirle a los demás estudiantes que se sumen al debate ayudará a involucrar a más estudiantes.

El debate no es simplemente una herramienta para la enseñanza efectiva. Es fundamental y debe ser una característica constante de todos los entornos de aprendizaje productivo. El debate implica trabajo duro de parte del maestro para mantener a los estudiantes involucrados y para que avancen hacia el objetivo de aprendizaje elegido. Si hacemos eso, entonces no solo hablaremos, sino que enseñaremos.

Preguntas y actividades

1. ¿Cómo ha experimentado los beneficios y/o frustraciones de liderar un grupo de debate?
2. ¿Alguna vez experimentó un debate en el cual no se ha sentido seguro para compartir o participar? Describa su experiencia.
3. ¿Cuáles cree que son los entornos ideales para llevar a cabo un debate en grupo?
4. ¿Pueden los debates ser verdaderamente efectivos sin utilizar preguntas? ¿Por qué o por qué no?

5. ¿Los debates siempre necesitan un cierre o pueden finalizar sin que los estudiantes hayan terminado de considerar más preguntas? ¿Por qué o por qué no?

Lectura adicional

Brookfield, Stephen D. y Stephen Preskill. *Discussion as a Way of Teaching: Tools and Techniques for Democratic Classrooms* [El debate como forma de enseñanza: herramientas y técnicas para las aulas democráticas], 2da. ed. San Francisco: Jossey-Bass, 2005.

LeFever, Marlene. *Métodos creativos de enseñanza: cómo ser un maestro eficiente* España: Patmos, 2004.

Nyquist, James F. y Jack Kuhatschek. *Leading Bible Discussions* [Liderar debates bíblicos]. Downers Grove, IL: InterVarsity, 1985.

20

Cómo enseñar a grupos numerosos

JASON LANKER

Sin importar en qué continente observe al ministerio de jóvenes, probablemente verá un método consistente y regular: se enseña a grupos grandes. Esto se debe a que este método de enseñanza ha sido prominente en la cultura de la iglesia desde el tiempo de Jesús y sus discípulos.[381] Tiene varios beneficios prácticos. Primero, un sermón o charla puede enseñar de manera eficiente el mismo material a todo un grupo. Además, los creyentes han encontrado la enseñanza a grupos grandes inspiradora y valiosa para su propio crecimiento espiritual. Por último, el contenido de un sermón o charla bien preparada sirve como un punto de encuentro para una comunidad y luego da a conocer una reflexión comunitaria.

Por otro lado, los resultados reales de enseñarle a grupos grandes a veces parecen ser inefectivos. Es decir, solo porque algo se imparta desde "el frente" no significa que haya sido recibido adecuadamente. Además, con el uso regular de la tecnología, los jóvenes rara vez se concentran más de siete minutos en un tema; entonces,

[381] John Stott, *Between Two Worlds: The Challenge of Preaching Today* [Entre dos mundos: el desafío de predicar hoy] (Grand Rapids: Eerdmans, 1982), 15–49.

una "charla" de treinta minutos (¡o más!) definitivamente desviará su atención.[382]

A pesar del largo historial de enseñanza a grupos grandes y de los beneficios comunitarios, quizás sea tiempo de buscar otro método. Ciertamente, algunos lo han sugerido.[383] Aunque otras formas creativas de instrucción son efectivas y beneficiosas para el desarrollo de la fe del estudiante, la enseñanza o charla a grupos grandes puede tener méritos significativos. Por ejemplo, ¿cuántos de nosotros podemos recordar una enseñanza dada a un grupo grande que nos atrajo tan profundamente que nuestras vidas cambiaron a partir de ese momento? La pregunta es: ¿Cómo lo hicieron? Y, ¿cómo puede usted enseñar de la misma manera?

Vivir el mensaje

Primero, debemos darnos cuenta de que el libro acerca de cómo aprenden los jóvenes no ha cambiado mucho en los últimos años. A los jóvenes les gusta aprender mediante un involucramiento directo y mediante distintos métodos. Sin embargo, la lente principal a través de la cual la juventud aprende en realidad es la lente social; observan a los adultos que modelan las lecciones (buenas o malas), ya sea por un camino estructurado o espontáneo.[384] Por lo tanto, sin importar el método deseado o el evento, el fundamento de cualquier enseñanza efectiva es el carácter, el comportamiento y la capacidad de respuesta de la persona que enseña.

Entonces, cuando una persona habla delante de un grupo grande, esa persona *encarna* el mensaje (con el potencial de que eso sea útil o perjudicial) porque "la buena enseñanza procede de la

---

[382] William W. Chaney, "Top-of-the-Hour Break Renews Attention Span" [El receso al final de la hora renueva la capacidad de atención] *The Teaching Professor* 19 [El profesor que enseñan], no. 6 (2005): 1, 5.

[383] Véase Rick Lawrence, "The Problem with Youth Talks" [El problema con las charlas a los jóvenes] *Church Leaders* [Líderes de la iglesia], http://www.churchleaders.com/youth/youth-leaders-how-tos/151657-the-problem-with-youth-talks.html.

[384] Klaus Issler y Ronald Habermas, *How We Learn: A Christian Teacher's Guide to Educational Psychology* [Cómo aprendemos: la guía de un maestro cristiano acerca de la psicología educativa] (Eugene, OR: Wipf and Stock, 2002). Un grupo de voluntarios adultos cristianos en un viaje misionero es una forma estructurada de enseñanza. La forma en que actúan en la adversidad, como un neumático desinflado en un autobús o el retraso en el viaje debido al mal tiempo, es más espontánea.

identidad y de la integridad del maestro."[385] Si considera la famosa cita de Marshall McLuhan "El medio es el mensaje",[386] el ejemplo, el comportamiento y el carácter del que habla es parte de lo que se enseña. Neil Postman afirmó: "Cada uno de estos medios, como el lenguaje en sí mismo, posibilita una forma única de discurso, ya que proporciona una nueva orientación para el pensamiento, para la expresión y para la sensibilidad."[387] Entonces, por ejemplo, la pasión y el valor de los apóstoles contribuyeron a su autoridad (Hch 4:13), algo que habían visto utilizar a Jesús en su enseñanza (Mt 7:28-29). Desafortunadamente, el entusiasmo y la creatividad personal con mucha frecuencia se pierden cuando se enseña a grupos grandes, y la lección se asemeja más a una transacción bancaria que a una interacción entre personas reales.

Formación y no sólo información

Históricamente, enseñar (un método que incluía la predicación y la oratoria pública) era la forma principal en que las personas recibían información, hasta que se inventó la imprenta. Era la forma más efectiva para que una comunidad recibiera el mismo mensaje y hoy es el medio central, aunque las personas puedan obtener información por sí mismas. Las innovaciones tecnológicas como internet y los teléfonos inteligentes les han quitado la carga a los oradores de transmitir la información. Al mismo tiempo, ha liberado a los maestros para que se enfoquen en otros beneficios de la enseñanza. La lección ahora puede servir como una herramienta *afectiva* y *motivacional* para generar interés en los estudiantes sobre un tema particular. Ese es el motivo por el cual la lección, o "presentación", sigue siendo el método principal para persuadir a los demás en las salas de conferencias, auditorios y en videos en línea.

Desafortunadamente, en general no le dedicamos la energía creativa requerida para que sea efectiva. A pesar del enfoque activo de los alumnos de hoy día y de su conexión social, la enseñanza a

---

[385] Parker J. Palmer, *The Courage to Teach* [El coraje de enseñar] (San Francisco: Jossey-Bass, 1998), 10.

[386] Marshall McLuhan, *Understanding Media: The Extensions of Man* [Una comprensión a los medios de comunicación: las extensiones del ser humano] (Cambridge, MA: MIT Press, 1964).

[387] Neil Postman, *Divertirse hasta morir,* trad. Enrique Odell (Barcelona: Ediciones la Tempestad, 2001), 14.

grupos grandes puede parecerse más a una transmisión tradicional de información que a una parte vital de una comunidad dinámica de alumnos. Si deseamos ser efectivos, el tiempo que dedicamos a enseñar a grupos grandes debe ser un tiempo en el cual, como lo describió John Stott, "luchemos por relacionar la Palabra inmutable de Dios con nuestro mundo… [y] rehusemos sacrificar la verdad a la relevancia, o la relevancia a la verdad; pero en su lugar decidamos ser fieles a las Escrituras y oportunos para el día de hoy, en igual medida."[388]

La intención de este capítulo es defender el rol y la tarea de predicar y de enseñar en los entornos de grupos grandes. No podemos permitirnos acobardarnos con el gran trabajo que implica ser un buen orador en público. Incluso si hablar en público nos atemoriza (es el temor más común)[389], o no es nuestro don, necesitamos aprender cómo utilizar este método e incluir la tarea de predicar (o hablar) como una herramienta de enseñanza esencial para ayudar a nuestros jóvenes a que amen mejor, tanto a Dios como a los demás. Afortunadamente, ha habido una atención renovada hacia la enseñanza a grupos grandes en los últimos años, y existen muchos nuevos recursos disponibles, algunos de los cuales se encuentran detallados al final de este capítulo. La mayoría de ellos se centran en cuatro prácticas que son elementos importantes para tener éxito cuando les enseñamos a grupos grandes en los ministerios cristianos: conocer a Dios, conocer la audiencia, saber cómo prepararse y saber cómo presentar:

Conocer a Dios

Como se ha declarado en este libro de texto, la enseñanza es parte de un proceso de discipulado mayor, un ministerio del Espíritu Santo en las vidas de los demás (Ro 12:6-8; 1 Co 12:28; Ef 4:1-12). Como maestros cristianos deberíamos tener una relación vital con Dios y con su Palabra. Pero muy a menudo la obra del ministerio puede tomar nuestro tiempo, energía e interés y existen temporadas en las cuales los maestros se pueden volver un poco más que

---

[388] Stott, *Between Two Worlds* [Entre dos mundos: el desafío de predicar hoy], 144.

[389] Glenn Croston, "The Thing We Fear More Than Death" [Aquello a lo que le tememos más que a la muerte] *Psychology Today* [Psicología hoy], 29 de noviembre de 2012, https://www.psychologytoday.com/blog/the-real-story-risk/201211/the-thing-we-fear-more-death.

artistas: algunas veces con sus vidas espirituales en declive. La buena enseñanza cristiana fluye desde una profundidad interior donde nuestra relación con Dios y nuestra madura comprensión de su Palabra se conectan profundamente con nuestra audiencia y con sus vidas.

Esto requiere una comprensión bíblica adecuada para la tarea de enseñanza que se encuentra frente a nosotros. En un campo donde el currículo se reproduce rápidamente para usos de último momento, podemos terminar enseñando sin haber estudiado nada nosotros mismos. Esto no nos beneficia, ni a nosotros ni a nuestros oyentes. Necesitamos comenzar con conocer a Dios y su Palabra de formas que abordarán las necesidades del día. Necesitamos saber que "la Biblia no es ni un sistema filosófico, ni un sistema de verdades morales. Por el contrario, la suma total y la sustancia de la Biblia es teodramática: se trata en su totalidad de la palabra de Dios y de los hechos de Dios, alcanzados por sus 'dos manos' (el Hijo y el Espíritu) y sobre lo que deberíamos decir y hacer en respuesta."[390]

Conocer a la audiencia

Parece igual de evidente que después de conocer a Dios deberíamos conocer a nuestra audiencia, pero no sucede tan automáticamente como podemos imaginarlo. Demasiados maestros fracasan antes de empezar; se enfocan solamente en el mensaje, antes de evaluar las necesidades de su audiencia. Cuando esto sucede, terminan contestando preguntas del texto que en general a su audiencia no le interesa. Esto significa que la audiencia no se encuentra interesada en lo que se va a hablar incluso antes de que el orador comience. Prestar atención a los aspectos evolutivos, culturales y espirituales de su audiencia lo ayudarán a tener una mayor conexión y un mayor impacto en ella.[391]

Piense acerca del grupo al que está liderando o enseñando. ¿Cómo piensan los miembros del grupo? ¿Cuál es su cultura? ¿Qué

---

[390] Kevin J. Vanhoozer, "Lost in Interpretation? Truth, Scripture, and Hermeneutics" [¿Perdido en la interpretación? La verdad, las Escrituras y la hermenéutica], *Journal of the Evangelical Theological Society* 48 [Diario de la Sociedad Teológica Evangélica], no. 1 (2005): 101.

[391] Urie Bronfenbrenner, ed., *Making Human Beings Human: Bioecological Perspectives on Human Development* [Hacer de los seres humanos, humanos: las perspectivas bioecológicas del desarrollo humano] (Thousand Oaks, CA: Sage, 2004)

les preocupa? ¿Cómo enfrentan la toma de decisiones morales? ¿Cuáles son sus opiniones acerca de Jesucristo, y ¿dirían que se encuentran en una relación con Él que va en aumento? ¿Qué están aprendiendo? ¿Cómo son sus familias? ¿Cómo describen la calidad de sus amistades? ¿Cuál es la naturaleza y el enfoque de atención de sus interacciones con los medios de comunicación? ¿En qué piensan regularmente cuando sueñan despiertos? ¿Qué es lo que puede ser que no les estén diciendo a los demás, que en realidad querrían decirles? Los mejores maestros realizan estas preguntas con frecuencia y escuchan atentamente a sus jóvenes.

Saber cómo prepararse

Una vez que hemos seleccionado en oración el tema y el pasaje bíblico a través de escuchar a Dios y a nuestros jóvenes, debemos determinar la mejor manera de acercarnos a nuestra audiencia.

Existen dos enfoques comunes para preparar una charla o sermón para un grupo grande. El primero es el enfoque exegético (o "expositivo") que examina un solo texto de las Escrituras para poder interpretarlo correctamente. Existen tres variaciones acerca de este enfoque:

1. Un enfoque versículo por versículo recorre un pasaje versículo por versículo, o sección por sección. Esta variación es útil porque presenta un flujo lógico y también les enseña a los estudiantes cómo estudiar la Palabra de Dios.
2. Un enfoque temático surge del estudio de un texto bíblico, pero luego le permite al orador hacer referencia a otros pasajes y conectarlos con temas de la vida diaria.
3. Un enfoque narrativo de la predicación explicativa "presenta el texto bíblico en el formato de una historia y la sigue hasta el final."[392] Este tema se trata en más detalle en el próximo capítulo.

Un segundo enfoque común, un enfoque tópico, pone más énfasis en las preocupaciones del estudiante y puede tomar diferentes direcciones. Esto ha suscitado debates en cuanto a cuál es la mejor

[392] Ed Stetzer, "Four Kinds of Expository Preaching" [Cuatro tipos de predicación expositoria], *Lifeway*, 1 de marzo de 2006, http://www.lifeway.com/Article/Four-kinds-of-expositional-preaching.

manera, o incluso, la manera "correcta" de predicar. El enfoque tópico es prominente en los entornos evangelísticos y también pueden encontrarse ejemplos de este en el libro de Hechos (Hch 3:11-26; 17:22-31). Un peligro que presenta este enfoque es que puede convertirse fácilmente en una charla acerca de lo que nosotros pensamos sobre determinado tema, en vez de lo que la Biblia dice acerca del tema en cuestión y lo que se adecúa a la teología cristiana. Cuando se utiliza un enfoque tópico, es igual de importante llevar a cabo un estudio diligente, mantener los textos bíblicos en contexto y asegurarse de que su lección (lo que expresa acerca del tema) esté respaldado.

Aunque existen muchos modelos para preparar el momento de enseñanza a grupos grandes, hay tres modelos prominentes. El primero (y el más popular) es "Anzuelo, Libro, Mirar, Apropiar" (de Lawrence Richards y Gary Bredfeldt y desarrollado en detalle por Terry Lindhart en el cap. 12).[393] Este modelo permite que se utilicen varios métodos:

- *Anzuelo*: capte la atención y el interés de sus oyentes, cuando aparece una necesidad, establezca un objetivo para la enseñanza.
- *Libro*: analice el texto bíblico para aclarar su significado y ayude a los estudiantes a obtener y comprender la información bíblica.
- *Mirar*: guíe a los estudiantes a descubrir y a captar de qué manera se conecta el tema con la vida diaria.
- *Apropiar*: lleve a los estudiantes a identificar formas de responder y luego ayúdelos a planificar aplicaciones inmediatas.[394]

A medida que los maestros se preparan para su lección, piensan en cómo lograr el objetivo de cada sección para alcanzar su objetivo de enseñanza. Las secciones de *anzuelo* y de *apropiar* son igual de cruciales para el éxito de la enseñanza que las secciones de *libro* y *mirar*, aunque con frecuencia se las considera casi como ideas adicionales. El objetivo de la enseñanza es el crecimiento con un formato de vidas transformadas, y la información tiene que conectarse y aplicarse a la vida, no solo distribuirse.

[393] Lawrence O. Richards y Gary J. Bredfeldt, *Enseñemos la Biblia creativamente* (Miami, FL: Logoi, Inc., 2001).

[394] Ídem., 102–109.

Otro modelo popular fue desarrollado por el pastor de North Point Community Church, Andy Stanley. La esquematización de su modelo se basa en la relación entre el orador y la audiencia, y es mejor para los sermones que necesitan un toque personalizado o inspiracional. Tiene el formato como de una conversación, pero puede servir como un estudio exegético de las Escrituras.

El enfoque de Stanley comienza con algo sobre el orador ("yo") y luego encuentra un denominador común con los oyentes ("nosotros"). Después el orador comparte lo que Dios ("Dios") y su Palabra establecen acerca del tema y luego describe lo que la audiencia ("ustedes") necesitan hacer al respecto. Por lo tanto, el cierre es una conclusión de qué pasaría si todos ("nosotros") aceptáramos y actuáramos conforme a la verdad.[395]

Ken Davis desarrolló el método SCORRE™ para preparar una charla.[396] El método concentra la preparación alrededor de seis pasos: sujeto, tema central, objetivo, razonamiento, recursos y evaluación. El objetivo establece lo que las personas "deberían" o "deben" hacer y el razonamiento explica "cómo" o "por qué" deberían hacerlo. El método les pide a los oyentes que se concentren en un sustantivo plural como parte del objetivo, que frecuentemente es la parte más desafiante del método. El sustantivo en plural fomenta a los oradores a que piensen visual y creativamente, a la vez que sirve como palabra clave para el razonamiento que las personas pueden recordar rápidamente días después. Hay fuentes en línea disponibles que muestran cómo funciona el método.[397]

Luego de llegar a este punto en la preparación del sermón, usted ingresa a un nivel de mayor trabajo: ser más específico con los métodos y las palabras que tiene pensado utilizar para llevarles el mensaje de Dios a sus estudiantes. Esto es debido a que para "comunicar como Dios comunicó, necesitamos hablar, no solo informar, pero también transformar" y para "comunicar como Dios

[395] Andy Stanley y Lane Jones, *Communicating for Change* [Comunicar para el cambio] (Colorado Springs: Multnomah, 2006).

[396] Ken Davis, *Secrets of Dynamic Communication: Preparing and Delivering Powerful Speeches* [Secretos de una comunicación dinámica: la preparación y la entrega de discursos poderosos] (Grand Rapids: Zondervan, 1991).

[397] John R. Meese, "SCORRE™ Outline" [La estructura SCORRE™], basada en el método SCORRE™ enseñado por Ken Davis y Michael Hyatt de *Dynamic Communicators International* [Comunicadores Dinámicos Internacionales], https://gingkoapp.com/scorre.

ha comunicado es tomarse en serio tanto el método y el mensaje, como la forma y el contenido."[398]

Saber cómo presentar

La popularidad de las charlas TED han influenciado las conversaciones sobre la oratoria pública.[399] Con no más de dieciocho minutos, estas charlas bien ensayadas y orientadas hacia los medios de comunicación han mostrado el poder de las metáforas... y la brevedad. No todo lo que es importante puede compartirse en menos de dieciocho minutos, pero las audiencias son cada vez más utilizadas para cambiar de escenas (a través de sus pantallas) y para pasar menos cantidad de tiempo absorbiendo información.

> La siguiente es una lista de control final para la preparación.
>
> 1. Ore y medite continuamente sobre el pasaje.
> 2. Utilice más de un comentario bíblico o Biblia de estudio.
> 3. Esquematice su charla (vea los métodos previamente detallados).
> 4. Asegúrese de que el tema principal y los subtemas estén claros.
> 5. Agréguele "vida" a su charla con ilustraciones y ejemplos.
> 6. Practique la charla en voz alta.
> 7. Asegúrese que esté respondida la pregunta de aplicación ("Entonces, ¿qué hago con esto?")

De hecho, investigaciones actuales han demostrado que los estudiantes se distraen cada treinta segundos, y luego a los cinco, a los siete, y nueve minutos después del comienzo de una lección.[400] Esto continúa en intervalos de tres a cuatro minutos durante el resto del periodo de enseñanza.[401] Entonces, cambiar nuestro método, agregar historias o chistes que funcionen y estar atentos a los lapsos de atención de los estudiantes nos ayudará a que la audiencia se involucre en los entornos de grupos grandes.

---

[398] Doug Fields y Duffy Robbins, *Speaking to Teenagers* [Hablándoles a los adolescentes] (Grand Rapids: Zondervan/ Youth Specialties, 2007), 36–37.

[399] "Ted," Conferencias Ted, LLC, https://www.ted.com/talks.

[400] Diane M. Bunce, Elizabeth A. Flens y Kelly Y. Neiles, "How Long Can Students Pay Attention in Class? A Study of Student Attention Decline Using Clickers" [¿Cuánto tiempo pueden prestar atención los estudiantes en una lección? Un estudio del declive de la atención de los estudiantes por medio de dispositivos marcadores], *Journal of Chemical Education* 87 [Diario de educación química], (2010): 1438–43.

[401] A. H. Johnstone y F. Percival, "Attention Breaks in Lectures" [Recesos de atención en las lecciones], *Education in Chemistry* 13 [Educación en química], (1976): 49–50.

Una de las áreas que dejamos de lado cuando hablamos son las ilustraciones. Para cada uno de sus puntos principales, considere utilizar una historia, una analogía, una metáfora o un video corto. La regla de oro de las ilustraciones es que un gran ejemplo equivale a tres buenos ejemplos. La lista de Haddon Robinson, que está detallada por nivel de impacto, ayuda a elegir qué ilustración debería intentar usar:[402]

1. La experiencia vivida por el orador y por el oyente se superponen.
2. La experiencia aprendida por el orador se superpone con la experiencia aprendida por el oyente.
3. La experiencia vivida por el orador se superpone con la experiencia aprendida por el oyente.
4. La experiencia vivida o aprendida por el orador no se superpone con la experiencia vivida o aprendida por el oyente.

El paso final para cuando medite detenidamente acerca de su charla es la forma en que la concluirá. El final unifica todo de una manera que ayuda a que los estudiantes se unifiquen y sean desafiados a poner algo en práctica, que es una de las principales razones por la cual se incentiva enseñarles a grupos grandes. En lugar de apurarse con el final, haga que sea sorprendente e inesperado. Haga que los estudiantes que ya han puesto en práctica este mensaje, u otros similares, cuenten sus testimonios.[403] Otórgueles tiempo y espacio a los estudiantes para que hagan algo a nivel social, como tarjetas de compromiso, una oración en el altar, grupos de trabajo o "comparta con la persona que está al lado suyo." Al brindarles un tiempo para compartir el tema en comunidad los ayudará a poner en práctica el tema durante la siguiente semana.[404]

Otro paso importante en la preparación es escribir un guion final completo, una práctica que separa a los profesionales de los demás. Esto puede parecer una exageración en este punto, pero si

---

[402] Haddon W. Robinson, *Expository Preaching* [Predicación expositiva], 2da. ed. (Grand Rapids: Baker Academic, 2001), 156.

[403] Mark Galli y Craig Brian Larson, *Preaching That Connects* [Predicación que conecta] (Grand Rapids: Zondervan, 1994), 136–37.

[404] Jean Piaget, *The Construction of Reality in the Child* [La construcción de la realidad en el niño] (Nueva York: Basic Books, 1954).

quiere que sus estudiantes lo sigan de verdad, su enseñanza debe fluir. Escribir todo lo que pueda con respecto a su charla con antelación lo ayudará. No tiene que usarlo cuando esté en el frente, pero será de gran ayuda escribirlo, leerlo en voz alta y luego pensarlo con acciones no verbales (¡sonría!), practicar gestos, utilizar ilustraciones o fluctuaciones necesarias en su voz. Practicarlo en voz alta permite que sus oídos escuchen lo que su cerebro piensa que está diciendo y le permite detectar problemas de antemano. Hablar frente a un espejo o grabarse a sí mismo mientras habla le permite ver cómo se ve frente a los demás cuando habla. No se olvide que el 38 por ciento de su comunicación proviene de las entonaciones vocales que emitimos y el 55 por ciento proviene de elementos no verbales (expresiones faciales, gestos, postura, entre otros). El otro 7 por ciento de la comunicación son las palabras que utiliza.[405]

> **Además del tono y del lenguaje corporal, la velocidad con la que habla también es importante. Aquellas personas que estudian este tipo de cosas afirman que, si necesita verse como "más objetivo y conocedor", entonces su índice promedio de presentación debería ser de 190 palabras por minuto, o alrededor de una página con doble espaciado cada dos minutos. Por otro lado, si su objetivo es ser más persuasivo, entonces necesita desacelerar a aproximadamente 140 palabras por minuto, o alrededor de una página cada tres minutos.**
>
> —Compilado de Norman Miller et al., "Speed of Speech and Persuasion" [La velocidad del discurso y la persuasión], *Journal of Personality and Social Psychology 34* [Diario de la personalidad y la psicología social], no. 4 (octubre de 1976): 615-24; Stephen M. Smith y David R. Schaffer, "Celerity and Cajolery: Rapid Speech May Promote or Inhibit Persuasion through Its Impact on Message Elaboration" [Celeridad y embaucamiento: el discurso rápido puede promover o inhibir la persuasión mediante su impacto en la elaboración del mensaje], *Personality and Social Psychology Bulletin 17* [Boletín de personalidad y psicología social], no. 6 (1991): 663-69.

Finalmente, debería enviarle por correo electrónico la charla a otras personas y practicar el sermón en voz alta con un voluntario del ministerio o un amigo confiable. Sus comentarios sinceros son invaluables para poder pulir lo que quiera dar a entender. Los elementos que utilice cuando brinde su charla pueden variar basado en su nivel de comodidad. Algunos utilizan hojas de papel con notas

[405] Albert Mehrabian, *Silent Messages: Implicit Communication of Emotion and Attitudes* [Mensajes silenciosos: la comunicación implícita de la emoción y las actitudes] (Belmont, CA: Wadsworth, 1981).

en la Biblia, otros utilizan un *iPad* u otras tabletas, otros memorizan lo que quieren expresar y otros leen el mensaje completo (aunque leer manuscritos tiende a distanciar al orador de la audiencia).

Luego de leer a través de los pasos que realiza un comunicador de grupos grandes efectivo, es natural que se pregunte: "*¿En serio?* ¿Se supone que tengo que hacer *todo* ese trabajo, *cada vez* que enseñe?" Si desea ser lo más efectivo posible, entonces *¡sí!* Sin importar su posición dentro del ministerio, su enseñanza merece su mejor preparación y presentación. Adherirse a este agotador modelo de enseñanza para grupos grandes puede ser uno de los elementos más efectivos para el ministerio que lidera.

Preguntas y actividades

1. ¿Quiénes son sus tres oradores favoritos y por qué? ¿Qué enfoque toma cada uno para estudiar, estructurar y presentar? ¿Cómo utilizan el humor?
2. Piense en un sermón de enseñanza para grupos grandes que haya impactado su vida en gran manera. ¿Qué es lo que lo afectó más de ese sermón en ese momento?
3. ¿Qué aspecto de la enseñanza a grupos grandes (conocer a Dios, conocer a su audiencia, saber cómo prepararse y saber cómo presentar) le parece la más abrumadora? ¿Cómo puede madurar en ese aspecto?
4. Mire una charla TED, un sermón muy visto y un discurso histórico inspiracional en línea, y lea el discurso de las Escrituras. Preste atención a las peculiardiades de los oradores, sus patrones discursivos y las estructuras de sus discursos. Como ejercicio, practique decir en voz alta algunas de las cosas que hayan dicho, de la misma forma en que lo hicieron.
5. Redacte un resumen de una página sobre los puntos principales de este capítulo para revisarlos a medida que prepara, entrega y evalúa su próximo sermón, discurso o lección.

Lectura adicional

Davis, Ken. *Secrets of Dynamic Communications: Prepare with Focus, Deliver with Clarity, Speak with Power* [Secretos de una comunicación dinámica: la preparación y la entrega de discursos poderosos]. Nashville: Thomas Nelson, 2013.

Fields, Doug y Duffy Robbins. *Speaking to Teenagers: How to Think About, Create, and Deliver Effective Messages* [Cómo hablarles a los adolescentes: cómo pensar, crear y entregar mensajes efectivos]. Grand Rapids: Zondervan/Youth Specialties, 2007.

Gallo, Carmine. *Talk like TED: The 9 Public-Speaking Tips of the World's Greatest Minds* [Hable como TED: los 9 consejos para hablar en público de las mejores mentes del mundo]. Nueva York: St. Martin's, 2014.

Keller, Timothy. *Preaching: Communicating Faith in an Age of Skepticism* [Predicación: cómo comunicar la fe en una era de escepticismo]. Nueva York: Viking, 2015.

Robinson, Haddon. *La predicación bíblica: desarrollo y presentación de mensajes expositivos.* Miami, FL: Logoi, 2000.

Stanley, Andy y Lane Jones. *Communicating for Change*. Colorado Springs: Multnomah, 2006.

21

Utilicemos la narrativa para invitar a los demás a que conozcan la historia de Dios

JAMES K. HAMPTON

> Jesús no era un teólogo. Era Dios que contaba historias.
>
> —Madeleine L'Engle

> Había una vez…
> Era el mejor de los tiempos, era el peor de los tiempos…

Estas frases bien conocidas hacen que nuestra mente se despabile y redireccione nuestra atención, y esperamos expectantes porque sabemos que luego viene el relato de una historia. Desde un niño pequeño hasta un anciano arrugado por los años, todos esperamos escuchar cómo se desenvuelve la historia, cuando alcanza su punto culminante y su desenlace.

Pero existe otra frase introductoria que también cuenta una historia: la historia más importante y poderosa jamás contada: "En el principio, Dios…" (Gn 1:1). Para aquellos que conocen la historia, podemos continuar agregando las palabras de forma automática: "creó los cielos y la tierra."

Somos personas que vivimos a través de historias. Estructuramos nuestras vidas a partir de las historias que escuchamos, compartimos y vivimos. Nuestros valores, tradiciones y creencias se transmiten a través de las historias. La narrativa es una de las pocas prácticas del ser humano que es verdaderamente universal, sin importar la edad, género, cultura o idioma. Los seres humanos tenemos una necesidad natural, instintiva, de escuchar una historia y de saber cómo termina, y eso es ocurre aún más cuando esa historia, en nuestro caso la historia cristiana, es tan clave para nuestra condición humana.

Este capítulo se enfocará en la narrativa como una forma de educar a otros, particularmente a adolescentes, para ayudar a los estudiantes a vivir en la historia de Dios.

Pregúntele a la mayoría de las personas lo que les viene a la mente cuando escuchan la palabra *narrativa* y la gran mayoría le dirá "una historia." Para muchas personas, la palabra narrativa implica ficción, una historia inventada, generalmente utilizada para expresar algo importante. Piense en los cuentos de hadas (como "Cenicienta"), historias de moralidad ("El regalo de los reyes magos"[406]) e incluso las parábolas de Jesús ("He aquí, el sembrador salió a sembrar…", en Mt 13:3b). En su aspecto más básico, la narrativa está vinculada a una historia. Sin embargo, en las tradiciones cristianas y judías, la narrativa es mucho más que solo una historia. Se trata de *la* Historia, con "H" mayúscula: la Historia que moldea nuestras vidas, un llamado a entrar en un nuevo mundo, una nueva manera de pensar. Para los propósitos de este capítulo, veremos de qué forma la narrativa "se enfoca en el poder que tienen las historias para moldear la calidad de vida del ser humano."[407] Además, para los cristianos, la Historia tiene el poder no solo de moldearnos, sino de transformar quiénes somos en nuestro corazón.

La narrativa cristiana nos ofrece un nuevo mundo en el cual estamos llamados a vivir, un mundo que en general no concuerda con el mundo real. Difiere de las historias ficticias porque, en este caso, no es un mundo inventado, sino real. De hecho, es el mundo "más real" que existe. Es el mundo de Dios, al que a veces se denomina

---

[406] Por O. Henry, el seudónimo de William Sidney Porter.

[407] J. H. Stone, "Narrative Theology" [Teología narrativa] en *Harper's Encyclopedia of Religious Education* [Enciclopedia Harper de educación religiosa], ed. Iris V. Cully y Kendig Brubaker Cully (San Francisco: Harper & Row, 1990), 440.

el reino de Dios, al que estamos llamados a habitar como personas de fe.

Para comprender esto, considere las tres formas principales en las que opera la narrativa.[408] Primero, funciona constitutivamente. La narrativa moldea la identidad de la comunidad. A medida que los miembros de la comunidad leen y escuchan la historia, comprenden lo que significa ser el pueblo de Dios. La narrativa sirve para apuntar hacia un mundo alternativo, la forma normativa por la cual estamos llamados a vivir.

Segundo, la narrativa funciona descriptivamente. En otras palabras, sirve como espejo, y le permite al pueblo de Dios verse cómo realmente es, con verrugas y todo. Nos muestra nuestra verdadera identidad. Nada está oculto. La narrativa reconoce que antes de que podamos cambiar, primero debemos comprender quiénes somos realmente y, por lo tanto, en qué aspectos no cumplimos las expectativas. En la historia de Isaías, vemos que él tuvo que comprender primero quién era Dios y quién era él en relación a Dios, antes de que pudiera aceptar que necesitaba ser limpiado por Dios (Is 6).

Finalmente, la narrativa funciona paradigmáticamente. Después de mirarnos en el espejo y descubrir quiénes somos, la narrativa nos ayuda a ver cómo debemos actuar cuando nos enseña ejemplos a los lectores de la forma en que debe ser la comunidad de fe. Esta es la respuesta de Isaías al llamado de Dios para su vida cuando le dice: "Heme aquí. Envíame a mí". Cuando esto sucede, nuestra identidad es moldeada por la historia, y nos convertimos en lo que John Westerhoff denominó "una comunidad formada por la historia."[409]

Gerard Loughlin destaca que, si bien existen muchas historias que pueden formarnos, la principal narrativa que nos guía como cristianos son las Escrituras. Las Escrituras canónicas proporcionan las narrativas básicas de cómo concibe el mundo la iglesia y cómo se concibe a sí misma en el mundo. La iglesia se concibe a sí misma dentro del mundo narrativo de la Biblia, un mundo escrito en el cual las personas pueden ser "inscriptas." En lugar de comprender la Biblia en términos del mundo, el cristiano comprende el mundo

---

[408] Estoy en deuda con el doctor Tim Green de Trevecca Nazarene University por estas perspectivas transmitidas en una conversación personal.

[409] John Westerhoff, *A Pilgrim People: Learning through the Church Year* [Un pueblo peregrino: aprendiendo en el transcurso de un año de la iglesia] (Nueva York: Harper & Row, 1984), 1.

en términos bíblicos; el cristiano toma las narrativas bíblicas (especialmente las de Cristo) como la historia fundamental por la cual deben comprenderse todas las demás, incluso su propia historia.[410]

Por sobre todas las cosas, la narrativa enfatiza la prioridad de la historia de Jesucristo. Esta historia es la que estamos llamados a seguir, imitar y servir.

Cómo moldea la narrativa nuestra identidad

¿De qué manera somos moldeados como seres humanos? ¿Cómo se forma nuestra identidad? Estas son preguntas fundamentales que todas las personas se hacen. Y son centrales en cualquier debate de narrativa como un principio de guía. Examinemos una historia de la narrativa bíblica que puede ayudarnos a comprender mejor las respuestas a estas preguntas.

Al final del libro de Génesis, encontramos que José, a quien el Faraón había puesto en una posición de autoridad, se establece con su familia en Egipto. Dios continúa bendiciéndolos, y pronto crecen en número, de esta manera se sigue cumpliendo la promesa que Dios le había hecho a Abraham de que su descendencia sería "como las estrellas del cielo y como la arena que está a la orilla del mar" (Gn 22:17).

Sin embargo, en el principio del libro de Éxodo, "se levantó sobre Egipto un nuevo rey que no conocía a José" (Éx 1:8). Este nuevo faraón no veía al pueblo hebreo como los herederos de José, sino como un pueblo que "viniendo guerra, él también se una a nuestros enemigos y pelee contra nosotros, y se vaya de la tierra" (Éx 1:10b). Para contrarrestar esta amenaza percibida, este nuevo faraón esclavizó a todos los hebreos.

Cuando Moisés apareció en escena como el libertador de parte de Dios tenía una gran tarea por delante. Durante décadas, recibieron el relato de muchas historias falsas. Se les dijo que habían nacido esclavos. Creyeron que no tenían valor; por eso, estaba permitido que el faraón ordenara la matanza de todos los niños hebreos varones. Estas historias se habían repetido tantas veces que pronto se convirtieron en las historias por las cuales vivían los hebreos. Las habían adoptado como parte de su identidad. En un

---

[410] Gerard Loughlin, *Telling God's Story: Bible, Church and Narrative Theology* [El relato de la historia de Dios: la Biblia, la iglesia y la teología narrativa] (Cambridge: Cambridge University Press, 1996), 19–20.

sentido importante, su identidad había sido escrita por alguien más, y como tal, venía desde un agente externo. No era una identidad internalizada.

Sin embargo, esto no era lo que Dios deseaba que fueran. ¿Recuerda la promesa que Dios le había hecho a Abraham? "Y haré de ti una nación grande, y te bendeciré, y engrandeceré tu nombre, y serás bendición. Bendeciré a los que te bendijeren, y a los que te maldijeren maldeciré; y serán benditas en ti todas las familias de la tierra" (Gn 12:2-3). Dios tenía un plan diferente para su pueblo. No fueron llamados para ser esclavos, sino para ser una gran nación. No fueron llamados a morir en las manos de otros, sino que fueron llamados para ser de bendición para las naciones. Dios pretendía que tuvieran una identidad completamente distinta de aquella que les habían dado. Había planeado una identidad para ellos que no iba a ser externa, sino que iba a ser internalizada, una identidad que surgía a medida que vivían en la narrativa de Dios. Solo después de que Dios utilizó a Moisés para liberar al pueblo hebreo, volvieron a recordar cuál era su verdadera identidad, cuál era el propósito para el cual habían sido creados: "vosotros seréis mi especial tesoro sobre todos los pueblos; porque mía es toda la tierra. Y vosotros me seréis un reino de sacerdotes, y gente santa" (Éx 19:5b-6a).

> La gran narrativa de la historia de Dios es lo que básicamente debería moldear y definir nuestras identidades.

Hoy, muchas personas operan de una forma similar con respecto a la formación de la identidad. Alrededor nuestro hay personas, grupos y empresas que tratan de decirnos quiénes deberíamos ser. Muy a menudo estas historias prescriben el individualismo en lugar de la comunidad, el consumismo en lugar del sacrificio, la muerte en lugar de la vida. Con demasiada frecuencia, somos receptores pasivos de estas narrativas y les permitimos que nos formen en personas distintas de lo que Dios tenía en mente para nosotros. Debido a esto, como le ocurrió al pueblo hebreo, terminamos adoptando estas falsas historias como si fueran nuestras, y al hacerlo, adoptamos una identidad que fue prescrita por otros.

Imagine una iglesia grande que realiza una obra pasional para Pascua. Participan más de cien personas y cada una se viste con un disfraz de la época. Traen animales vivos y construyen escenarios que replican la ciudad de Jerusalén. Usted se sienta entre la audiencia y observa cómo se desarrolla la escena en frente suyo. Los actores, los músicos e incluso los animales cumplen cada uno su rol correctamente. Después de la obra, usted se va y piensa para sus adentros: "Esta fue una excelente obra."

El año siguiente decide ir a ver la obra otra vez. Incluso se sienta en el mismo lugar. Espera expectante que los actores lleven a cabo sus roles. Sin embargo, esta vez cuando comienza la obra, los actores aparecen desde atrás del santuario. A medida que se dirigen al escenario, los actores pasan entre la audiencia e interactúan con usted. Los actores intentan vender vasijas, pan y fruta a los miembros de la audiencia. Además, los actores se detienen y conversan con usted, y hablan acerca de los eventos que se están desarrollando en Jerusalén. Para cuando los actores llegaron al escenario, usted ya no solamente observa la historia como el año anterior. De repente se da cuenta que siente como si formara parte *de* la historia.

De igual manera, como cristianos, no es suficiente que solamente seamos espectadores pasivos que esperan que la historia de Dios nos cuente quiénes somos. En cambio, estamos llamados a ser participantes activos con Dios, unirnos a su historia y permitir que su voluntad se convierta en la nuestra. Nuestra participación en esta historia hace que finalmente encontramos nuestra identidad como hijos de Dios. Nos unimos en su obra, y somos recreados mientras experimentamos "una verdad completa que afecta nuestra identidad y el futuro."[411]

Utilizar bifocales

Nuestra identidad se forma no solo cuando escuchamos la historia, sino cuando vivimos en ella. No se trata de conectar a Dios en mi historia (donde mantengo el control y decido cómo seguir la historia). En cambio, se trata de sumergir mi vida en la historia de Dios, que como establecimos anteriormente, es fundamental.

En su obra esclarecedora, J. Louis Martyn escribe una metáfora que puede resultarnos útil en este momento. Él sugiere que Pablo, en sus escritos, intentaba enseñarles a las congregaciones cómo ver

---

[411] Rowan D. Williams, "Postmodern Theology and the Judgment of the World" [La teología postmoderna y el juicio del mundo], en *Postmodern Theology: Christian Faith in a Pluralist World* [La teología postmoderna: la fe cristiana en un mundo pluralista], ed. Frederic B. Burnham (Nueva York: Harper Collins, 1989), 97.

la vida diaria con una *visión bifocal.*[412] Por lo tanto, entrar en una narrativa es aprender a vivir con bifocales, donde vemos dos historias: nuestra realidad actual y la realidad alternativa que Dios tiene para nosotros. Vemos la identidad que el mundo quiere que adoptemos y la identidad que Dios ha infundido en nosotros desde el principio de los tiempos. Entonces, parte de nuestro trabajo es encontrar la forma de ayudar a otros a que se aparten de las historias falsas que nos rodean y que se involucren con la única historia verdadera.

El autor Leighton Ford lo describió de esta manera: "Cada uno de nosotros tiene una historia (lo que yo denomino 'una historia con *h* minúscula', la historia de nuestras vidas). En algún punto de nuestro recorrido a lo largo de la vida, nuestra vida colisiona con la Historia de Dios ('la Historia con *H* mayúscula). La Historia de Dios cuestiona nuestra historia. Debemos tomar una decisión: rechazar la Historia de Dios o fundir nuestra historia con la de Él."[413] Por lo tanto, ser cristiano es vivir en la narrativa de Dios y permitirle que se convierta en nuestra identidad.

Permítame ilustrarlo. Quizás haya escuchado a un pastor o a un líder de jóvenes hablar sobre el tema de las prioridades. En general, la charla se da de la siguiente manera: "Dios debería ser nuestra primera prioridad, la familia la segunda y nuestras propias necesidades deberían ir a lo último." Entonces se determina a trabajar duro en sus prioridades esa semana. Realmente se enfoca en leer la Biblia, pasar tiempo en oración, ir a la iglesia y pensar acerca de Dios. Es una buena semana, y al final de la misma, se siente bien con respecto a sus prioridades. Sin embargo, como ocurre generalmente, su semana siguiente está súper ocupada. Se levanta tarde, se apura para llegar a clase, asiste al trabajo o a la práctica deportiva, estudia para un examen o escribe un ensayo y cae exhausto en la cama. El día siguiente no es más sencillo, y pronto descubre que pasaron varios días y que no ha pasado tiempo leyendo la Biblia, orando (aparte de hacerlo en el momento de las comidas) o realmente pensando en Dios.

Como se siente culpable, se vuelve a comprometer para hacer de Dios su primera prioridad. Se levanta más temprano cada mañana

[412] J. Louis Martyn, *Theological Issues in the Letters of Paul* [Problemas teológicos en las cartas de Pablo] (Nashville: Abingdon, 1997), 62–65, 280–84.

[413] Leighton Ford, *The Power of Story* [El poder de la historia] (Colorado Springs: NavPress, 1994), 10.

para asegurarse de tener tiempo para leer la Biblia, orar, ir a la iglesia o al estudio bíblico y pensar en Dios en general. Pero nuevamente, la vida se interpone, y pronto se encuentra saturado con tareas, su jefe (o escuela) le requiere que trabaje horas extra, su novia o novio necesitan un poco de atención y una vez más cae en la cama a medianoche con cosas sin hacer y sin actividades específicas que hayan hecho de Dios su primera prioridad. Se comienza a desesperar porque nunca puede vivir una vida que tenga a Dios como su primera prioridad.

Hagámonos la siguiente pregunta: "¿Quién decide si Dios es la primera prioridad o no?" Respuesta: "¡Usted!" Y ese el problema. La línea de pensamiento todavía nos pone a *nosotros* a cargo. *Nosotros* decidimos si Dios será lo primero. Una vez más, intentamos poner a Dios en *nuestras* vidas. En cambio, déjeme sugerirle que empecemos a ver la historia de Dios como la realidad y nuestras vidas como parte de esa realidad. En vez de encerrar a Dios solo en los momentos en que leemos la Biblia, oramos o asistimos a la iglesia, ¿qué tal si vemos a Dios presente en todo lo que vivimos porque vivimos en su historia? ¿Qué diferencia habría si comprendiéramos que Dios está con nosotros mientras caminamos a la clase, hablamos con los estudiantes, escribimos nuestros ensayos, atendemos a un cliente y nos preocupamos por nuestros amigos? Esto es lo que significa poner nuestras historias en la narrativa de Dios y que nos pueda moldear de la forma que Él desea.

Enseñemos con la narrativa

Ahora apliquemos la idea de la narrativa al propósito de este libro de texto: ¿Cómo puede impactar la forma en que enseñamos? Dado que las historias moldean nuestra identidad, cultura y tradiciones, solo tiene sentido que comencemos a encontrar la manera de utilizar las historias en nuestros procesos educativos. Como maestros, nuestro trabajo es ayudar a las personas a reenmarcar sus vidas a la luz de la historia de Dios. A través de historias, canciones, credos y sacramentos, ayudamos a que las personas comprendan la historia de Dios, a que sus historias sean coherentes con la historia de Dios, y al hacerlo, que encuentren su verdadera identidad y carácter como hijos de Dios. La última parte de este capítulo analizará las estrategias de enseñanza que son narrativas por naturaleza y que pueden ayudarnos con esta tarea.

Contar historias

Los seres humanos son contadores de historias por naturaleza. Amamos tanto contar como escuchar historias. "Las historias nos ayudan a organizarnos y a encontrarle el sentido a las experiencias de la vida."[414] Una historia bien creada no solamente nos lleva a una forma de escapismo. En cambio, su propósito es brindarnos el espacio necesario para compartir una experiencia *con* los personajes de la historia. Nos transporta a otro mundo, nos muestra nuevas posibilidades de acciones, actitudes y creencias y las relaciona con nuestras propiasexperiencias actuales. Como afirmó el educador Sherelle Walker: "La investigación también muestra que nuestro cerebro está realmente programado para buscar una estructura narrativa coherente en las historias que escuchamos y que contamos. Esta estructura nos ayuda a absorver la información de una historia y conectarla con nuestras propias experiencias en el mundo."[415]

Las buenas historias se encuentran por todos lados, y no se necesita mucho trabajo para incorporarlas en el contexto del ministerio. Los siguientes son tres pasos rápidos para que mejore la manera en que cuenta las historias:

1. Vea y aprenda de otras personas que sean buenas contando historias en videos de YouTube o en persona. Encuentre un buen ejemplo y practique contar la historia de la misma forma que esa persona.
2. Practique leer y contar historias en voz alta, aprenda cómo expresar la historia a través de expresiones faciales, contacto visual y cambios en su voz.
3. Haga que los estudiantes escriban parábolas breves que ayudarían a sus amigos a comprender un pasaje bíblico o una verdad espiritual.

Debido a esto, las historias pueden ser independientes, sin la necesidad de interpretación; el significado está insertado en la propia historia. De hecho, el mayor error que generalmente cometemos es el de moralizar la historia, darle *nuestra* interpretación, en vez de permitirle al oyente discernir lo que Dios puede tener para decirnos

[414] Herbert Anderson y Edward Foley, *Mighty Stories, Dangerous Rituals: Weaving Together the Human and the Divine* [Historias poderosas, rituales peligrosos: entretejer lo humano y lo divino] (San Francisco: Jossey-Bass, 1998), 4.

[415] Sherelle Walker, "Using Stories to Teach: How Narrative Structure Helps Students Learn" [Usar historias para enseñar: cómo la estructura narrativa ayuda a los estudiantes a aprender] *The Science of Learning Blog* [Blog de la ciencia del aprendizaje], junio 14, 2012, http://www.scilearn.com/blog/using-stories-to-teach.

a través de la historia misma. Una identidad en forma de historia nos invita a entrar en una historia, quedarnos ahí, realizar preguntas desde ese lugar, y deambular en ella. Cuanto más tiempo uno se quede en la historia, día tras día, será más mayor probable que nuestra identidad sea moldeada.

Cuando escuchamos historias, reconocemos que ya no tenemos que tener todas las respuestas a todas las preguntas que nos presente la vida. Debido a que cuando se cuenta una historia generalmente no hay significados explícitos, los oyentes actúan como participantes en el proceso de contar cuando indagan más profundo en las historias con final abierto y cuando realizan sus propias interpretaciones. A medida que el oyente trabaja sobre posibles interpretaciones y llega a una conclusión, utiliza un conjunto completo de habilidades para la toma de decisiones (esto es, la imaginación, la intuición, el idioma, la memoria, la razón y la fe) que trabajan juntas para ayudar a que la historia " se pegue" y a que tenga mayor posibilidad de generar cambio. Richard Osmer argumentó a favor cuando escribió que "los intentos para provocar un compromiso de fe en nuestros estudiantes solo con apelar a sus voluntades no es lo suficientemente profundo. Sus voluntades son dirigidas por las narrativas que moldean sus identidades personales."[416]

Casos prácticos

Los casos prácticos típicamente implican un estudio o debate de una narrativa de la vida real que presenta un dilema que necesita ser resuelto. La mayoría de los casos prácticos en general siguen estos pasos: (1) identificar los personajes principales, (2) nombrar el problema a resolver, (3) considerar cuidadosamente el contexto y el trasfondo del problema, (4) utilizar varias disciplinas (estudios bíblicos, teología, educación, sociología, psicología, antropología, entre otras) para considerar las respuestas probables al dilema y (5) luego de una minuciosa reflexión, llegar a la solución acordada.

Ya que el caso práctico está escrito desde la perspectiva de una persona, permite que cada persona que estudia el caso se ubique a sí misma en el dilema y que lo vea desde esa perspectiva. Esta es una forma narrativa de tratar con el caso práctico. A medida que

[416] Richard Osmer, *Teaching for Faith: A Guide for Teachers of Adult Classes* [Enseñar para la fe: una guía para los maestros de clases para adultos] (Louisville: Westminster John Knox, 1992), 114.

entran en la historia, descubren cómo pueden aplicar la teoría en la práctica para abordar el problema, sin tener que enfrentarse con las consecuencias del mundo real en el caso de que se toma una mala decisión.

> **"Un caso práctico es una situación dramática, basada en hechos que incluyen personajes reales que se enfrentan con problemas reales que necesitan ser resueltos."**
>
> —Marlene LeFever, *Métodos creativos de enseñanza: cómo ser un maestro eficiente* (España: Patmos, 2004), del original en inglés *Creative Teaching Methods: Be an Effective Christian Teacher (Colorado Springs: David C. Cook, 1997), 218.*

Un elemento importante del caso práctico es ayudar a los estudiantes a comprender que una situación puede tener *varias* opciones viables que deben considerarse. Los distintos grupos que estudian el mismo caso pueden llegar a diferentes resultados, basados en el trasfondo de cada grupo, el campo de estudio, la comprensión de la revelación y la tradición teológica.

Uno de los valores de los casos prácticos es que "desafían a nuestros estudiantes a pensar, a tratar con un rango y complejidad crecientes de experiencias de vida y, dentro del marco cristiano, a lidiar con la intencionalidad y la responsabilidad personal en aumento."[417] Es muy importante que esto sea utilizado en la educación cristiana porque permite que los estudiantes aprendan cómo aplicar su fe y los valores cristianos a las situaciones de la vida. A medida que aprenden cómo lograrlo, se vuelven más seguros para hacerlo en la vida real.

Entonces, el caso práctico se convierte en una herramienta increíblemente útil que permite que los alumnos se consideren a sí mismos en la situación, participen en el debate, estimulen su pensamiento, utilicen sus respectivas bases de conocimiento y aprenden cómo aplicar su fe a situaciones de la vida real. Los buenos casos prácticos no se involucran con situaciones simplistas, sino que proporcionan problemas complejos que representan el tipo de decisiones de vida que enfrentamos todos. Con estos beneficios, de alguna manera es sorprendente que los casos prácticos sean subutilizados en los entornos educativos en la iglesia local.

Si queremos ayudar a que los jóvenes aprendan de una forma en que puedan aplicar las verdades bíblicas a la vida diaria (y que

[417] Marlene LeFever, *Métodos creativos de enseñanza: cómo ser un maestro eficiente* (España: Patmos, 2004), 218 del original en inglés.

puedan desarrollar un pensamiento y habilidades sociales maduros en el proceso), entonces los métodos narrativos son las herramientas principales para ello. Lo más importante que usted hará como educador es invitar a las generaciones futuras a que entren en la historia de Dios. Cuando entramos en esa historia, descubrimos rápidamente que no existe nada más emocionante que ayudar a otros a que también encuentren su propio lugar en la historia.[418]

Preguntas y actividades

1. Vivir en una "comunidad formada por la historia" significa que busquemos preguntarnos activamente "¿De qué manera nuestra comunidad permite que la historia de Dios nos moldee y nos forme?" ¿De qué manera su comunidad de fe lo ha ayudado a comprender y a vivir en la historia de Dios?
2. ¿De qué maneras ha intentado introducir a Dios en su historia? ¿Cuál fue el resultado? ¿Qué diferencia hace cuando le permitimos a Dios que introduzca nuestra historia en la suya?
3. ¿Cuáles son algunas de las historias falsas que su generación ha creído? ¿Cómo puede la historia de Dios otorgarle a su generación un nuevo entendimiento de cómo pueden ser las cosas?
4. A medida que considera las estrategias de enseñanza desarrolladas en este capítulo, ¿cuál de ellas ha experimentado? ¿De qué forma esas estrategias lo han ayudado a comprender una forma diferente de pensamiento o de vida (una cosmovisión alternativa) a la forma que previamente pensó o vivió?
5. Tómese treinta minutos y lea detenidamente una revista o diario y encuentre un artículo que serviría como fuente para desarrollar un caso práctico adecuado para su ministerio. ¿Necesitará que algunos estudiantes lo representen? Redacte un objetivo de enseñanza para la lección y luego redacte dos o tres preguntas de debate que le haría a su grupo luego de presentar el caso práctico.

---

[418] Un agradecimiento especial a los doctores Tim Green y Dean Blevins, dos amigos que me ayudaron a introducirme en este mundo de la narrativa y todas sus implicancias para el evangelio.

Lectura adicional

Folmsbee, Chris. *Stories, Signs and Sacred Rhythms: A Narrative Approach to Youth Ministry* [Historias, señales y ritmos sagrados: un enfoque narrativo para el ministerio de jóvenes]. Grand Rapids: Zondervan, 2010.

Loughlin, Gerard. *Telling God's Story: Bible, Church, and Narrative Theology* [El relato de la historia de Dios: la Biblia, la iglesia y la teología narrativa]. Cambridge: Cambridge University Press, 1999.

Stroup, George. *The Promise of Narrative Theology* [La promesa de la teología narrativa]. Eugene, OR: Wipf and Stock, 1997.

Wright, John W. *Telling God's Story: Narrative Preaching for Christian Formation* [El relato de la historia de Dios: la predicación narrativa para la formación cristiana]. Downers Grove, IL: InterVarsity, 2005.

22

Aprendiendo a través de las simulaciones

KAREN MCKINNEY

Las simulaciones (aunque son muy útiles, son experiencias de enseñanza poco utilizadas y subestimadas) pueden ser utilizadas para replicar situaciones en las cuales se les presentan opciones o desafíos a los participantes, para ayudarlos a comprender el mundo a través de las experiencias de otras personas. En general, las simulaciones se utilizan cuando se enseña sobre la competencia intercultural, para comprender mejor a los pobres, marginalizados u oprimidos, y para desarrollar experiencia en consejería u otra disciplina similar. Son comunes en los campamentos y conferencias cristianas, donde proporcionan situaciones desafiantes que requieren que se tome una decisión de forma colectiva.

Las simulaciones funcionan. La respuesta que brindan los estudiantes afirma que los ejercicios de aprendizaje vivencial, como las simulaciones o las representaciones, se encuentran entre los métodos más efectivos que podemos utilizar. Las simulaciones son transformadoras cuando los estudiantes obtienen profundidad en el conocimiento de ellos mismos, de los demás y del mundo. Las reflexiones que generan las simulaciones en cada estudiante testifican de la profundidad que alcanzan cuando aprenden... o desaprenden.

Por ejemplo, cuando una situación política del extranjero requirió que se cancelara un viaje misionero, un grupo de líderes rápidamente programó como actividad de reemplazo una semana de liderazgo en un campamento cercano. Durante una sesión sobre moral y ética, los líderes del campamento interrumpieron la charla y les pidieron a los adolescentes que llevaran seis jarras de agua de veinte litros cada una del otro lado del lago para cebar una bomba que no se usaba casi nunca. Les explicaron que no contaban con personal suficiente esa semana y que necesitaban de su ayuda.

Así comenzó, sin que los jóvenes lo supieran, un recorrido simulado de moral y ética. Fueron separados al azar en tres grupos y se les otorgó cantidades desiguales de recursos para cruzar el lago (canoas, remos costosos, chalecos salvavidas, refrigerios y bebidas, botes de remos sin remos, escobas en lugar de remos, chalecos salvavidas andrajosos, entre otros). El último grupo incluso tuvo que redactar una propuesta de concesión para conseguir algunos recursos.

En la mitad de la experiencia, los líderes crearon un huracán falso (como los que estaban arrasando al país adonde habían tenido la intención de ir para realizar el viaje misionero) que implicaba que un tercio de cada grupo quedara herido de alguna manera: ceguera, pérdida de una extremidad, o enmudecimiento debido al trauma. Los grupos continuaron el viaje y pasaron por un negocio flotante que vendía refrescos y "curas milagrosas" para discapacitados, que solo el grupo con mayores recursos podía pagar.

Luego de llegar a la bomba y de cebarla con el agua, ya había pasado la hora del almuerzo. Entonces a los grupos se les planteó un desafío cognitivo: debían escribir los cincuenta estados norteamericanos en cuatro minutos, en orden alfabético y sin errores de ortografía. El grupo ganador podía elegir su lonchera. La lonchera número uno tenía una gran cantidad de sándwiches, fruta, palitos vegetarianos, galletas y bebidas. La número dos contenía lo mismo que la primera, excepto que en menor cantidad. La número tres contenía una cebolla y un frasco de mostaza. El grupo que recibió menos recursos para realizar la travesía, obtuvo la lonchera más abundante, y el grupo con mayores recursos, obtuvo la cebolla y la mostaza. Después del almuerzo, la reunión de repaso de los hechos duró dos horas y media, ya que los estudiantes debatieron sobre la experiencia.

La travesía que realizaron esa mañana fue un experimento para que los estudiantes practicaran casi todas las características morales y éticas que habían discutido en la sesión de "enseñanza" que habían compartido más temprano. En lugar de practicar la compasión, compitieron unos contra otros; en vez de compartir, acapararon los recursos; y en vez de ser visionarios, estuvieron cegados a cualquier perspectiva que no fuera la propia. El grupo "rico" que contaba con los remos se sentó y esperó cincuenta minutos antes de volver para ayudar a los otros que luchaban para cruzar el lago con escobas y tablas. Incluso se olvidaron de los miembros que habían quedado ciegos en la orilla cuando se fueron, dejándolos amontonados en los botes del grupo pobre que no contaban con remos. Y ninguno de los miembros del grupo se dio cuenta de que los líderes del seminario no tenían ningún alimento. Estos estudiantes habían sido entrenados durante meses para realizar una experiencia misionera, pero la simulación expuso las limitaciones de su conocimiento con los propios límites de su carácter y compasión.

Una simulación *es un ejercicio en el cual se recrea una maqueta de la realidad para que los participantes interactúen en el mundo simulado, con el fin de aprender algo acerca del mundo real*. Louise Sauvé, Lise Renaud y David Kaufman definieron que la simulación presenta siete atributos esenciales: "(1) un modelo de un sistema real o ficticio que es (2) simplificado y (3) dinámico, con (4) jugadores en (5) una competencia o colaboración, (6) con reglas y (7) un propósito educativo."[419] Los estudiantes ingresan al microcosmos (las simulaciones) y asumen los roles a los cuales son llamados.

Algunos practicantes hablan de simulaciones y otros de representaciones, pero generalmente los términos se utilizan indistintamente. La distinción entre ellos se basa en si se les pide a los participantes que cumplan un rol en el ejercicio o que asuman un rol que no es propio de ellos. *En una simulación no se les pide que sean alguien que no son. En una representación, el facilitador les pide específicamente a los participantes que desempeñen un rol distinto al de*

[419] Louise Sauvé, Lise Renaud y David Kaufman, "Games, Simulations, and Simulation Games for Learning: Definitions and Distinctions" [Juegos, simulaciones y juegos simuladores para el aprendizaje: definiciones y diferencias" en *Educational Gameplay and Simulation Environment: Case Studies and Lessons Learned* [Juegos educativos y ambientes de simulación: casos prácticos y lecciones aprendidas] (Hershey, PA: Information Science Reference, 2010), 1–26.

ellos mismos. Los participantes pueden representar un rol social, ya que lo han aprendido, pero las simulaciones no requieren que los participantes hagan tal cosa. Aquellos que facilitan y ayudan a llevar a cabo la simulación, en general también desempeñan un rol.

Las simulaciones involucran a la persona en su totalidad. Los dominios cognitivos, afectivos y de comportamiento de los alumnos son desafiados de una forma que las lecciones y los debates no pueden provocar de manera consistente. Las simulaciones son inventadas, pero lo que las personas experimentan durante las simulaciones es algo real. Las buenas simulaciones requieren que los alumnos piensen, tomen decisiones y se pongan en acción. Debido a que los sentimientos son reales, las simulaciones nos conmueven de la misma forma en que lo hacen los sentimientos de manera automática. Ponerse en el lugar de otras personas, incluso por periodos breves, permite que accedamos a sentimientos que generalmente no hemos experimentado o examinado. Se les permite a los alumnos que sean ellos mismos durante la actividad o ejercicio, por lo cual sus respuestas son auténticas. Si expresan enojo o tristeza por haber sido subestimados, insultados, excluidos y empujados físicamente, esos sentimientos son reales. Si la reflexión posterior a la experiencia los mueve a simpatizar o a empatizar con aquellos que son tratados de la misma manera, esa movilización es transformadora.

Las simulaciones nos toman desprevenidos; tienen la habilidad de lograr que los alumnos se miren a sí mismos y se observen críticamente, de una forma que solo puede ser igualada por la inmersión en la experiencia de la vida real. Los estudiantes de la clase de Teología de la Escasez no van a poder vivir con una familia pobre en un pueblo mexicano. Pero pueden sentir las carencias en una simulación de pobreza donde otras personas tienen recursos y ellos no, donde se sienten avergonzados por su escasez y no se les brinda participación en la sociedad. Los estudiantes pueden olvidar una lección sobre el profeta Amós, pero es menos probable que olviden el día en que tuvieron que elegir si literalmente pasaban por encima de sus compañeros para poder entrar a la clase; una simulación que revela lo que Amós quiso decir cuando se refirió a que era un pecado pisotear las cabezas de los desvalidos (Am 2:7).

Las simulaciones nos pueden transformar en defensores. Una simulación permite que los estudiantes pasen una tarde en una silla de ruedas, con anteojos rayados que no les permiten ver, las orejas tapadas con algodón y guantes holgados en las manos. Experimentan lo que algunos ancianos soportan cada día: limitaciones en la movilidad, la vista, la audición y el tacto. Comprenden que algún día quizás tengan que soportar estas experiencias. No les lleva demasiado tiempo convertirse rápidamente en defensores de los ancianos. Entonces, los líderes de jóvenes pueden ayudar a los adolescentes a que sientan compasión y que intenten relacionarse con las personas mayores dentro de su iglesia y comunidad. La simulación es breve, pero el aprendizaje dura para toda la vida.

Ahí es donde radica la importancia de las simulaciones; aunque sean breves, pueden cambiar sus vidas para siempre. Un ejemplo primordial es el ejercicio de simulación de *Blue Eyes, Brown Eyes* [Ojos azules, ojos marrones] de Jane Elliott del año 1968. Elliott quería concientizar y cambiar las actitudes de discriminación racial que tenía su grupo de tercer grado en Iowa. La simulación que creó "le beindó a su clase de niños y niñas blancos de tercer grado una experiencia directa con los efectos del racismo."[420] Su simulación duró lo mismo que las clases de un día. Los efectos a largo plazo de su ejercicio de simulación fueron registrados en el documental de PBS Frontline, *A Class Divided: Then and Now* [Una clase dividida: antes y después].[421] En el documental, los estudiantes testificaron catorce años después acerca del impacto que tuvo esa simulación y que fue algo que duró para toda la vida. Como ministros cristianos, estamos involucrados en que nuestros estudiantes sean transformados para toda la vida. La simulación es una metodología que debemos incluir en nuestro repertorio de enseñanza.

Las simulaciones pueden diseñarse para enseñar cualquier contenido; por lo tanto, son fuentes abundantes para el desarrollo espiritual y de la fe. Las simulaciones son utilizadas para enseñar la moral y la ética cristiana; el valor de la memorización de las Escrituras; los

---

[420] Kay Hammond, "More Than a Game: A Critical Discourse Analysis of a Racial Inequality Exercise in Japan" [Más que un juego: un análisis del discurso crítico de un ejercicio de inequidad racial en Japón], *TESOL Quarterly* 40 (septiembre de 2006): 545–71.

[421] Uno de los programas más solicitados de la historia de la serie televisiva *Frontline*, *A Class Divided* [Una clase dividida] (1995) cuenta la historia de la simulación de Jane Elliott y su impacto después de catorce años. El día siguiente a que Martin Luther King Jr. fuera asesinado, ella guió a sus estudiantes a través de una simulación sobre la discriminación. Puede ver el episodio completo en inglés en http://www.pbs.org/wgbh/pages/frontline/shows/divided/.

asuntos relacionados con la justicia, el género, la clase social, la raza y la pobreza; las lecciones sobre liderazgo; el valor de la reconciliación; y simplemente acerca de todo lo que enseña la Biblia. El único límite es la imaginación, y debido a que servimos a un Dios que es creativo, eso no será para nada una limitación.

La teoría subyacente

La pedagogía experiencial se originó con la filosofía de John Dewey: los alumnos deben mantenerse activos. La educación debería valorar, por sobre todas las cosas, las experiencias del alumno; debe estar centrada en el estudiante: las necesidades y las inquietudes del estudiante guían el aprendizaje.[422] En una simulación, el alumno tiene la oportunidad de experimentar un entorno o un rol que quizás sea totalmente extraño para él o para ella. Cuanto más isomorfo (similar en forma y estado) a la situación de la vida real, mayores serán las posibilidades de aprendizaje. Por lo tanto, usted puede enseñar conceptos y sistemas muy complejos y abstractos por medio de simulaciones.

Para que los estudiantes aprendan los resultados estimados de las simulaciones, debe haber un tiempo de reflexión o reunión de repaso después de la actividad de simulación; esto puede considerarse como la etapa reflexiva de David Kolb (véase la figura 22.1), una teoría que tratamos anteriormente, en el capítulo de los estilos de aprendizaje (cap. 8). Cuando reflexionamos en la experiencia concreta de la simulación es cuando se logra un momento maravilloso de comprensión."[423]

En la figura de Kolb, la experiencia concreta es la simulación, pero lo que el líder espera es que los participantes experimenten un estado de *desequilibrio*. Cuando las cosas no tienen sentido, los alumnos deben reconfigurar o adoptar nueva información para que todo esté equilibrado en su mente. Las simulaciones y ejercicios colocan a cada alumno en situaciones o entornos novedosos que desafían su pensamiento, sentimientos y conductas cotidianas y que requieren una resolución única al problema. Los líderes/facilitadores

---

[422] John Dewey, *Experiencia y educación*, 2da. ed., trad. Lorenzo Luzuriaga (Madrid: Biblioteca Nueva, 2010).

[423] David A. Kolb, *Experiential Learning: Experience as the Source of Learning and Development* [Aprendizaje experiencial: la experiencia como fuente del aprendizaje y del desarrollo], vol. 1 (Englewood Cliffs, NJ: Prentice-Hall, 1984).

hacen observaciones durante la actividad simulada. Esas observaciones son utilizadas para guiar las preguntas de reflexión que puedan surgir.

Figura 22.1: La teoría del aprendizaje experiencial de Kolb – Karen McKinney

Cuando termina el ejercicio, debería llevarse a cabo la "reunión de repaso" o la reflexión. La forma más común de reunión es a partir de un grupo, pero también puede realizarse en grupos pequeños, de a pares, en grupos de debate en línea y en reflexiones escritas. El "nuevo conocimiento/percepción" obtenido a partir de la reflexión es lo que sigue adelante en el ciclo de Kolb y que luego puede aplicarse a otras situaciones. En una simulación de un estudio bíblico de Romanos, los estudiantes aprendieron que muchos cristianos sacrificaron sus vidas por el bien de otros cristianos. Si los estudiantes generalizaran esa lección, descubrirían que los cristianos podrían sacrificar voluntariamente su dinero o tiempo por el bien de otros cristianos o por aquellos que se encuentran en necesidad.

Elementos fundamentales para el éxito

Existen algunos elementos clave a los que hay que prestarles atención cuando se lleva a cabo una simulación.

Permanezca en la simulación, sin importar lo que suceda. Nunca podemos controlar cómo responderán las personas, sin importar cuánto hayamos planificado. Cuando los participantes de una simulación actúen de formas inesperadas, usted como facilitador debe mantener la simulación y aprender a ir con la corriente.

En una simulación sobre la riqueza y la pobreza, el "grupo de los ricos" le envió una caja entera de donas al grupo de los pobres. Generalmente en la simulación, los grupos de los ricos le prestan poca o ninguna atención a los pobres; alguien lo hizo esta vez. Los líderes se quedaron sin palabras y no sabían qué hacer dada la generosa caridad, y no querían que los pobres se quedaran con las donas (para los propósitos de la simulación). Uno de los líderes le pidió al grupo de los ricos que le dieran una mordida a cada dona, que las chuparan, a plena vista del grupo de los pobres, y que luego se las dieran y les dijeran que eran productos con impuestos. Después de ser testigos de eso, los miembros del grupo de los pobres no se comieron las donas y la simulación continuó.

Por qué las simulaciones son efectivas:

- Los juegos y las simulaciones involucran al estudiante en su totalidad en el aprendizaje.
- Los participantes experimentan los conceptos que están aprendiendo.
- Las participantes realmente sienten el concepto, de la misma forma en que lo aprenden.
- Las experiencias están relacionadas con experiencias de la vida real.
- Los participantes desarrollan empatía por los que toman decisiones en la vida real.
- Los participantes ganan comprensión sobre las complejidades de la vida real y desarrollan empatía por los participantes del mundo real.

—Anita Covert y Gordon L. Thomas, *Communication Games and Simulations* [Juegos de comunicación y simulaciones] (Urbana, IL: ERIC Clearinghouse sobre la lectura y las habilidades comunicativas; Annandale, VA: Speech Communication Association, 1978).

Algunas veces los participantes conocen los resultados de una simulación. En un campamento, los estudiantes que un día participaron de la simulación le contaron al grupo del día siguiente lo que iba a suceder. El facilitador detuvo la simulación del segundo día y no permitió que continuara, ya que no sabía de qué manera responder a los participantes que ya sabían cómo iba a desarrollarse la simulación. Para mantenerla intacta, el facilitador podría haber usado una bandana para mantener a alguno de los participantes callado y/o cegado, o haber creado una distracción para distraerlos de lo que estaban diciendo. Al detener la simulación porque algunos sabían lo que iba a suceder, ese día arruinó la oportunidad de aprendizaje para los demás. Es crucial permanecer en la simulación, incluso si ocurren acciones inesperadas por parte de los participantes.

Conozca los resultados de aprendizaje que desea obtener, pero esté abierto a las lecciones que el Espíritu Santo le envía. Cuando diseñe

Diseñé una simulación de un tribunal dividido para que los estudiantes pudieran sentir lo que era aprender en un sistema de segregación de género del primer siglo. Las tiras de papel crepe pegadas en el techo creaban una sala dividida por una pared traslúcida. La mitad de los estudiantes recibieron una bandana para cubrirse la cabeza. Esos estudiantes se sentaron en el tribunal interno. Me vestí como un rabí judío del primer siglo y les enseñé solo a los "hombres" que se encontraban en el tribunal interno. Sabía cuáles eran los resultados que estaba buscando, pero cuando hicimos la devolución del ejercicio, los estudiantes realizaron conexiones que no se encontraban en mi radar. Conectaron la inquietud y la distracción de las mujeres estudiantes en el tribunal externo con pasajes del Nuevo Testamento que todavía no habíamos tratado. Expresaron su comprensión del trato de Jesús hacia las mujeres y los escritos de Pablo en Timoteo y en los pasajes de Corintios; yo no había planificado esas lecciones. Como facilitadores de las simulaciones, debemos planificar bien, pero debemos estar abiertos al Espíritu y a que los estudiantes aprendan lecciones que no fueron planificadas.

la simulación, sepa lo que desea que los alumnos aprendan a través del ejercicio. Exprese objetivos cognitivos, afectivos y conductuales claros en su plan de lecciones para la simulación. Al mismo tiempo, sepa que el Espíritu de Dios trabaja de formas que no comprendemos y pueden existir momentos de profundo aprendizaje que los estudiantes ayuden a crear.

Procese y haga una devolución de lo sucedido. Utilice la simulación actual como trampolín para que los estudiantes debatan su participación, aprendizaje y conexiones con la vida real y con las Escrituras. Es aquí donde se pueden explorar las conexiones con la vida real, la Biblia, la sociedad y otros conceptos más allá de la simulación. La verdadera habilidad del facilitador es realizar las preguntas correctas para que los estudiantes descubran las respuestas por sí mismos. La verdadera facilitación tiene que ver con preguntar y rara vez con contar.

Dos simulaciones nunca son iguales. Es importante enfocarse en lo que ocurrió en la simulación actual y continuar las lecciones experimentadas y aprendidas. Los facilitadores pierden la atención de los grupos cuando constantemente hacen referencia a cosas que no sucedieron o que ocurrieron en simulaciones previas.

Un gran facilitador deja tiempo suficiente para procesar los sentimientos involucrados. Es muy importante entender que en las simulaciones la situación es ficticia, pero los sentimientos son reales. Las simulaciones pueden provocar emociones intensas y volátiles. Cuando las emociones son fuertes, los participantes se bloquean y no aprenden. Es vital tratar las emociones primero cuando se realiza la devolución de la simulación, y hay que asegurarse de que los alumnos no queden angustiados emocionalmente. Puede haber algúun estudiante que sienta que usted haya sido especialmente duro con él. Lo último que usted querrá es que algún participante guarde resentimiento a largo plazo a causa de una simulación.

1. Las preguntas de "¿Qué?" son de revisión, y ayudan a los estudiantes a *recordar* lo que ocurrió en la simulación. "¿Qué sucedió al principio?" "¿Qué respuestas dieron las personas?" "¿Qué sentimientos surgieron?"
2. Las preguntas de "¿Por qué?" se enfocan en el *significado*. "¿Por qué tal y tal cosa sucedió de esa forma?" "¿Cuál es el significado de...?" "¿Qué significa cuando...?" "¿Cuáles son los paralelismos con la vida real y qué nos dice?"
3. Las preguntas de "¿Ahora qué?" tienen que ver con la *aplicación*, y preguntan cómo se *aplican* a la vida. "¿Qué haré de manera diferente?" "¿En qué otro lugar veo que ocurre esta dinámica, y con qué resultados?" "¿Cómo puedo aplicar lo que aprendí?"

Perfeccione sus habilidades como facilitador. Cuanto más firme sea el facilitador, más probable será que la simulación tenga éxito. Los grandes facilitadores planifican bien y les prestan atención a los detalles. Capacitan y preparan adecuadamente a sus líderes para que sepan cómo responder frente a cada situación. Los grandes facilitadores trabajan en la observación durante la simulación para saber qué preguntas realizar en los momentos de reflexión y devolución. También les brindan espacio a sus ayudantes para que realicen preguntas durante la reflexión, ya que saben que ellos solos no pueden observar todo.

Comprenda que el facilitador no puede controlar todo. En general, cuando enseñamos, pensamos que, si planificamos y nos organizamos bien, podemos controlar el resultado. En las simulaciones, no estamos en control; los grandes facilitadores aprenden a vivir perfectamente con este conocimiento. Hay interrupciones, algunas cosas salen mal, las personas hacen mal las cosas y el clima interfiere; existen bastantes cosas que se encuentren fuera de nuestro control pueden alterar la simulación (de la misma forma que en la vida real). Debemos aprender a darle a Dios el control y a no estresarnos por lo que no podemos controlar.

El diseño de las simulaciones

Cuando diseñe una simulación, comience por el final: ¿Cuál es el resultado final (el panorama completo) que desea para los estudiantes?

Una vez que haya determinado el resultado de la imagen completa, el paso número dos es planificar los objetivos de aprendizaje. Los objetivos deberían incluir los objetivos cognitivos, afectivos y del comportamiento. Dependiendo del contexto, en algunas ocasiones los objetivos de liderazgo y de desarrollo de habilidades también son apropiados.

Cuando haya determinado los objetivos específicos, el paso número tres incluye examinar una situación de la vida real que quiere imitar para ver qué elementos, cuando sean repetidos, fomentarán las respuestas y los resultados deseados. Luego de estos pasos, establezca el periodo de tiempo y el esquema de su simulación (paso número cuatro). Cuando tenga la estructura de su simulación, el paso número cinco se trata de añadir aspectos que lo hagan más real. Puede diseñar simulaciones completas por su cuenta, pero trabajar con un grupo pequeño suele ser más productivo.

> Las simulaciones deben estar basadas en una comprensión sólida, de lo contrario estará proporcionándoles a los estudiantes una experiencia que solamente estará basada en sensaciones. Necesita llevar a cabo una investigación en el caso de que pretenda crear una simulación acerca de un pasaje de las Escrituras y su contexto histórico o acerca de un aspecto de la vida de un adolescente. Generalmente, las simulaciones generan preguntas no anticipadas que demuestran que los estudiantes están aprendiendo y que se encuentran interesados. Ese es nuestro momento de enseñanza, y no podemos perdérnoslo.

El siguiente es un ejemplo del proceso de cinco pasos con una simulación intercultural popular denominada "No nos agachamos más", que fue adaptada de la simulación "Círculo de cambio."[424]

Una colega maestra del departamento de idiomas les asignó a sus estudiantes que leyeran acerca de la opresión en Guatemala, pero sus estudiantes parecían indiferentes en su entendimiento y compromiso. Había llegado al paso número uno: el resultado del panorama general implicaba que los estudiantes experimentaran y que reflexionaran críticamente sobre el privilegio y el poder y sobre la conexión entre la clase económica y la rebelión en Guatemala.

[424] "Service Learning Project Ice Breakers" [Proyecto para romper el hielo en el aprendizaje del servicio], escuelas públicas de Pittsburgh, http://www.pps.k12.pa.us/cms/lib/PA01100449/Centricity/Domain/2018/Service_Project_Ice_Breakers.pdf.

En el paso número dos trabajó conmigo para desarrollar los objetivos de aprendizaje:

1. *Cognitivo*: los estudiantes obtendrán conocimiento sobre la manera en que estaba vinculada a la rebelión la clase social. Comprenderán la naturaleza sistémica de la opresión. Aprenderán términos específicos como *voz*, *privilegio*, *opresión*, *poder* y *hegemonía*.
2. *Afectivo*: los estudiantes experimentarán lo que significa no tener voz en el sistema. Vivirán sentimientos de impotencia o privilegio, y empatizarán con las personas que aparecen en los textos.
3. *Conductual*: los estudiantes participarán completamente en el ejercicio, brindarán un análisis crítico sobre los eventos de la simulación y los relacionarán con las realidades actuales y con las lecturas de la clase. Reflexionarán sobre distintas maneras de exponer o cuestionar la opresión en sus propias vidas. Durante la reflexión, los estudiantes desarrollarán y perfeccionarán sus habilidades de pensamiento crítico.

El paso número tres tiene que ver con examinar la situación de la vida real que se desea imitar. En este caso, el contexto es la sociedad de Guatemala, una sociedad tripartita con una clase de elite privilegiada, una clase media bilingüe y una clase más baja compuesta por personas que hablan dialectos nativos. La rebelión surgió de la clase media, cuyos miembros hablaban español y dialectos nativos al mismo tiempo. La rebelión no pudo cambiar fundamentalmente el sistema opresivo en Guatemala, y esa fue la realidad que recreamos en la simulación.

Para recrear un modelo a pequeña escala de este mundo, el paso número cuatro, diseñamos lo siguiente:

1. Cuatro estudiantes representan a la clase de elite que mantiene el status quo en el aula. Asistirán a las clases regulares con el maestro, con el privilegio adicional de contar con bebidas y refrigerios y la posibilidad de comunicarse en español, si así lo desean, en la clase donde sólo se habla en inglés.
2. Cuatro estudiantes representan a la clase media. Sólo podrán estar en la clase (con una posición de trabajo) y sólo podrán

hablar en inglés. Deben acatar lo que les ordenan los de la clase de elite y sólo pueden moverse si así se les requiere.

3. Doce estudiantes representan la clase baja pobre. Se les pedirá que estén agachados, agarrados de los tobillos y con los ojos cubiertos. Solo podrán hablar dialectos nativos y tendrán que mantener esa posición durante el tiempo que dure la simulación. Serán efectivamente silenciados, ya que ninguno de los estudiantes de la clase de elite habla los dialectos nativos.
4. Ya que los de la clase de elite están ocupados participando de la lección, pueden ordenarles a los de la clase media que mantengan el orden (con cinta de enmascarar y botellas rociadoras llenas de agua). Una vez que los de elite le entregan la cinta y las botellas a la clase media para forzar a la clase baja a que mantenga su posición, la clase media tiene en su poder los medios para volverse en contra de la clase de elite y comenzar una rebelión. Así se establece el escenario.

Esta simulación necesitaba adaptarse a un periodo de clase de setenta y cinco minutos. Se separaron cuarenta y cinco minutos para hacer la devolución o reflexionar sobre el ejercicio, así que quedaban treinta y cinco minutos reales para realizar la simulación. La introducción y las directivas tomarían cinco minutos, lo que dejaba veinticinco minutos para la simulación. Ya que la mayoría de los estudiantes no podían permanecer agachados durante veinticinco minutos, esto brindaba más que suficiente tiempo para que surgiera la "rebelión."

El paso número cinco (agregarle aspectos realistas a la simulación) requería, para esta simulación, que se crearan las inequidades adecuadas. Un ayudante adulto actuaría como sirviente de la clase de elite: los esperaría, les serviría alimentos y bebidas y obedecería sus órdenes. Para crear la diferencia entre la clase media y la baja, la clase media tendría la opción de pararse cuando así lo quisiera. Además, la clase media tenía que forzar a la clase baja a mantenerse agachada cuando se cansara o expresara dolor, un paralelismo de lo que ocurría en Guatemala.

La simulación "No nos agachemos más" funcionó todas las veces que se llevó a cabo. Dentro de los quince a veinte minutos, la clase media suele utilizar sus armas (las cintas y las botellas rociadoras) contra la clase de elite, liberar a la clase baja (de estar dolorosamente agachados) y confiscar y redistribuir los alimentos. La rebelión siempre se desmorona cuando se decide qué hacer con los cautivos de la clase de elite.

Actividades

Ahora, ¡cree su propia simulación! ¿Existe algún pasaje de las Escrituras, un aspecto de la fe cristiana o de la vida adolescente que desee que sus estudiantes aprendan a través de la experiencia? ¿Existe alguna realidad histórica o cultural que es probable que los estudiantes no comprendan y donde una simulación pueda ser de ayuda? Se espera que el ejemplo de "No nos agachamos más" demuestre que las posibilidades para enseñar a través de las simulaciones son innumerables. Los jóvenes enfrentan toda clase de problemas sociales, culturales y misioneros que pueden abordarse de mejor manera a través de una simulación. También puede simular varias historias y escenas de la Biblia que ayudarán a que las Escrituras cobren vida de una nueva manera para sus estudiantes. Sin embargo, lo que nos retiene con este método es nuestra propia falta de iniciativa y nuestro temor a no saber cómo resultará. Pero, lo más probable es que pronto descubrirá que su enseñanza cobrará vida y los líderes de su equipo disfrutarán juntos crear simulaciones y representaciones. Utilice la plantilla de diseño proporcionada para crear su propia simulación, y valore esta valiosa metodología de enseñanza.

Preguntas y actividades

1. ¿Cuál es la teoría educativa subyacente por la cual las simulaciones son efectivas?
2. ¿Cuándo participó de una simulación? ¿Cuándo participó en una representación? ¿Qué recuerda sobre esas experiencias?
3. Las simulaciones son comúnmente utilizadas para enseñar en situaciones interculturales o misioneras. ¿Cuál fue su respuesta a la simulación de "No nos agachamos más"? ¿Qué es lo que sugiere su respuesta sobre el poder y la efectividad de utilizar las simulaciones para enseñar acerca de una experiencia profunda?

Plantilla para el diseño de una simulación

Fecha:	Nombre:
Descripción del grupo (tamaño, diversidad de género, etc.):	
Resultado general:	
Base bíblica de la simulación:	
Objetivos cognitivos:	
Objetivos afectivos:	
Objetivos conductuales:	
Objetivos de formación espiritual:	
Objetivos del desarrollo del liderazgo:	Objetivos del desarrollo de las habilidades:
Descripción de la situación de la vida real a simular:	
Periodo de tiempo/esquema de la simulación (de ser necesario utilice una hoja aparte):	
Aspectos que la hacen real:	Materiales necesarios:
Preguntas de reflexión sugeridas:	
Evaluación:	

4. Realice una búsqueda en línea sobre una simulación o un juego de roles y encuentre uno que sea de su agrado. Detalle los elementos esenciales que se encuentran en este capítulo para lograr el éxito y considere si son aplicables a lo que encontró.
5. Cree su propia simulación o juego de roles con los principios y con el cuadro de este capítulo.

Lectura adicional

Baker, Pat y Mary-Ruth Marshall. *Simulation Games 2* [Juegos de simulación 2] Melbourne: Joint Board of Christian Education, 1986.

Project Adventure [Proyecto Aventura]. *Silver Bullets: A Revised Guide to Initiative Problems, Adventure Games, and Trust Activities.* [Balas de plata: una guía revisada de los problemas de iniciación, juegos de aventura y actividades de confianza]. 2da. ed. Dubuque, IA: Kendall Hunt, 2009

Rohnke, Karl E. *Bottomless Bag Revival!* [La vuelta de la bolsa sin fondo], 2da. ed. Dubuque, IA: Kendall Hunt, 2004.

23

Enseñemos a cambiar vidas, al aire libre

DOUG GILMER

> En la creación somos capaces de sostener y fortalecer nuestra vida espiritual y ética.
>
> —Pierre Teilhard de Chardin

Hoy vivimos en una sociedad cada vez más distante de la naturaleza y en la que las personas pasan menos tiempo al aire libre. Un estudio gubernamental señaló que, a pesar de los beneficios de permanecer al aire libre, los estadounidenses están más del 87 por ciento de sus vidas adentro de sus hogares u oficinas.[425] Más de la mitad del mundo vive en zonas urbanas, un número que irá en aumento en las próximas décadas.[426] Encuestas informales muestran

[425] Neil E. Klepeis et al., "The National Human Activity Pattern Survey (NHAPS) (Encuesta nacional de patrones de actividad humana): un recurso para evaluar la exposición a los contaminantes ambientales" *Journal of Exposure Analysis and Environmental Epidemiology* [Diario de análisis de exposición y epidemiología ambiental] 11, no. 3 (mayo/junio de 2001): 231-52.

[426] "Más de la mitad de la población vive en áreas urbanas y eso irá en aumento" Departamento de Asuntos Económicos y Sociales de las Naciones Unidas, 10 de julio de 2014, http://www.un.org/es/development/desa/news/population/world-urbanization-prospects-2014.html

que más del setenta por ciento de los jóvenes estadounidenses rara vez o directamente nunca visitará un parque estatal o nacional y que dos de los principales obstáculos para salir al aire libre son las tareas diarias y la incomodidad que conlleva estar afuera.[427] Otro problema que se destaca es que los padres prefieren que sus hijos jueguen adentro porque les preocupa su seguridad y protección.[428]

Aventurarse al aire libre no es solo una excelente manera de relajarse o disfrutar unas vacaciones en familia, también es una práctica efectiva del ministerio. Distintas organizaciones cristianas, especialmente aquellas enfocados en los jóvenes, han reconocido esto y continúan desarrollando e implementando modelos ministeriales de camping, aventura, viajes misioneros, y otros. La idea de acampar y desarrollar ministerios al aire libre no son conceptos nuevos, pero parece haber un resurgimiento de esta práctica en la formación espiritual de los jóvenes que cada vez están más ocupados.

El rol de la naturaleza en la Biblia

La base del rol que representa el aire libre en la formación espiritual cristiana se encuentra en la Escritura, comenzando con la creación. La mayoría de nosotros podemos citar Génesis 1:1, "En el principio creó Dios los cielos y la tierra."

Sin embargo, pocos de nosotros nos tomamos el tiempo para considerar el *propósito* de la creación de Dios. Dios creó todo para su propósito, para su gloria, y para comunicar quién es El. La versión King James en inglés expresa que Dios "hast created all things, and for thy pleasure they are and were created" [porque tú creaste todas las cosas, y para tu placer existen y fueron creadas] (Ap 4:11). Otras traducciones dicen "por tu voluntad." No solemos pensar en que Dios creó para su propio placer, pero podría ser una explicación adecuada del motivo por el cual nos creó. Si él creó por placer, entonces también fue por placer que actuó como él quiso y estuvo íntimamente involucrado en su creación (Col 1:16-17). A través de su creación, Dios revela su mérito de recibir honor, gloria y poder (Ap 4:11):

---

[427] Amanda Kirkpatrick, "Infografía: los niños y la naturaleza," *Nature Rocks*, [La naturaleza es genial] La preservación de la naturaleza, 11 de febrero de 2015, http://www.naturerocks.org/parents-worldwide-agree-our-kids-need-more-nature-1.xml.

[428] Richard Louv, *Last Child in the Woods* [El último niño en los bosques] (Chapel Hill, NC: Algonquin, 2008), 123-32.

- "Los cielos cuentan la gloria de Dios, y el firmamento anuncia la obra de sus manos." (Sal 19:1).
- "Y los cielos declararán su justicia, porque Dios es el juez" (Sal 50:6).
- "El Dios que hizo el mundo y todas las cosas que en él hay, siendo Señor del cielo y de la tierra, no habita en templos hechos por manos humanas" (Hch 17:24).
- "Porque en él fueron creadas todas las cosas, las que hay en los cielos y las que hay en la tierra, visibles e invisibles; sean tronos, sean dominios, sean principados, sean potestades; todo fue creado por medio de él y para él." (Col 1:16).

Los hombres y las mujeres fueron creados y colocados en este mundo por Dios para vivir en esta creación, para cuidarla y ser mayordomos de ella. Nos dio la tarea de tener dominio, o gobernar responsablemente, sobre todo lo que Dios hizo (Gn 1:26-28; Lv 25:23-24; Sal 50:10; Pr 12:10; Jer 2:7). Está claro que la naturaleza no debe ser ignorada o consumida, sino administrada como parte de la creación y el mensaje intencional de Dios.

La revelación general es el conocimiento de Dios comunicado a través de su creación. Pablo lo resume bien: "Porque las cosas invisibles de él, su eterno poder y deidad, se hacen claramente visibles desde la creación del mundo, siendo entendidas por medio de las cosas hechas, de modo que no tienen excusa." (Ro 1:20). Deténgase a leer cualquiera de los salmos de David y verá que estuvo tremendamente influenciado e inspirado por la revelación de Dios (el aire libre y todas las cosas salvajes). Cuando Job comenzó a cuestionarse sobre todas las cosas malas que le sucedían, Dios no intentó racionalizar su plan. En cambio, lo llevó a Job a través de una visita virtual de la creación para revelarle su majestad y soberanía comparado con las circunstancias de Job (Job 38-40). Con frecuencia olvidamos quién es Dios, y algunas veces utiliza los momentos difíciles para recordárnoslo.

Una de las ofrendas mencionadas en el Antiguo Testamento era un viaje que el pueblo de Dios debía emprender hacia Jerusalén cada año para regocijarse con el Señor y agradecerle por su provisión (Dt 14:22-27). Este festival al aire libre, el Festival de *Sucot*, era una expedición de campamento de una semana cuyo propósito era recordar la dependencia de Dios para todas las cosas.[429] Dios ordenó a su pueblo que fueran a acampar juntos, que durmieran en tiendas o chozas con vista a las estrellas para que nunca se olvidaran de su fidelidad con ellos en el desierto y la promesa que le hizo a Abraham.

El rol de la naturaleza en las Escrituras captura un importante elemento de instrucción del ministerio al aire libre. Una de las áreas silvestres más conocidas involucró a los israelitas en su travesía de Egipto a Israel. El viaje por el desierto de cuarenta años no estuvo exento de desafíos para los hebreos, un castigo por sus quejas en Cades Barnea (Nm 13-14). Ninguna aventura al aire libre viene sin desafíos. Después de su conclusión, Moisés les habló a los israelitas, "Y te acordarás de todo el camino por donde te ha traído Jehová tu Dios estos cuarenta años en el desierto, para afligirte, para probarte, para saber lo que había en tu corazón, si habías de guardar o no sus mandamientos." (Dt 8:2)

> No solemos pensar en el juego como algo espiritual, y ha sido un tema difícil para la iglesia a lo largo de la historia, pero puede ser útil pensar en el papel de la alegría y la diversión como parte de cómo fuimos creados y como parte de la formación espiritual. Para ayudar, examine Salmo 96:11-12; Salmo 148; Zacarías 8:5; Marcos 10:13-16; y Juan 10:10, y realice un estudio de las palabras "aleluya" o "alegría." ¿Cómo el hecho de disfrutar la naturaleza desempeña un papel en nuestra comprensión de Dios y en nuestra formación espiritual?

Dios dirigió a su pueblo elegido durante la cantidad de tiempo correcta, en el ambiente correcto, con propósito e intencionalidad, para que el verdadero deseo de sus corazones pudiera ser revelado, que su fe pudiera ser desafiada y fortalecida, y que continuaran siguiéndolo una vez que la aventura por el desierto terminara.

La naturaleza jugó un papel importante en el Nuevo Testamento también. Juan el Bautista predicó en el desierto, preparando el camino para el Mesías que habría de venir (Mt 3:3-10; Jn 1:23). Jesús no solo se resistió a las tentaciones de Satanás en el desierto, sino que muchas veces se apartaba a lugares solitarios como parte de su rutina regular (Mr 1:35, Lc 5:16). El apóstol Pablo, después de su conversión en el camino hacia Damasco, se retiró al desierto de Arabia y luego a Damasco antes de regresar a Jerusalén tres años después (Gá 1:13-18). Si miramos las Escrituras como un conjunto,

[429] Más conocido como la fiesta solemne de los tabernáculos (Lv 23:33-44).

encontramos que el aire libre era utilizado como un lugar de renovación: sanidad física, emocional, mental y espiritual.

> El desierto es la antítesis natural no caída de una civilización antinatural que ha perdido su alma Es un lugar de libertad en el que podemos recuperar el verdadero yo que hemos perdido bajo las influencias corruptoras de nuestras vidas artificiales. Más que nada, es el último paisaje de autenticidad. Combinada la grandeza sagrada de lo sublime con la simplicidad primitiva de la frontera, es el lugar donde podemos ver el mundo tal como es, y así conocernos a nosotros mismos como realmente somos, o deberíamos ser.[430]

La vida del apóstol Pablo en su gran mayoría parece haber sido una gran aventura e incluso una vida repleta de adversidad. Pablo conoció la incomodidad, pero mantuvo una perspectiva divina. Si bien es poco probable que alguno de nosotros quedemos a la deriva en alta mar, náufragos, golpeados, encarcelados, o mordidos por serpientes mortales, los desafíos e inconvenientes que enfrentamos al aire libre y en nuestro físico crean entornos en los cuales podemos aprender. Ampollas, infecciones menores, hambre, sed, hiedras venenosas, pasar frío y estar mojados pueden usarse como momentos de enseñanza desde los cuales podemos aprender y comunicar verdades espirituales poderosas.

> "Cuando lideramos grupos de personas en la naturaleza, normalmente vivimos en tiendas por varios días, y algunas veces una semana entera. Existen razones prácticas y teológicas para hacer esto, como recordar nuestra dependencia de Dios en todo sentido... En la naturaleza a través de tiempos regulares de reflexión y lectura, muchas veces somos recordados de lo que Dios nos habló personalmente en el pasado reciente y lejano."
>
> —Ashley Denton, *Liderazgo cristiano al aire libre: Teología, teoría y práctica* (Fort Collins, CO: Smooth Stone, 2011), 76-77.

¿De qué se trata el ministerio al aire libre?

El ministerio al aire libre se puede definir de esta manera: "El ministerio al aire libre existe para impartir un cambio espiritual positivo en la vida de los participantes a través de experiencias al aire libre

[430] William Cronon, "El problema de la naturaleza salvaje; o, volviendo a la naturaleza equivocada" en *Uncommon Ground: Rethinking the Human Place in Nature* [Tierra desconocida: Repensando el lugar del ser humano en la naturaleza], ed. William Cronon (Nueva York: W. W. Norton, 1995), 80.

diseñadas específicamente para hacer que uno sea más consciente y dependa más del Creador y su creación y poder equiparse para enseñar lo que han aprendido más allá de la experiencia inmediata."[431] El ministerio al aire libre, es más que simplemente pasar un buen rato y organizar actividades divertidas. El ministerio al aire libre es:

- con propósito: tiene un conjunto establecido de objetivos educativos y espirituales;
- intencional: los propósitos indicados son específicos y están destinados a lograr un cambio espiritual positivo;
- personal: la experiencia al aire libre es individualmente desafiante y se enfoca en las personas que lideramos e influenciamos, no en la experiencia en sí misma;
- relevante: el ministerio al aire libre puede proporcionar la actividad correcta (o aventura) para la persona adecuada, en el entorno adecuado, en el momento adecuado, para el resultado correcto;
- inspirado: está enfocado en Dios y en su creación; y
- aplicable: los participantes aprenden las lecciones que pueden extraer de la experiencia inmediata y aplicarlo a sus propias vidas.

Personas de todas las edades disfrutan, y de hecho anhelan vivir en la aventura. Un estudio británico demostró recientemente que las personas creen que se vuelven más aventurera en la medida que van envejeciendo y que a los cuarenta y un años es cuando más aventureras son.[432] Los Reality Show de aventuras continúan creciendo en popularidad entre audiencias de todas las edades. A los adultos de edad mediana les entusiasma ver cuando las personas enfrentan a situaciones desafiantes e imaginan cómo actuarían ellos mismos en situaciones similares.[433] Los espectadores ancianos ven programas de televisión de

[431] Esto es una adaptación del programa de grado Adventure Leadership and Outdoor Ministry de Liberty University

[432] "Somos más aventureros a los 41 años," *Daily Mail*, 30 de mayo de 2012, http://www.dailymail.co.uk/news/article-2151954/We-adventurous-age-41-money-indulge-things-wanted-29.html.

[433] Rebecca Gardyn, "The Tribe Has Spoken", [La tribu ha hablado] *Advertising Age*, 1 de septiembre de 2001, http://adage.com/article/american-demographics/tribe-spoken/43086/.

aventura porque los temas son motivadores y les proporcionan un escape de la realidad.[434] Los avances en la atención médica implican que las personas viven más tiempo y disfrutan de estilos de vida más activos y productivos en sus últimos años de vida. Como vivimos en entornos más urbanizados y controlados tecnológicamente, el aire libre continuará siendo un lugar significativo para el ministerio.

Si bien existen oportunidades para realizar actividades de aventura más costosas, el ministerio al aire libre se puede hacer prácticamente en cualquier lugar donde haya un "espacio natural." La mayoría de nosotros, a una corta distancia en auto de donde vivimos, podemos acceder a algún lugar donde hay senderos para practicar senderismo o ciclismo, áreas para acampar, zonas costeras, tirolesas y otras instalaciones. Hoy para muchas personas que han crecido apartados del aire libre, un pequeño sector de árboles en un patio o un sendero natural en algún parque comunitario puede parecer tan salvaje y remoto como el Bosque Nacional Tongass en Alaska. Incluso una simple fogata por la noche es una experiencia fresca para muchos, y observar una pila ardiente de maderas puede conducir a vidas y comunidades transformadas.

Formación espiritual y momentos educativos

Distintos investigadores han estudiado a 116 jóvenes de entre dieciséis y veinte años durante una experiencia de aventura de dos semanas que combinó una serie de actividades al aire libre en un entorno natural con una enseñanza espiritual relevante.[435] El objetivo consistía en medir dos resultados: el caminar espiritual (acciones) y los fundamentos espirituales (creencias). Los estudiantes indicaron que se beneficiaron de aprender sobre la perseverancia, las fortalezas personales y los talentos, y por dedicar cantidades significativas de tiempo a solas con Dios. Los estudiantes consideraron más valiosas las clases orientadas a la acción que las enseñanzas tradicionales. Los investigadores concluyeron que el crecimiento espiritual podría fortalecerse mejor si se combinan las enseñanzas espirituales claras y las experiencias al aire libre.

---

[434] A. Elizabeth, "Lo que los Reality TV de Alaska nos enseña sobre la investigación de mercado", *Instantly Blog*, October 11, 2012, https://www.instant.ly/blog/2012/10/what-alaskan-reality-tv-teaches-us-about-market-research.

[435] Cay Anderson-Hanley, "Programa de Aventura y Espiritualidad: Modelos de Integración," *Journal of Experiencial Education* 20, no. 2 (1997): 102-7.

Otro proyecto de investigación concluyó: "La inmersión prolongada y desafiante al aire libre, especialmente en entornos relativamente vírgenes, puede ejercer una poderosa influencia física, emocional, intelectual y moral-espiritual en los jóvenes."[436] Los participantes de la investigación informaron un respeto, afinidad, apreciación, sentido de humildad y conexión espiritual con el mundo natural como consecuencia de su experiencia al aire libre. "Un niño que experimenta la sensación de asombro frente a la creación está aprendiendo, no solo sobre la naturaleza, sino sobre la gloria de Dios. Los niños y adultos que no tienen contacto con el mundo exterior se pierden el conocimiento devocional, no solo los intereses naturales."[437]

Otro estudio examinó los efectos de la naturaleza y la espiritualidad en la salud mental de los estudiantes y descubrió que la espiritualidad era un aspecto intrínseco de la experiencia en la naturaleza. El equipo informó que los estudiantes que asistieron al retiro en el desierto que tenían antecedentes religiosos, crecieron en su fe, y muchos de los que no contaban con ninguna educación religiosa o espiritual o que era muy limitada comenzaron una búsqueda personal de crecimiento espiritual. El estudio concluyó que las experiencias en el desierto fomentan el crecimiento espiritual y el interés entre sus participantes y crea ambientes para el éxito terapéutico.[438]

El entorno al aire libre es ideal para enseñar

Lo fundamental para el aprendizaje al aire libre es el ritmo o el tempo en el que ocurren los eventos. El tiempo parece desacelerarse en un escenario al aire libre, y la vida queda a un costado. Cuando estamos libres de las demandas de la vida, tenemos la oportunidad de relajarnos, escuchar, reflexionar y estar más atentos. Despertar al amanecer sobre un lago cubierto de niebla, presenciar las luces del norte que bailan en el cielo, apreciar la vida salvaje de cerca, y cruzar con éxito un paisaje irregular logran la manera de que hagamos una pausa

---

[436] Stephen R. Kellert, "Un estudio nacional de una experiencia de vida silvestre al aire libre" (New Haven: Yale University Press, 1998), 169.

[437] Albert J. Mohler, "Evitar el 'desorden del déficit de la naturaleza'; se trata de teología, no de terapia," Albert Mohler, 5 de junio de 2007, http://www.albertmohler.com/2007/06/05/avoiding-nature-deficit-disorder-its-about-theology-not-therapy/.

[438] Lauren Rothwell, "Terapia y espiritualidad al aire libre," *Journal of Therapeutic Camping* 8 [dioario de camping terapéutico], no. 1 (2009).

y veamos en perspectiva Mark Batterson proporciona la ecuación, "Cambio de ritmo + cambio de lugar = cambio de perspectiva."[439]

El aire libre también proporciona un entorno en el que podemos sacar a las personas de su zona de confort a través de ejercicios intencionales. La definición de *aventura* en el diccionario dice que es cualquier actividad en la que el resultado no está predeterminado ni controlado por nosotros. La aventura implica incertidumbre y un elemento de riesgo. Las aventuras al aire libre, como cuerdas en altura, excursiones y aventuras en el campo, crean tensión y desafío de por sí.

El riesgo es esencial para la experiencia de aprendizaje al aire libre y el concepto de aventura, aunque no a expensas de la seguridad. Por definición, el riesgo es la posibilidad de perder algo de valor. En este caso, el riesgo les recuerda a las personas sus límites e incluso su propia mortalidad. Los riesgos inherentes están presentes e ineludibles en cualquier momento que nos aventuremos al aire libre. El riesgo real está asociado con la actividad específica o con el elemento que estamos emprendiendo. El riesgo percibido es nuestro objetivo, pero no asustamos o manipulamos a las personas. Nuestro objetivo es crear momentos educativos sin poner a nadie en un peligro innecesario. Queremos introducir a los estudiantes al estrés en la forma de un riesgo controlado.

> El autor Benedicto Carey explica cinco puntos clave para el aprendizaje efectivo que se encuentran naturalmente presentes en la enseñanza al aire libre.
>
> 1. Regule el tiempo de las actividades de manera apropiada.
> 2. Modifique las ubicaciones del ambiente de aprendizaje acostumbrado.
> 3. Combine los métodos que usamos.
> 4. Salga afuera.
> 5. Póngase a prueba.
>
> —Benedict Carey, *How We Learn: The Surprising Truth about When, Where, and Why It Happens* [Cómo aprendemos: lo sorprendente verdad sobre cuándo, dónde y por qué sucede] (Nueva York: Random House, 2014), 3.

¿Qué nos enseña el aire libre?

1. El ministerio al aire libre nos enseña acerca de nuestras limitaciones, recordándonos nuestra necesidad de los demás y de Dios. Aprendemos muy rápido al aire libre, especialmente en aventuras extremas, que no podemos hacer las cosas por nuestra cuenta.

[439] Mark Batterson, *Tras el rastro del ave salvaje* del original en inglés *Wild Goose Chase* (Colorado Springs: Multnomah, 2008), 40.

2. El ministerio al aire libre nos permite ver la naturaleza de Dios y aprender sobre su provisión y fidelidad. Somos humillados cuando vemos solo cuán grande es Dios y cuán pequeños somos nosotros y nuestros problemas. Richard Louv expresa que la naturaleza nos introduce a la idea de saber que no estamos solos.[440]
3. El ministerio al aire libre nos ayuda a desarrollar una cosmovisión desde el punto de vista de las misiones y ver las necesidades del mundo de una manera distinta. Participar en experiencias al aire libre es fundamental para comprender el rol vital de la naturaleza y el ambiente para la humanidad. No ser conscientes de esto es arriesgarse a producir un comportamiento ambientalmente irresponsable.[441]
4. El ministerio al aire libre crea un entorno para que nos veamos a nosotros mismos como Dios nos ve. Pasar tiempo en un espacio al aire libre suele ayudar a derribar paredes y fachadas, que tienden a ocultar nuestra verdadera naturaleza.

Desenchufarse, sin distracciones, con poca o ninguna atención sobre la apariencia física, con un acceso a cuidados básicos de higiene solamente, y a la merced de los elementos, podemos ver nuestra verdadera identidad, nuestro estado espiritual ante Dios y las posibilidades de nuestro futuro. El mundo envía tantos mensajes variados sobre quién y qué deberíamos ser, que solo cuando nos apartamos de esa influencia es muy probable que nos vemos a nosotros mismos como realmente somos a los ojos de Dios.

Liderar el ministerio al aire libre

Convertirse en un líder eficaz al aire libre no sucede por accidente. Se necesita práctica. No importa cuántos libros lea o cuántos episodios del experto en supervivencia, Bear Grylls, haya visto si no ha pasado mucho tiempo al aire libre, su capacidad para liderar y enseñar a otros será poco efectiva.

Sorprendentemente, mientras que la habilidad de encender el fuego sin un fósforo, abastecerse con agua, construir un refugio de emergencia y lograr que usted (y otros) estén alejados de situaciones

[440] Louv, *Last Child in the Woods* [El último niño en el bosque], 296.

[441] Cronon, "El problema de la naturaleza salvaje," 87.

De qué manera enseña la experiencia al aire libre

La investigación en misiones a corto plazo nos ha ayudado a comprender cómo aprenden las personas y cómo son formadas espiritualmente a través de la experiencia. Una de las teorías más interesantes es la de Laura Joplin. Joplin desarrolló una línea de tiempo que ilustra cómo están estructuradas las experiencias de una manera efectiva para el aprendizaje. La ilustración también ayuda a los maestros a identificar problemas si surge algún desafío en la experiencia. Terry Linhart ajustó el modelo basándose en su investigación misionera a corto plazo.

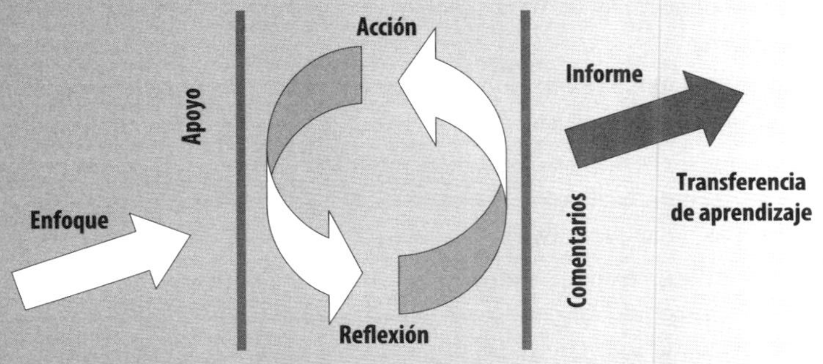

Figura 23.1: Modificación de Linhart de la teoría de Joplin sobre el aprendizaje experiencial

Laura Joplin, "Sobre la definición de la educación experiencial," en *The Theory of Experiencial Education*, [La teoría de la educación experiencial] ed. Karen Warren, Mitchell Sakofs, y Jasper S. Hunt Jr. (Dubuque, IA: Kendall Hunt, 1995), 15-22; Terence D. Linhart, "Cómo aprendemos de experiencias cortas en las misiones: Una modificación teórica fundamentada en el modelo de Joplin," *Christian Education Journal* 7, número 1 (primavera de 2010): 172-85.

de riesgo al aire libre es muy importante; estas habilidades concretas no son las habilidades que más necesitará. Las habilidades abstractas; la empatía, la sensibilidad, la compasión, y especialmente la comunicación, son mucho más importantes. Con estas, obtenemos la capacidad de reconocer y comunicar momentos de enseñanza en el contexto del aire libre.

¿Qué puede hacer para prepararse para el liderazgo al aire libre? Primero, dedique tiempo a estar solo al aire libre. No hay sustituto para la experiencia, y algunos de los momentos más íntimos y espiritualmente esclarecedores suceden cuando dedicamos tiempo de reflexión al aire libre. No es necesario que se vaya de campamento o una aventura extrema en las afueras. Salga a caminar por un sendero natural local o realice una caminata de un día en un área conocida. Siéntese afuera por la noche, escuche los sonidos y observe las estrellas.

La versión de Linhart del modelo de Joplin

Enfoque: Antes de la experiencia, el participante se centra en la tarea, y presta atención a los desafíos por venir.

Apoyo: El primer "límite" de la experiencia, el apoyo, viene de adultos, organizaciones, logística y otros miembros de la experiencia que apoyan y definen los límites de la experiencia y logra que los participantes puedan actuar de manera efectiva.

Acción: Los participantes comienzan la situación o actividad, con nuevas habilidades y conocimiento para resolver problemas, obligándolos a actuar sobre lo que saben.

Reflexión: A medida que el participante actúa, reacciona, descifra y reflexiona sobre el significado de sus acciones.

Comentarios: Otro aspecto clave de la experiencia, los comentarios, suelen venir del docente/facilitador al proporcionar la dirección necesaria, el aliento, y otras formas de apoyo y explicaciones.

Informe: Después de la experiencia, este es el proceso inicial donde el aprendizaje es reconocido, discutido y evaluado individualmente o a través de experiencias estructuradas como discusiones grupales o diarios de la experiencia.

Transferencia de aprendizaje: muchas veces pasado por alto, pero quizás el más importante, este es el efecto a largo plazo del reconocimiento de aprendizaje. Cómo y qué aspectos de la experiencia fueron transferidos a las vidas de los participantes después de la experiencia?

En segundo lugar, dedique algún tiempo para aprender habilidades al aire libre. Encuentre a alguien que lo lleve afuera y le enseñe habilidades si no está seguro de qué es lo que debe hacer. También se puede suscribir en compañías de turismo de su zona para realizar mini viajes de aventura al aire libre. Algunos son gratuitos, otros son muy económicos. Dedicar tiempo a aprender bajo la enseñanza de alguien que sabe lo que están haciendo lo ayudará a ser competente en habilidades tales como el uso de un mapa y una brújula, practicar los principios básicos de supervivencia al aire libre, escalar, remar, y otros más. Con la competencia viene la confianza. Si cuenta con ambos, sus participantes lo notarán y lo respetarán mucho más; y así será más efectivo en alcanzar los objetivos de su ministerio.

Por último, escriba un diario específico de la actividad al aire libre que relate lo que experimenta y aprende y qué aplicación espiritual y personal podría tener. Este ejercicio ayuda a identificar los momentos de enseñanza y lo prepara para enseñar estas ideas efectivamente dentro del contexto de una cosmovisión bíblica.

Una vez que esté listo para dirigir su primera experiencia, aquí hay algunas prácticas consideraciones para tener en cuenta.

1. *Conozca a su audiencia*. ¿De qué edades son las personas que está liderando? ¿Cuáles son sus necesidades espirituales, emocionales, sociales y físicas? ¿Cuáles son sus limitaciones y capacidades físicas? Lleva a otros al aire libre no para su propio beneficio sino para efectuar cambios en la vida de los participantes.
2. *Determine el propósito de la actividad desde el comienzo*. Aunque nunca podrá estar seguro del resultado final, ¿qué espera que ocurra en la vida de sus participantes? ¿El propósito es construir el equipo? ¿Desarrollar el liderazgo? ¿Evangelización? ¿Crecimiento espiritual? ¿Cómo se conecta ese objetivo con su experiencia prevista, o cómo no lo hace?
3. *Conforme un equipo de líderes que compartan su misma visión*. Este equipo puede incluir no solo a otros líderes adultos sino también a líderes estudiantiles respetados si lidera un grupo de jóvenes. No subestime la influencia de los líderes estudiantiles respetados para comenzar a sentar las bases y generar entusiasmo en su actividad planificada. Asegurarse de que todos comparten la misma visión desde el principio establece expectativas, proporciona responsabilidad, y ayuda a garantizar que tenga un liderazgo apropiado en caso de que usted, como líder del viaje, sufra algún accidente o no pueda completar el evento.
4. *Determine qué recursos tiene disponibles*. Piense en el tiempo, las finanzas, el equipamiento, el transporte y la logística involucrados en su programa. Busque algún líder veterano de confianza para que revise su planificación de eventos y pueda aconsejarlo. Piense en las contingencias por lesiones, el clima, problemas de transporte y otros desafíos potenciales.
5. *Sea realista sobre sus limitaciones*. Las personas se meten en problemas cuando intentan realizar actividades al aire libre muy alejadas de sus niveles de experiencia y competencia. Es muy apropiado y a menudo útil contratar un guía experimentado que pueda ayudarlo a aminorar el riesgo, responder a contingencias, y proporcionarle un liderazgo adicional.
6. *Prepare a sus participantes*. Asegúrese de que todos sepan de antemano para qué se están suscribiendo. No esconda ningún

motivo. Sea honesto. Lo último que quisiera hacer es derribar la confianza que ha establecido por no explicarles todo con anticipación. También querrá asegurarse de que todos sepan lo que se espera de ellos y los resultados que espera conseguir. Asegúrese de haber firmado formularios de permiso con información del seguro.

7. Escriba un plan de viaje. Todos, tanto los líderes, participantes, familias, y supervisores apreciarán esto. Y todos deberían tener una copia. Anote los conceptos básicos: qué está haciendo, quién participará, por qué lo hace, cuándo va y regresa, a dónde va, cómo llegará allí, y especialmente las cláusulas de opciones de para resolver contingencias como emergencias médicas y clima peligroso.

Siempre existen riesgos cuando realizamos aventuras al aire libre, pero también hay formas de atenuar esos riesgos y prepararse para los mismos con anticipación. Aquí les detallo una lista con algunas maneras en que puede cuidar a su equipo a la hora de enseñarles al aire libre:

- Entrenamiento: Sea competente y esté seguro de sus habilidades.
- Plan de emergencia: sepa qué haría en caso de emergencias.
- Acceso a la atención médica: sepa dónde la obtendrá antes de necesitar usarla.
- Anticípese al riesgo: no tome riesgos innecesarios de ninguna manera, a pesar de su confianza en usted mismo o en la capacidad de su equipo. No deje que el ego se interponga en el camino de la seguridad.
- Comuníquese: todos deben saber qué esperar, y todos los involucrados deben saber siempre dónde está, cuál es su ruta y cuándo regresará.
- Responsabilidad: usted es responsable como líder para usted mismo, su equipo, y Dios. No se involucre en una situación con un estudiante o un adulto que podría causar daño a su ministerio.
- Recuerde quién está a cargo: ¡Usted está a cargo! Hay una razón por la que usted es el líder. Al final, es usted quien tendrá que tomar las decisiones difíciles, y aquellos que lo siguen deben respetar sus decisiones.

- Entorno: conózcalo y respételo. Planifíquelo. Relámpagos, lluvias, nieve, frío, tormentas peligrosas y problemas con el agua son de lo más común que enfrentará. Las condiciones ambientales reclaman más vidas que ninguna otra, y a menudo es a causa de grupos y líderes que toman riesgos innecesarios.

Preguntas y actividades

1. ¿Cuáles fueron las mejores y peores experiencias de aprendizaje al aire libre que ha tenido? ¿Qué fue lo que hizo que fueran de esa manera?
2. ¿Cuál es el papel de la naturaleza (revelación general) para revelar quién es Dios?
3. Haga una lista en una columna de todas las experiencias al aire libre que pueda recordar. Al lado de cada una, escriba lo que aprendió de la experiencia en el ámbitos personal, espiritual y social. ¿Cómo se comparan esos resultados con los temas principales de este capítulo?
4. Una parte de estar al aire libre es divertirse, pero no hablamos mucho de ese aspecto en los círculos cristianos ¿Cuál es el rol que tiene el *juego*, si es que lo tiene, en la vida cristiana? ¿Por qué lo cree?
5. Imagine que tiene la tarea de entrenar a un grupo de estudiantes líderes para liderar pequeños grupos. Diseñe la capacitación utilizando cada etapa de la adaptación de Linhart de la teoría de Joplin.

Lectura adicional

Crabtree, Jack. *Better Safe Than Sued: Keeping Your Students and Ministry* [Mejor seguro que con una demanda: mantenga a sus estudiantes y a su ministerio vivos]. Grand Rapids: Zondervan / Youth Specialties, 2008.

Denton, Ashley. *Christian Outdoor Leadership: Theology, Theory, and Practice*. [Liderazgo cristiano al aire libre: teología, teoría y práctica]. Fort Collins, CO: Smooth Stone, 2011.

Gorman, Julie A. *Community That Is Christian* [Comunidad que es Cristiana]. Grand Rapids: Baker Books, 2002.

Leyda, Richard. "El ministerio del campamento cristiano." En *Introducing Christian Education* [Introducir la educación cristiana], editado por Michael J. Anthony, 262-68. Grand Rapids: Baker Academic, 2001.

SECCIÓN CINCO

DIRIGIR LA ENSEÑANZA PARA LOGRAR EL MÁXIMO IMPACTO

Con demasiada frecuencia, las discusiones sobre enseñanza y aprendizaje se limitan al currículo, la relación profesor-alumno, y la entrega. Sin embargo, la enseñanza en gran medida se ve afectada por el medio ambiente y los sistemas más allá de la experiencia de aula. Esta sección se centra en tres de las áreas más críticas de la eficacia a la hora de enseñar: evaluar, equipar a otros y utilizar tecnología.

Sin evaluación es probable que nuestra enseñanza no logre captar a la audiencia y que su efectividad se vea limitada. Los líderes cristianos efectivos evalúan constantemente su ministerio y enseñanza. De la misma manera que el cuidador de un huerto debe acercarse a un árbol para inspeccionar la fruta, los maestros efectivos deben inspeccionar regularmente la productividad de su enseñanza.

El mandato de Jesús para que hagamos discípulos implica que debemos estar desarrollando a otros adultos para que participen en el ministerio de enseñanza. Adicionalmente, si los adolescentes aprenden tanto o más observando a los adultos que escuchándolos, entonces necesitamos un enfoque estratégico para desarrollar a otros adultos para que sean maestros capaces y ejemplares. Esto requiere tiempo y enfoque, pero vale la pena invertir energía en eso.

Finalmente, hablamos mucho acerca de la tecnología, pero su uso se limita típicamente a videos, software de presentaciones y algunas aplicaciones para teléfonos inteligentes. Hay numerosas tecnologías que pueden darle un fuerte apoyo a nuestra enseñanza y discipulado. El capítulo final nos invita a pensar profundamente sobre una gran variedad de oportunidades de tecnología educativa para utilizar en la enseñanza y el discipulado cristiano.

24

La importancia de la evaluación

KERRY LOESCHER

Cuando Chris[442] cumplió quince años, su padre los había abandonado, su madre era adicta a las drogas y estaba en la cárcel, vivía involuntariamente con su abuela viuda, y fue arrestado por "pasear" en un auto robado. El juez condenó a Chris al servicio comunitario, esperando que esto sirviera como una llamada de atención y una nueva dirección para su vida. Su abuela llamó a una iglesia para ver si había "trabajos ocasionales" disponibles que él pudiera realizar para cumplir con sus horas de servicio comunitario.

Chris comenzó a ayudar al equipo de preparación/limpieza para los servicios del domingo por la mañana; armar y desarmar el salón para realizar el servicio eran tareas semanales en la actividad de la iglesia. En poco tiempo, muchos se dieron cuenta de que Chris sobresalía naturalmente para lograr que el equipo de sonido funcionara. Podía conseguir que todas las piezas funcionaran correctamente y podía configurar todo prácticamente en tiempo récord. Chris no solo encontró algo en lo que era bueno, sino que también se empezó a relacionar con los demás adultos y jóvenes que servían en el equipo técnico.

---

442 Chris no es su verdadero nombre, pero esta es su verdadera historia.

Durante este tiempo, la iglesia lanzó una campaña de recaudación de dinero para construir una nueva instalación. En el gran lanzamiento del domingo, el equipo de sonido comenzó a funcionar mal poco después de que comenzara a sonar la música de adoración. Chris y el resto del equipo se pusieron en acción para intentar resolver el problema. En ese momento, uno de los pastores de la iglesia llegó con un grupo de miembros adinerados de la congregación en un recorrido para posibles contribuyentes para conocer las necesidades y escuchar la visión de las nuevas instalaciones propuestas.

El momento para realizar el recorrido no podría haber sido más perfecto… o más horrible. El grupo ingresó por la parte posterior de la sala justo al lado de la cabina de sonido donde Chris y otros colaboradores trabajaban frenéticamente para volver a conectar el equipo. El grupo fue protagonista del momento en que la tapa de la caja de resonancia se cerró de golpe sobre la mano de Chris, provocando en él un lenguaje colorido en respuesta.

Si reflexionamos sobre este evento, ¿catalogaríamos al ministerio de jóvenes como un éxito o un fracaso? ¿Desde qué perspectiva se evalúa el progreso de Chris? ¿Cómo se evaluaría la efectividad del ministerio juvenil? Desafortunadamente, la evaluación productiva y beneficiosa no es común en el ministerio cristiano. De hecho, en muchos contextos no hay una evaluación formal en absoluto. Las razones de esto están más allá del alcance de este capítulo; Pero el resultado es que se dejan demasiados problemas sin corregir, y las cosas que deberían ser reconocidas no se celebran.

Realidad # 1: La evaluación es constante

A pesar de la falta de una evaluación formal, las evaluaciones informales ocurren todo el tiempo. Los padres, los alumnos, los líderes, los maestros, otros miembros del equipo, las abuelas de cabello canoso, el equipo pastoral, los consejeros y otras personas tienen pensamientos acerca de cómo y qué está haciendo el ministerio. Expresan sus opiniones en la sala, en las redes sociales, en las reuniones de comités y en el estacionamiento. La gente habla, y todos tienen una opinión.

La desventaja de la evaluación informal es que puede sentirse (y volverse) personal. Los líderes invierten tiempo, energía y pasión para amar y liderar a la próxima generación y a sus familias. Un ministerio real y efectivo requiere una seria inversión personal.

Por lo tanto, ¿cómo podría la evaluación *no* ser personal? Cuando está bien hecha, la evaluación formal enfrenta a los líderes cara a cara con las fortalezas y debilidades de su carácter, sus elecciones estilísticas, sus esfuerzos para la programación/enseñanza, sus habilidades de comunicación, y mucho más.

Sin embargo, la evaluación auténtica produce emociones muy variadas, que van desde la inseguridad y la actitud defensiva hasta la emoción y la anticipación. ¿Por qué? La evaluación se atreve a mirar objetivamente las inversiones personales realizadas, evaluando lo que ha sido efectivo y lo que no. Cuando está completa, la evaluación requiere un cambio, y el cambio es trabajo, y algunas veces puede ser inquietante.

Realidad # 2: La evaluación es una expectativa bíblica

La ley de la granja dicta que, si los agricultores siembran trigo, a continuación, a excepción de cualquier evento climático fuera de lo común, cosecharán el trigo. Si los agricultores siembran maíz, cosecharán maíz. En época de cosecha, esperan un cultivo. Jesús expresó este principio a sus discípulos cuando maldijo la higuera en Mateo 21:18-22. Hambriento, Jesús vio una higuera con hojas atractivas, pero sin fruto. Jesús maldijo a la higuera, y se secó. Jesús esperaba fruto.

Las vidas y comunidades transformadas representan el verdadero fruto del evangelio en el trabajo. Las Escrituras declaran que los seguidores de Cristo serán "transformados" a la semejanza del Señor (2 Co 3:18). De hecho, "De modo que, si alguno está en Cristo, nueva criatura es; las cosas viejas pasaron; he aquí todas son hechas nuevas." (2 Co 5:17). ¡Esta transformación de la mismísima alma humana es la buena noticia!

Mateo 25:14–30 relata la parábola de los talentos de Jesús, una historia sobre oportunidades y frutos esperados. Mientras realizaba un viaje, un hombre confió su propiedad a tres siervos para que actuaran como administradores mientras él no estaba. Esperaba que fueran fructíferos mientras él no estaba, por eso quería que ellos manejaran los recursos de la misma manera que él lo haría. Cuando el señor volvió a arreglar las cuentas, dos siervos habían trabajado duro en nombre del amo, duplicando lo que se les había dado. El tercero simplemente enterró los talentos que recibió en el suelo. El señor, recompensó, elogió y celebró a los siervos productivos y denunció al siervo infructuoso. El siervo infructuoso o cumplió con las expectativas de fructificación de su señor.

> ¿Hasta qué punto la iglesia y el ministerio de la próxima generación cumplen efectivamente la Gran Comisión? ¿Qué ejemplos de vidas transformadas podemos ver que demuestran la verdadera fructificación del ministerio?

El mandamiento de Jesús a sus discípulos de que el Padre le ha dado a él toda autoridad en el cielo y en la tierra y que ellos deben salir y hacer discípulos es una expectativa de un trabajo fructífero. Jesús espera que sus discípulos sean fructíferos en su proclamación y demostración del evangelio a todas las naciones. Ellos deben bautizar a nuevos creyentes, enseñándole a cada uno todo lo que Jesús les mandó. Jesús les ha dado autoridad, les promete su presencia y les dice exactamente qué fruto espera. El mandato y la expectativa siguen siendo los mismos, proporcionándoles la primera y más importante área de evaluación del ministerio.

Realidad # 3: La fidelidad versus la tensión de la fructificación

La fidelidad y la fructificación no son opuestas sino complementarias. Dios claramente espera ambas cosas, es decir, existen en una tensión dinámica necesaria. La necesidad de fidelidad informa el llamado a la fructificación. Los creyentes perseveran fielmente en sus esfuerzos para ver que la fructificación ocurra hasta que realmente suceda. La necesidad de fructificación obliga a evaluar los esfuerzos del ministerio para asegurar que la iglesia trabaje fielmente en lo que se considera fructífero. La fidelidad sin la fructificación desperdicia tiempo y recursos. Fructificación sin fidelidad puede terminar prematuramente mientras que todavía queda más cosecha.

El desafío de la evaluación

Se podría argumentar que mucho sobre lo que se conoce del discipulado está más incorporado que enseñado, O al menos que sus componentes son enseñados *e* incorporados. Aquí hay cuatro preguntas principales que cada ministerio tendrá que responder a medida que implementen la evaluación efectiva:

1. ¿Cómo se puede medir con precisión el fruto de lo que fue incorporado de una manera precisa para la evaluación?

2. ¿Cómo se puede medir el fruto del ministerio relacional cuando a menudo es menos formalizado?
3. ¿Cómo puede evaluarse la profundidad que adquiere el discipulado con el paso del tiempo en la vida de un individuo?
4. ¿Qué papel tendrán los números (es decir, la cantidad de participantes, el dinero y los presupuestos) en la evaluación regular?

A medida que los equipos de liderazgo se reúnen para determinar cómo se medirá el progreso, tendrán que decidir qué puntos de referencia se utilizarán para indicar el crecimiento. Deberán elegir indicadores que validen el progreso como genuino, significativo, y saludable. Lamentablemente, la modificación del comportamiento para pertenecer al "club cristiano" no describe el fruto deseado del discipulado, ni justifica la inversión de los recursos. Solo la transformación del corazón del discípulo por medio del Espíritu Santo y su sumisión a Jesús en formas cada vez más amplias califican como indicadores legítimos de fruto.

El valor de la evaluación

La evaluación sirve como una guía valiosa para las mejores prácticas. Sabiendo qué funcionó, por qué funcionó y para quién funcionó son elementos críticos para elegir métodos efectivos y la mejor manera de ejecutarlos estratégicamente. Las evaluaciones pueden confirmar o invalidar las "corazonadas" del líder/mentor acerca de la eficacia. La evaluación formal también proporciona mayores parámetros de responsabilidad para quienes llevan a cabo el ministerio. ¡Los parámetros les proporcionan a los líderes y a los alumnos áreas específicas de crecimiento, razones para ajustar o mantener el curso, y oportunidades para celebrar!

Aunque los resultados de la evaluación del maestro/mentor deben estar presentes, son secundarios frente a los resultados del *alumno*. Para que el contenido sea realmente aprendido, deben obtenerse resultados medibles en cuatro categorías:

- *Cognitivo*: ¿Pueden los discípulos demostrar un entendimiento y comprensión sólidos de los contenidos y conceptos presentados? ¿Qué fruto se puede ver? ¿Pueden los discípulos demostrar una comprensión básica de quién, qué,

Cuándo, dónde, por qué y cómo (si es relevante)? ¿Pueden los estudiantes replantear el contenido básico en sus propias palabras? ¿Pueden demostrar un entendimiento de los puntos principales de la lección o de la experiencia?

- *Afectivo*: ¿Qué actitudes y valores fundamentales se pueden encontrar que se alinean con los de un discípulo? ¿Qué fruto se puede ver? ¿Qué opiniones han formulado sobre el contenido o la experiencia? ¿En qué medida comparan los desafíos del nuevo material con las creencias que tenían previamente y expresan acuerdo o debate con estas ideas de manera productiva? (A menudo las emociones proporcionan la primera pista en esta categoría de evaluación.)
- *Psico-motor*: ¿cómo fueron expuestos de manera correcta los talentos y habilidades para implementar y aplicar el cambio? ¿Cuál fruto especifico se puede ver? (Esto incluye habilidades y elecciones tomadas para preservar los hábitos positivos) ¿Hasta qué punto son dueños de sus elecciones y se responsabilizan por los resultados de esas elecciones? ¿Demuestran una habilidad para evitar la influencia negativa de sus compañeros o para ayudar a crear una influencia positiva en sus compañeros? ¿Hasta qué punto pueden "llevar adelante la conversación" incluso cuando no hay nadie alrededor para animarlos o desafiarlos?
- *Resultado*: ¿Qué efectos a largo plazo tienen los discípulos en la comunidad a la que pueden influir? ¿Qué fruto específico se puede ver?

¿De qué maneras específicas los alumnos demuestran sus vidas transformadas que a su vez genera una transformación en las vidas de quienes los rodean? ¿Los de afuera pueden notar la diferencia? Si es así, ¿de qué manera específica? (Las elecciones centradas en Cristo con el tiempo cambiarán la dinámica de cada relación en una comunidad.)

Estas cuatro categorías de evaluación aplican ya sea que el contenido implique habilidades básicas para realizar presupuestos, cambiar una llanta desinflada o desarrollar un entrenamiento teológico. El discipulado siempre busca alcanzar la mente, el corazón, las manos y la vida de las personas, pero esta búsqueda plantea dos preguntas. (1) ¿Qué aspecto tiene un verdadero discípulo?

(2) ¿Cómo se ve el crecimiento hacia la madurez en términos concretos y medibles?

Parámetros de evaluación

Todo propósito u objetivo exitoso comienza con este principio o alguno similar: comience con un fin en mente.[443] El mandato de Jesús para hacer discípulos requiere que los discipuladores se aparten para determinar cómo se ve realmente el discípulo en algunos términos concretos y medibles. Sin ese panorama, ¿cómo puede ser medida la eficacia con algún nivel de exactitud?

Josh Hunt en su texto *Disciple-Making Teachers* [Maestros hacedores de discípulos] enumera nueve características, o atributos de los verdaderos discípulos en forma de acróstico, acompañado por algunos parámetros que representan cada atributo cuando se viven a diario.[444] Los parámetros identificados ofrecen solo una muestra de los que podrían ser posibles.

La vida disciplinada a diario

Esta característica generalmente apoya las otras características, y si se desmorona, las otras áreas también lo harán.

- Impulsados por un profundo e intenso amor por Dios, se disciplinan a sí mismos para dedicar un tiempo devocional para Dios y para vivir para él en obediencia.
- Sus acciones están motivadas por valores bíblicos fundamentales y visión bíblica de la vida, no una adhesión legalista a una lista de "permitidos" y "no permitidos" basados en la Biblia.
- Sus horarios reflejan las prioridades de la vida cristiana.

Intimidad en las amistades

Estos amigos son aquellos en los que "el verdadero yo se conecta con el verdadero tú."

- Buscan la intimidad a través de la honestidad y la autenticidad.
- Se ocupan de unos pocos elegidos.

[443] Steven Covey hizo famosa esta idea.

[444] Josh Hunt, *Disciple-Making Teachers* [Maestros hacedores de discípulos], con Larry Mays (Loveland, CO: Group, 2009), sec. 1.

- Demuestran una resolución de conflictos saludable y caminan en el perdón.
- Viven en comunidad, sirven a los demás y comparten la vida junto a ellos.
- Honran y prefieren a los demás por encima de ellos mismos.

Autoestima

Las personas rara vez se elevan por encima del nivel de su autoestima, y aquí Hunt y Mays no hablan en términos psicológicos, sino en términos de su nueva identidad en Cristo.

- Aprenden las consecuencias de ser nuevas criaturas en Cristo (2 Co 5:17; muerto al pecado, Ro 6:11; vivo para Dios en Cristo, Ro 6:11; sentado con Cristo a la diestra de Dios, Ef 2:6; marcado por el Espíritu Santo, Ef 1:13;), que a su vez los ayuda a superar la tentación de manera más constante.
- Los discípulos descubren su valor ante Dios en términos de quiénes son ontológicamente, no solo en relación con sus obras (amados, 1 Tes 1:4; santos, Ef 3:17b–18; hijos de Dios, Ef 2:8–9; templo de Dios, 1 Co 3:17). Las inseguridades disminuyen y los influencian en menor medida en sus vidas.
- Asimismo, descubren su misión en este mundo a través de otras imágenes de palabras bíblicas (un sacerdocio real, 1 P 2:9; testigos, Hch 1:8; soldados de Cristo, 2 Tim 2:3) y empiezan a actuar de acuerdo con esas imágenes de la palabra.

Adoración corporativa

Esto implica que los discípulos aprendan a adorar a Dios con otros creyentes en un entorno corporativo.

- Los discípulos entienden que esto es distinto al tiempo de quietud individual, y esto les brinda la oportunidad de participar con otros creyentes en un espíritu, mente y propósito para darle gloria a Dios.
- Se deleitan al orar y adorar con otros seguidores de Cristo.
- Aprenden que enfocarse en Dios en la adoración y ministrarlo a él es más importante que lo que obtienen de la adoración

en forma personal, lo que produce un impacto en la forma en la que adoran.

Intimidad en la vida familiar

El hogar es el primer lugar para que la verdad se aplique y puede ser el lugar más importante y difícil para vivir la verdad.

- Persiguen la intimidad familiar a través de la honestidad, la autenticidad y al escucharse unos a otros.
- Los discípulos demuestran una aptitud para resolver conflictos de forma saludable que va en aumento y la capacidad de perdonar.
- Buscan formas de amar a sus familiares como Cristo amó a la iglesia (Ef 5:25), sirviéndoles desinteresadamente.
- Encuentran maneras de mantenerse unidos incluso cuando no están de acuerdo en todo, porque están comprometidos el uno con el otro tanto con lo bueno como con lo malo

Pasión por Dios

El amor por Dios y su presencia crece como el principal factor motivador en las vidas de los creyentes.

- Las pasiones más profundas superan a las pasiones menores, permitiendo a los discípulos superar el pecado y la tentación de una forma más sencilla.
- Los discípulos tienen un amor por Dios que se comprueba y se cree con el tiempo, con o sin la "piel de gallina." La pasión ha sido probada y fortificada a través de muchos desafíos de la vida.
- Se ven a sí mismos como parte del equipo y de la misión de Dios en vez de ver a Dios como una parte adicional de sus vidas.
- La pasión por Dios se convierte en el punto de enfoque central alrededor del cual giran sus vidas completas.

Participación del ministerio laico

Recibieron libremente la gracia y la misericordia de Dios, ahora quieren compartir libremente esa misma gracia y misericordia con los demás. El amor de Cristo los obliga. (2 Co 5:10).

- Los discípulos encuentran maneras de servir a otros en la iglesia y en la comunidad para cumplir el mandato de Dios de amar a los demás.
- Los discípulos descubren sus pasiones, temperamentos y dones espirituales dados por Dios y encuentran maneras de ministrar que sean acordes con sus funcionamiento único
- Sirven como madres y padres espirituales para aquellos jóvenes en la fe, ayudando a los novatos espirituales a progresar en su camino espiritual en Cristo.

Implicación evangelística

Llamados a ser "sal", "luz" y "testigos", los creyentes deben fortalecerse y movilizarse para participar activamente de la Gran Comisión.

- Los discípulos en crecimiento buscan maneras de traspasar la fe en Dios a las generaciones más jóvenes actuando como discipuladores y mentores.
- Aprovechan cada oportunidad para compartir el evangelio con sus semejantes y para convertirlos en sus discípulos.
- Oran e interceden por los que no son salvos.
- Estos discípulos reflejan más compasión que juicio hacia aquellos que están lejos de la fe.

Ofrenda de sacrificio

En lugar de dar cuando les resulta cómodo, este rasgo describe a los discípulos que eligen dar de forma sacrificada, más allá de sus zonas de confort.

- Ya que entienden que el 100 por ciento de lo que poseen le pertenece a Dios, estos creyentes no están atados a lo que "poseen," sino que se sienten libres y dan lo que sea que Dios les pida cuando sea necesario.
- Practican el principio de dar los primeros frutos de su trabajo como un indicador de que Dios es su fuente y proveedor.
- En lugar de atesorar, estos seguidores de Cristo buscan constantemente formas para dar un mayor porcentaje de sus ingresos para que avance el reino de Dios

Una vez más, evaluar si los activos anteriores y los parámetros de referencia que los acompañan reflejan vidas profundamente transformadas por el poder del Espíritu Santo o reflejan los hábitos de las personas que se han conformado a las normas esperadas es un gran desafío. En el contexto de relaciones significativas con los discipuladores y mentores, la autenticidad de estos puntos de referencia puede evaluarse más eficazmente. Si observamos la participación de los discípulos en viajes misioneros de corto plazo, proyectos de servicio local, y ministerios de la iglesia local puede proporcionar más indicadores de su progreso. Cuando escuchamos sus testimonios sobre la obra de Dios en sus vidas revelan mucho sobre la autenticidad de su transformación. La siguiente sección propone un marco intencional para ayudar a los jóvenes a crecer espiritualmente.

Metodología: relaciones de desarrollo y creación de comunidades con activos

Search Institute llevó a cabo una extensa investigación para descubrir el desarrollo necesario de activos que ayuden a los jóvenes a convertirse en adultos sanos, solícitos y responsables.[445] Resolvieron identificar cuáles características principales necesitan tener los jóvenes para lograr una transición exitosa desde sus años en desarrollo hacia la edad adulta, llamándolos "activos de desarrollo." De manera similar, los líderes y mentores de la iglesia pueden desarrollar una lista de "activos de desarrollo" bíblicos que caractericen a los discípulos en crecimiento, al igual que las características enumeradas previamente propuestas por Hunt y Mays. Sin una lista similar, cualquier intencionalidad sería muy vaga, y la efectividad del discipulado no podría ser evaluada.

En segundo lugar, la investigación reveló una tendencia significativa. Los jóvenes que eran más propensos a tener los activos de desarrollo necesarios contaban con (y necesitaban) adultos que se ocuparan y preocuparan por ellos, y estuvieran presentes en sus vidas. ¡Se necesita a todo un pueblo para educar a alguien joven!

[445] En 1993, el doctor Peter L. Benson, y el Search Institute publicaron sus hallazgos con respecto a un estudio significativo que explica qué provoca que algunos adolescentes sean resilientes y otros fracasen al momento de comenzar una vida adulta sana. Llegaron a la conclusión de que había cuarenta rasgos clave, *activos de desarrollo*, en las vidas de estos jóvenes resilientes (http://www.search-institute.org/about/history).

El marco de las relaciones de desarrollo

Cuidado expreso Demuéstrame que te agrado y que quieres lo mejor para mí.	• Está presente: presta atención cuando estés conmigo. • Sé cálido: hazme saber que te agrada estar conmigo y expresa sentimientos positivos hacia mí. • Invierte: dedica tiempo y energía a hacer cosas por mí y conmigo. • Demuestra interés: haz que sea una prioridad entender quién soy y qué me importa. • Sé confiable: sé alguien con quien pueda contar y en quien pueda confiar.
Desafío de crecimiento Insiste en que intente mejorar continuamente	• Inspírame: ayúdame a ver las posibilidades futuras para mí. • Pon tu expectativa en mí: aclárame que deseas que esté a la altura de mi potencial. • Extiende: reconoce mis pensamientos y habilidades al mismo tiempo que me empujas a fortalecerlos. • Limítame: hazme responsable de cumplir ciertos límites y reglas apropiadas.
Ofréceme tu apoyo Ayúdame a completar tareas y a lograr metas.	• Aliéntame: elogia mis esfuerzos y mis logros. • Guíame: proporciona asistencia práctica y comentarios para ayudarme a aprender. • Sé un modelo: Sé un ejemplo del que pueda aprender y al cual pueda admirar. • Sé mi defensor: defiéndeme cuando lo necesite.
Comparte el poder Escucha mi voz, y permíteme participar en la toma de decisiones.	• Respétame: tómame en serio y trátame de manera justa. • Dame la voz: pide y escucha mis opiniones y considérelas cuando tomes decisiones. • Respóndeme: comprende y adáptate a mis necesidades, intereses y habilidades. • Colabora: trabaja conmigo para lograr objetivos y resolver problemas.
Expande las posibilidades Expande mis horizontes, y conéctame con las oportunidades.	• Explora: exponme a nuevas ideas, experiencias y lugares. • Conéctame: preséntame a las personas que puedan ayudarme a crecer. • Navega: ayúdame a sortear las barreras que podrían impedirme alcanzar mis metas.

Figura 24.1: Marco de relaciones de desarrollo del *Search Institute*, http://www.search-institute.org/downloadable/Dev-Relationships-Framework-Sept2014.pdf

Este hallazgo dio origen a lo que denominan "El marco de las relaciones de desarrollo," que describe cinco tareas clave para estas relaciones de desarrollo (véase fig. 24.1).

El Search Institute argumenta que el mejor aprendizaje ocurre en el contexto de las "relaciones de desarrollo." En el contexto del ministerio de la iglesia, los líderes o mentores involucran estratégicamente a otros creyentes en las vidas de los discípulos

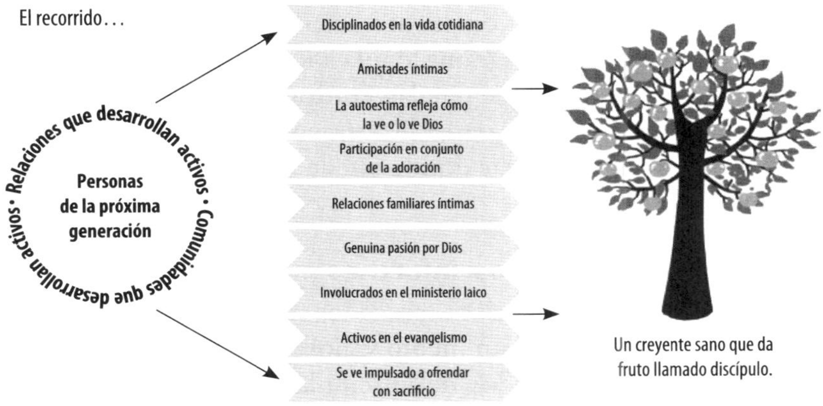

Figura 24.2: El recorrido

Esta imagen es la combinación de ideas presentadas por el *Search Institute* (especialmente con respecto a las relaciones y las comunidades de desarrollo de activos), los hábitos de un discípulo de Josh Hunt y la dinámica aplicada en el ministerio de Kerry Loescher.

de para que se relacionen con ellos para ayudarlos a facilitar su crecimiento y desarrollo. Evalúan estas relaciones según los criterios establecidos para garantizar que se produzca el discipulado, no solo para "pasar el rato." Con gracia e intencionalidad, estas "relaciones de desarrollo" brindan apoyo, expresan atención y desafían a los discípulos hacia el progreso (como se ve en la figura 24.1).

Como extensiones de relaciones de desarrollo que crean activos, las comunidades que forjan activos forman redes de apoyo alrededor de los jóvenes donde todos (la iglesia, la escuela, el vecindario, el pueblo) trabajan para lograr su éxito.[446] Estas comunidades que desarrollan activos abarcan las líneas organizativas tradicionales de raza, edad, vínculos familiares, y estructura, entre otras, con un objetivo en mente: asegurarse de que quienes componen la próxima generación se conviertan en miembros exitosos, responsables y saludables en la comunidad. Para los contextos de ministerios de la iglesia, las comunidades que desarrollan activos ofrecen apoyo y aliento, y ayudan a las personas a convertirse en discípulos semejantes a Cristo y a ser miembros del cuerpo de Cristo que se relacionan y conectan entre sí.

La figura 24.2 ilustra de qué manera los activos de desarrollo (los rasgos de discipulado), las relaciones de desarrollo (con los líderes y mentores) y las comunidades que desarrollan activos (el cuerpo

[446] "Comunidades de desarrollo: el eslabón perdido," Search Institute, http://www.search-institute.org/what-we-study/communities.

de la iglesia local) se relacionan entre sí en el proceso del desarrollo espiritual cristiano. El diagrama ayuda a los líderes o mentores a visualizar el proceso para que puedan conformar una estrategia y una intención. Además, el diagrama les ofrece a los líderes o mentores una forma visual de evaluar dónde puede ser que se encuentran las fallas en el proceso.

Examinar los resultados: informes cualitativos

Las vidas que cambian y las comunidades transformadas desarrollan testimonios poderosos y un medio valioso para realizar un examen cualitativo de los resultados del discipulado (1 P 3:15; Ap 12:11). Los discipuladores escuchan estos testimonios y animan a los discípulos a compartirlos en lugares donde se puedan pregonar estas expresiones cualitativas de sus propios frutos. Las "agallas" de cada testimonio incluyen los mismos componentes: "Yo estaba..." Jesús hizo...," y "Ahora soy..." Los testimonios de transformación proporcionan algunos de los mejores datos cualitativos disponibles.

Entonces, ¿cómo se pueden recopilar estas historias?

- Para obtener quizás la información más reveladora y auténtica, participe en conversaciones personales con los discípulos y pídales que describan su propio crecimiento en uno o más de los nueve activos de los discípulos. Las relaciones de desarrollo fueron creadas para cumplir este propósito.
- Cree oportunidades para que compartan sus historias en público. Haga que los participantes escriban primero lo que quieren expresar y luego practiquen sus testimonios con líderes de confianza.
- Utilice "testimonios en tarjetas" donde los participantes completan en un lado de la tarjeta una frase que comienza con "Yo dije...," y en el reverso la frase "Dios dice..."
- Utilice testimonios en video de los participantes en momentos importantes como el bautismo o la graduación.
- Cree carteles con la frase "Dios está presente" para eventos especiales como viajes misioneros, retiros, campamentos o conferencias. Muestre el lema del evento y luego aliente a los discípulos y líderes a escribir en los carteles los momentos en que vieron a Dios en acción. Cuelgue estos carteles en un lugar visible después del evento, para crear un "muro de fe."

- En momentos clave de transición o durante eventos importantes, haga que los estudiantes completen una tarjeta con "mi historia." Después de documentar sus nombres, la fecha y el evento, respondan preguntas como:
  "¿Dónde estás ahora en tu recorrido con Cristo?"
  "¿En qué áreas te gustaría crecer?"
  "¿Qué estás dispuesto a hacer para crecer?"
  "¿De qué estás más orgulloso?"
  "¿De qué crees que te está hablando Dios?"
  "¿En qué te gustaría que Dios te mostrara una dirección clara?"

Las respuestas a estas preguntas ayudan a los líderes o mentores a aprender dónde están los discípulos en su recorrido con Cristo, permitiéndoles pensar estratégicamente acerca de los próximos pasos. Estas tarjetas proporcionan "mini testimonios" de calidad para utilizar en boletines, informes de comités, reuniones de formación, y otros más. Al recopilar esta información en un formato integral, también se puede evaluar el crecimiento en la vida de los líderes, mentores, miembros del equipo y padres.

Examinar los resultados: informes cuantitativos

Para aquellos que prefieren "datos tangibles", se podría crear una encuesta personalizada. El libro de Hunt *Disciple-Making Teachers* [Maestros hacedores de discípulos] proporciona una lista de activos de discipulado que pueden buscarse en los seguidores de Cristo en crecimiento. Aquellos que están involucrados en relaciones de desarrollo con los discípulos serán más capaces de evaluar y cuantificar el crecimiento que está teniendo lugar en esas áreas. Podrían hacerlo completando una encuesta de crecimiento de activos de desarrollo de discipulado en una publicación trimestral o semestral. Estas encuestas actúan como evaluaciones cuantitativas, calificando a los discípulos en cada uno de los nueve recursos y sus puntos de referencia que acompañan utilizando una escala numérica simple (del uno al diez). Comenzar por debajo del cero puede resultar útil para evaluar a los discípulos que no comienzan en "cero" sino en un déficit. A lo largo del tiempo, una colección de estas encuestas proporciona una imagen beneficiosa de la vida del crecimiento o la ausencia del mismo en el discípulo.

La carga

Para cumplir efectivamente la Gran Comisión, los líderes o mentores necesitan tres elementos vitales.

1. Una imagen clara de cómo se ve un discípulo (donde se identifican y definen los activos de desarrollo de un discípulo)
2. Un proceso intencional para hacer discípulos (incluido el desarrollo de activos, las relaciones de desarrollo y las comunidades que desarrollen activos)
3. Un proceso intencional para evaluar la efectividad del discipulado (tanto cualitativamente a través de testimonios como cuantitativamente a través de encuestas)

La evaluación regular les permite a los líderes o mentores asegurarse de que están utilizando el tiempo, el dinero y los recursos humanos de la manera más efectiva posible. Si está bien hecha y de forma prudente, la evaluación conduce a la innovación creativa, a momentos de celebración y a una renovación anticipada para un mayor crecimiento espiritual. Evaluar. Celebrar. Innovar. Prever. Haz todo para la gloria de Dios.

Preguntas y actividades

1. Si piensa en el esquema del desarrollo de las cualidades de un creyente en crecimiento, ¿en qué áreas se está fortaleciendo? ¿Qué áreas necesitan crecimiento adicional?
2. Considere las cualidades de una relación de desarrollo como se describe en el capítulo. ¿Quién cumplió con las mismas en su vida? ¿Cómo marcaron una diferencia para usted?
3. ¿Cómo está equipada la iglesia local de manera única y llamada a ser una comunidad de desarrollo?
4. ¿Cuáles son los obstáculos para obtener una evaluación saludable? ¿Cuáles podrían ser las soluciones prácticas para enfrentar estos desafíos? (Sea específico y realista.)
5. ¿Cuáles son los próximos pasos que dará para convertirse en alguien que valora y utiliza la evaluación efectiva?

Lectura adicional

Boulmetis, John y Phyllis Dutwin. *The ABCs of Evaluation* [El ABC de la evaluación]. 3ª ed. San Francisco: Jossey-Bass, 2011.

Branson, Mark Lau. *Memories, Hopes, and Conversations* [Recuerdos, esperanzas y conversaciones]. Lanham, MD: Rowman & Littlefield, 2004.

English, Leona. "Evaluación en la educación cristiana." *Christian Education Journal* 6NS, no. 1 (primavera de 2002): 25–34.

25

Equipar a otros para que puedan enseñar

ROBERT BRANDT

Jesús invirtió tres años de entrenamiento de liderazgo ministerial en un pequeño grupo de líderes y luego los soltó para que utilizaran sus dones. El impacto exponencial de esa inversión se ha manifestado en innumerables vidas en los últimos dos mil años. Desarrollar otros líderes ministeriales es parte de esta herencia cristiana de la enseñanza y la multiplicación. Jesús propagó el reino de Dios reclutando seguidores para su equipo de liderazgo. Inició un proceso de enseñanza cuando incorporó a los Doce (Mt 10:2–4; Mr 3:16–19; Lc 6:14–16) y los desarrolló como líderes siervos que favorecería la multiplicación de nuevos discípulos en las generaciones sucesivas.

Aquellos que se encuentran en el ministerio están dirigidos a capacitar a otros para el ministerio ayudándolos a poner sus dones espirituales al servicio de los demás (Ro 12:3–8; 1 Co. 12; Ef. 4:11-16). De hecho, David Chow afirma: "Uno de sus principales trabajos como líder del equipo es capacitar a los miembros del equipo para que descubran, desarrollen y desplieguen sus dones espirituales para el reino de Dios."[447] Con mucha frecuencia, los líderes adultos voluntarios son vistos y utilizados como simples ayudantes, como si su función principal fuera la de servir al líder del ministerio. Cuando un líder ministerial no logra equipar a otros creyentes para que utilicen sus dones en el servicio, obstruye el desarrollo personal y el del liderazgo de los adultos voluntarios, obstaculiza su propia influencia de liderazgo, y limita en gran medida la multiplicación y la salud del ministerio.

El desarrollo de otros adultos para liderar, ministrar y enseñar es un factor crítico de un ministerio efectivo enfocado en el discipulado que tiene un nivel significativo de crecimiento e impacto más allá de la influencia del líder primario. Esto es tan obvio que los expertos en el ministerio juvenil Jim Burns y Mark DeVries expresan: "Más allá de los programas, e incluso más allá de los propios estudiantes, su bien más preciado es su equipo de voluntarios."[448]

El obrero cristiano más capacitado no puede desarrollar y mantener un ministerio fructífero por sí solo. Incluso el maestro o maestra más talentoso necesita contar con otros líderes y maestros que enseñen junto a él o ella. Desarrollar y equipar un equipo de voluntarios que pueda enseñar es una práctica esencial y continua para los ministerios que quieren ser lo más fructíferos posible.

Reclutar adultos para que desempeñen un rol ministerial

En el ministerio, este aspecto personal de la motivación no necesita ser considerado como egoísta, pero en su lugar, puede estar intrínsecamente conectado al deseo (y diseño) único del voluntario de hacer una mayor diferencia a través del voluntariado en el ministerio. Barbara Houle, Brad Sagarin y Martin Kaplan estudiaron las preferencias y motivos de los voluntarios en diversas organizaciones. Ellos descubrieron "que los individuos elijen las tareas que mejor satisfacen sus motivos personales... y que las personas pueden tener experiencias de voluntariado más positivas cuando se les permite elegir tareas de voluntariado que satisfagan

[447] David Chow, *No More Lone Rangers: How to Build a Team-Centered Youth Ministry* Basta de actuar en solitarios: cómo construir un ministerio juvenil centrado en el equipo (Loveland, CO: Group, 2003), 121.

[448] 2. Jim Burns y Mike DeVries, *The Youth Builder: Today's Resource for Relational Ministry* [El colaborador juvenil: Recursos de hoy para el ministerio relacional] (Ventura, CA: Gospel Light, 2001), 156.

El éxito para desarrollar, entrenar y retener a los voluntarios no ocurre sin un apoyo intencional. Veamos las áreas fundamentales necesarias.

1. Debe establecerse y comunicarse una infraestructura organizativa clara.
2. El líder de voluntarios debe poder gestionar esa estructura con una comunicación clara y casi perfecta para con los voluntarios que sirve,
3. La apreciación es fundamental. A medida que los voluntarios sirven, deben sentir una apreciación constante, personal y sincera por su servicio.
4. Nutrirse también es fundamental. Esto implica un entrenamiento estructurado y consistente que incluye la orientación de la visión general del ministerio, el propósito, los valores, los roles de los voluntarios, los lineamientos, y las expectativas.
5. Existen comentarios de los voluntarios hacia el líder en todos los asuntos del ministerio que son bien recibidos y valorados.

—Susan Phillips, Brian R. Little y Laura Goodine, "Reclutar, retener y recompensar a los voluntarios: qué tienen para decir los voluntarios," Centro Canadiense para la Filantropía, 2002, http://www.volunteernanaimo.ca/PDFs/Recruiting%20Retaining%20and%20Rewarding%20Volunteers.pdf.

sus motivos personales."[449] Bo Boshers recordó una guía similar cuando advirtió que el principio "¿Qué puedo hacer yo?" resalta la realidad de que, aunque los voluntarios potenciales del ministerio quieren servir, también quieren crecer y usar sus dones y talentos individuales.[450]

Las personas quieren servir donde son valoradas y donde tienen un moderado nivel de libertad. Si los ministerios ofrecen una amplia gama de oportunidades, reclutarán una gama más amplia de individuos muy comprometidos y evitarán perder voluntarios con el tiempo porque los roles de los voluntarios carecen de significado o propósito. Si los líderes ofrecen oportunidades y libertad a los voluntarios, tendrán una gran oportunidad de reclutar y retener voluntarios, porque las personas no dudan en involucrarse en lo que es significativo y útil en sus vidas.

El otro elemento crítico para el uso efectivo de los voluntarios es el tiempo, tanto para el líder como para el voluntario. Si las personas se involucran en lo que es significativo, se mantienen involucradas

[449] Barbara J. Houle, Brad J. Sagarin y Martin F. Kaplan, "Un enfoque funcional del voluntariado: ¿Los motivos de los voluntarios predicen la preferencia de tareas?", *Basic & Applied Social Psychology* [Psicología social básica y aplicada] 27, no. 4 (2005): 343.

[450] Bo Boshers, *Student Ministry for the 21st Century* [Ministerio de estudiantes para el Siglo XXI] (Grand Rapids: Zondervan, 1997)

porque su tiempo de voluntariado es bien utilizado. Ellos quieren estar seguros de que sus dones, talentos y habilidades son valorados. Si esta valoración está dada desde el comienzo, entonces será más fácil reclutarlos porque los voluntarios sabrán con anticipación que su servicio es valorado. Si es difícil encontrar y reclutar voluntarios, entonces es probable que las personas no confíen en que serán valoradas y capaces de ayudar en formas que sean significativas para ellos.

Cuando piense en cómo emplear el tiempo, tenga en cuenta que el mejor uso del tiempo es al comienzo del proceso de reclutar voluntarios. Invertir tiempo y esfuerzo al comienzo, al reclutar, seleccionar y colocar a un voluntario, proporcionará beneficios a lo largo de muchos años. Cuando el proceso es apresurado y no se coloca en la posición adecuada al voluntario, o no hay información clara y expectativas bien comunicadas, pueden surgir diversos problemas y conflictos que son difíciles de atender o deshacer.

Los ministerios que reclutan bien hacen dos cosas. En primer lugar, suelen tener un claro resumen de los pasos que dan a la hora de reclutar, evaluar e involucrar a voluntarios adultos, y este proceso es revisado regularmente por líderes y voluntarios para cualquier mejora posible. En segundo lugar, tienen un período de prueba que le comunican claramente al voluntario por adelantado. Durante un lapso de tiempo designado (lo común son seis meses), se observa al nuevo voluntario y las posibilidades que se le dan para que se involucre son limitadas. A pesar de que el voluntario no esté oficialmente en el equipo del ministerio, quedará en claro qué tan bien se lleva con los estudiantes y con los demás adultos. ¿Existe evidencia de madurez espiritual?, y, ¿está cómodo o cómoda en el entorno del ministerio? Cada contexto es diferente, pero si pensamos en el proceso y en el momento en que alguien se une al equipo de voluntarios es el primer paso antes de comenzar a considerar poner al individuo en el rol de maestro.

Definir antes de delegar

El objetivo para empoderar a otros líderes adultos es permitirles tener influencia sobre la vida de los estudiantes y servir como pastores y ministros también. Algunos voluntarios pueden recibir roles estratégicos en la supervisión directa de otros adultos voluntarios que lideran y dirigen a otros voluntarios en su ministerio con estudiantes. Los líderes seguros buscarán reproducir y multiplicar espiritualmente su impacto en el liderazgo (2 Ti 2:2). Cuando los adultos son utilizados en el ministerio basándose en sus dones, pasiones y personalidad, serán creadas nuevas vías de ministerio que previamente hayan sido ignoradas, inexploradas o imposibles. El liderazgo en el ministerio se transforma cuando un líder se convierte en líder de líderes e invita a los voluntarios a un entorno en el que estén capacitados para liderar a otros voluntarios y equipos de ministerio y donde también pueden reclutar y desarrollar a otros voluntarios.

En la medida que piensa acerca de cómo crear un equipo de maestros a partir de sus voluntarios, es importante que busque en oración a aquellos que tienen dones y aptitudes para enseñar bien. No todos los buenos maestros son extrovertidos, y no todos los que manifiestan querer enseñar deberían llegar a enseñar inmediatamente. Las posiciones y responsabilidades de la enseñanza deben ser delineadas claramente para que los propósitos de enseñanza y los objetivos del ministerio o del evento puedan ser cumplidos. Es útil desarrollar una descripción del trabajo que enumere las expectativas y responsabilidades para aquellos que enseñan. Teniendo en cuenta por qué motivo las personas se ofrecen voluntariamente, "estas descripciones definen claramente los límites para que un líder pueda entender las responsabilidades de la función y de los objetivos que deben cumplirse. Los líderes quieren saber cómo está definido el éxito y lo que se espera de ellos."[451]

Desarrollar intencionalmente a otros que pueden enseñar en tu ministerio es importante porque ¡la formación del liderazgo *siempre* se trata de la multiplicación y del impacto exponencial! El desarrollo de su ministerio puede ser parte de los planes que Dios tiene para los adultos que sirven en su ministerio, y para aquellos que pueden alcanzar mucho más allá de los límites de su función de servicio actual. La participación en su ministerio de jóvenes actual puede ser en realidad parte del proceso de Dios para impulsarlos y para prepararlos para sus propósitos que aún no han sido anunciados. Sea un líder de ministerio catalítico que no limita a los voluntarios a su alrededor relegándolos a roles secundarios y a una participación limitada, sino que los estimule para cumplir plenamente el destino

[451] Ibid., 156.

de Dios para sus vidas, incluso si eso significa que se aparten de su ministerio. Esta sensibilidad al trabajo del Espíritu Santo debe ser modelada y reproducida en otros líderes del ministerio para que inviertan de la misma manera en otros líderes y estudiantes en desarrollo, y en aquellos que aún no se han identificado como líderes.

La estructura de liderazgo organizacional debe ser modificada proactivamente para preparar y facilitar el crecimiento. No dedique su esfuerzo para supervisar todos los aspectos del liderazgo ministerial con un enfoque de microgestión. La capacidad de un líder de supervisar, entrenar y nutrir a los voluntarios tiene límites. Una vez que se supera el límite personal, el ministerio opera desde una estructura con un liderazgo insuficiente que es incapaz de enseñarle adecuadamente a un número creciente de voluntarios para que brinden una influencia espiritual que impacte a los estudiantes. Chow afirma: "El *verdadero liderazgo* no se trata de acumular autoridad; se trata de entregarla a los demás."[452]

Formar el equipo de enseñanza

Aunque hay muchos materiales para trabajar con voluntarios, hay pocos que tratan sobre cómo empoderarlos como compañeros maestros. Facilitar el desarrollo de un grupo diversificado de maestros voluntarios en un equipo saludable que está unificado y preparado para el liderazgo ministerial requiere una formación intencional. Aunque el ministerio a menudo se aprende en el día a día, es necesaria la capacitación formal de voluntarios, especialmente cuando se trata de ayudarlos a adaptarse y sentirse equipados para las exigencias. Un programa de formación de maestros eficaz contiene tres componentes: (1) el entrenamiento inicial, (2) el entrenamiento continuo y (3) el entrenamiento especializado

Entrenamiento inicial

Cuando están bien preparados, los nuevos líderes comienzan su ministerio con un buen nivel de confianza y autoeficacia con respecto a su capacidad para enseñar. La primera vez que se enseña frente a un grupo de jóvenes puede eliminar rápidamente la confianza y presentar un golpe de la realidad. El entusiasmo de un voluntario por enseñar debe combinarse con el compromiso paralelo del líder del

[452] Chow, No More Lone Rangers [Basta de actuar en solitario]. 124.

ministerio que le proporcione todos los recursos necesarios para que tenga éxito.

Con demasiada frecuencia, la formación de los maestros se lleva a cabo en un aula y es muy poco atractiva. La mejor capacitación se lleva a cabo "en el campo." El primer paso para desarrollar maestros es hacer que nos vean enseñar. Este es el conocido nivel de entrenamiento "yo hago, tú observa." Un seguimiento con discusión sobre diversos elementos de enseñanza: objetivo de la lección, esquema, enfoque bíblico, interacción con el público, variedad de métodos, uso de ilustraciones, y conclusión. El objetivo es escuchar el pensamiento del voluntario sobre la enseñanza.

El segundo nivel de entrenamiento es que puedan estar enseñando en conjunto con su maestro. Permitirle que ayude a estudiar, planificar, crear y dar una lección. Ellos obtienen la oportunidad de experimentar lo que está involucrado en la enseñanza. Asegúrese de dejar suficiente tiempo para que realicen preguntas y reflexiones sobre el proceso. Si esto se realiza de una manera divertida, creativa y a la vez profesional, se establece el nivel de excelencia esperado en la preparación y la enseñanza. Esta enseñanza en tándem puede desarrollarse durante bastante tiempo antes de avanzar hacia el siguiente nivel.

El tercer nivel de entrenamiento pone al voluntario al frente y a cargo de la enseñanza, pero con su líder observando a cada paso. Este es un paso crucial en el desarrollo del liderazgo porque quedará claro cuáles son las fortalezas y las debilidades. La valoración, la afirmación y la evaluación del líder son necesarias para el crecimiento de las habilidades del maestro. En algunos ministerios, esto es parte de un aprendizaje de todo un año con el nuevo equipo. Se les puede dar el mismo tipo de atención a los voluntarios adultos motivados y dotados.

Puede parecer mucho trabajo. Bueno, ¡lo es! Pero, el aspecto de la enseñanza de cualquier ministerio es el más visible, el más analizado y asombrosamente a menudo desatendido. Simplemente asumimos que la gente puede enseñar, o nos conformamos con la mediocridad en nuestro afán por cuidar a otros miembros adultos del equipo. Si implementamos lo que se encuentra en estos últimos capítulos de este libro (evaluación, entrenamiento, oración, práctica, y desarrollo de las habilidades de los demás) para crear una cultura amplia de excelencia de enseñanza entre los miembros de nuestro equipo, ayudaremos a los que nos rodean a crecer en su ministerio propio en vez de solo "usar" a los voluntarios. Lo mejor de ellos vale lo mejor de nosotros.

Entrenamiento continuo

Aunque el ministerio trae realización y satisfacción personal a los voluntarios, se están sacrificando e invirtiendo a largo plazo; por lo tanto, necesitan un apoyo coherente cuando ministran a los estudiantes. Cada contexto tiene su propio ritmo en cuanto a la frecuencia en la que debería dárseles apoyo, pero debe haber algún tipo de entrenamiento regular y apreciación. Cuando ese entrenamiento implica reunirse juntos, esas reuniones deben ser bien planificadas, con propósito y programadas con el fin de respetar a los adultos voluntarios y sus otros compromisos. Asegúrese de mantener un espíritu unificado enfocado en Cristo y pastorear bien a su gente (1 P 5:1–3). La unidad del equipo de ministerio puede disiparse rápidamente e impactar de forma negativa al ministerio y a la vida espiritual de los jóvenes y de los voluntarios.

> Algunos ministerios son bendecidos con voluntarios que tienen muchos años de experiencia de enseñanza en el ministerio o en la escuela. ¡Deben ser muy valorados! La situación de cada voluntario es diferente, y a veces los trabajadores cristianos jóvenes no reconocen los niveles de experiencia de los voluntarios. Las recomendaciones en esta sección se enfocan en el desarrollo de los voluntarios más inexpertos.

Las reuniones de capacitación en desarrollo deben incluir lo siguiente:[453]

- Adoración: en lugar de un servicio de mini-iglesia, cree un momento en donde se les da espacio a los voluntarios para conectarse con Dios. Provea las Escrituras, diversos ejercicios de oración y oportunidades para compartir acerca de la obra de Dios en sus vidas.
- Celebración en comunidad: seleccione líderes específicos para compartir historias de éxito, desafíos y lucha. Esto crea solidaridad de equipo y la posibilidad de darse cuenta de que

[453] Parte del material proviene de Duffy Robbins, *This Way to Youth Ministry: An Introduction to the Adventure* [Este camino hacia el ministerio juvenil: una introducción hacia la aventura] (Grand Rapids: Zondervan / Youth Specialties Academic, 2004).

cada voluntario no está solo en su tarea de formación espiritual de adolescentes.

- Capacitación tópica: aborde los temas y cuestiones de los que todos los miembros del equipo puedan beneficiarse en comunidad. Formar a voluntarios acerca de las habilidades y prácticas del ministerio de jóvenes puede ocurrir individualmente (a través de artículos, videos, libros) y dentro de equipos ministeriales específicos, fuera de las reuniones mensuales.
- Apoyo: se debe recordar a los miembros del equipo que el hecho de que se involucren implica que ocupan un rol importante en el propósito más amplio del ministerio de jóvenes. Anime al equipo con las buenas noticias y hágales saber que están haciendo una diferencia.
- Desarrollo del carácter: es importante recordar a los voluntarios a cada momento que quienes son como ejemplos es a menudo la forma principal en que los adolescentes aprenden y suelen ser más fuertes que lo que enseñan. Todas las habilidades y competencias del ministerio siempre deben basarse, y proceder del fundamento del carácter divino.[454] El carácter es fundamental para el liderazgo en el ministerio (Hch 6:3; 1 Ti 3:1–13; Tit 1:5–9; 1 P 5:1–4).
- Comunicación: la comunicación clara transmite que el equipo es valorado y fundamental para el éxito del ministerio. Es más probable que los voluntarios permanezcan si se les dan instrucciones claras sobre lo que se espera con precisión de ellos.
- Recursos externos: convoque a expertos para capacitarlos sobre un tema en particular (por ejemplo, RCP, habilidades básicas de consejería, tecnología), o lleve a su grupo de voluntarios a eventos regionales y nacionales de capacitación.

Entrenamiento especializado: el elemento personal

La estructura organizativa de la formación deberá estar adaptada de forma coherente para sostener y aumentar potencialmente el número de líderes involucrados. La multiplicación del liderazgo debe ser parte del ADN de su cultura organizacional y común en la

[454] James Estep Jr., "Estrategias de liderazgo", en *Management Essentials for Christian Ministries* [Dirección esencial para ministerios cristianos], ed. Michael J. Anthony y James Estep Jr. (Nashville: Broadman & Holman, 2005), 349.

enseñanza de líderes para que se involucren en el ministerio. Uno de los elementos muchas veces subestimado y olvidado de trabajar con voluntarios es la conexión personal. Los adultos estarán tan interesados de trabajar junto a usted y su equipo como en la tarea del ministerio. ¿Tiene una reputación de conocer bien a los adultos que se han comprometido con el ministerio y con usted mismo? Después de que haya formado su equipo, es importante que mantenga horarios regulares para conectarse individualmente con cada líder, salga con ellos a comer o a tomar un café, y asegúrese de enviarles tarjetas de cumpleaños o aniversario cuando sea apropiado. Cuando esté con ellos, piense en aquellas cosas que quizás no sepan de ellos y permítales que compartan su vida y experiencias personales. Un equipo eficaz y saludable de voluntarios es uno donde cada persona es valorada y conocida y no son solo utilizados por su servicio o habilidades.

La inversión personal en el desarrollo de los voluntarios no siempre requiere que esté presente físicamente. Enviarles un artículo de un blog, un correo electrónico grupal, o incluso hablar por teléfono puede ayudar. Usted puede crear una página de grupo privado en Facebook para fomentar la identidad colectiva y la comunidad que lo ayudará a darles a sus líderes voluntarios una amplia variedad de herramientas personales, espirituales, de liderazgo y de desarrollo ministerial.

Cómo mantener a los voluntarios

La investigación de Susan Phillips y sus colegas se enfocó en reclutar, retener, y recompensar a los voluntarios y descubrió que había tres factores clave para mejorar la cantidad de voluntarios que permanecían. En primer lugar, mostrarles aprecio y respeto a los voluntarios. Ser generoso y consistente con afirmaciones específicas y apreciación. Observe el servicio no reconocido de los voluntarios, e infórmeles específicamente a ellos por qué son valorados y apreciados. La afirmación consistente, es más importante que las celebraciones anuales extravagantes.

En segundo lugar, proporcióneles experiencias voluntarias significativas y variadas. Esto incluye proporcionarles la libertad para que los voluntarios prueben diferentes cosas dentro de la organización para que puedan encontrar su nicho, ofreciéndoles experiencias y responsabilidades nuevas y variadas que involucran probar diferentes habilidades y aprender cosas nuevas, proporcionándoles formación y otros medios de desarrollo personal, establecer expectativas claras desde el principio, y controlarlas de tanto en tanto.

Tercero, comuníquese con los voluntarios y respóndales sus preguntas. La práctica para comunicarse con los voluntarios y ser receptivos "varía desde proporcionarles información a través de boletines hasta involucrar a los voluntarios en el programa y la planificación de las actividades."[455]

La evaluación es una parte esencial de la apreciación

Una de las áreas que no ha sido muy desarrollada en la mayoría de los ministerios cristianos es la evaluación. A los cristianos no les gusta herir los sentimientos de los demás, y los que aman la evaluación a menudo les gusta tanto que no genera ningún interés permanecer cerca de ellos. Sin embargo, lo que se valora es evaluado. Boshers utiliza el proceso de evaluación para capacitar a los líderes y sostiene que "los líderes fuertes quieren saber si están logrando el objetivo y cuáles son las formas que necesitan para mejorar el rendimiento. Necesitamos hacerles saber a nuestros líderes si están desempeñándose bien, más o menos, o mal."[456]

La evaluación puede ser un momento positivo de estímulo. Les Christie resalta: "Nuestra tarea es darles a los voluntarios la confianza de que Dios está trabajando en y a través de ellos. Recuerde que estas son personas ordinarias en manos de un Dios extraordinario."[457] La evaluación formal debe ocurrir anualmente (programada al final del año escolar) para que el voluntario comprenda las áreas exitosas y las áreas que necesita mejorar. La evaluación informal (después de un evento, durante una reunión de almuerzo) debe ocurrir durante todo el año para que los líderes vean el progreso, reciban la afirmación y también sean conscientes de las áreas de desempeño que podrían mejorarse.

---

[455] Susan Phillips, Brian R. Little y Laura Goodine, "Reclutar, retener y recompensar a los voluntarios: lo que los voluntarios tienen que decir", Centro Canadiense para la Filantropía, 2002, http://www.volunteernanaimo.ca/PDFs/Recruiting%20Retaining%20and%20Rewarding%20Volunteers.pdf.

[456] Boshers, *Student Ministry for the 21st Century* [Ministerio de estudiantes para el Siglo XXI], 165.

[457] Les Christie, Cómo reclutar y capacitar a trabajadores juveniles voluntarios (Grand Rapids: Zondervan, 1992), 141.

Mantenerse motivados

Dawne Clark y Rena Shimoni realizaron una investigación que involucró voluntarios en iniciativas de cambio social a largo plazo donde el cambio tangible no espera ser demostrado durante años. Cuatro de sus ideas directivas sobre retener y apoyar han sido adaptadas y aplicadas para los líderes que trabajan con voluntarios en contextos de ministerio:

1. El proceso de discipulado como un esfuerzo de por vida debe ser enfatizado. Los voluntarios participan en la construcción de la base sobre la cual los adolescentes experimentan el desarrollo espiritual durante toda la vida, no solo la evidencia conveniente en el presente.
2. Afirmar metas realistas y de corto plazo para los voluntarios en su ministerio con los estudiantes. El crecimiento espiritual ocurre típicamente con pequeños avances. Comprender el panorama a largo plazo del desarrollo espiritual les dará a los voluntarios la confianza adicional sobre su rol en el ministerio de jóvenes.
3. Celebre los esfuerzos exitosos de los voluntarios. Eventos mensuales de formación pueden incluir historias exitosas de los voluntarios y momentos alentadores para que los compañeros voluntarios puedan inspirarse en sus propios esfuerzos.[458]
4. Aliente de forma agresiva a sus voluntarios. Los líderes deben compartir con los voluntarios incentivando historias, tarjetas, correos electrónicos y conversaciones sobre el impacto del ministerio juvenil en los estudiantes. Los voluntarios veteranos pueden atestiguar, especialmente a los nuevos voluntarios, el impacto en el tiempo que los voluntarios tienen en el ministerio de jóvenes.[459]

La aplicación de estos conocimientos prácticos por parte de los líderes ministeriales puede servir para mantener a los voluntarios motivados y entusiasmados con su trabajo en el ministerio de jóvenes,

[458] Doug Fields, Purpose Driven Youth Ministry (Grand Rapids: Zondervan, 1998).

[459] Dawne Clark y Rena Shimoni, "Reclutando, reteniendo, apoyando a voluntarios para el cambio social a largo plazo", Centro Canadiense para Filantropía, 2002, http://sectorsource.ca/sites/default/files/resources/files/Clark_FS_E_Web.pdf.

incluso cuando los resultados tangibles no se ven directamente. Los voluntarios serán motivados y alentados a que su inversión de tiempo y energía en los jóvenes están haciendo la diferencia.

Cuando los voluntarios están motivados a través de la participación activa, la formación, y la pertenencia, serán estimulados a buscar a otros para servir y ayudar a la organización a cumplir su misión. Existe una relación recíproca entre el proceso de reclutamiento y la formación de voluntarios. Para que los líderes de los ministerios recluten voluntarios, estos voluntarios deben comprender la realidad de que serán atendidos adecuadamente. La implementación de esta atención requiere un programa de capacitación bien planificado, exitoso y consistente que ayude en consecuencia en el proceso continuo de reclutamiento de voluntarios. Si la capacitación es beneficiosa, significativa y apropiada, los voluntarios sienten que pertenecen, son valorados y les pertenece el esfuerzo del ministerio compartido. Se vuelven más satisfechos, motivados y empoderados; ellos desean permanecer en servicio; y buscan involucrar a otros en su esfuerzo ministerial. Una relación recíproca sana se experimenta entre la enseñanza y el crecimiento de un equipo ministerial. En resumen, "la salud engendra salud."[460]

Preguntas y actividades

1. ¿Cuáles han sido sus experiencias como voluntario? ¿Qué generó que le resultaran positivas? ¿Cuáles fueron algunas de las luchas que experimentó?
2. ¿Cuáles son los puntos principales que el autor hace sobre el desarrollo de un equipo de voluntarios? ¿Cuál de ellos fue especialmente útil para su forma de pensar con respecto a liderar a otros?
3. A veces, cómo lideramos es tan importante como el "qué" de nuestro liderazgo. Revise este capítulo y considere las formas en que un líder joven podría implementar todas estas prácticas y, sin embargo, hacerlo de una manera o estilo que no logra crear unidad de equipo o niveles de confianza elevados. Considere las formas en que implementar los pasos en este

[460] Chap Clark, "Liderazgo en el ministerio de jóvenes y familias", conferencia presentada en Denver Seminary, Littleton, CO, 20 de enero de 1997.

capítulo de una manera cristiana podría contribuir a la formación espiritual de los adultos voluntarios.

4. Póngase en contacto con dos o tres adultos que conozca que sean voluntarios, y pregúntales cómo es el voluntariado para ellos. ¿Qué es lo que disfrutan? ¿Con qué luchan? ¿Cuáles son sus sueños para su trabajo?
5. Encuentre a una persona que dirija un equipo de voluntarios y hágale una entrevista. Pregúntele a esta persona qué es lo que él o ella hace para reclutar, entrenar, apoyar, retener y evaluar a los voluntarios. ¿Cuáles son los problemas comunes que enfrentan con respecto a los voluntarios?

Lectura adicional

Kageler, Len. *The Youth Ministry Survival Guide: How to Thrive and Last for the Long Haul* [Guía de supervivencia para el ministerio juvenil: cómo prosperar y perdurar a largo plazo]. Grand Rapids: Zondervan, 2008.

Poppino, Gene. "Construyendo un equipo de voluntarios." En *Impact: Student Ministry That Will Transform a Generation* [Impacto: el ministerio estudiantil que transformará a una generación, editado por Steven Patty y Steve Keels, 211–19. Nashville: Broadman y Holman, 2005.

St. Clair, Barry. "¿Cómo podemos encontrar y apoyar a los voluntarios?" En *Reaching a Generation for Christ* [Alcanzar a una generación para Cristo], editado por Richard R. Dunn y Mark H. Senter, 261–82. Chicago: Moody, 1997.

Strommen, Merton, Karen E. Jones y David Rahn. *Youth Ministry That Transforms* [Ministerio juvenil que transforma] Grand Rapids: Zondervan, 2001.

26

Herramientas tecnológicas para la enseñanza cristiana dinámica

FREDDY CARDOZA

La tecnología lo cambió todo. Desde el comienzo del nuevo milenio ha habido un aumento exponencial en las conexiones entre la tecnología y el aprendizaje. Desde carreras en línea, aplicaciones educativas y videos en tiempo real hasta el acceso abierto,[461] los dos campos se han vinculado de forma inseparable. Estas realidades presentan enormes posibilidades y desafíos significativos para los maestros cristianos. No todos los recursos o tipos de recursos cumplirán las necesidades de cada profesor o los intereses de cada estudiante. Algunas herramientas tecnológicas pueden ser prácticas para algunos entornos educativos y poco prácticas para otros. Aun así, la gran cantidad de tecnologías educativas que hay disponibles hoy representan oportunidades de aprendizaje que cambian las reglas del juego tanto para las aulas como para el discipulado.

---

[461] Diana G. Oblinger, ed., *Game Changers: Education and Information Technologies* [Cambian las reglas del juego: tecnologías de educación e información (Lawrence, KS: Allen, 2012), 85-87. El acceso abierto se refiere a la investigación educativa libre y abiertamente disponible para cualquier persona que pueda acceder de forma electrónica estos materiales.

Para el maestro cristiano, la tecnología educativa puede definirse como el *uso efectivo de recursos electrónicos o digitales para mejorar el proceso de enseñanza-aprendizaje cuyo objetivo principal es la transformación del estudiante.* La enseñanza hábil de la verdad de Dios utilizando el aprendizaje digital puede proporcionarles a las próximas generaciones el significado y los métodos que anhelan al tiempo que los equipan con el conocimiento, las convicciones, y el carácter necesario para vivir como ciudadanos en el reino de la tierra y el reino de Dios.

La enseñanza cristiana efectiva involucra varios factores importantes. Lo más importante es el ministerio revelador de enseñanza del Espíritu Santo (Jn 14:26). El siguiente es cultivar y usar hábilmente el don espiritual de la enseñanza (Ro 12:6–8). También son fundamentales el estudio cuidadoso y la interpretación precisa de la Palabra de Dios (2 Ti 2:15). Luego está la integración de la verdad con la experiencia humana y su aplicación a nuestras vidas (2 Ti 3:16–17). Estos se complementan por la comunicación de la Palabra de Dios y su entrega en varios contextos utilizando diferentes métodos de enseñanza y tecnologías educativas.[462]

La entrega y la aplicación del contenido por parte del profesor es el momento decisivo. En tiempo real, nuestra enseñanza deja su huella a medida que la verdad se escucha, se entiende, y se aplica, o no. Los buenos maestros quieren aprovechar cada recurso que se encuentra a su disposición. El uso efectivo de la tecnología es una de las claves que puede conectar a los alumnos con la relevancia de la Palabra de Dios.[463] Porque el mundo ahora habla el idioma digital, es el lenguaje elegido por los generaciones, uno que involucra los estilos de aprendizaje y la imaginación de los estudiantes.[464]

Una mentalidad para enseñar a través de la tecnología

A pesar de las oportunidades de la era digital, los obreros cristianos pueden sentir que no estén preparados para integrar la tecnología

---

[462] Kenneth Gangel, "Pensando en los métodos de enseñanza", Bible.org, 10 de marzo de 2005, https://bible.org/seriespage/1-thinking-about-teaching-methods.

[463] David Bourgeois, *Ministry in the Digital Age* [Ministerio en la era digital] (Downers Grove, IL: InterVarsity, 2013), 18–23.

[464] Wilbert J. McKeachie, *McKeachie's Teaching Tips: Strategies, Research, and Theory for College and University Teachers* [Cconsejos didácticos de McKeachie: estrategias, investigación y teorías para profesores de facultades y universidades] (Boston: Houghton Mifflin, 2002), 210–13.

educativa en su enseñanza. Demasiadas veces, equiparse en estas áreas no forma parte de las clases o programas de capacitación.[465] La velocidad de cambio se ha producido a una velocidad y con una fuerza que pocos esperaban. Aun así, los buenos maestros están motivados internamente para sobresalir en su efectividad y están dispuestos a hacer los ajustes necesarios para alcanzar el objetivo de la fluidez digital.

Realismo sobre la tecnología

Una perspectiva útil es rechazar el pesimismo absoluto sobre la tecnología, así como el optimismo ingenuo.[466] Por esta razón, un camino intermedio de realismo proporciona el equilibrio adecuado que mantendrá alejados a los maestros de los extremos peligrosos del desequilibrio causado por una perspectiva de uno u del otro (véase fig. 26.1).[467]

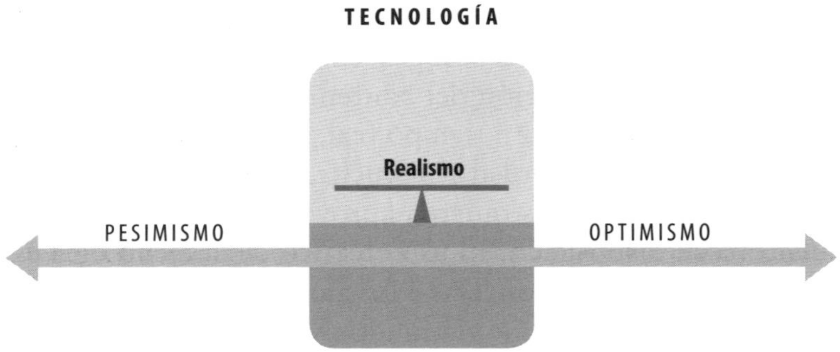

Figura 26.1: Realismo acerca de la tecnología

Los maestros cristianos deben evitar los extremos emocionales del miedo y la fascinación por la tecnología educativa. Algunos que no logran abrazar una visión realista de la tecnología tienden a pa-

[465] Susan L. Peterson, *Teachers and Technology* [Los maestros y la tecnología] (Lanham, MD: International Scholars, 1999), 4-13.

[466] Mark Gura y Bernard Percy, *Recapturing Technology for Education: Keeping Tomorrow in Today's Classrooms* [Recapturando la tecnología de para la educación: mantener el mañana en las aulas de hoy] (Lanham, MD: Rowman & Littlefield, 2005), 95–108.

[467] Aaron Smith, "Visiones de EE. UU. sobre la tecnología y el futuro," Pew Research Center, 17 de abril de 2014, http://www.pewinternet.org/2014/04/17/us-views-of-technology-and-the-future.

decer una pasión o una obsesión poco saludable con ella.[468] Este desequilibrio podría llamarse *tecnolatría*, donde la tecnología se convierte en su deidad. Otros se mueven en la dirección opuesta y desarrollan una precaución irracional y temores innecesarios sobre la tecnología que podría ser denominada *tecnofobia*.

Un enfoque más reflexivo parece ser uno en el que se reconocen todas las fortalezas, las debilidades, las oportunidades y las amenazas de la tecnología educativa. Entonces los profesores pueden comenzar a evitar el abuso de la tecnología, comenzar a utilizar la tecnología adecuadamente y, de hecho, crecer en sus competencias digitales hasta que sean capaces de explotar las increíbles oportunidades del aprendizaje digital sin caer víctimas de ello (véase fig. 26.2).

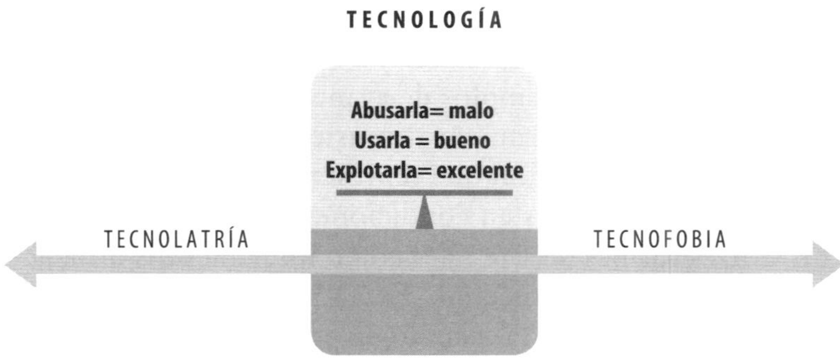

Figura 26.2: El miedo o la fascinación de la tecnología.

Una teología de la tecnología

Una mentalidad final útil que los maestros cristianos pueden aprovechar es una visión adecuada teológica de la tecnología. La tecnología es, en esencia, la aplicación de la ciencia. La ciencia, del latín *scientia*, está basada en el "conocimiento." Como tal, la tecnología tiene que ver con la aplicación práctica del conocimiento científico en nuestro mundo. La Biblia tiene mucho que decir sobre el conocimiento, particularmente que es fundamental para la sabiduría y que debe someterse a la autoridad de Dios (Pr 9:10).

[468] Allan Collins y Richard Halverson, *Rethinking Education in the Age of Technology: The Digital Revolution and Schooling in America* [Repensando la educación en la era de la tecnología: la revolución digital y la escolarización en América] (Nueva York: Teacher College Press, 2009), 9–37.

La tecnología no es nueva; se aplicó muy temprano en Génesis 4:17 cuando Caín construyó una ciudad para su hijo Enoc. Las personas entonces, como ahora, construían cosas y las nombraban para que se pudieran gloriar a través de eso.

Cuando la tecnología se mueve de los principios de utilidad y progreso para el mejoramiento humano y se convierte en una expresión de auto-adoración o rebelión, como se ve en la construcción de Babel, sus propósitos se pervierten. En estos casos, la tecnología se ve desviada y se convierte en un medio para crear nuevas formas de hacer el mal. Esa es la esencia de lo que ocurrió en Babel. Causó que Dios se afligiera, y expresara: "he aquí el pueblo es uno, y todos éstos tienen un solo lenguaje; y han comenzado la obra, y nada les hará desistir ahora de lo que han pensado hacer." (Gn 11:6). Eso representa a mucha de la tecnología en nuestro mundo de hoy.

Hay, por supuesto, usos buenos y benévolos de la tecnología. La Escritura proporciona ejemplos de avances en tecnología que incluyen la formación de instrumentos musicales (Gn 4:21), el desarrollo del bronce (una aleación que representa tecnología sofisticada), la construcción de barcos en condiciones de navegar (por ejemplo, Gn 6), y otras formas de arte tales como implementos utilizados en la construcción del tabernáculo (Éx 31:3–5), entre otros.[469] Todos estos muestran el uso de la tecnología para el bien común y para la gloria de Dios.

Al final, la tecnología demuestra ser esencialmente de naturaleza amoral. Puede ser usada para un gran bien o para la peor de las maldades. Una visión bíblica de la tecnología afirma su uso y aplicación responsable. Esto incluye mejoras obvias para beneficiar la vida humana y las cosas que realzan nuestro amor y devoción a Dios. Entre estos debería estar el empleo inteligente y astuto de la tecnología en los medios. Los medios son, por definición, un medio para la comunicación entre las personas. Los educadores cristianos que esperan ser eficaces en la enseñanza de las próximas generaciones deben usar, pero no abusar de los medios para comunicar la verdad de forma poderosa a través de sus múltiples aplicaciones, particularmente en el ministerio de la enseñanza.

[469] Jeffrey L. Nyhoff y Steven H. VanderLeest, "¿Qué nos dice Dios acerca de la tecnología?" Calvin College, 2005, https://www.calvin.edu/academic/rit/webBook/chapter1/lesson2/bible.htm.

Pensar teológicamente sobre la tecnología influirá a los maestros para que mantengan una instrucción bíblica efectiva y guiará a los alumnos en la vida cristiana efectiva. El resultado debe ser que evitemos las patologías en nuestra vida personal mientras trabajamos para mantenernos saludables, íntegros y santos que será posible cuando la tecnología ocupe el lugar adecuado.

Herramientas de tecnología educativa para enseñar a la próxima generación

Debido a que los recursos están emergiendo constantemente, las tecnologías educativas se entienden mejor cuando se colocan en categorías por tipo. Esto ayuda a los maestros a localizar los tipos de ayuda que necesitan en lugar de sentirse abrumados por la cantidad de opciones de números y nombres disponibles. Las siguientes son categorías de una colaboración de más de mil líderes de tecnologías educativas globales con el Centre for Learning and Performance Technologies,[470] cada una con breves descripciones de cómo podrían ser utilizadas efectivamente en varios escenarios de enseñanza del ministerio. Convertirse en conocedores de estos recursos y sus capacidades facilitará mejor el aprendizaje a través del uso de la tecnología de la educación.[471]

Las *herramientas digitales de instrucción* están diseñadas para profesores que quieren crear un ambiente de aprendizaje más formal. Estos recursos permiten a los estudiantes interactuar con otros estudiantes a través de una variedad de programas en línea, mientras que también les brinda a los maestros medios mejorados para transmitir el contenido, facilitar las experiencias de educación, y responsabilizar a los alumnos por su participación. Si bien muchos de estos están orientados a la escuela, el potencial para utilizarlos en el contexto del ministerio para todas las edades es muy amplio y no ha sido explotado aún.

Existen al menos tres tipos de herramientas de instrucción. Las *Herramientas de autor* ayudan a los profesores a diseñar experiencias

[470] Jane Hart, "Directorio de herramientas y servicios de aprendizaje y rendimiento," Centre for Learning and Performance Technologies, http://c4lpt.co.uk/directory-of-learning-performance-tools.

[471] Darrell M. West, *Digital Schools: How Technology Can Reform Education* [Escuelas digitales: cómo la tecnología puede reformar la educación] (Washington, DC: Brookings Institution Press, 2012), 105–19.

de e-learning (aprendizaje electrónico) en línea para los estudiantes creando los entornos necesarios para el aprendizaje en línea. Las *herramientas de evaluación* incluyen infinidad de formas de crear tarjetas educativas electrónicas para memorizar, pruebas y exámenes para evaluar, y otros medios para evaluar el aprendizaje.[472] Las herramientas de *simulación y juego* permiten a los alumnos participar en experiencias virtuales inmersivas.[473] Estos dispositivos simulan o aumentan la realidad a través del juego de roles y el juego educativo. Al hacerlo, facilitan la enseñanza de conocimientos, actitudes, comportamientos, o habilidades.

Las *herramientas de colaboración social* ganaron aceptación casi inmediata en la iglesia y en los ministerios e incluyen las *redes sociales* populares que involucran microblogging, la posibilidad de compartir imágenes, y otras comunicaciones sociales creativas. Algunos les dan la oportunidad a los estudiantes de reunirse en interacciones de grupos pequeños en línea para construir comunidad, identidad grupal y cohesión de clase. Existen al menos tres tipos de recursos proporcionados a partir de esta categoría tecnológica. Los más obvios son las *redes sociales*, que permiten la interacción personal, incluyendo compartir la ubicación, las actividades, los pensamientos e ideas, encuestas, y otra información. Las *plataformas de colaboración grupal* les permiten a los grupos de estudiantes intercambiar ideas, realizar un seguimiento de los proyectos, realizar trabajo en equipo, gestionar tareas, subir y compartir documentos, y producir materiales para los trabajos en grupo. Las *herramientas sociales en el aula* son plataformas interactivas en línea donde los estudiantes pueden recibir mensajes, compartir tareas y eventos de forma masiva, y suscribirse a grupos de blogs, wikis, marcadores sociales, y foros de clases.

Las *herramientas de conferencias web y del mundo virtual* unen el mundo simulado y el mundo físico a través de la tecnología basada en Internet. Incluyen programas que, según las capacidades de sus dispositivos, los alumnos puedan conectarse por audio o audio-video en

---

[472] Lawrence Tomei, Enseñanza digital: una guía para integrar tecnología en el aula (Norwood, MA: Christopher-Gordon, 2001), 229–75.

[473] Douglas Thomas y John S. Brown, *A New Culture of Learning: Cultivating the Imagination for a World of Constant Change* [Una nueva cultura de aprendizaje: cultivando la imaginación para un mundo de cambio constante] (Seattle: CreateSpace, 2011), 90-105.

tiempo real en sus computadoras, tabletas, móviles e incluso algunos dispositivos portables. Estos también permiten que se pueda participar en entornos simulados con la computadora a través de mundos de multijugador masivos en línea (MMOW). Cada uno de estos tiene aplicaciones para la enseñanza, ya sea en entornos académicos creativos o en entornos basados en el ministerio. Las *herramientas de videoconferencia* proporcionan diferentes medios para desarrollar reuniones personales o grupales en vivo con personas cercanas y lejanas. Pueden incluir entornos de aulas en línea utilizando recursos especiales para profesores, o pueden ser conferencias en línea y seminarios web. Las *herramientas que comparten la pantalla* permiten el uso compartido remoto de dispositivos, donde la persona permite que un usuario invitado controle su computadora personal. Algunos de estos recursos también ofrecen posibilidades para compartir la pantalla, donde a otros se les otorga la posibilidad de ver un video en vivo o la versión grabada de la pantalla de otro usuario para que ocurra una interacción colaborativa. Las *herramientas de webcasting* brindan la capacidad de realizar transmisiones en línea o transmisiones específicas para las audiencias que utilizan presentaciones unidireccionales, no interactivas con ahorro de ancho de banda. Las *herramientas del mundo virtual* son una frontera emocionante de aprendizaje donde los entornos simulados 2-D y 3-D (mundos virtuales) permiten que múltiples usuarios participen en juegos de aprendizaje, realidades alternativas y experiencias de aprendizaje inmersivo. Estos son posibles a través de mundos foto-realistas, personajes de video y avatares (un ícono de computadora que representa a una persona). Algunas de estas experiencias, una vez que se las considera como hobbies especializados, han producido ricas posibilidades para la enseñanza y el aprendizaje.

¿Qué les parecería a los niños poder participar en un entorno de aprendizaje virtual? ¿A los adolescentes? ¿A los jóvenes? ¿Cuáles serían los beneficios? ¿Y los Inconvenientes?

Las *herramientas relacionadas con el paquete Office* incluyen productos capaces de crear, editar, mostrar, y compartir documentos, presentaciones y hojas de cálculo. Las herramientas para crear documentos permiten la creación y alojamiento de contenidos escritos a través de Microsoft Word. Los profesores y los alumnos pueden crear, compartir, colaborar y ver contenido creativo, práctico y teológico a través de la prosa escrita. Las herramientas para presentar documentos permiten crear e intercambiar multimedia profesionales y atractiva que utiliza estilos de presentación de contenido lineal o dinámico.

Las *herramientas de blogging, sitios web y wiki* son capaces de proveer experiencias de aprendizaje dinámico. Estas incluyen aprendizaje bidireccional, de dar y recibir, interactivo (Web 2.0) así como el aprendizaje interactivo que agrega el componente adicional de experiencias de colaboración social responsiva (web 3.0).[474] Mientras que algunas herramientas electrónicas están basadas en los contenidos que "consumen" los estudiantes, las experiencias Web 3.0 se enfocan en que los estudiantes se involucren activamente en la *creación del contenido*.

Las *herramientas de blogging* incluyen recursos capaces de ayudar a profesores y alumnos a escribir escriben sus propios weblogs (blogs) que sirven como una herramienta de publicación web para alcanzar grandes audiencias con contenido producido por los estudiantes compartiendo información que incluye subir audio, imágenes, videos y texto escrito. Los *wikis* son herramientas que ayudan a los alumnos a crear y compartir información a través de sitios web individuales o colaborativos. *Wiki* es la palabra polinesia para "rápido," que significa la facilidad y la velocidad de construir estos sitios para mostrar y compartir información en formatos muy versátiles. Las *herramientas de sitio web* son similares a las de blogging y wiki, excepto por su sofisticación. Las herramientas de creación de sitios web brindan la oportunidad de crear destinos de Internet personalizados muy influyentes, limitados solo por la creatividad y la capacidad del autor. Las *herramientas de formularios y encuestas* mejoran el aprendizaje a través de la creación de formularios en línea o impresos que incluyen cuestionarios, encuestas y sondeos que pueden ayudar a generar investigación para la enseñanza. Las *herramientas de alimentación RSS* se refieren a la "sindicación simple real," que hace posible que cualquier persona que tenga un mensaje para compartir pueda distribuirlo a poco o ningún costo. Existen varios servicios como estos, y son útiles para esparcir la enseñanza a grandes audiencias.

Las *herramientas de imagen, audio y video* están cada vez más disponibles debido a las altas velocidades de ancho de banda y la capacidad de aprovechar el poder de los microprocesadores rápidos.

---

[474] Sharon Smaldino, Deborah Lowther y James Russell, Tecnología de instrucción y Medios para el aprendizaje, 10ª ed. (Boston, MA: Pearson, 2012), 124–43.

Estos tienen la capacidad de producir y editar imágenes de todo tipo, además de hacer postproducción en archivos de audio para podcasts y archivos de video para instruir, equipar y entrenar.[475] Las *herramientas de imagen* son capaces de editar fotografías, ilustraciones generadas por computadora y dibujos electrónicos. También pueden capturar y manipular imágenes en pantallas y páginas web. Esta incluye fotos producidas desde computadoras personales, cámaras web, tabletas y otros dispositivos inteligentes. Otros programas proporcionan portafolios para mostrar y compartir estas imágenes en galerías en línea, que se pueden utilizar en presentaciones visuales de enseñanza cuando los proyectores de video están disponibles. Las *herramientas de audio* son capaces de capturar, convertir y producir versiones editadas de contenido de enseñanza hablada. Algunos pueden proporcionar voces en off, subtítulos y reenvío en idiomas extranjeros. Otras herramientas pueden proporcionar información de metadatos, luego preparar el contenido de enseñanza en diferentes formatos para compartir en línea como archivos de audio o alojarlos en podcasts sindicados.[476] Más allá de estos, hay programas que permiten que los maestros configuren discusiones de audio interactivas en vivo o plataformas de mensajes de voz para sus estudiantes. Las *herramientas de video* permiten la creación y edición de video, screencasting por computadora en vivo, y el uso de webcam y grabación. Algunos recursos permiten la creación de discusiones con registro de fecha y hora sobre los videos publicados que se han visto y la capacidad para realizar chats de video. Los maestros también pueden crear y organizar presentaciones o videos de entrenamiento y tutoriales y usar la tecnología Chroma key (pantalla verde o azul) para la instrucción creativa, información e inspiración.

Las *herramientas de comunicación* permiten la comunicación en vivo (síncrona) que es especialmente útil cuando los alumnos pueden participar de la discusión en tiempo real. Muchas herramientas también son útiles para aquellos que no pueden comunicarse al mismo tiempo (asíncrono) debido a la agenda personal. Las *herramientas de texto* incluyen la capacidad de enviar mensajes de

---

[475] Ibid., 187–253.

[476] Douglas McConatha et al., *Mobile Pedagogy and Perspectives on Teaching and Learning* [Pedagogía móvil y perspectivas sobre la enseñanza y el aprendizaje] (Hershey, PA: IGI Global, 2014), 41–57.

texto cortos (SMS) (servicio de mensajes cortos) a través de los dispositivos móviles. Las *herramientas de chat en vivo* permiten a los profesores incrustar en vivo foros de discusión en sus sitios web, blogs y perfiles de redes sociales, mientras se les monitorea por seguridad. Algunos tienen pizarras en línea para compartir dibujos y otras creaciones con los participantes del aula virtual.

Las *herramientas de aprendizaje colaborativo* son recursos que ayudan a las personas a trabajar juntas para aumentar el aprendizaje o para producir algo superior a lo que podría ser producido trabajando solo. Si bien el aprendizaje y el trabajo en el hemisferio occidental han sido por tradición y principalmente individualistas, la afluencia de personas de culturas que valoran el desarrollo de las comunidades de colaboración y aprendizaje ha influido enormemente en el pensamiento estadounidense. Las *herramientas de investigación colaborativa* tienen similitudes con los sitios de marcadores sociales, pero se enfocan en ayudar a los grupos de personas a estudiar juntos para compartir, organizar y discutir referencias académicas con los demás.

Los *servicios de curación de contenido* permiten que grupos de personas se reúnan y compartan de forma universal videos, blogs, páginas web y otra información con los demás. Como curan el contenido, los servicios lo compilan creando portafolios atractivos y bien organizados con flujos de contenido multimedia. Esto ayuda a aprender al darle a las personas acceso a grandes cantidades de material curado al mismo tiempo que se ahorra una gran cantidad de tiempo.[477] Las herramientas de colaboración son indispensables para facilitar diferentes tipos de interacción y aprendizaje.[478]

Los *portafolios de aprendizaje* (también llamados e-*portafolios*) son otro recurso ampliamente utilizado cuya popularidad va en aumento. Estos permiten a los usuarios crear formatos autodirigidos para compartir las ideas que uno tiene con los demás. Las carteras digitales son una increíble manera de que los maestros, los alumnos

---

[477] Para encontrar herramientas de colaboración disponibles, realice búsquedas en línea de cuadernos digitales que se pueden compartir, organizadores de grupo, herramientas de mapas mentales o plataformas de anuncios digitales.

[478] James M. Hudson, *Chatting to Learn: The Changing Psychology and Evolving Pedagogy of Online Learning* [Charlando para aprender: la psicología cambiante y la pedagogía en evolución del aprendizaje en línea (Youngstown, NY: Cambria, 2007), 1–7.

del ministerio y otros alumnos promuevan todo lo que han aprendido de varios eventos o temporadas.[479]

Los *recursos públicos de aprendizaje* representan una gran y creciente categoría de destinos web que proporcionan a los alumnos información o instrucción sobre una amplia gama de temas, a menudo de forma gratuita.[480] Estos incluyen sitios que proporcionan lecciones individuales, series y cursos completos de estudio, además de varios tipos de bases de datos de investigación que pueden ayudar en el estudio personal y a su vez puede apoyar o convertirse en un complemento de la enseñanza cristiana. Dos tipos principales de recursos públicos de aprendizaje son especialmente útiles para el propósito de la educación cristiana. El movimiento de educación abierta pone a disposición prácticamente todo tipo de contenido imaginable, incluyendo una cantidad creciente de contenido bíblico y teológico. Las *bases de datos electrónicas de investigación* son otro tipo importante de recurso de aprendizaje público que ayuda a los que están en la educación cristiana. El movimiento de muchas revistas y otros materiales de investigación del formato impreso al formato digital han expandido rápidamente lo que ya está disponible en buscadores y bases de datos académicas. Ejemplos de estos incluyen artículos de búsqueda digital, ensayos recopilados, informes de investigación periódicos, e incluso disertaciones o tesis.[481] Estos recursos pueden ayudar a equipar a estudiantes en programas basados en el ministerio enriqueciendo sus conocimientos, en última instancia preparándolos mejor para una vida de servicio cristiano.

Recursos de enseñanza digital cristiana

La calidad y el volumen de los recursos digitales de enseñanza cristianos han mejorado en los últimos años. Esta enorme inversión por parte de los emprendedores cristianos ha mejorado radicalmente los recursos digitales creativos disponibles para estudiantes y profesionales en el ministerio. Al menos existen cuatro tipos de desarrollos importantes en esta categoría.

[479] Gordon Lewis, *Bringing Technology into the Classroom* [Traigamos la tecnología al aula] (Oxford: Oxford University Press, 2009), 72–74.

[480] Hart, "Directorio de herramientas y servicios de aprendizaje y rendimiento."

[481] Se puede encontrar una lista de destinos para buscar en "Libros: Monografías y ensayos recopilados" Biblioteca de la Universidad de Taylor, http://library.taylor.edu/dotAsset/4726c833-e1be-4e3a-baa9-6848e7a44670.pdf.

El *software bíblico* ha entrado en un tipo de edad de oro ya que muchas organizaciones siguen ofreciendo herramientas nuevas y robustas con una visión tremenda de cómo compartir la verdad con el mundo. Este software está disponible a una variedad de gamas de precios, incluso de forma gratuita, y ofrecen una gran variedad de características. Éstos incluyen materiales de estudio y de enseñanza acerca de los idiomas originales, literatura moderna y antigua, léxicos, herramientas visuales, herramientas semánticas, bibliotecas comprensivas, y mucho más.

Los *programas de lecciones bíblicas* están disponibles a través de muchos proveedores. Algunas de las opciones incluyen la capacidad de crear un currículo y estudios bíblicos personalizados para varios grupos de edad usando una tecnología poderosa que ahorra tiempo. Cada programa de software de planificación de lecciones ofrece características específicas para diferentes tipos de necesidades, como las de los ministerios de grupos de edad, incluidas aquellas con o sin formación teológica.

Los *servicios de equipamiento del ministerio digital* representan un tipo de herramienta más nueva, pero en expansión, de tecnología educativa que abarca un sector especializado. Cada vez más, el mejor legado de material disponible de los líderes clave de todo el cristianismo está siendo capturado en video y en audio como un recurso de equipamiento. Producciones bien hechas de líderes significativos de la Biblia, de teología, de ministerio, de currículo y de enseñanza están disponibles en formato de video o audio transmitido, permitiendo que los maestros cristianos de hoy y sus estudiantes sean instruidos por los principales líderes de esta y de la última generación.

Los *sitios web de ministerios de enseñanza cristiana* proporcionan un importante recurso de educación para los maestros cristianos de hoy. El número, la calidad y el contenido ofrecidos por varios ministros y maestros continúan expandiéndose, ofreciendo una cantidad inagotable de materiales para enriquecer la enseñanza en cualquier contexto o entorno.

El reto del ministerio para involucrar la tecnología educativa

La tecnología educativa está aquí para quedarse, y aunque no reemplaza a los maestros, puede mejorar la manera en que enseñamos.

Aunque deben ser considerados temas filosóficos y prácticos acerca de su uso efectivo, una amplia evidencia apunta acerca de su valor y utilidad.[482] Algunos innovadores tempranos y medios ya han adoptado estas herramientas educativas, mientras que otros han dudado por varias razones.

Ha llegado la hora de que los maestros cristianos adopten una marca más radical de enseñanza más representativa. Es uno mismo el que entra en el mundo digital nativo de hoy y busca ser digitalmente fluido en la tecnología educativa. Para hacer esto, los maestros necesitan sentirse cómodos con la tecnología, tener habilidades motivando a los estudiantes a aprender con tecnología, y a implementar la tecnología en varios niveles de habilidad del estudiante. Si lo hace, ayudará a aumentar la efectividad educativa de los maestros de hoy en día, a medida que aprende a hablar el lenguaje de las próximas generaciones.

Preguntas y actividades

1. Según su lectura, ¿cómo definiría o describiría la "educación tecnológica"?
2. ¿Cuáles son los elementos principales de la enseñanza cristiana efectiva y cómo se relaciona la tecnología educativa con ellos?
3. ¿Cuáles son algunas fortalezas, debilidades, oportunidades o amenazas que aprendió de este capítulo sobre las posibilidades de la tecnología educativa para enseñar a las próximas generaciones?
4. ¿Qué tres categorías de tecnología educativa le resultaron nuevas a usted? Realice una búsqueda de lo que está disponible, y cree dos formas posibles que podría integrarlas en un ministerio o entorno de estudio bíblico.
5. ¿Cómo podrían las personas en el trabajo ministerial mantenerse al día con las nuevas tecnologías y seguir educándose en nuevos recursos y en los nuevos léxicos de sus alumnos?

---

[482] John Gresham, "La pedagogía divina como modelo para la educación en línea", *Teaching Theology and Religion* [Teología de la enseñanza y la religión] 9, no. 1 (2006): 24-28.

Lectura adicional

Miller, Matt. *Ditch That Textbook* [Deshazte de ese libro de texto]. San Diego: Dave Burgess Consulting, 2015. Aunque orientado hacia los maestros de escuela, este es un recurso rico para diversas tecnologías y su rol en la enseñanza y el aprendizaje.

Colaboradores

Ron Belsterling (Doctor, Talbot School of Theology) es ministro ordenado en la Alianza Cristiana y Misionera y es profesor del ministerio de jóvenes en Lancaster Bible College. Ha trabajado durante más de treinta años en ministerios de jóvenes en la iglesia y ha colaborado en otras iglesias en el noreste de los Estados Unidos. Ron tiene una amplia experiencia en consejería pastoral y en el campo de la medicina y predica regularmente en retiros y campamentos para jóvenes, familias y matrimonios. Ron y su esposa, Julie, están felizmente casados desde hace treinta años.

Robert Brandt (Doctor, Talbot School of Theology) es profesor asistente de ministerio de jóvenes y realiza estudios para adolescentes en Bethel College en Indiana. Antes de eso, estuvo involucrado durante quince años en ministerios de jóvenes a tiempo completo en iglesias de California y Colorado, como pastor asociado y también como pastor principal. Robert está casado con su maravillosa esposa, Melody, desde hace veintitrés años, y tienen siete hijos.

Mark Cannister (Doctor en educación, Universidad de Pittsburgh) se desempeña como profesor de ministerios cristianos en Gordon College y es administrador ejecutivo de Association of Youth Ministry. Es el autor de *Teenagers Matter: Making Student Ministry a Priority in the Church* [Los adolescentes son importantes: cómo hacer del ministerio infantil una prioridad en la iglesia] (Baker Academic, 2013). Se ha desempeñado como presidente en Society of Professors in Christian Education y en Association of Youth Ministry Educators y como editor principal de *Journal of Youth Ministry*. Mark también ha servido en distintas posiciones de liderazgo en Grace Chapel en Lexington, Massachusetts.

Freddy Cardoza (Doctor, Southern Baptist Theological Seminary) es presidente del departamento de educación cristiana en Talbot School of Theology y Biola

University en el área metropolitana de Los Ángeles. Su liderazgo e investigación se basan principalmente en las áreas de enseñanza, educación, tecnología, liderazgo y administración de educación superior. Freddy sirve como director ejecutivo en Society of Professors in Christian Education. Su sitio web es www.freddycardoza.com.

Ken Castor (doctor en ministerio, Trinity Western University) es profesor asistente del ministerio de jóvenes en Crown College, St. Bonifacius, Minnesota. Es autor, coautor y editor de varios recursos de discipulado estudiantil, incluido *Grow Down: How to Build a Jesus-Centered Life* [Crecimiento: Cómo construir una vida centrada en Jesús] (Group, 2014), y ha pastoreado a las próximas generaciones para seguir a Jesús durante veinticinco años en los Estados Unidos y en Canadá. Disfruta tomar café y explorar el mundo con su esposa, Kathy y sus tres hijos.

Amanda Drury (Doctora, Indiana Wesleyan University) es profesora asistente de teología práctica en Indiana Wesleyan University y es ministra ordenada en la Iglesia Wesleyana. Enseña, expone y escribe sobre el ministerio de jóvenes, y su pasión es ver a los adolescentes equipados con herramientas para expresar su fe en palabras y acciones. Es autora de *Saying Is Believing: The Necessity of Testimony in Adolescent Spiritual Development* [Decir es creer: la necesidad del testimonio en el desarrollo espiritual de los adolescentes] (InterVarsity, 2015). Vive en Marion, Indiana, con su esposo y sus tres hijos.

Doug Gilmer (Master en recursos naturales, Virginia Tech) es el fundador del programa académico Camping & Outdoor Adventure Leadership (COAL) en Liberty University en Lynchburg, Virginia. Con muchos años de experiencia en actividades al aire libre y aventuras, se especializa en convertir los momentos teóricos en prácticos y convertir los momentos al aire libre aparentemente rutinarios en momentos de enseñanza desde una cosmovisión bíblica. Sus habilidades para cocinar al aire libre, ya sea a fuego abierto o con hornos holandeses, son bien conocidas entre los estudiantes de Liberty y muy esperadas cada año.

James K. Hampton (doctorado, Universidad de Kansas) es autor, orador, y profesor del ministerio de jóvenes en el Seminario Teológico de Asbury en Wilmore, Kentucky. Escribió varios libros tanto para jóvenes trabajadores como para adolescentes y sirve como cofundador de Barefoot Ministries (www.barefootministries.com). Ordenado como anciano en Church of the Nazarene, Jim está casado con la encantadora Carolyn y tiene dos hijos maravillosos.

Mark Hayse (doctorado, Trinity Evangelical Divinity School) es profesor de educación cristiana, director del programa de honores de pregrado, y codirector del Centro de juegos y aprendizaje (www.mnu.edu/games) en Nazarene MidAmerica University en Olathe, Kansas. Investiga, escribe y consulta sobre asuntos de juegos digitales y no digitales, diseño del currículo, estudios educativos y estudios religiosos. Su trabajo académico está avalado por sus veinte años de trabajo con jóvenes en distintas congregaciones y entornos misioneros.

Allen Jackson (doctorado, New Orleans Baptist Theological Seminary) es pastor principal de Dunwoody Baptist Church en Dunwoody, Georgia. Anteriormente, Allen fue maestro de jóvenes y ministro colegiado en Baptist Theological Seminary de Nueva Orleans, en Louisiana. Escribió nueve libros, contribuyó con numerosos capítulos para libros como este, y escribió extensamente en otras publicaciones para jóvenes. Habla regularmente para eventos de capacitación para jóvenes y realiza visitas de consultoría en las iglesias.

Karen Jones (doctorado, Southwestern Baptist Theological Seminary) es profesora de ministerio y misiones y dirige ese departamento en Huntington University en Huntington, Indiana. Dedicó más de quince años al trabajo con jóvenes y continúa liderando proyectos de misiones estudiantiles cada año. Jones ha servido como parte del comité de Society of Professors in Christian Education, en International Association for the Study of Youth Ministry, y forma parte del directorio ejecutivo en la Association of Youth Ministry Educators.

Sharon Galgay Ketcham (doctorado, Boston College) es profesora asociada de teología y ministerios cristianos en Gordon College en Wenham, Massachusetts. Sharon equipa a estudiantes e iglesias para que participen de la reflexión teológica y formen parte del movimiento de Dios en el mundo. Ella imagina una nueva generación de iglesias en la que los adolescentes contribuyan activamente a las misiones de las iglesias, y escribe sobre los valores que las iglesias deberían tener en cuenta para lograr esto.

Jeff Keuss (doctorado, Universidad de Glasgow) es profesor de ministerio, teología y cultura, y también es director del programa de becarios de la Universidad de Seattle Pacific. Es el editor norteamericano de *Literature and Theology* [Literatura y Teología] (Oxford University Press) y autor de *Blur: A New Paradigm for Understanding Youth Culture* [Difuso: Un nuevo paradigma para comprender la cultura juvenil] (Zondervan, 2014); *Your Neighbor's Hymnal: What Popular Music Teaches Us about Faith, Hope and Love* [El himnario de tu prójimo: lo que la música popular nos enseña sobre la fe, la esperanza y el amor] (Cascade, 2013); y *Freedom of the Self: Kenosis, Cultural*

Identity and Mission at the Crossroads [Libertad del yo: Kenosis, identidad cultural y misión en una encrucijada] (Pickwick, 2010).

Jason Lanker (Doctorado, Talbot School of Theology) es profesor asociado de ministerio en la Universidad John Brown en Siloam Springs, Arkansas. Ha escrito varios artículos y es orador frecuente sobre el tema del mentoreo juvenil y la formación espiritual. Además, es anciano fundador y orador habitual en New Heights, una congregación comprometida con la integración de los jóvenes en la vida y el servicio del cuerpo.

Terry Linhart (Doctorado, Purdue University) es profesor de ministerios cristianos en Bethel College en Indiana, donde también se desempeña como presidente del departamento de religión y filosofía. Es autor de numerosos libros sobre el ministerio de jóvenes y el liderazgo cristiano. Regularmente predica y enseña en seminarios y realiza consultoría para iglesias y organizaciones internacionales sobre numerosos proyectos de investigación con Arbor Research Group. Él y su esposa, Kelly, tienen tres hijos adultos, y ellos sirven como jóvenes voluntarios en su iglesia local. Su sitio web es www.terrylinhart.net.

Kerry Loescher (Máster en humanidades, Oral Roberts University) es instructor de ministerio práctico en la Facultad de Teología de pregrado de la Universidad Oral Roberts en Tulsa, Oklahoma. Con más de veinte años de experiencia laboral profesional con jóvenes, la pasión de Kerry es formar líderes para ayudar a los jóvenes y a sus familias a que se conecten con Jesús en su vida cotidiana. Junto a su esposo, Randy, son los orgullosos padres de cinco niños y tienen tres perros.

Bob MacRae (doctor de ministerio, Bethel Theological Seminary) es profesor de ministerio juvenil y de matrimonio y familia en Moody Bible Institute en Chicago, Illinois. Bob es un veterano con más de cuarenta años en el ministerio de jóvenes que continúa predicando a grupos de secundaria y preparatoria. La pasión de Bob es que los alumnos se conviertan en discípulos totalmente devotos de Jesús que busquen reproducirse entre sus compañeros y la próxima generación.

Scottie May (Doctorado, Trinity Evangelical Divinity School) es profesora asociada de educación cristiana y ministerio en Wheaton College en Wheaton, Illinois. Es coautora con Catherine Stonehouse de *Listening to Children on the Spiritual Journey* [Escuchar a los niños en su camino espiritual] (Baker Academic, 2010) y *Children Matter* [Los niños son importantes] con Beth Posterski, Catherine Stonehouse y Linda Cannell (Eerdmans, 2005). También contribuyó con *Perspectives on Children's*

Spiritual Formation: Four Views [Perspectivas sobre la formación espiritual de los niños: cuatro puntos de vista], editado por Michael Anthony (B & H, 2006). Scottie enfoca sus investigaciones en la formación espiritual de los niños.

Karen McKinney (doctora en educación, Universidad de St. Thomas) es profesora asociada de estudios bíblicos, y enseña en el programa de ministerios misionales en Bethel University en St. Paul, Minnesota. Como nativa de Minnesota, es miembro de la fundación Bush. En su variada carrera, ha sido pastora de jóvenes, especialista en capacitación para el liderazgo de jóvenes, capellana juvenil, consultora de capacitación y capacitadora de adultos.

Barrett McRay (doctor en psicología, Wheaton College) es profesor asociado y presidente del departamento de formación y ministerio cristiano en la universidad de Wheaton. Es coautor de *Modern Psychopathologies: A Comprehensive Christian Appraisal* [Las psicopatologías modernas: una evaluación cristiana integral] (InterVarsity, 2005), un libro que explora los problemas de salud mental desde una perspectiva cristiana. También se desempeña como director clínico de Alliance Clinical Associates, una práctica de salud mental multidisciplinaria.

Ginny Olson (máster en humanidades, Wheaton College) es la directora del ministerio de jóvenes para la conferencia del noroeste de la Iglesia Covenant, profesora adjunta de North Park University en Chicago, consultora, escritora, oradora y formadora. Ha estado involucrada en el ministerio para jóvenes en distintos cargos: pastora de jóvenes, oradora juvenil y profesora de ministerio de jóvenes en la universidad y en el seminario.

David Rahn (Doctor, Purdue University) es actualmente vicepresidente senior de Youth for Christ USA y ha enseñado sobre el ministerio de jóvenes en la Universidad de Huntington durante treinta años. Ha realizado cuantiosas investigaciones y escritos, y su libro más reciente es *Symmetry: Fixing Broken Patterns for Kids in Crisis* [Simetría: reparar los patrones dañados en los niños en crisis] (Youth for Christ, 2014 e-book).

Duffy Robbins (doctor en ministerio, Fuller Theological Seminary), profesor del ministerio de jóvenes en Eastern University en St. Davids, Pennsylvania, es un veterano respetado del ministerio de la juventud con más de cuarenta años de experiencia en el campo. Brinda disertaciones en todas partes del mundo para adolescentes y personas que se preocupan por los adolescentes. Duffy también sirve como pastor de enseñanza en Faithbridge Church en Spring, Texas.

Andrew Root (doctor, Seminario Teológico de Princeton) es el profesor asociado del ministerio de jóvenes y de las familias en el Seminario Luther. Recientemente, escribió *Christopraxis: A Practical Theology of the Cross* [Cristopraxis: una teología práctica de la cruz] (Fortaleza, 2014) y *Bonhoeffer as Youth Worker* [Bonhoffer como líder de jóvenes] (Baker, 2014). También es el principal líder de un proyecto de la Fundación John Templeton llamado Science for Youth Ministry: The Plausibility of Transcendence [Ciencia para el ministerio de jóvenes: la credibilidad de la trascendencia].

Brenda A. Snailum (doctora en educación, Talbot School of Theology) es profesora asociada en Denver Seminary en Littleton, Colorado. Tiene más de veinticinco años de experiencia en el ministerio de jóvenes y de las familias, es autora de varios artículos sobre el ministerio intergeneracional y es colaboradora de *The Encyclopedia of Christian Education* [La enciclopedia de la educación cristiana] (Rowman y Littlefield, 2015). Brenda actualmente se desempeña como presidenta de Association of Youth Ministry Educators y es miembro de Society of Professors in Christian Education.

Troy W. Temple (doctor, Southern Baptist Theological Seminary) se desempeña como decano asociado de programas de postgrado en Liberty University's School of Divinity. Enseñó en Liberty University, en Southern Baptist Theological Seminary y en varias escuelas internacionales durante veinte años en los campos de liderazgo, discipulado, enseñanza y teología en la iglesia local, y en el ministerio familiar. Él y su esposa viven hace veinticinco años en Virginia con sus dos hermosas hijas.

Índice de pasajes bíblicos

Marcos

Lucas

Juan

Hechos

Romanos

1 Corintios

2 Corintios

Índice temático